―対訳―

令和版

仏陀の福音

お釈迦さまの生き方と教え

東條《とうじょう》嘉顯《よしあき》

はじめに

本書は、お釈迦さまの生き方と教えを今の時代に生きる人に分かりやすいように、と書き直したものです。今の世の中は、紛争や差別などがあちこちで起きているので、気持ちを落ち着けて、ご自身の心の中に住んでいるご自分を見つめてみませんか。

この本を書くにあたり、次のようなことがありました。

なぜ、明治時代と現代の日本語を比べたかといいますと、あるとき医学系大学の元教授から「『茶の本（岡倉覚三：著　村岡博：訳）』や『武士道（新渡戸稲造：著　矢内原忠雄：訳）』をあなたが読んでも分からないでしょう」と言われたときに反発心が芽生えたのがきっかけとなり、私だけが解って、後日改めて読みたいと思ったときに横に辞書を置かずに読めるようにしたいと思い文書ファイルに書き留めました。

明治二六（一八九三）年にアメリカのコロンビアで開かれた万国博覧会の会期中の九月一一日から二七日まで、アメリカのキリスト教が他国の宗教に優るものであることを知らしめるために、イギリスやギリシャなど一九か国からローマ・カトリックやイスラム教など一二の宗派が参加して『万国宗教会議』がシカゴで開催され、それぞれの宗教代表者に講演を行わせました。

我が国からは、明治政府が明治元（一八六八）年三月に神仏分離令を出し、国の唯一の宗教を神道（＝国家神道）だけにしようとしたために起きた、お寺や仏像、経典を破壊し、お釈迦さまの教えを捨て去ろうとした『廃仏毀釈』運動が日本国中に広がり仏教が衰退する危機に見舞われたことが、逆に日本仏教を西洋に広めるチャンスになるとの考えから、天台宗など四つの仏教宗派の代表団が送られ、その中の一人で臨済宗円覚寺管長釋宗演師が講演を行い、鈴木大拙氏が通訳をしました。

この講演を多数の聴衆が聞き入り、その中の一人で釋宗演師の講演に深く感銘を受けたのがドイツ系アメリカ人の哲学者でキリスト教徒のポール・ケーラスでした。

その後、仏教に関心を持ったポール・ケーラスは『The Gospel of Buddha』を書き、明治の中頃に鈴木大拙氏ほか数名の日本人が日本語に翻訳し出版しました。

鈴木大拙氏は、釋宗演師の命により『佛陀の福音』という題名で日本語に翻訳しましたが、初版の訳に腑に落ちない処があったようで、改めて見直して翻訳をやり直し、改訂再版したところ、日本国内で反響を呼び版が重ねられました。

しかし、太平洋戦争後の学校教育が大きく変わり、明治時代に書かれた文章が難しく読めない人が増え、例えば、樋口一葉の『たけくらべ』などが現代語に直されて出版されるなどしましたが、鈴木大拙氏が翻訳した『佛陀の福音』はその後、現代語に直されることはなく、新たに出版されることもなく、中古本市場のごく少ない場にのみ、この本が売られていることを知り、「よし、ひとつ現代語にしてみよう！」と思い立ち、中古本市場から本を入手したのが『佛陀の福音（第六版）』です。現在街中の書店には置かれていないこの本を下敷きにして、下段には明治時代中頃に出版された本を書き写し、上段には私自身が考え、かつて読んだことのある本の内容を思い出し、辞書を参照しながら半年以上をかけて現代語に置き直したのが本書です。

仏教にあまり縁のない私が読んでも理解できるような文章にしたつもりですので、皆様方にとりましては十分にご理解いただけるものと信じております。

今日の日本における神道は、仏教やキリスト教などと同じ宗教の一つであり、太平洋戦争前や戦中における国家神道として天皇陛下を現人神《あらひとがみ》とした思想とは異なり、日本人の心の支えとして宗教を超えて日本の皇室が必要であると思います。

二一世紀の今日、世界を見渡しますと、あちらこちらで紛争が勃発し、二〇二二年にはロシアがウクライナへ軍事侵攻したり、翌年には中東でイスラエルとパレスチナの一部勢力による紛争（イスラエルとパレスチナの紛争の根源は、二〇〇〇年以上前のユダヤ教とイスラム教の宗教対立）が起き、インド、ミャンマーなど他の国においても内紛や虐待などが絶えず、いずれも相手方を非難するばかりで国際法を無視した戦争や紛争に発展しています。日本国内では殺傷事件や死亡事故、人種や性的差別といったハラスメント、他人《ひと》を騙《だま》す行為などのほか、「地球温暖化」が更に進行し、グテーレス国連事務総長は「地球沸騰化」という表現でより注意を喚起し、異常気象現象が世界中で頻発しているニュースが連日伝えられています。

今の時代、人は産まれた国や町、家庭、皮膚の色が違うだけで進学や就職、収入などに差が生まれ、初めは少しだけ違った角度が後に大きな開きとなっています。

このような時代だからこそ、仏教だけでなく、宗教の枠を超えてすべての人々が幸せな生活を営むうえで必要なことが、お釈迦さまの生涯と、聞く相手が理解できるような語り口で悟りへの道を進んでいき、非暴力や非差別といった事柄を含めて書かれた本書を手に取って読んでいただきたいと思います。特に国を導く立場にある方が、本書から得られるであろうお釈迦さまの平和と他人《ひと》に対する思いやりなどの考え方で、今の世をさらに良きものに変えていくとともに、将来、必ずや輝ける心の平安と幸せを人々が持てる世の中にしていただけるものと信じています。

ただ、明治維新以降の日本では、『宗教』を名乗り自分の利益だけを追求するような、本来の宗教の教えと異なる団体が現れているようですが、本書はお釈迦さまの教えを純粋に伝えることだけを目的に鈴木大拙氏が日本語に翻訳したものを現代語に置き換えました。

今から二〇〇〇年以上前（紀元前五世紀頃）にお釈迦さまが理解された真理を、一部新興宗教団体では

「お釈迦さまの教えは古くて役に立たない」と言う人もいるようですが、この古い時代の言葉が自由主義や社会主義、共産主義というイデオロギーを超え、科学が発展し続けている今日でも、その言葉（教え）は最新のものであるということができるのではないでしょうか。

学校で習った「温故知新」という言葉は、正に、お釈迦さまの教え（真理）の一つを指していると言えるのではないでしょうか。

本書に携わっていただいた皆さまに大変お世話になり感謝申し上げますとともに、表紙カバーに写真をご提供いただきました河合章様に御礼申し上げます。

世の中には、宗教を信仰している人や関心を持たない人など、いろいろな考えの人がいますが、最後の「仏の教え（まとめ）」には仏教だけでなく広く宗教の枠を超えて世界中の人々が生きていくうえで必要なことを簡単にまとめました。本書をお読みいただき、話が長いからとか途中で「面白くない」、「疲れた」という方は残りを読み飛ばして、この「仏の教え（まとめ）」をご覧いただければと思います。

現在、『佛陀の福音』は鈴木大拙全集でしか読むことができず、なかなか書店で入手することが難しいので、上段に令和の私の現代語を書き、下段には明治時代の原典を書き写しました。

ご興味ありましたら、明治時代に訳された文章と令和時代の文章とを比較してご覧いただければ幸いです。

令和六年八月

東條嘉顯

序

仏法の勢いは、水や火のようで、例《たと》えば、たき火を葉のついた木の枝で叩《たた》いて消そうとすると却《かえ》って燃え上がったりするように、仏法を信じる人を捕《と》らえたりすると反対に益々勢いが増すのです。その昔、インドには仏教以外に九六もの宗教があり、仏法の強い信仰の炎に触れ、他の宗教は、まるで看板を焼失してしまうほどの勢いでした。中国の仏教弾圧で二宗三武の暴帝〈三武とは、北魏の太武帝、北周の武帝、唐の武帝を、二宗のうち一宗は後周の世宗をさすが、残りの一宗は不明〉と言われた人たちも、仏教の急激な勢いに権力を握って誇ったり衰退したのでした。釈迦の教え〈＝仏法〉がひとたび日本に入ると、何百年何千年とその間にいくつもの誹謗中傷などの攻撃に遭遇しましたが、少しもその教えが衰えることなく、世の中で人が守るべき道を助けながら、人の心を正しく導き、上は宮廷、貴族

序

佛法の勢力は夫れ猶水火の如きか、之を撲《はら》へば愈々《いよいよ》燃へ、これを撃《う》ては愈々《ますます》激す、昔時《せきじ》印度九十六種の外道も、其烈炎《れつえん》に獨《ふ》れて面門を燎却《りやうきやく》し、漢土二宗《そう》三武の暴帝も、其急渦《きうくわ》に巻かれて頭出頭没す、其法《はう》一たび吾朝《わがてう》に東漸《とうぜん》せしより、年を閲《けみ》する千幾《いく》百、其間又幾多の排毀《はいき》攻撃に遭遇せしと雖《いへど》も、毫《がう》も其本色を減《げん》ぜず、世道《せだう》を裨補《ひほ》し人心を矯《きやう》正《せい》し、上《かみ》は宮廷より下《しも》は閭巷《りよこう》に至るまで、皆安心の則《のり》を茲《ここ》に取らざるなし。偉《い》なる哉《かな》其功、盛《さかん》なる哉其徳矣、

から下は村人に至るまで、皆が安心して仏教の教えを取り込み、「偉大な釈迦の教え、盛んなるや仏法の徳かな」と心に感じたのでした。

昔、中国は唐の時代に玄宗皇帝が左街僧録神光法師を呼んで、

「仏は、すべての人間に何の恩恵をもたらすのか。なぜ国を捨て、妻子を捨ててまで仏法を志《こころざ》すのだろうか。もしこれに宇宙などを含めたすべての正しい真理が説かれているのであれば、私は仏法を崇《あが》めるが、もしそうでないのであれば仏法を滅ぼすべし」と仰ったのです。

神光は、「仏の生きとし生けるものに対する恩恵《おんけい》は、天地を超えて宇宙すべてを包み込み、明らかに太陽や月をも勝っていて、善い行い〈＝徳〉は父母よりも重く、道理〈＝義〉は皇帝と臣下の関係をも超えている」と答えました。

帝は、「宇宙は万物を造り出し、父母君臣は、それらが成長し変化するという徳を具《そな》えている。何で、仏はこれらを超越して立派な善い行いだと云うのか」と尋ねました。

昔唐の玄宗皇帝、因《ちなみ》に左街僧録神光《さがいそうろくしんくわう》法師を詔《みことのり》して問ひて曰《いは》く、佛は衆生に於《おい》て何の恩徳《おんとく》ありてか。君臣妻子を捨てゝ是《これ》に師事するや、其説若し理あらば朕當《まさ》に佛法を崇建《そうけん》せん、若し理に中《あた》らずんば滅除《めつぢよ》すべしと、神光《しんくわう》答へて曰く、佛の衆生に於《お》ける恩は、天地に過ぎ、明《めい》なることは日月に踰《こ》へたり、徳《とく》は父母よりも重く、義は君臣に越へたり、帝《てい》の曰く、天地日月は是化《これくわ》の造功《こう》を具《そな》へ、父母君臣は亦生成《せいせい》の徳《とく》を具《そな》ふ。何を以てか佛は此《ここ》に過ぎたりと云ふや、神光曰く、天は能《よ》く覆《おほ》へども載《の》すること能《あた》はず、地は能《よ》く載《の》すれども覆《おほ》ふこと能《あた》はず、日は則《すなは》ち晝《ひる》を照せども夜《よ》を照すこと能《あた》はず、月は則《すなは》ち夜《よ》を照せども晝《ひる》を照すこと能《あた》はず、父は能《よ》く生《しやう》ずれども養《やしな》ふこと能《あた》はず、母は能《よ》く育《やしな》へども生《しやう》ずること能《あた》はず、君《きみ》道あるときは臣忠《しんちう》なり、君無道《きみぶだう》なるときは臣《しん》必ず佞奸《ねいかん》なり、是《こゝ》を以《もつ》て徳《とく》に推《お》すときは皆全《まつた》からず、然《しか》るに佛の衆

神光は、天というものは空を覆《おお》うことはできても生き物を育《はぐく》むことができないように、地は生き物を育《はぐく》むことはできても空を覆《おお》うことはできません。太陽は日中は空に昇り光を降り注ぎますが夜は照らすことができませんし、月は夜に明かりを射しますが昼間は太陽の光が強く月明かりを見ることはできません。父は命を創造することはできても育てることはできず、母は命を育てることができても創造することはできないのです。上に立つ人が正しい道理を持っていれば臣下は忠誠を誓いますが、もし間違った考え方をしていると従順な姿を現していても内心は逆に不満を募《つの》らせているのです。このように徳というものを見ていきますとすべてを備《そな》えているとはいえないのです。しかし、仏が世の中の人々に授ける徳はそのようなものではなく、四つの産まれ方〈①母胎から産まれたもの　②卵から産まれるもの　③じめじめした所から産まれるもの　④過去の行いによって産まれてくるもの〉をした生きもの全てを網《もう》羅《ら》し、生きとし生けるものが生きてきたときの行いによって、迷いの世界で生死を繰り返す〈六道輪廻〉ことになるのです。悟《さと》りについて話をするときはすべて

生に於ける恩徳《おんとく》は實《じつ》に爾《しか》らず、蓋《おほ》ふときは四生《ししやう》普《あまね》く蓋《おほ》ひ、載《の》するときは六道倶《ろくだうとも》に承《う》く、明《めい》を論ずるときは十方を照耀《せうやう》し、朗《らう》を云うときは三有《さんう》に光《くわう》耀《き》す、慈《じ》は苦海《くがい》を提濟《ていさい》し、悲は幽冥《いうめい》を度脱《どだつ》す、聖《しやう》を論ずるときは聖中《せいちゆう》の王たり、神《しん》を論ずるときは六通《ろくつう》自在なり、是故《このゆへ》に存亡偏《ひとへ》に救ひ、貴賤《きせん》皆携《たづさ》ふ、唯願《ただねがは》くは陛下心を留《とど》めて敬仰《けいかう》したまへと、帝《てい》感悦斜《かんゑつななめ》ならず、詔《みことのり》して曰く、佛恩是《ぶつおんかく》の如し、師に非《あらず》んば宣《のぶ》ること能《あた》はじ、朕願《ねがは》くは回心《ゑしん》して生々《しやうじやう》に敬仰《けいかふ》せんと、

の方角に光を放ち、分かりやすく話すときは三つの生き方に光を当てるのです。慈《いつく》しみは苦しみの海からすくい上げ、悲しみは黄泉の国から解脱させるのです。知徳を話すときは知徳の王のように、魂《たましい》について話すときは仏が持っている六つの超能力を自由自在に使うことができるのです。このため、生き残るのか滅亡するのかの危機を救い、裕福な人も貧しい人も関係なく引き連れて、ただ天子の心を尊ぶことを願ったのです。帝は感じ入って喜んで仰るには、仏の恵みとはそのようなものであるか、私の先生でなければ、そのようなことを仰ることはできない、私は改心〈下段で『囘心』とあるが、これはキリスト教への改宗を意味します〉して四つの相〈四随相〉を喜んで受け入れたのです。

　これからすると、仏陀は真実の悟りを知り得た尊い人で、さまざまな説法は永久に変わることなく、東洋も西洋も同じ考え方の真理なのです。世界の真理は近代科学の進歩に依《よ》っても大いにその様子を現そうとしているときに、仏法もまた西洋文明が日本に歓迎されようとしている兆《きざ》しがある中で梵語《ぼんご》の研究から始まり、進んで東洋の歴史や文学、美術の真の姿を探り、

　是《これ》に因《より》て之を観《み》れば、佛陀は實《じつ》に智徳圓満《ちとくゑんまん》の聖《せい》者《しや》にして、其所説《しよせつ》の法《はふ》は、千古不磨《せんこふま》東西一貫《いつくわん》の眞理なり、嗚呼《あゝ》世界の眞理は近時科學《きんじくわがく》の進歩に依《よ》りて、大《おほひ》に其面目《めんもく》を露《あら》はさんとするに際し、佛法も亦漸《やうや》く泰西文明の邦國《はうこく》に歡迎《くわんげい》せられんとするの兆候あり。其始《はじめ》は梵語《ぼんご》研究より來《きた》り、轉《てん》じて東洋の歴史、文學、美術の探驗《たんけん》となり、今や又比較宗教

現在、比較宗教学という新しい分野は知識が盛んに燃え立つように、ついには欧米の学者までが仏法の修行者を鍛《きた》える環境に入らせようとしているのです。昨年（明治二六年）のアメリカで開催された世界宗教大会では、仏法が欧米へ進んで行こうとしている事実を明らかにする一大現象となっていると言えるのです。

　これより前、ヨーロッパの学者がインドの梵語で書かれた本を翻訳し、中国に伝わった仏教を順を追って書いたものは、その数が多いとはいえませんが、日本語に翻訳されて出回ったものとしては、マクス・ミューラルの『涅槃義』、オルコットの『仏教問答』、アーノルドの『アジアの光』、スェーデン・ボルグの『仏教学』など、少数のものしかないのです。ただ、仏教に入るものとして、スェーデン・ボルグは味わい深い哲学、アーノルドの優美な詩に読み込まれた感情、オルコットの力強く澱《よど》みのない不可思議な知恵、マスク・ミューラルは気高く上品な梵学などの感覚を持ち、それぞれが蘭《らん》や菊のような美しさをほしいままにしていて、しかも仏法の尊い究極の真理に至っては、一派を率《ひき》いている人たちが比べられることができるの

の新勢力は、炎々《ゑんゑん》燃《も》ゆるが如《ごと》く、遂《つひ》に泰西學者を驅《か》りて吾《わ》が佛法の大爐鞴《だいろはい》に投《とう》ぜしめんとせり、蓋《けだ》し昨年米國に開設せし萬國《ばんこく》宗教大會《だいくわい》の結果は、即《すなは》ち仏法西漸《せいぜん》の事實《じじつ》を證明すべき一大顯象《げんしやう》と謂《い》うべし、

　是《これ》より先泰西の學者にして、印度の梵本《ぼんほん》を飜譯《ほんやく》し、漢傳《かんてん》の佛經《ぶつきやう》を敍述《じよじゆつ》したる者、其數《すう》十百にして足らずと雖《いへど》も、其吾朝《わがてう》に譯述《やくじゆつ》流布《るふ》せられたるものは、僅《わつか》に「マクスミューラル」氏の涅槃義《ねはんぎ》「オルコット」氏の佛教問答「アーノルド」氏の亞細亞の光「スヱデンボルク」氏の佛教學等なりとす、蓋《けだ》し「スヱデンボルク」氏は、幽玄《いうげん》なる哲學より佛教に入《い》る者、「アーノルド」氏は、優美なる詩想《しそう》より佛教に入る者「オルコット」氏は、雄《いう》渾《こん》なる靈智《れいち》より佛教に入る者、「マクスミューラル」氏は、高雅《かうが》なる梵學《ぼんがく》より佛教に入る者、看來《みきた》れば各々蘭菊《らんきく》の美才を恣《ほしいまま》にすと雖《いへど》も、而《し》かも其佛法の聖諦《しやうたい》第一義に至りては、諸家《しよか》果して其奥妙《おうめう》に徹《てつ》せしや否や、且《しば》らく之を疑問に付す、

かどうかは疑問にせざるを得ません。

そもそも、日本には昔から漢語から完全に訳された仏教の聖典全部があり、各宗派によって経蔵・律蔵・論蔵の師がいて、幸いにも千年以上に亘り一つも失われることがなく、多くの書物は増えて、牛が汗をかき、家の棟木《むなぎ》〈柱や梁《はり》などを組み立てた後に、屋根の最も高い水平部分に加える木〉に閊《つか》えるほどの蔵書の数で、内容は非常に優れていて奥深いものの文章が堅苦しく難解で読みづらくなってしまい、昔の完璧な書物は今になっては大きなため息さえ出る始末です。ここで国内外の仏教学者は簡潔に書かれた仏教書物が世の中に出てくることを望み、干ばつに雨の降るような前ぶれもなく、私たち仏教を広めようとする者にとっては、その責任を痛感せざるを得なかったのですが、まことに都合が良いというか年を重ねた親友であるケーラス先生が、最近私に一通の手紙をくださり、

前略　私は、しばらく前から一冊の本を書いていて、このほど、ほぼ完成しました。この本は貴方のご興味を惹《ひ》くものと思います。私は仏教関連の書籍を西洋の人々が入手可能なものは、すべて

抑《そもそ》も吾朝《わがてう》には、古來漢譯《こらいかんやく》の完全なる佛經三藏《ぶつきやうさんざう》ありて、諸派各々専門を立《りつ》し、經《きやう》に經師《きやうし》あり、論に論師《ろんし》あり、幸《さいはひ》に千有餘《いうよ》年間一も其所傳《しよでん》を失《しつ》せざりしが、其書は多々増々《ますます》積《つ》んで、或《あるひ》は汗牛充棟《かんぎうじうとう》の多きに過ぎ、其義《ぎ》は高妙深遠《かうめうしんゑん》を極めて、時に佶崛《きつくつ》聱牙《がうが》に流れ、所謂古《いはゆるいにしへ》の完全なる者、今は却《かへ》つて其鴻漠《こうばく》を嘆《たん》ぜしむるに至れり、是《こゝ》においてか内外の學佛者《がくぶつしや》は、其簡潔なる佛教典籍の世《よ》に出《い》でんことを望むや、大旱《だいかん》の雲霓《うんげい》に於けるも啻《ただ》ならず。苟《いやしく》も吾曹《われら》佛教を宣傳《せんでん》せんとする者は、振《ふる》つて其責《せめ》を塞《ふさ》ぐに勤めざるも可《べか》らざるなり、恰《あたか》も好《よ》し、老友「ドクトル・ケーラス」君、近比《ちかごろ》予《よ》に一書を寄せて曰く、

前畧《ぜんりやく》、予《よ》は先頃より一著述に從事し、今は殆《ほとん》ど成就致候《いたしそろ》、此《この》書は定めし貴下の御注意を喚《よ》ぶものならんと存候《そんじそろ》。予《よ》は佛教の典籍にして、西人《せいじん》が手にし得《う》べき所は一切集輯致候《しうしういたしそろ》、バーリー。サ

手に入れました。バーリー〈語〉、サンスクリット〈語〉、中国〈語〉など、さまざまな言語から翻訳された本は手許に置いてあります。私はこれらの本からいろいろな事柄を比較検討した結果、ついに、すべてを組織立って出版したいと思っています。「仏陀の福音」という題名を付けて出版しましたら、すぐにでもご贈呈させていただくとともに、できましたら発売される前にご覧いただきたく存じます。つまり、原稿の試《ため》し刷りをお贈りさせていただきますので、よろしくご批評を賜わりたく存じます。……

私が昨年アメリカのシカゴにおりましたとき、ある日スネル氏がいらして、私たちに「あなた方がここアメリカで仏教を広めようとされるのであれば、まずケーラス博士に対して如来について深く話し合いなさい。彼〈ケーラス博士〉は、ドイツの哲学者であり、比較宗教学者として、ここアメリカにおいて一国の優秀なる勢力を持っている人です」と言いました。もし、彼が真に仏教について受け継いでいれば、その功績は多くの庶民に影響を与えるのに優れているので、私た

ンスクリット、支那《しな》等の諸語より飜譯《ほんやく》せられたる者は、大抵手許《てもと》に取寄せ申候。予《よ》は是等《これら》の書より種々《しゆじゆ》の事柄を比較研究致《いたし》候末遂《つい》に全部を編成致し、之に「佛陀の福音《コスペルオブブッダ》」てふ名を題し、遂《つひ》に出版仕度考へに御座候、拙著《せつちよ》の出版次第《しだい》、直《ただち》に御贈呈可申上候得《え》共、成るべくは刊行せぬ前に御目《おんめ》に掛け申度、即《すなは》ち原稿試刷《さつ》の儘《まま》にて御《おん》送り申上候間《あひだ》、宜敷《よろしく》御批評被下度候云々《しかじか》、

予昨年米國に遊びて施家谷《シカゴ》に滯在《たいざい》せし時、一日《あるひ》學士ス子ル《スネル》氏來《きた》りて吾曹《われら》に勸《すす》めて曰く、師等此地《しらこのち》に於て佛法を宣布《せんぶ》せんと欲せば、先《ま》ず去《さつ》て博士《はかせ》ケーラスに對《たい》して如來の妙義《めうぎ》を談ぜよ、彼は獨逸《ドイツ》の哲學者として、又比較宗教學者として、此地《このち》に於ては殷然《いんぜん》たる一敵國《てきこく》の勢力を有《いう》する人なり。若《も》し彼をして眞に佛意を承當《しようたう》せしめば、其功《そのこう》は千百の凡夫《ぼんぷ》を感化したるに勝《すぐ》れんと、尋《つひ》で吾曹《われら》親しく博士と握手し、屢々《しばしば》宗教の議論を上下《じやうか》するに丁《あたり》て、

ちは尋ねて博士と挨拶を交わし、しばしば宗教を議題に議論をするにあたり、ケーラス氏の発言が仏教についていいい加減なことを言っているのではないことを知りました。しかし、当時は博士の言葉は予想外に鳴り出した雷に風が吹き荒れるようでしたが、今や「仏陀の福音」という一冊の本となって、天から飛んできたように爽快に思うのです。博士がこの本を書くにあたり引用したものは、中国語の訳でサミュエル・ビール氏が訳した仏本行集経やバーリー語から訳されたライス・ダビット氏訳のマハーヴァッガやチューラ・ヴァッカ、梵語《ぼんご》の妙法蓮華経、大般涅槃経などと云われていて、大乗仏教と小乗仏教の両方に見ることができます。

今や、我が寺で仏教学問に携《たずさ》わっている鈴木大拙氏の手による、最も一般的な文字を使って本書を日本語に訳して公《おおやけ》にするのは、一つ目は欧米人の仏教思想を日本人に紹介し、二つ目には今後仏教を学問として学ぶ人たちにとって近道であり、三つ目に釈尊の成仏するまでの修行と知られた仏教のあらましを広く世間一般の人々にお伝えするのが目的です。読者の皆様が幸

果してス氏が言《げん》の虚《きよ》ならざりしことを知る。而《しか》して當時《たうじ》博士の舌頭《ぜつとう》上に在《あ》りて霹靂《へきれき》風雷《ふうらい》を震《ふる》ひしもの、今や一篇《ぺん》の「佛陀《ぶつだ》の福音《ふくいん》」と化して天の一方より飛來《ひらい》す、豈快《あにくわい》ならずや。蓋《けた》し博士が此篇《このへん》に引用せし經典《きやうてん》は、漢譯の佛本行集經《ぶつほんぎやうじうきやう》（サミュヱル・ビール」氏譯《やく》）、波利語《バリーご》の「マハーヴァッカ」（ライス・ダヒット）氏譯《やく》）、同「チューラヴァッガ」梵語《ボンご》の妙法蓮華《めうはふれんげ》經《きやう》及大般涅槃《だいはつねはん》經《きやう》等なりと云ふ、以《もつ》て其用意の大小兩乘《りよじやう》に出入するを見るべし、

今や吾參學居士《わがさんがくこじ》鈴木大拙氏の手を傭《やと》ひ、最も平易なる國字《こくじ》を以て本書を譯述《やくじゆつ》せしめ、且《か》つ之を公《おほやけ》にするものは、一に西人《せいじん》の佛教思想を採《とつ》て邦人に紹介せんが爲《た》め、二には後進の學佛者《がくぶつしや》をして其捷徑《しやうけい》を示さんが爲《た》め、三には釋尊の本行幷《ならび》に通佛教《つうぶつけう》の大意を普《あまね》く世間に傳播《でんぱ》せんが爲《た》めなり。讀者幸《とくしやさいはい》に之を諒《りやう》せよ。

せでありますように。

維新明治二七年一二月

円覚二百七世法孫比丘釈宗演識

維時明治二十七年十二月

圓覺二百七世法孫比丘釋宗演識

凡例

一・本書はドイツの哲学博士で今はアメリカに住んでいるポール・ケーラスという人の本を訳しました。でも、訳した者の考えにより削除したり改訂した処は少なくありません。これは西洋人の著書には西洋の雰囲気が感じられ、我々にはやりきれない箇所が多かったからです。

一・仏教の真理は永遠に不変ですが、その表し方は、時代が異なることで自分も異にしなければなりません。従来、日本では数多くの仏教に関する文書がありますが、堅苦しく読みづらいものでもなければ、怪しいものや内容の程度が高く奥深いものでもなければ、分かりやすく下品なもので、高校で勉強している人に丁度良いものとはいえません。私としては、これではよくないので、ケーラス博士が送ってきた「仏陀の福音」が需要に応《こた》えるものであると認められるので、先年この本を和訳して世の中に出版したのです。予想した通り世の中の希望に沿ったとみえて、初版はすぐに売り

凡例

一・本書は獨逸の哲學博士にて今は米國に棲へる佛教家保羅、馨蘭西と云へる人の書を譯したるなり。されど譯者の意によりて或は削除し或は改訂したる箇處少なからず。是は西人の著書には自ら西人の臭味ありて、吾曹の心に稱はぬふし多ければなり。

一・佛教の眞理は千古不磨なれども、其眞理を表詮する所以の方法に至りては時を異にするによりて自ら異ならざるべからず。從來我邦には汗牛充棟の佛教大意書あれども、桔屈聱牙のものにあらざれば奇怪變幻のもの、高尚深遠のものにあらざれば平易卑俗のものにて、今時の中學教育を受けたる人々のため恰好なるものはあらず。予居常之を遺憾としたりしに、會、馨蘭西博士より送り來れる「佛陀の福音」の正に此需要に應ずるが如きものあるを認めたるをもて、先年之を和譯して世に公にしたり。果然、世の需要に應じたりと見

切れとなりました。元来が西洋人によって書かれたもので、何となくキリスト教の影がここかしこにと現れて満足していなかったので、ここで第二版を出すにあたり多少の書き換えをしました。ただ残念なことには私の言葉ではないので、表現などで世間に通じない語句が多く、読者の方々の期待に反した結果となってしまいました。

一・私は後日よい機会を得て、中国語訳の仏教書とインド、チベットなどに残っている仏教書と比較検討して、要点を抑えて一般の仏教を信仰する方の座右の書とするつもりです。でも、一個人でできるものでもなく、十年二十年後に日本語、梵語、中国語の三カ国語に精通した同じ志を有する人が現れるのを待って、仏教の普通に使われる経典を編集出版されることを切に願います。

一・本書は、この希望の万分の一を実行した初めての翻訳本ですので、読者の皆様にはご了解くださ

え、第一版は悉く賣り悉くされたり。されど如何にせん、元より邦人の手に成れるものにあらざるを以て、何となく基督臭味を帶ぶるが如くにて、予は満足と思はれず、是を以て第二版に至りて多少の改竄《かいざん》を加ふること丶なしぬ。但憾《うら》むらくは予の文字にならぬより生硬の語句のみ多くして讀者の意に背く大なるを。

一・予は他時異日好機會を得て、支那譯の佛書と印度、西藏などに殘れる佛書と比較校訂して、其要を摘み、一般佛教徒のために座右の好讀本を編成せんとの志あり。されど此は一箇人の能くする所にあらざるを以て今より十年二十年の後、我邦に和、梵、漢の三國語に精通するが上に同業純一の人數輩を生ずることあらんには、其時を俟ちて佛教の普通教典を編成する運びに至らんことを切望するなり。

一・本書は此の希望の萬分の一を實行する第一着として譯せられたるものなり。讀者請ふ諒せ

い。

明治三四年一一月

大拙居士記す

よ。

明治三十四年十一月

大拙居士記す

現代語訳凡例

東條嘉顯

一．本書は、『佛陀の福音』第六版を下敷きにして、私なりに令和の現代語にしたものです。

二．下段は、なるべく原文に忠実に書いたものですが、中には私が使用したパソコンに旧漢字が登録されていない文字がありましたので、それらについては新漢字を使用しました。難しい漢字は、こんな格好の字だろうと思って書いた感字もあります。
また、文字につきましては第六版に印刷された文字を忠実に写しましたので、一部間違っていると思われる文字につきましても変えることなく、そのまま写しました。

三．カッコは、原文にカッコ書きされていたものをそのまま書きました。
山カッコは、私が意味や注として書き加えました。

四．誤字、脱字、当て字があると思いますが、ご了承ください。

五．原文と多少意味が異なる語句があると思いますが、その点お許しください。
主にキリスト教で使われる語句につきましては、なるべく表現を改めたつもりですが、一部どうしても他の表現に変えることができない語句がありました。
また、『佛陀の福音』では、仏教用語が禅宗を中心とした言葉で書かれていますが、禅宗以外を信仰している方にも分かるように一般の仏教用語に改めました。

六．一部、差別的な言葉など不適切と思われる表現がありましたが、原文を尊重してそのまま記載いたしました。

七．ご指摘いただきました語句や文章については、後日改めることも考えております。

令和版 対訳 仏陀の福音　目次

第七章　お釈迦さまの死

令和版 対訳 仏陀の福音

――お釈迦さまの生き方と教え――

第一章

概要

真理という吉《よ》い報らせがあることを喜びなさい。我等衆生《しゅじょう》の尊敬すべき仏は、諸悪の根源を見出したのです。衆生を救う手立てを示したのです。

仏は我々の心にこだわっている迷いを除いてくれたのです。死への恐怖から我々を救ってくれたのです。

我々の尊敬する仏は、病気のために疲れて悲しむ人を慰《なぐさ》めて、人生の重荷に堪えられず倒れようとする者に安心を取り戻させたのです。仏は弱者に勇気を与え、また、自暴自棄に陥《おちい》ろうとする人を救うのです。

人生の浮き沈みで苦しんでいる人や様々な罪悪感にさいなまれている人、道徳的に正しい生き方をしようとする人々にとって吉《よ》い報らせを聞くことができることを喜びなさい。

◎發端

第一　喜べ

好《よ》き音信《おとずれ》を喜べ。吾曹《われら》の主なる佛は諸惡の根源《みなもと》を看出《みいだ》し給へり吾曹に救の道を示し給へり。

佛は吾曹の心に懸れる迷を除き給へり。死の怖れより吾曹を救ひ給へり。

吾曹の主なる佛は病み疲れて悲しめる者に慰《なぐさみ》を與《あた》へ、人生の重荷に堪へずして行き倒れんとする者に安逸《やすき》を還し給へり。佛は弱き者に勇氣を與へて其好んで自暴自棄の境に沈まんとするを救い給へり。

或《ある》は人生の浮沈《うきしづみ》に苦しめるもの、或は罪惡と戰ひて苦《くるしみ》を忍ばんとするもの、或は眞理の中に生活せんとするもの、是等の人々よ、好き音信の來れるを喜べ。

心身が傷つき、あるいは病める人には尊く不思議な液体が、飢えて苦しく思う人には栄養のある食物が、咽喉が渇く人には水が、望みを失った人には希望が、心の闇に迷う人には灯火《ともしび》が、そして正しい道を歩む人には天からの幸福が尽きることなく与えられるのです。

心身に傷を負った人はその傷を癒やしなさい、飢えた人はお腹がいっぱいになるまで食べなさい、疲れた人は休みなさい、咽喉が渇いた人は渇きを癒しなさい、闇に迷った人は光輝く灯火を求めなさい、助けがなくて困っている人は心に喜びを持ちなさい。

真理を慕う人は真理が行うことにゆだねれば、道理に正しいことを行う国がこの地上に現れるのです。一切の迷いや煩悩の源は暗い闇ですが、真理の光が行くべき道を我々の前に照らして遠慮せずに堂々と歩くことができるのです。

尊敬する仏は、この真理を現してくださるのです。

真理は人々の病を癒し、心を失って悪い道に落ちることから救ってくれるのです。真理とは、生きるときも死ぬときも人々の力となるのです。真理以外に一切

傷つき病めるものには靈液あり、飢ゑて苦しめるものには滋味あり、渇けるものには水あり、望なきものには望あり、暗きに迷へるものには光の輝けるあり、正道を蹈むものには天福の窮《きはまり》なきあり。

汝、傷を負へるものよ、其傷を癒やせ。汝、飢ゑたるものよ、其腹に満つるまで食へ。汝、疲れたるものよ、休め。汝、渇けるものよ、渇きを止《とど》めよ。汝、暗きに迷へる者よ、光の輝けるを仰げ。汝、助けなき者よ、心に喜べ。

汝、眞理を愛するものよ、ただ眞理の爲すに任せよ、正しき御國は地上に來るべければなり。無明の闇は眞理の光に照らされて、吾曹は行くべき道を知りて横行濶歩するを得るならん。

主なる佛は眞理を現はし給へり。

眞理は吾曹の病めるを癒やし、吾曹を堕落より救ふなり。眞理は活ける時にも、死せる時にも、吾曹をして力あらしむるなり。眞理の外、無明の

の迷いや煩悩を源とする悪い行いを制するものはないのです。

真理という吉《よ》い報らせが聴かれることを喜びなさい。

世の中をよく観察しなさい、人生をよく思い返しなさい。

すべてのものは常に移り変わるもので、何一つ無限に同じものはないのです。生まれるものがあれば死ぬものがあり、成就するものがあれば失敗したり負けたりすることもあり、遠くにいる人と集まったり、今そばにいる人と別れたりするのです。

この世の中が栄えているのはまるで花のようで、朝は咲き乱れていますが、夕方には花は枯れたようにしぼんでしまい、朝のような華やかさは見る影もなくなってしまいます。

見なさい、この世の中はいたる所でゴタゴタや揉めごとがあり、欲望が満たされるように走り回り、痛み

惡業を制し得るもの一もなし。

好き音信を喜べ。

第二　輪廻と涅槃

世のさまを觀ぜよ、人生を觀ぜよ。

遷り變るは萬物の常なり、何ものか獨り無窮なるべき。生るゝあれば死ぬるあり、成るあれば敗るゝあり、彼處《かしこ》に集りて此處《ここ》に離る。

此世の榮えは華の如し、朝に爛熳たる色あれども、日中《ひちゅう》する比《ころほひ》には枯れ凋《しぼ》みて復《ま》た見る影もなし。

看《み》よ、浮世は到る處として、紛紜《ふんうん》ならぬはなし、或は快樂を獲んとして奔《はし》り狂ふあり、或は痛

や苦しみから逃れようとしたり、功名を挙げようと栄誉と恥辱の世間を転げまわったり、愛や憎しみ、好き嫌いという広く深い川で浮き沈みを繰り返し、すべてのことは移り変わって止まることがなく、これらすべての行為が繰り返されているのです。これが『輪廻の業』なのです。

この宇宙において、あらゆるものは永遠に変化しないものはないのです。この入り乱れている世の中のどこに憂える心を安心させることができる場所があるでしょうか。私はどのようにして、永久に不変というものに出会うことができるのでしょうか。

心の憂いが尽きるときが来るのだろうか、欲を失くすときが来るのでしょうか。いったい、いつ心を安らかにし、魂〈＝精神〉を休ませることができるのでしょうか。

親愛なる仏は、この世で人々が犯す人生の罪悪を嘆き、また悪事を働かないという決断力がないのを見て、世の無常ではなく、永遠の悟りを得るための方法を求めたのでした。

永遠に生きながらえることを願う人は、死なないと

苦を避けんとして驚き逃ぐるあり、或は功名榮《えい》辱《じょく》の巷に出でて七轉八倒するあり、或は愛憎好惡の淵に入りて上下浮沈するあり、萬の事轉々變々して窮まる所なし、是れ皆輪廻《サンサーラ》の業なり。

宇宙の間には永久不變のもの之なかるべきか。世を擧げて紛々たらば、何處に此憂心を安んずべきか。嗚呼、吾如何にして、かの恆久《ごうきゅう》の一物に到り得べきか。

愁歇《や》む時なかるべきか、慾滅ぶる時なかるべきか。嗚呼、何時に能く此心を安んじ、此神《しん》を休すべきか。

主なる佛は人生の罪惡を嘆き、又此世の果敢なきを看給ひて、常住不死の一物を獲て、以て救ひの道を求め給ひたり。

生きんことを願ふものよ、不死の理は轉變し、

いう道理は変化するものであり、死んだ後に再び生まれ変わるものであることを悟りなさい。失望や後悔といったことのない幸福を求める者は、仏の忠告を聴いて善き指導に従って道理の正しい生き方をしなさい。富を得て多くの財産を蓄えようと思う者は、仏の許に来て永遠の宝が入った蔵の扉を開けなさい。

その蔵の中には『真理』があり、これは永遠に変わることがなく、生死がなく、始めも終わりもない。限りのあるあなた、真理という幸福をあなたの心に宿して守りなさい。

真理を持った心は滅ぶことなく、心豊かになり、幸せなのです。

あなたたちの心の中に真理を安置する所を確保しなさい。真理は永遠に変わらざるものの姿で、変わらないものは心の中に描かれ、永遠に存在するものは心の中に現れます。限りある肉体に限りない生命を恵まれるものは、真理以外にはないのです。仏とは真理そのものであり、あなたたちの心の中に仏、すなわち真理を永くとどまらせなさい。

あなたたちの心の中に仏と当てはまらない煩悩があ

遷流する間に潜めるものなることを悟れ。失望後悔の種を含まざる福徳を求めんとするものよ、吾大世尊の忠告善導に従ひて、正しき生涯を送れ。富を獲、財を収めんとするものよ、来りて天壌無窮の寶庫を開け。

眞理は恒久にして渝《かは》ることなし、生死を知らず、終始を知らず。汝、限りあるものよ、眞理を祝ひて汝の心の眞理とならんことを願へ。

眞理は滅びざる心なり、眞理をもてるものは富めるなり、眞理に棲めるものは福《さいはひ》なり。

汝等の心の裡《うち》に眞理の伽藍《がらん》を建てよ、眞理は恆久不變なる一物の肖像なり、變わらざるものは此に描かれ、永遠なるものは此に現はる。限りある身に限りなき命を恵むものは、眞理の外に求むべくもあらず。佛は眞理なり、佛をして汝等の胸中《むねのうち》に住ましめよ。

汝等の心の裡に佛と相稱《あいかな》はざる煩悩あらば、

るならば、この煩悩を絶やし滅ぼして跡形もなく消し去りなさい。こびりついた煩悩の垢を擦り落とした心は仏となるのです。

もし、あなたたちの心の中に仏となるのに相応しくないとき、あるいは、仏となることができないと思われるときには、あなたたちの心の中にあるものは亡ぶべき定めにして、それは迷いや煩悩であって不幸となる源泉です。

あなたの心に真理の知恵がなければ亡ぶしかありません。が、しかし、その心を空っぽにして神々の飲料である甘露のような仏の教えを心に刻みなさい。そうすれば、心の中にあった罪の穢《けが》れは洗い清められ、ただ一つの真理への道を進むことができるでしょう。

よく『我《が》』と『真理』を同一視する人がいますが、これらは別のものなのです。我《が》は自分の欲が元になっていますが、真理と我《が》は遠く離れたものであり、正しい行為を行うための道を進むことができるのは『真理』だけなのです。

自分が存在する大本が我《が》であって欲望に執着する人は、我《が》が永久に滅ることも無くなることもないと思っ

悉《ことごと》く斷滅して跡をだに殘すなかれ、心の垢を拭い盡《つ》くしたるものは即ち佛となれるなり。

もし汝等の心の中に佛と成る能わざるもの、或は成らざるものあらば、是は遂に亡びざるべからざるものなり、此一物は迷の所爲《しょゐ》にして、汝が無明の起となり、汝が不幸の源となる。

汝の心中に眞理を積み累《かさ》ねなば亡びざるを得べし。只其心を虚くして甘露の如き佛の言葉を容《い》れ得させよ。罪業の瀆《けが》れたるを洗ひて淨からしめよ。眞理に到るべき道は唯これのみ。

我《が》と眞理との分《わかち》を知れ。我《が》は私慾の源にして罪業の起る所なり。眞理は我《が》を去ること遠し、眞理は所として在らざるはなし、正義の大道に導くものは眞理に外ならず。

我《が》を以て己が存在の根本となし、愛執して措かざるものは、我《が》を信じて永遠朽つることなく萬世

ても、これは幻《まぼろし》なのです。本来の真理のみを求め、我《が》は捨て去るのです。

もし『我』によって自分の心を痛めることなく、他人を傷つける思いを断ち、心に何のわだかまりがなく、真理の光が輝く玉のようになれば、様々なものが映っては消えても、少しも真実の姿を変えることなく心の内に光り輝き、欲望による乱れなく、迷いや煩悩により真理が暗くなることなく、悪い結果が生じる汚れもないのです。

　独りよがりの人やエゴイズムな人は、偽物の我と本物の我の区別ができず、実体のない考えや強い愛の欲望のようなものは『偽我』といい、幻のように最終的には無くなってしまうものです。我と真理とが一つになったときには『涅槃』となります。涅槃に至るということは『悟り』を得ることであり、最も優れた幸せをことごとく得て、永遠に命を保つものとなるのです。

　たとえ、一切のものが壊れ、宇宙は裂けて我《が》が亡びても、仏の教えは永遠に滅びることはありません。

に亘りて愈《かは》ることなしと思へども、是は虚妄の甚しき者なり。ただ眞理を欣《よろこ》び求めよ、厭《いと》ひ棄《すつ》べきは我《が》にこそあれ。

　若し吾心をして我《が》の擾《みだ》す所とならず、他《ひと》を害《そこな》ふ念を絶ちて、八面玲瓏《れいろう》、眞理の光を映すこと玉の如くならば、事々物々、映り去り映り來りて毫《すこし》も其眞相を變せず、光明赫奕《かくやく》として、吾が心の裡に描かれ來らん、此心には情慾の紛《みだれ》なく、無明の闇なく、罪業の汚なし。

　我《が》を求むるものは偽我《ぎが》と眞我《しんが》との區別《わかち》を知らざるべからず、我執我愛の如きは之を偽我と云ふ、幻の如くにて遂には亡ぶべきものなればなり。我《が》と眞理とを一になさば卽《すなは》ち涅槃に至るを得べし、涅槃に至るは佛果を得たるなり、最勝の幸福を全くせるなり、恆久《がうきう》不死の一物となれるなり。

　萬有は壊《やぶ》れ、宇宙は裂け、我《が》は亡びん、されど只佛の金言のみは永く滅することなからん。

我を徹底的に滅ぼすことを『救い』と、我をきっぱりと断つことを『悟り』と、我から離れた境地を『涅槃』といいます。楽しみだけに没頭せず、真理の中で楽な姿勢で寝る人は幸福です。誠に心に欲がなく、精神に波が立たず、心の中が少しの動揺もない状態が天から与えられる最高の幸せなのです。

さまざまな因縁によって生じる現象が生滅し変化する世の中で、生滅や変化が永遠に存在して変わらないものがあることを仏が見つけられました。それで人々に「仏にすがりなさい」と「宇宙にあるすべてのもののうち、絶えること変わることがないものにすがりなさい」、また「仏の悟った真理にすがりなさい」と仏がおっしゃいました。

◈

宇宙に現存するすべてのものは、過去に存在したものから生まれ変わったものであり、どれでも性質は変化しないとは言えず、すべての生き物も同じです。その過去に生まれたときになされた行いは、今の世にお

我《が》を滅ぼし盡《つく》せるを救と云い、我《が》を斷ぜるを悟《さとり》と云い、我《が》より離れたるを涅槃と云う。樂に耽る念《こころ》なくして、ただ眞理の中に安臥《あんぐわ》するものは幸《さいはひ》なり。實に心を虚しくし氣を平《たいらか》にして、胸裡《きょうり》一分《いちぶん》の動揺なきこそ最高の天福なりと謂ふべけれ。

佛は有爲轉變《うゐてんぺん》の中に常住不變の一物あることを發見し給へるが故に、吾曹をして佛に歸依《きゑ》せしめよ。萬有遷流の間にあるも絶えて變わることなき一物に歸依せしめよ。佛の悟によりて成れる眞理に歸依せしめよ。

第三　眞理は救主なり

宇宙に現存せる萬物は、皆過去世に存せし萬物より生じ來れるものにして、其性一として轉變せずと云ふことなし、一切の生物も亦然《しかな》り、その過去になせる行爲《おこなひ》の如何《いかが》によりて今世の果を感ずる

いて過去の行いの結果が現れているのです。何故かというと、すべてのものが過去に行った原因に対して今の世に結果として現れるという『因果の法』があるからなのです。

しかし、真理は移り変わるすべてのものの中に隠れ潜み、すべてのものを実在させています。真理は移り変わるものの中にあって、常に存在して変わることはありません。

真理は、実際そこにある岩石の中にも存在します。神のように気高い人であろうとも、この真理というものが無いということにはできませんが、岩石は意識というものを持っていないのです。

植物の中にも真理はあり、生き生きと成長し、花が咲き実を結びます。人間に美しい感激を与えてくれるものであれば、普遍的な絶対の真理を持っているが、植物に意識というものはないのです。〈凡夫注。最近の研究では、植物にも意識や感情があることが分かってきています。〉

動物にも真理はある。動物は動き回り、周囲にあるすべてのものを見て、見分け、良いものだけを選び取

なり、何となれば因果の法は、萬事萬物の間に行はれて遍《あまね》からずと云ふことなければなり。

されど眞理は轉變する萬物の間に潜み匿れ、萬物をして實在ならしむるなり。眞理の變々化々のうちにありて而も恒に存して變ることなし。

眞理は岩石の中にも尚存せり、何となれば岩石實に此に存在すればなり、神人ありとも、いかで能く之が存在を無にし得べきか、されど意識は岩石の有する所にあらず。

眞理は植物の中《うち》にも尚之あり、其能く生々《せいせい》として或は生長し、或は花開き、或は實を結び、吾曹をして坐《そぞろ》に其美《うるはしき》を感歎して惜かざらしむるものは實に此理あればなり、されど意識は植物の有する所にあらず。

眞理は動物にも尚之あり、動物は活動し、四邊《よも》の萬物を看取《かんしゅ》し、辨別《べんべつ》し、撰擇《せんたく》する能《のう》あり。意識

り、悪いものは捨てる能力があります。これは、意識があるためですが、真理はこの意識に左右されるものではありません。わずかに本能的な意識や行動があるに過ぎないのです。

自己中心的な意識は心を暗くし、真理を覆い隠す煩悩の元であり、迷いの根っこであり、悪い結果を生む原因となる種なのです。

自己中心的な意識は私利私欲を生みます。今の世の中で初めから悪い人はなく、自己中心的な考えが悪となるのです。この世の中では元々道徳に背くようなことはないのですが、自己中心的な考え方を行うことで道徳に背く行為が生まれるのです。

自己中心的な心からは、憎悪・不公平・誹謗中傷・罪を犯しながら恥じる気持ちのない・礼儀をわきまえない・他人の所有物をこっそり盗む・暴力や脅迫で他人の物を奪う・権力などを使って他人の言動を抑えつける・他人を傷つけるなど、無慈悲なことを平気で行うことが始まります。自己中心的な考えからは、善き行いの障害となり、心を迷わせて悪い道に誘ったり、悪いことを育てたり、害毒を生むことになるのです。

是《ここ》に至りて生ず、されどそは眞理の意識にあらず、僅かに我《が》の一念子《ねんす》あるに過ぎず。

我《が》の意識は心を昏《くら》まし、眞理を蔽《お》ふ。我《が》は無明の源なり、迷の根なり、罪業の種子なり。

我《が》は私慾を生む。吾世には始より惡なし、唯我《が》より溢《あふ》れ出づるもの卽《すなはち》是を惡となす。吾世もと不善なし、唯、我《が》を肯《うけが》ふよりして不善を生ずるなり。

我《が》は憎惡、偏頗《へんぱ》、讒謗《ざんぼう》、無慚《むざん》、無禮、竊盜《せっとう》、強奪、壓制《あっせい》、殘忍の始《はじまり》なり。我《が》は善を障《ささ》ふるものなり、誘惑に導くものなり、惡を造るものなり、害毒を生ずるものなり。

自己中心的な考え方は、人の心を迷わすことを愉快にさせます。これを極楽へと導くと言いますが、自己中心的な考え方は幻であり、物の真実の姿を隠してしまい見せないのです。ですから、自己中心的な考え方が心に与える愉快さは偽りで、極楽と思えたものは実は地獄に落ちる道を示し、美しく思える人の欲の種火を煽ぎたてて益々炎を大きくさせようとするのです。我々の中で自己中心的考え方の束縛から離れようとしている人、我々が落ちぶれて不幸な思いでいるときに救ってくれるのは、そして、幸せ多き生涯を送らせてくださるのは誰ですか。

迷いの世界、生死を重ねる世界には、落ちぶれたり、悲しみや苦しみがあります。しかし、真理の善い行いやそれによって得られる福利は大きいものです。天下の悲しみや苦しみを一つに集めても追いつくものはないのです。真理は心を悩みから穏やかにして炎のように燃え上がる激しい欲を消し去り、涅槃という人が行くべき正しい道へと向かわせるのです。

静かな涅槃の地に行かれる人は幸せなのです。穢《けが》れや欲に煩わされることなく、みだらな心の妨げがな

我《が》は人を迷はすに愉快を以てし、之に天上の極樂を與《あた》ふべしと云ふ。されど我《が》は幻なり、物の實相を隠《かく》して見せしめす。故に我《が》が與《あた》ふる愉快は虚妄《いつはり》なり、極樂の如く思はるるは其實地獄に陥《おちゐ》る道なり、我《が》の美《うるは》しく思はるる人の慾火《よくくわ》を煽《た》てて止む時なからんとするなり。吾曹をして我《が》の束縛を離れしむる者は誰ぞ。吾曹を零落不幸の境より救ひ上ぐるものは誰ぞ。吾曹をして幸多き生涯に還らしむるものは誰ぞ。

輪廻の世界には零落《おちぶれ》あり、苦愁《くるしみ》あり。されど眞理の福徳は大なり、天下の愁《うれへ》、苦《くるしみ》を集めて一となすも、之には如《し》くべくもあらず。眞理は心の悩めるを穩《おだや》かにし情炎を滅ぼし盡《つ》くして、涅槃の大道に赴かしむるなり。

靜けき涅槃の地に到れるものは幸なり、塵慾の煩《わずらひ》なく、妄情の障《さはり》なく、獨り超然として轉變の

く、すべてのものが移り変わる世界の外に住み、生死の世界をさまようことなく、生きているときに罪悪というレッテルを貼られることもありません。

『真理』を自分の本当のあり方にできる人は幸せです。それは、その人は正しい目的を達成して自分と真理とを一つにすることができるからです。傷つくことがあってもそれに打ち勝ち、苦しみや悩みも繁栄と幸福に結びつけて、一大事のため、または自分の身を滅ぼすことがあっても、その人は強い心を失わず、たとえ、消滅することがあろうともその人の心は生じもせず滅することもせず、涅槃の境界にあって、その精神を持つ真の体は大変長い年月を経るとも少しも変化することはありません。

仏の清き世界に行かれる人は幸せです。同じような罪から救われるのです。真理というものは人の心に住み、欠けることのない知恵はその心を照らし、道理に正しい道とはそのすべての行いに伴うものなのです。

真理は善きことをする活力ですが、これを破り、これを滅ぼそうとする力もまた、あります。しかし、あなたの心の中に真理を働かして、この力を広げてすべ

外《ほか》に棲めり、生死の上に立てり、人生の罪惡も之を瀆《けが》すこと能わず。

眞理を以て自己の本體となせるものは幸なり、何となれば彼は其目的を達して自己と眞理とを同一體となせばなり。傷つくことありとも彼は勝てるなり、苦み惱むことありとも彼は榮《さかえ》と福《さいはひ》とを有《たも》てり、一大事の爲めに或は一身を斃《たほ》すことありとも彼は强者《つよきもの》たるを失はず、滅ぶることありとも彼は不生不死なり、そが精神の眞體は千秋萬古《よろづよ》を經るとも毫《すこし》も易《かは》ることなし。

佛の淨き境界に到れるものは福《さいはひ》なり、同類を罪より救ひ得べければなり。眞理は是人を以て住家となし、缺《か》けたることなき智惠は其心を照らし、正しき道は其萬行《ばんぎやう》に伴ふなり。

眞理は善をなす活力《いきたるちから》なり、何の力か能く之を破り之を滅《ほろぼ》さん。汝等の心の中に眞理を働かしめ、又此力を擴《ひろ》げて人類の間に遍《あまね》からしめよ、罪

ての人々に知らせなさい。罪・穢《けが》れから離れ、落ちぶれることからも離れて、救われるのは、ただ真理だけなのです。真理とは仏であり、仏は真理そのものなのです。仏よ、幸福をお与えください。

業を離れ、零落を離れて、救の途に到るは唯眞理あるのみ。眞理は佛なり、佛は眞理なり。佛よ、福《さひはひ》あれ。

第一章　ブッダになるまで

インドのカピラ城のシャカ一族に、勇気があって大変強いジョウホン王という王様がいまして、国民から大いに尊敬されていました。

ジョウホン王のお妃《きさき》はマヤといい、その容姿は花のように麗しく、蓮のように心がきれいで、まるで天から天女が降りてきたと思われるくらい美しく、きちっとしていて埃一つなく、心身が清らかで汚れていない生活を送っていました。

国王は妃の心が汚れていないことを褒め称えましたが、王妃は夢か幻か、神聖といわれ道理に正しく清らかな魂の六本のキバを持つ全身が真っ白な象が天から舞い降りて、そっと妃の体に入ると懐妊したのです。

王妃は出産が間近に迫ってきたことを知り、コーリヤ国にある実家へ戻って出産することを国王にお願い

◎悉達太子佛となり給ふ事

第四　佛の誕生

印度の迦毗羅《カビラ》城に釋迦と云へる一族の王おはしけり、浄飯王《ジョウボンオウ》と申し奉り、剛毅勇壮《がうきゆうさう》の性質《うまれ》にして衆人に尊ばれ給ひき。

王妃を摩耶《マヤ》夫人とまうし、御容《かたち》の麗しきこと花の如く、御心の清きこと蓮《はちす》に似て、さながら天女の降《くだ》れるかと思はるるばかり、端然として一塵の欲なく、清浄無垢の生涯をぞ送り給へる。

國王は夫人の神聖なるを讃め稱《たた》へ給ひ、眞理の靈體《れいたい》は王妃の上に降り來りぬ。

王妃は分娩の期近きに在るを悟り、父母の家に歸らんことを請い給へば、國王は喜んで之を許

したところ、国王は喜んで妃の無事の出産を祈ってこれを許し、妃は実家へ旅立ったのです。

実家へ向かった王妃一行がランビニ園に差しかかったとき、王妃は陣痛が始まり出産がいよいよ近づいたので、木の下に布を敷いて乗り物から王妃を移したところ、赤ちゃんが王妃の体内から産まれました。そのとき、王妃と子供は今まさに朝日が昇ろうとするように光り輝いたのでした。

このとき、世界は輝く光で溢れ、目が見えない人は光を得て見えるようになり、音が聞き取れない人や発音が難しい人たちは仏さまがお生まれになったことによる、めでたい現象が現れたことを話し出しました。へそ曲がりの人は性格が真っすぐになり、足の不自由な人が歩けるようになり、囚人は解放され、地獄で燃え盛る炎は消えてしまいました。

空は澄み切って晴れわたり、川は透き通って波も立ちませんでした。天界では妙なる音楽を飛天たちが演奏し、歓びを表現するかのように、その音楽に合わせて踊り唄い出しました。これは、自分だけを愛したり、ひがむ心から出たものではありません。優れた仏

し、竊《ひそ》かに母子の安全ならんことを祈り給ひぬ。

王妃の嵐毗尼園《ランビニイエン》を過《よ》ぎらんとし給ひし頃、圖《はか》らずも分娩の期に迫りければ、直に床を樹の下に布《し》かせ給ひき。かくて嬰児の母胎を出て給ふや、光明赫奕《かくえき》として旭日《あさひ》の将《まさ》に昇らんとするが如くなりき。

今や全世界は光を以て溢れぬ。盲者は主の光榮を看んと思ひて之が爲めに明を得、啞者と聾者とは佛の出生を示せる諸々の瑞兆の現はれたるを語り出でぬ。曲れるものは直《なお》くなり、躄《あしな》へたるものは歩を運び、囚《とら》はれたるもの鎖を解かれ、地獄の熱火は消え失せぬ。

空は晴れわたりて塵だにも起らず、河は澄み透《とほ》りて漣漪《さざなみ》だにもなし。天樂の響妙《ひびきたえ》にして、天人は踊りつつ喜《よろこび》を歌ひぬ。是れ自ら愛する心、僻《ひが》める心より來れるにあらず。誠に大法の爲めに之を喜び之を祝へるなり。それは苦みの大海原に投すてら

の教えをこれから得られる喜びを祝うものでした。それは、苦しみが渦巻く大海に捨てられたさまざまな生き物の苦しみが救われる道が示される時がきたのです。

鳥や家畜、獣などは、鳴き声をあげることもなく、あらゆる悪の神も憐《あわれ》みの心を動かされて騒がず、世界中は静かに穏《おだ》やかとなりましたが、ただ色欲と食欲の二つの欲が強い世界で他人の楽しいことを自由自在に自分の楽しみとして好んで使うことができる魔王だけは大変嘆き悲しみました。

蛇〈インドではコブラとされていたが、中国にはコブラがいなかったため竜とされた〉の精霊たちは、最も優れた法を説いたとして過去に出現した仏たちを敬い賞讃したように、今回も菩薩の所に集まり、その前で見る者の心を喜ばせるといわれる『曼荼羅華』という天上に咲く花を撒き、心の底から歓喜の表情で謹み敬い新たな仏さまとなる子供を拝みました。

父となった国王は、どのような理由でこれらの行為が行われたかが理解できず、しきりに思い悩み、あるいは喜び、心配しました。

れたる萬物の今や救の道に到る時に會へばなりけり。

禽獣は其聲を潜めて叫ばず、惡魔も哀憐《あはれ》の心を動かして騒ぐことなく、地上到るところ靜謐《せいひつ》、平和ならずと云ふことなかりしに、只だ第六天の魔王のみは太甚《いた》く嘆きかなしみぬ。

那伽《ナカ》の諸王は最《いと》も勝れたる法の道を敬《うやま》はんとて過去の諸佛を讃せる如く、今もまた菩薩の許に來り會し、其前に至りて曼陀羅華を撒き散らし、眞心より悦びの情を表はし恭敬禮拜《くげうらいはい》して事《つか》へ奉りぬ。

父なる大王は是等の所行の何の爲なるかを知らず、頻《しき》りに思に沈みて或は喜び或は憂ひ給ひぬ。

母となった妃は、産まれてきた子供の顔をつくづくと見つめ、いつもと違うこれらのことに心で怪しく思い、何となく理解に苦しみました。

　年長の女官は妃の枕元で、天に向かって今しがた産まれた子供の将来を案じて祈りました。その頃、森に住んでいて、品格が高く学識に優れていただけでなく、天地などの縁起や災い・幸せを占うといわれたアシタという仙人が国王に呼び出され、このたび産まれて城に戻った子供〈王子〉に会わせて占わせました。

　仙人のアシタは、王子を見て涙を流しながら、長い溜息《ためいき》をもらしました。

　国王は仙人が涙ぐむのを見て驚き「あなたは何故我が子を見て憂い悲しむのだ」と尋ねました。

　仙人は、今度は喜びの表情で国王の言葉を聞いて、

「国王は丸い月のように欠けたことがない喜びを感じてください。貴方〈国王〉はとても貴い王子を授かりました。


母なる女王はつくづくと嬰兒の面《おもて》を打眺めつつ、是等の異變を観《み》て心に怪み給ひ、只何となく解けやらぬ疑《うたがひ》に悩《なや》み給ひし。

　年老いたる官女は女王の枕邊に立ちて、天に向ひて嬰兒の将來を祈りぬ。其頃森の中《うち》に阿私多《アシタ》と云へる一人の仙人棲ひけるが、婆羅門にて、其風《ふう》采《さい》いと氣高し。學博《がくひろ》く智勝《ちすぐ》れたるため其名到るところに騒がしかりしのみならず、また能く吉凶禍福を占ひたれば、淨飯王は呼び來りて、王子を相せしめ給ひけり。

　相者《そうしゃ》は王子を看て涙を流し長大息を洩らしぬ。

　大王は相者の涙ぐむを見て、驚き尋ね給ふ、

「汝は何故に吾子を相《み》て憂《うれひ》を催し悲みには沈むぞ」。

　されど相者は更に悦の色を作《な》し、王の悩み給へるを慰めて曰ふ。

　「大王は圓《まど》かなる月の如く缺《か》けたることなき喜を感じ給ふべし、爾《そ》は一方ならぬ貴《たふ》とき御子を生み給へばなり。

王様、憂いたり惑うことはありません。これらの世の中が一時静かになり天界の妙なる音楽が聞こえたり王子が光に包まれたりしたのは、王子が将来世界中の人々や生きとし生けるものを救う人になることの兆候です。

されど、私〈仙人〉は年を取ってしまい、死が訪れるまでには悲しいかな時間がありません。

これを思うと、王子は遂には世界を制して、すべての生きとし生けるもののために仏となるために産まれてきたのですが、その姿を見ることができず、思わず涙を流してしまったのです。

王子の清き教えは、壊れた船が打ち上げられた海岸のように、考えは湖の水が湛えられるように、欲にまみれた一切の生きとし生けるものは、王子の前に来て汚れを洗い流すようになるでしょう。

仏となる王子は、欲深く際限なく欲しがる心の炎が勢いよく燃え盛るのを見て、慈《いつく》しみと慰《なぐさ》めの雲を起こして、仏の教えがすべてのものを潤《うるお》す雨のように炎を消し去るでしょう。

王よ、さな愁ひ給ひそさな惑ひ給ひそ。是等の徴候は今生れ給ひたる王子の末は遂に全世界を救ふに至り給はさんことを示せるなり。

されど悲いかな、吾齢《よはひ》は既に傾きぬ。終焉《しうたん》の期は幾何《いくばく》もなかるべし。

之を思ひて涙下るも覚《おぼ》えはべらず。是の兒《こ》は遂に世界を御し給ふべし、一切衆生の爲めに生れ給ひたる御佛なれば。

其淨き教は破れたる舟を打上ぐる海岸の如くなるべし。其思惟《しゆい》の力は湖水を湛《たた》へたるが如くなるべし、慾にて汚れたる一切の衆生は此に來りて思ふままに其身を洗い得べし。

佛は貪《むさぼり》の炎の熾《さか》んなるを見て、仁慈《じんじ》の雲を起し、法《のり》の雨を注ぎて忽地《たちまち》に之を滅ぼすならん。

仏は絶望と思われる重い扉を開いて、人々の迷いや煩悩、執念のために自らその中に入り、苦しむ人々を救うでしょう。

今、仏となられる王子は、貧しい者、悩みの多い者、苦しめる者からそれらを取り去るために産まれてきたのです」と慰め、励ましました。

国王と妃である両陛下は仙人の言葉を聞いて大いに喜び、王子に目的を達成する人という意味の「シッタルタ」という名前を付けました。

その後、妃は妹に「ブラジャパーチよ、未来に仏となる子を産んだ者は、その後子を産むことはできないと云われている。されば私が死んで夫である王と子供であるシッタルタと別れなければならない日はそう遠くではない。私が死んだら、あなたブラジャパーチが王子のために母となって慈しみ深く育ててください」と言いました。

ブラジャパーチは泣きながら、王の妃である姉が言われたことに従うことを誓いました。

妃がこの世を去ってからブラジャパーチは、姉との約束どおり自ら継母として王子のシッタルタを育てま

佛は絶望の重闕《ちようくわん》を開きて、妄念無明の爲めに、自ら張れる網に罹《かか》りて苦しめる人々を救い給ふならん。

今や法王は貧しきもの、悩めるもの、苦しめるものを解脱せしめんとて來り給へり。」

父王母后は相者の言《こと》を聞きて大に喜び、王子を悉達多《シッタルタ》と呼びなし給ひぬ、悉達多とは「其目的を達せる人」の義なり。

その後、女皇妹子に告げ給ひけるに「鉢羅闍《ブラジャ》鉢底《パーチ》よ、未來の佛を生めるものは、また子孫を擧《あ》ぐることなかるべし、されば妾が此世を辭《じ》して夫なる王、皃なる悉達多と相別るべき日は遠からじ、妾逝かば妹子必ず皃の爲めに慈母となり給はれよ」。

鉢羅闍鉢底《ブラジャパーチ》は泣きつつ女王の旨に遵《したが》ひ奉るよしを誓ひ給ひぬ。

女皇世を去りて後、鉢羅闍鉢底《ブラジャパーチ》は約《やく》を履《ふ》みて自ら悉達太子を養ひ給ひぬ。太子は、月の光の夜を

した。シッタルタは月の光射す夜を追うように心身ともに穏やかに育ち、真実の母のような愛情を心に注がれ、充たされたのでした。

王子であるシッタルタは、ようやく年頃になったので、父である王はシッタルタを結婚させようと思い立ち、さまざまな親類に王女を連れてきてその中から選ばせようと思いましたが、親類の王族からは「王子はまだ若く、体質も強くなさそうですし、かつ、体力を養ったり、まだいろいろ学んでいると聞いていますので、思いますに、我々の娘を愛していただくには、まだその資質が足りないように思えます。もし、戦争が起きたとき、王子は勇気をふるって敵を負かすことができるのでしょうか」と不安の声があがっていました。

王子は元々荒々しい気質ではなく、どちらかというと、いつも思い込むようで、普段から城の中の庭にある閻浮樹あたりを歩きまわり、世の中を観察し思い巡

逐《お》うて、次第に圓《まど》かなるが如く、心身ともに發達《はったつ》して、眞實仁愛の情その胸間《むねのうち》に充ち塞がるに至り給ひたり。

第五　此世の繫類《けいるい》

悉達《シッタ》太子、御年漸《やうや》く長《た》け給ひたれば、父王は王妃を迎へばやと思ひ給ひ、諸の親族に王女を携《たづさ》へ來《きた》らしめ、太子をして之を擇《ゑら》ばしめんとし給ひたるに、親族の諸王は之を否《いな》みて、「太子おん年尚少《わか》し、御體質《たいしつ》もまだ未だ强からず、且《かつ》その學ひ給へるを聞かず、思ふに吾曹の子女を助け給ふべき資《し》に乏《とぼ》しくおはすべし、一朝事あらん時も、太子の勇は能く敵を破り給ふか如何に」と曰ひぬ。

太子は元來あら〳〵しき氣象にあらず、常に思に沈めるが如くにて、平生父王の庭に入り、閻浮《だんぶ》樹《じゅ》の下《もと》に逍遥して、世のさまを觀《かん》じ、沈思《ちんし》して時

らし、深く考えて時間を過ごしていました。

あるとき、王子は「父上、願わくば我が一族を集めてください。そして私の体力や学力・能力を試してみたいのです」と王に願い出ると、父である王はこの申し出を許しました。

シッタルタの親族やカビラ城内に住む人々は、王子の勇気や才能、学力がどのくらいのものかと興味を覚え、あちらこちらから多くの人々が集まってきました。王子は文武などの技を披露しましたが、優秀で、インド中で王子の右に出る者は一人もいませんでした。

王子は学者が出す問題に少しも途中で閊《つか》えることなく順調に答え、あべこべに王子自ら難しい問題を学者に出して困らせ、国中で最も知恵のある人であると学者に言わせるほどの優秀さでした。

王子はコウリの王女であるヤソダラ姫が気に入ってフィアンセに選び、ヤソダラ姫もこの王子の申し出を受け入れました。

ヤソダラ姫が王子の嫁として迎え入れられ、ほどなく男児を産み、その子の名前はラゴラと名付けられま

を移し給ひぬ。

かくて太子、父王に向ひ、「王よ、願はくは吾一族のものを集め給へ、吾力を試み、吾能《のう》を示さん」と請い給ひければ、王之を許し給ふ。

諸親族及び迦毘羅城の人民は、太子の勇力才學果して如何ならんと四方より集り來るもの甚だ多かりき。太子乃ち文武の諸藝を試み給ひたるに、印度國中太子に勝るもの一人もなかりき。

太子は學者の問に答へて毫《すこし》も滞《とどこ》ほり給はず、却《かへり》て自ら難問を發《はつ》して學者に質《ただ》し給ひたるに、最《いとも》智惠ありと云へるものさへ答ふると能はざりき。

悉達太子は自ら進みて拘里《コウリ》の王女なる耶蘇陀羅《ヤスタラ》姫を擇《えら》み給ひしに、姫は之を肯ひ給ひぬ。

姫王宮に入り給ひて後、程へて男の兒を生み給ひたり、之を羅喉羅《ラゴラ》と申し奉りぬ、羅喉羅とは障《さはり》

した。父である国王は孫が生まれたのを喜び、「今や王子は一児をもうけるにいたった。王子がこの孫を愛する心は、私が王子を愛するのと同じようなものである。であるならば、子どもを持った王子の心を繋ぎ止めて王子の心を世の中の出来事にだけ留めることはないであろう。これでシャカ族の天下は永く子孫に受け継がれるであろう」とおっしゃったのです。

王子は、個人的な愛情よりも、我が子ラゴラも国民も同じように寄り添い慈《いつく》しむのでした。

王子の広く情け深い心は、地上すべての人々をあたかも世の中の子供をかわいがるように、すべての人々に休息を与えることを願っていたのです。

◇

王は王子を喜ばせようと思い、インド国中のあらゆる珍しいものを集めて宮殿を建て、その美しいことといったら他に例がないほどでした。

王は、この世の中の悲しいことや哀れなことなどを出来るだけ王子が目にし、耳に触れて脳裏に入らない

の義なり。そは父王が嫡孫《てきそん》を得たるを喜び給ひて、「今や太子は一兒を擧《あ》げ給ふ。思ふに太子の之を愛するは、吾が太子を愛するが如くならん。さらば是をもて太子の心を繋ぎて、意《こころ》を世事に留めしむるに足りぬべし。釋迦族の天下は永く吾子孫の有《いう》なり」と宣ひ給ひたればなり。

悉達太子は私愛《しあい》の心を去り給ひて、吾子をも、國民《くにたみ》をも、かはりなく愛憐《いつくし》み給ひぬ。

太子の大慈心は天下の民を視ること恰《あたか》も世人の愛兒を撫《ぶ》するが如く、悉《ことごと》く彼等に休息を與《あた》へんと願ひ給ひたり。

第六　三苦

大王は太子を喜ばしめんと思ひ、印度國中のあらゆる珍奇を集めて宮殿を建て給ひたれば、其美《うるは》しきこと言はん方なかりき。

大王は務めて世の中の悲しきこと、憐れなることなどを太子の耳目に觸《ふ》れ智識に入らざらしめん

ようにと望んでいましたが、王子は世の中に愁《うれ》い苦しむことがあるのを知りました。

　されど、柵に繋《つな》がれた象が森にいた頃を懐かしく思うように、王子はさかんに世の中をよく観察して正しく知りたいと思って市中に出る許しを王にもらいました。

　王は、宝石などをあしらった豪華な四頭立ての馬車を用意し、王子を乗せて整然と市中を動き始めました。しかし、王は事前に王子が馬車で通る家々の前にきれいな幕を張らせたり絢爛な幟を立てさせるなど、汚れた生活が王子の目に触れないように命じていたのです。

　家の前を幕などですっかり飾られた道を王子を乗せた儀式用の馬車が通るとあって、これを見ようとする人々が道の両側に集まって、身動きが取れないような状況となりました。王子は御者〈馬車を曳く馬に指図する人〉のシャノクと一緒に市中を馬車で廻《めぐ》った後、市街を出て田舎に行き、近くに綺麗な水の流れる小川や緑の濃い木陰で休息しました。

　腰が曲がり皺《しわ》だらけの顔をした老人が道の端で眉を

と望み給ひしが故に、太子は世に愁苦《しうく》のあることを知り給はざりき。

　されど繋《つな》がれたる象の森を慕《した》ふが如く、太子は頻《しき》りに世の中を観《み》まほしく思ひて父王の許を請ひ給へり。

　浄飯王は、寶珠を以て飾れる車を用意なさしめ、駟馬《しば》粛々《しゅくしゅく》として太子を載せ、市街《まち》を歩まさせ給ひぬ。されど太子の過ぎ給ふべき門戸は皆充分に装飾すべきことを命ぜられぬ。

　市中到る處幕引きまはし旗押したてて、太子の鹵簿《ろぼ》を拝観せんものと道の兩側《りょうがわ》に集まれる市人は山を築けるが如し。太子は御者車惹《シャノク》と共に市街を往來し給ひたる後、田舎に出でて清き小川邊《べ》や、緑《みどり》深き木陰に憩ひ給ひぬ。

　路《みち》の側《がは》に老人あり、腰は曲り面《おもて》は皺《しはじ》みたるが、

ひそめて休んでいる様子を王子は見て、「あの人はどのような人ですか。髪の毛が白く、目がぼんやりしているようで、体を屈《かが》めて一本の杖にもたれかかるようにして体をささえていますよ」と御者に尋ねました。

御者は王子の問いかけにひどく迷いながらも、ようやく「彼は年寄りです。この老人も、昔は紅顔《こうがん》の少年で毎日遊んだりしていましたが、今は年老いて昔の潑《はつ》剌《らつ》とした表情や気力がなくなったとみえます」と答えました。

王子は御者の答えを聞いて大いに感動し、その老人が憂い苦しむ様を見て、長い溜息を洩らし「我々も最後には必ず年を取って衰えていくのであれば、この世に何の楽しみがあるだろう」と密かに思ったのでした。

このように思ってさらに馬車を進めると、また病に臥《ふ》せる者が道の端に横たわって息も苦しそうにしていて見るのもためらわれ、体の筋肉が痙攣《けいれん》するのを抑えようとして悶《もだ》えていました。王子は「これは、どのような人なのか」と御者に問えば「彼は病気で身体の状

愁《うれ》はしげなる眉を顰《ひそ》めて憩い居たるを、太子見て御者に尋ね給ひけるは、「是は如何なる人ぞや、頭《かしら》白く、眼昏《まなこくら》く、體屈《からだかが》み、僅に一條《ひとすぢ》の杖に靠《よ》りて其身を支へたるぞ」。

御者は問はれて太《いた》く惑《まど》ひしが、やうやくに、「是は齢《よわい》の傾《かたぶ》けるが爲なり。這《こ》の翁も昔し紅顔の少年なりし頃は遊び戯れつつ日を送りたりしも、今や年老いて昔の色もなく、昔の力もなし」と答へたり。

悉達太子は御者の言《こと》を聞きて大に感動し給ひ、老人の愁《うれ》へ苦しめるを看て長大息《ちょうたいそく》を洩らし、竊《ひそ》かに自ら思惟し給ひけるは、「吾曹も終《つひ》には必ず老いて衰《おとろ》へざるを得ずとせば、斯世《このよ》は何の樂しきことかあらん」。

斯《か》く思ひつつ過ぎ行き給ひしに、看よ、又病めるもの路に横《よこた》はれり。息も絶え〲にて其さま見らるべくもあらず、筋肉搐搦《ちくじゃく》してもだへ苦しみぬ。太子、御者に、「是は如何なる人にやあらん」と問い給へば、御者、「彼は病めるなり、四《し》

態が悪く苦しんでいるのです。我々も、貧しい人も富を持てる人も、頭の良い人も良くない人も、いずれはみんながこのように病気で苦しむことになるのです」と御者は答えました。

王子は益々心を動かされて、今が楽であっても将来的に楽しみばかりとはならず、人生は味気ないものと思ったのでした。御者は王子のこの様子を見て驚き、急いで馬車を城に戻そうとしたところで、また一つの珍事が起こったのです。

それは、四人の男が板の上に死体を乗せて運んでいる姿でした。王子は板に乗せられている人が生きた様子がないのを見て体を震わせながら「彼等が運んでいるものは何ですか。旗をひるがえして花を持って運んでいるものに付き従う人が泣いて悲しんでいるのはなぜですか」と御者に訊《き》いたのでした。

「それは死んだ人です。身体は冷たくなり、命は絶えて、心臓は動きを止めています。親族や友人らは、この死んだ人をお墓に葬《ほうむ》ろうとして運んでいるのです」と御者が言いました。

王子はこれを聞いて恐怖をいだいて、さらに「死ぬ

大亂《だいみだ》れて其序《ついで》を得ざるが爲に、苦しめること此の如し。吾曹も亦遂に之を免《まぬが》る能わず、貧しきも富めるも、賢きも愚なるも病まざることなければ」と答へたり。

太子、心愈々《いよいよ》動きて樂も樂《たのしみ》ならず、人生を只あじきなきものと觀じ給ひぬ。御者は之を見て愈々驚き、急ぎ車を回《かへ》さんとしたるに、又もや一珍事ぞ起りける。

そは四人の男の屍躰《したい》を擔《にな》い來れるなりき。太子其生氣《せいき》なきを看て身を慄《ふる》はして繹《たず》ね給ふ、「彼等が運べるは何ものぞや。旗を飜《ひるが》へし、華《はな》をもてるに、從ひ行く者の、哭《なげ》き悲しめるは何の故ぞ」。

御者、「そは死せる人なり、血は冷え、玉の緒は絶え、心の働きは止まれり。眷属《けんぞく》と朋友とはこれを葬《ほうむ》らんとて運び行くなり」。

太子、之を聞きて怖れ給ふこと一方ならず、更

ということは、彼一人だけの運命なのですか。それともすべての人々が同じような運命を辿《たど》るのですか」と御者に訊きました。

御者は大いに憂いて「世の中の人は皆このように死んでいくのです。生きているものには死があり、死をまぬがれることはできないのです」と王子に言いました。

王子は嘆きながら大きなため息をついて「嗚呼《ああ》、この世に生きる人々よ、言うに言われぬことですよ、その迷える心は、あなたたちを最後には死に至らす身体を持ちながらも、とりとめのない日々を送っていることが、如何に無謀なことでありましょうか」と叫びました。

王子がいろいろな世の中の苦しいありさまを見て重ね重ね甚だしく嘆きながらため息をついているのを感じ、御者は急いで馬車を城へ戻したのです。

城に戻る途中で、ある貴族の家の前に馬車を止めて家の中に入ると、王の姪のキサゴータミ姫は王子の凛々《りり》しく美しい姿を見ましたが、その顔にはどことなく思い沈むのが感じられ「あなたに命を与えてくれた

に「死するは彼一人の命運にや。はた諸人《もろびと》の皆受くべき所にや」と問ひ給ひぬ。

御者、大いに憂ひて答へけるは、「世を擧《あ》げて皆然らざるはなし、生《せい》あるものは死あり、死は終《つい》に免るべからず」。

太子、大に嘆息《たんそく》して叫んで宣ひけるは、「噫《ああ》、塵世《ぢんせ》の人よ、甚だしいかな、其迷へるや、汝等終に死せざるべからざる身を有ちながら茫々として日を送ること、如何に無謀のわざならずや」。

御者は太子がさま〴〵の苦境を見て頻《しき》りに嘆息し給ふを察し、車を轉《てん》じて市中に還《かへ》りぬ。

かへるさに馬を駐《とど》めてとある貴族の家に立寄り給ひしに、王姪《わうてつ》キサゴータミ姫は太子の丈夫《をを》しくて美しきを見給ひ、又其面《おもて》の何となく思に沈み給へるが如きを察し給ひ、「卿《けい》を生み給ひし父は福《さいはい》

父上は幸せです、あなたを育ててくださる母上も幸せです、あなたの妻となられるのも幸せです」と王子に言いました。

王子は、この言葉を聞いて「救いを受けることができる者は幸せです。私は人々の心が穏やかになるために煩悩を消し去ることを求めて生きます」と言って、宝物でできた首飾りを首から外してキサゴータミ姫に渡し、篤い志《こころざし》に感謝して、すぐにその家を出ると馬車を城に向かわせました。

これ以降、王子は宮殿にあるお宝や珍しい物を賤《いや》しむようにして見ないようにし、唯ひたすら心が憂いに沈むようになれば、ヤソダラ姫が「何を愁《うれ》いているのですか」と慰めて尋ねると「私はいたる所で無常を感じ、心が楽しくないのです。年を取り、病気になり、あるいは死にます。これでは人生は何の楽しみがあるのでしょうか」と王子が仰《おっしゃ》ったのです。

王は「王子の心が快楽を避けるようになった」と聴かれて、まるで剣で胸を刺されるような心持ちになられ、憂《うれ》い苦しまれたのです。

なり、卿の養い給ひし母は福なり、卿が妻となり給ふものは福なり」とぞ宣ひける。

太子は此挨拶を聞き給ひて曰《い》ひけるは、「救を得たるものこそ福なれ、吾は心の安からんが爲に涅槃の福徳を求めまくほりす」と曰ひ給ひつつ、寶珠の頸飾《くびかざり》を取りて姫に與《あた》へ給ひ其厚き情《なさけ》を謝して、直ちに家路に向い給ひき。

これより太子は宮殿の珍寶を賤《いや》しみて目だに觸《ふ》れ給はず、一向《ひたすら》憂《うれひ》に沈み給ふが如くなりければ耶蘇陀羅姫之を慰めて「何を愁《うれ》ひ給ふぞ」と繹《たず》ね給へば、太子、「吾は到る處ごとに無常の相あるを見て、心何となく樂《たのし》まず。或は老い、或は病み、或は死す、此の如くば人生はた何の樂しきことかあるべき」とぞ仰せられたる。

父王は太子の心動きて快樂を避くる念《ねん》起《おこ》りぬと聞き給ひて、宛然《さながら》剣《つるぎ》を以て胸を刺すが如くにぞ愁ひ苦しみ給ひつ。

◇

夜が更《ふ》けても、王子の心は静かにならずに寝てもいられず、思い切って起き上がり庭に出て天を見上げて嘆きながら「嗚呼《ああ》、この世の中は迷いや煩悩の闇に包まれ閉ざされていて罪悪を解消するような人はいないものだろうか」と心苦しく仰いました。

やがて、王子は閻浮樹という木の下に坐《すわ》って、生死無常などの道理や訳を静かに思い考えつつ、心を落ち着かせ肉体に宿る魂を一つのことに集中させました。そのとき、迷いの心が静まり煩悩が起こることもなく、水が静かにじっとしていて清らかになるような心持ちになるのを覚えました。

そして王子は、心が安定して統一した状態になり、心の目を開いて、世の中の愁《うれ》いや甚だしく心が卑《いや》しいことなどを見てしまい、また、楽しみと思っていたことが実は苦であり、死を避けることができないと感じ、世の人々の心が不変で真の物事の道すじを知らない人が大勢《おおぜい》いるのを察して、そのような人々を深く憐《あわれ》

第七　佛の出家

夜は更《ふ》けぬ、されど太子は心亂《みだ》れて打ちも寢《いね》られず、蹶然《けつぜん》起《た》ちて庭に出で天を仰ぎて嘆《たん》じて宣ひけるは、「噫《ああ》、世は全くの無明の闇に鎖《とざ》されぬ、此世の罪惡を癒やさん人もなきか」と。苦吟《くぎん》し給ふこと良久《やや》し。

やがて太子、坐を閻浮樹《えんぶじゅ》の下に占《し》めて思い潜《ひそ》めて生死無常等の理《ことわり》を研究し給ひつつ、心を沈め神《しん》を凝らして三昧《さんまい》に入り給へば、妄念頓《とみ》に止みて煩悩また起らず、一念湛然《たんぜん》として水の澄めるが如くに覺え給ひぬ。

かく太子は三昧の境《きやう》に入り、心眼を開きて世の中の愁《うれ》はしきこと、淺間《あさま》しきことなどを見、又樂しみの遂に苦なると、死の避くべからざることを觀《くわん》じ、世人の眞理に昏《くら》きを察して深く慈悲の心を動かし給ひたり。

み慈《いつく》しむ〈＝慈悲〉心になられたのです。

　王子が諸悪の問題を心の内に抱きつつ、ふと心眼を高ぶらせて観《み》ると、威儀を正して堂々とした大きな人が傍《かたわ》らにいたので「あなたは何処《どこ》から来て、どういう人ですか」と王子が尋ねました。

　すると、幻のような大きな人は「私は出家しました。『老・病・死』について悩み、どのようにしたらこれらの迷いから救われる道を見つけ出すことができるだろうかと思い家を出ました。すべてのものが一つとして滅亡することがあったとしても、真理だけは恒久的に存在するものです。そして、すべてのものは、さまざまな因縁によって絶えず生まれては滅ぶという移り変わる世の中で永久で無限なもので、仏さまの教えだけはこの世が終わりを迎えても変わることはないのです。私は、因縁によらずに造られた幸せを得ることと財産を蒐《あつ》めること、新たに産まれることや死ぬことがない命を獲得することを欲するのです。私は、これら総《すべ》ての世の中の考え方を捨てて、今、人が来ないようなひっそりとした田舎に住み、食事を望むほかには重大なことを心に潜《ひそ》めています」と答えました。


太子かくて思を諸惡の問題に潜《ひそ》めつゝ、偶然《ふと》心眼を擧《あ》げて眺め給へば、閻浮樹《ゑんぶじゅ》の下に威儀堂々として立てる巨人ありき。太子問ひ給ふ「卿《おんみ》は何處より来れるか、又如何なる人ぞや」。

幻の如き人答へけるは、「吾は出家の人なり。老、病、死の事に苦しめられたれば、救《すくひ》の道を獲んとて家を出でたり。萬物《ばんぶつ》一として亡びざるはなけれども、唯眞理のみは恒に存せり。有爲轉變《うゐてんぺん》の世の中に永久無限のものなけれども、唯諸佛の言《こと》の葉《は》のみは世を終ふるとも變ることなし。吾は無《む》爲《ゐ》の幸福を得まくほりす、吾は無爲の財寶《たから》を収めまくほりす、吾は始めなく終《おはり》なき生命《いのち》を獲《え》まくほりす。こゝをもて吾は總《すべ》て世の中の考《かんがへ》を打捨て、寂寞《せきばく》人なき郷《さと》に引き退《しりぞ》きつ、今は只食を乞ふ外思を一大事に潜むるのみなり」。

王子は「この世の中にあって『安心』は入り乱れており得られるものなのでしょうか。私は、楽しみとは縁によって成り立っているもので、すなわち実体がないものであることを悟り、欲望がむき出しであることを知ったとき、何もかもが私の心を安心させることがなく、生きることとさえ厭《いや》で避けたいと思うのです」と仰《おっしゃ》りました。

「熱のある処《ところ》には冷やすものもありますし、苦に苦しむ人には楽しいことを楽しむ人がいます。悪いことがどのようにして起こるかを知れば、善いことをどのように育て上げればよいかを悟《さと》ることができます。それらは、すべて対等なのです。よって、苦しみが多い処にはまた楽しみも多く、もしこのことを見破る力があれば、泥池の中に沈んだけれども、蓮華《れんげ》は必ず泥水の上に咲き、かぐわしい香りを周囲に放ってその身を浄化するように、あなたもまた悪い結果を生む行いの汚れを洗い流そうと思うのであれば、煩悩を断じて不滅の重要な魂の湖を求めなさい。もし、そのような湖を見つけられないことがあっても、それは湖のせいではありません。ならば、涅槃に入り成仏する道があって

悉達太子、「安心は紛々《ふんぷん》たる此世にありても得らるべきものにや。吾は樂《たのしみ》の空《くう》なるを悟り、慾の賤《いや》しむへきを知りたれば、今は何もかも吾を休ましむることなし。生くることだに尚厭《いと》はしくなりたる身には」。

出家の人、「熱の在る所には冷《れい》も亦なかるべからず、苦を苦しむ人は亦樂を樂しむ人ならざるべからず。惡の如何にして起るかを知らば、亦善の如何にして養ふべきかを悟るべし、そは皆相對《あひたい》するものなればなり。故に苦の多き所には樂《たのしみ》も亦多かるべし、もし之を看《み》破る力だにあらば、泥の中に沈められたるものの、必ず蓮華の香芳《かぐは》しき大池に入りて其身を浄《きよ》むるが如く、汝も亦罪業の汚《けがれ》を洗はんと思はば、必ず涅槃不死の一大靈湖《れいご》を求《もとめ》よ。もしかかる池の看出《みい》だされぬことあるも、そは池の罪にあらず、さらば涅槃に入り成佛すべき途《みち》あるも自ら之に到らざるは、罪あるものの過《あやまち》なり、道の咎《とが》にはあらず。病めるものあり、之を癒《いや》

も、その道にたどり着くことができなければ、罪を持つ者の過失であって道のせいではありません。病気の人がいて、これを癒《いや》すことができる医者を招いて救うことを頼まないのは、医者のせいではありません。苦となる結果を起こす悪い行いに苦しみ悩める者も、また同じです。悟るために心の案内をしてくれる人を求めない者も、案内をする人には何もあずかり知らぬことです」と、出家した大きな人が言いました。

王子は、この不思議な大きな人が仰《おっしゃ》る尊《とうと》い話を聴いて「あなたは吉《よ》い報《し》らせ〈＝福音〉を持って来てくださいました。私は心に思う所があったのを知ることができました。されど父は『この世を楽しめ、世の習いに従ってお前〈＝王子〉とこの一族の名を揚《あ》げよ』と言い、また別のときには『お前〈＝王子〉はまだ若い、これから生きていく道を人に任せようとするのも、お前の心の動きが急すぎてどうしようもない』と誡《いまし》められたりするのです」と言いました。

不思議な大きな人は強く首を振って「真実の道を求めるのに、年を取った時と若い時と、どちらが好い時期なのでしょう」と言いました。

すべき醫師《いし》あるも招きてその助《たすけ》を乞はざるは、醫《い》師の咎《とがめ》にはあらざるべし。惡業の苦に惱めるもの亦しかり。悟りてふ心の案内者を求ざるも、案内者たるもの何ぞ與《あづか》り知らんや」。

太子は此不思議なる人のなせる尊《たふ》とき話を聞き給ひて、「卿はよき音信《おとずれ》を齎《もた》らせり、吾は思ふ所の成るべきを知り得たり。されど吾父は、『斯《こ》の世を樂《たのし》め、世の中の務に從ひて汝及一族の名を揚《あげ》よ』と曰《い》ひ給ひ、又或時は『汝の齡《よはひ》は尚少《わか》し、生を道に委《ゆだ》ねんとするも汝の脈搏《みゃくはく》の頗《すこぶ》る急なるを奈何《いかん》せん』と誡《いま》しめ給ふなり」と宣《い》ひぬ。

かの人は首打ふりて曰ひけるは、「まことの道を求むるに、老いたると、幼《いとけ》なきと、何れの時か好機ならざるべき」。

王子はこれを聞いて「今、道を求める時です。悟りへの道を邪魔をするすべての家族や親族との関係を断ってでも進むべき時だと思います。奥深い山に入って仙人となり、真理の悟りの境地を求めて、ひたすら修行する時が来たのです」と喜んで仰《おっしゃ》ったのです。

不思議な大きな人が、王子が決心したことを褒《ほ》めて言ったのは、

「本当に今こそ救いの道を歩み始めるよい時です。行きなさい王子よ、あなたが心に思ったことを成し遂げなさい。あなたは菩薩となり、今後、宇宙を光で溢《あふ》れさせるのはあなたしかいないのです。

あなたは如来になります。人が行う正しい道〈＝道理〉を示して、人として不変の正しい生き方〈＝真理〉の王となれるのは、あなたしかいません。煩悩を離れ人々に尊ばれる人〈＝世尊〉となり、あまねく生きとし生けるものの心を救うのは、あなたしかいません。

王子よ、あなたは真理を追究する務《つと》めがあるのです。一つの大きな雷鳴が聞こえ、多くの雷が一

太子は之を聞きて喜びて仰せけるは、「今や道を求むべき時なり。悟《さとり》の道を妨《さまた》げむとする一切の繫類《けいるい》を斷《た》つべき時なり。今や深山《みやま》の奥に退きて仙人となり、救《すくひ》の道を發見すべき時なり」。

かの人は太子が心を決し給ひたるを見て之を讃《ほ》め且つ告げて曰ふ、

「實《まこと》に今は道を求むべき期《とき》なり。行け悉達多よ、思ふ所を成せ。卿《なんぢ》は菩薩なり、他日宇宙を照らすものは卿《なんぢ》ならん。

卿は如来なり。義を成して法《のり》の王となるものは卿ならん。卿は婆伽婆《バカヴァート》なり、天下の救ひ主となるものは卿ならん。

悉達多よ、卿が務《つとめ》は眞理をなすにあり。霹《へき》靂一聲《れきいっせい》、百雷《ひゃくらい》の頭上に落ち來ることあらん

度にあなたの頭上に落ちることもあるかもしれませんし、誘惑という悪魔があなたの真理の探究を惑わそうとするかもしれません。しかし、それに迷ってはいけません。四つの時、つまり、朝・昼・暮・夜という太陽が一日中地球の周りを回っている道を間違えることがないように、あなたも真理を求める道を歩んで道を逸《そ》れることがなければ、あなたには仏となる日が必ずおとずれます。

心に鞭《むち》を打って勇んで進み、真理を求めることを怠《おこた》ってしまえば、あなたが思うことは成し遂げられないのです。脇を見ずに真理に向かってまっしぐらに進めば、必ずあなたが求める所に行き着きます。極めて深い真の心を持って悪魔と戦えば必ず勝ちます。すべての正しい道を守る神や福を与える神、一切の真理を正しく知っている〈＝知徳〉人、残らず仏道を学び修行している人、これらの善い神々や人々が持つ福徳は、必ずあなたの頭上に悉《ことごと》く降り注ぐでしょう。真実の知恵というものは、あなたが求める真理の道を案内してくれるでしょう。王子よ、今から進みなさい。あなた

も、誘惑の眞理を昏まさんとするに迷ふことなかれ。太陽の四時に循環して道を誤らざるが如く、卿も亦能く眞理を蹈むで過《あやま》つことなければ、佛となる日遠きにあらず。

心に鞭《むちう》ち勇み進むで、道を求むるに敢て倦《う》むことなかれ、思ふ所輙《すなは》ち成らん。左右を顧みずして驀直《まくじき》に進め、求むる所必ず獲られむ。熱誠《ねっせい》を以て戰へ、勝つものは必ず卿ならん。一切の善神《ぜんじん》、一切の尊者、一切の學道者、是等諸神人の福徳は、必ず悉《ことごと》く卿が頭上にかゝらん。神智は卿の進路を案内せんとするなり、進め悉達多、卿は必ず佛とならん、吾曹《われわれ》の主とならん、遍《あまね》く天下を照らして人を罪惡より救ふものは其唯《それただ》卿なるかな。」

は必ず仏となります。我々衆生《しゅじょう》の心を救ってくださるのです。そして、光を全世界に広く均一に照らして、人を道徳などの教えから背《そむ》く悪事から救ってくださるのは、ただ王子あなただけなのです」と。

幻のように見えたその不思議な大きな人は、たちまち消え去り、今、王子の心は穏《おだ》やかになり、ひっそりと心の中でよく考えて、

「私は目覚めた。必ず志《こころざし》を果たそう。世の中の関わり合いはすべて断ち、出家の誓いを立てて、現世の苦悩から解放されて自由の境地に達するまでの道を求めよう。

いろいろな仏が仰《おっしゃ》ることに間違いはないのです。どうして真理に背《そむ》く言葉があるでしょうか。

石が地面に落ちるように、産まれたものが死を迎えるように、太陽が毎日昇るように、獅子が檻《おり》を出るときに吠えて周りを驚かすように、女性が妊娠したようなとき、これらはすべて確実に疑うことができないもののように、仏が言われる言葉の中に一つの疑いを差し挟むことはないのです。

幻の如く見えたる人は斯《か》く言へるのち忽焉《こつえん》として消え失せぬ。今や太子の心は和らげり、竊《ひそ》かに惟し給ひたるは、

「吾は醒めぬ。必ず志を果すべし。世のかゝはりは、悉く之を斷ち、誓って出家して、解脱の道を求《もとめ》む。

諸佛の説《と》ける所に過《あやまち》なし。あゝ、いかで眞理に背《そむ》ける言の葉あらんや。

石の地に落つるが如き、生まれたるものゝ死するが如き、太陽の日々に昇るが如き、獅子の檻《をり》を出づるとき吼《ほ》えて四邊《あたり》を驚かすが如き。婦人の子を孕《はら》むが如きは、皆是れ確實にして疑《うたがひ》を容れざる所なり、佛の言説《ごんせつ》の如きも亦豈《あに》一點《てん》の疑を挾《はさ》むべけんや。

ああ、私は必ず仏となろう」と、仰いました。

王子は、世のすべての財宝を一切近づけることなく、これらに執着する人たちと永遠に訣別《けつべつ》しようと思い、妻や子供が寝ている部屋に戻りました。王子は、今一度我が子を抱いて永別の抱擁をしようと思いましたが、妻の胸ですやすやと眠る様子を見て、二人を驚かせてもいけないと思い、そのままにしておきました。

王子は、美しい妻や、愛らしい子の顔をよくよく見て大変心を悩まし、いかにも名残惜しく感じられ、思わず涙を落としたのでした。しかし、一度心に決めたことは、善《よ》きにつけ悪《あ》しきにつけ、その志《こころざし》を動かさないでいようと決心しましたが、流石《さすが》の王子の極めて堅固な心も、この期《ご》に及んで悲しみのために腸がねじれるほどの苦しみを味わったのです。

されど王子は、勇猛で甚《はなは》だしく固い決心で暖かい愛情と訣別して、僅《わず》かな記憶だけを脳裏に残して妻子が眠る部屋を出て愛馬に乗り、王子に忠実なシャノクという従者を供に、夜中の静けさに紛《まぎ》れて宮殿を後にしたのでした。王子はこのようにして、世の中の栄華か

あゝ、吾は必ず佛とならん。」

太子は世上一切の財寶にも立勝《たちまさ》りて愛《め》で慈《いつく》しみ給へる人々と永訣《えいけつ》せばやと思ひて、王妃、王子の寝室にと歸り給ひし。太子は今一度愛兒を抱《いだ》きて最后の接吻をなさばやと思ひ給ひしも、すや〱と母の懐《ふところ》に眠り給へるを見給ひ、二人を脅かしもやせんと氣遣ひて敢てし給はざりき。

太子は美《うるは》しき妻や、愛らしき兒の面《おもて》を熟々《つくづく》と打眺めて太《いた》く心をなやまし給ひ、いかにも名殘《なごり》の惜しまれて覺えず涙をぞ落し給ふ。固《もと》より一旦發心《ほっしん》せしからは、善《ぜん》にまれ惡《あく》にまれ、其志を動かすまじと決心し給ひたる太子も、さすがに此期《このき》に臨《のぞ》みては鉄石《てっせき》の腸《はらはた》も九回《きうくわい》したるなるべし。

されど太子は勇猛決烈の心をもて暖かき情愛を打ち消して僅《わづか》に冷たき記憶のみを殘しつゝ愛馬犍《ケン》陟《ショウ》に跨《またが》り、忠實《まめ》やかなる御者車蒨《シャノク》を伴ひて、夜半の靜けきに打まぎれて城門をこそは出で給へけれ。あゝ、悉達多太子は斯《か》くして世の榮華を辭《じ》

ら離れ、将来就くべき王位の位をも捨て、すべての妨《さまた》げになるものを遠ざけて、住む場所を定めない身となったのです。

周辺を見れば、暗い夜に人の気配はなく、星のみがキラキラと夜空に輝いていました。

◇

王子は黒い髪の毛を切り落とし、王を象徴する衣《ころも》を脱いで、土の色をしたみすぼらしい衣に着替え、従者のシャノクに「愛馬と一緒に城へ帰り、『王子が世を捨てた』と大王に申し上げるように」と伝えると、菩薩〈＝王子〉は自ら乞食が使う鉢を手に取り、食物を乞うために大きな通りを歩きはじめました。

王子が如何にその身をみすぼらしい出家した姿に変えようとしても、菩薩が持つ高き心を隠すことはできず、その歩みは、自分がこれからやらなければならないことに誇りを持ち、その意気込みたる姿は、どこの馬の骨ともわからぬような素性《すじょう》の怪しい人ではないことが人々にはすぐに分かり、眼光《がんこう》がキラキラと輝いて

し、九五《てんし》の位を捨て、萬《よろづ》のさゝはりを斥《しりぞ》けて一處《いっしょ》不住の身とはなり給ひぬ。

但見《とみ》れば、夜暗くして四方《よも》に人影なく、星の光のみ燦爛《さんらん》として天《そら》に輝《かがやき》けり。

第八　頻毗娑羅王

悉達太子は黒髪を斷ち、王衣を脱ぎ棄てゝ、土《つち》色《いろ》なる賤《いや》しき衣に着更《きか》へ給ひ、御者車匿《シャノク》に名馬を携《たづさ》え歸りて大王に世を捨てたることを告げ知らしめ給ひたる後、菩薩自《みずから》は手に乞食《こつじき》の鉢をとり、食を乞ひつつ大道《だいどう》を歩み給ひぬ。

如何に其身を窶《やつ》せばとて、菩薩が高き心は隠すべくもあらず、其歩《あゆみ》の昂然《こうぜん》たるにて素性の賤《いや》しからぬを知るべく、その眼光《がんくわう》の爛々《らんらん》たるにて道を求むる心の切なることを悟るべし。

真理の道を求める切なる気持ちを悟ったのです。
まだ若き少年の身でありながらも、威厳を漂《ただよ》わせて、何となく周囲から強く尊敬される姿は不思議でした。

この普段見かけない人を見た人々は大変驚いて、先を急ぐ人さえ行く足を止めて振り返るなど、一人も菩薩を敬《うやま》わない人はいませんでした。菩薩は王舎城の市中に入り一軒ごとに食べ物をいただくために、家の入り口で静かに待っていると、年寄りも若い人もみんな、

「これは貴《とうと》き心と道を修める方であるから、入り口に立たれた家には必ず幸せが来ます。我々の喜びは如何に大きなことでしょう」と喜んで話していました。

この国のビンビサーラ王は、市中で大変な騒ぎが起きているのを聞いて、その原因を侍従に尋ねると「国の外から来た人がいる」との答えでしたので、早速臣下を市中に行かせて確かめさせました。

王は、その菩薩が元は釈迦族の王位を継ぐべき人であることを聴《き》いて、また市中の家から恵《めぐ》んでいただい

まだうらわかき少年の身を以て、威光《ゐこう》あたりに輝き、何となう尊とく打仰《うちあほが》れけるは不思議の至りなりけり。

是の常ならぬ人物を見たるものは皆打驚きて、行程《ゆくて》を急げるものさへ足を留めて顧《かへり》みる程なれば、誰一人菩薩を敬《うや》まはずと言ふものなし。太子王舎城に入りて戸毎《こごと》に食を乞ひ、物與《あた》ふるを靜《しづか》に待ち給へば、老いたるも若きも皆打喜びて曰ふ。

「是は貴《たふ》とき牟尼《むに》なり、近寄り給ふ家には必ず福《さいはひ》あらん、あゝ、吾曹の喜《よろこび》の如何に大なることよ。」

頻毘娑羅《ビンビサーラ》王は市中の騒ぎ一方ならぬを見て其原《ゆゑ》由《よし》を繹《たづ》ね給ふに、外人《ぐわいじん》の來《きた》れるよしを奏しければ侍臣《じしん》を遣《つかは》して之を見せしめられぬ。

王は、聖僧の、もとは釋迦族にして尊きあたりの人なるよしをきゝ、又其の糧《かて》を食はんとて今

た食料を食べるために川の土手にいることを聞き、大いに感動し、すぐに王衣を着て王冠を被って賢く善良な重臣たち三人を連れて、この珍しい人に会うことにして宮殿をお出ましになりました。

王は念入りに木の下に坐《すわ》っている菩薩を見たとき、その姿は、動作が気高く感じられ、あの方は高貴の人であると推察したので、礼儀に従い鄭重《ていちょう》に挨拶をして、

「そこの出家の方よ、あなたは大国を支配し政治を司《つかさど》る〈＝統率する〉べき仕事をされるのに、逆に卑しい乞食《こつじき》が使う鉢をお持ちなのは、そもそも何故ですか。私はあなたがお若いのを憐《あわ》れみます。私がもし間違えてあなたが王族の出ではないと思うこともありますが、ここであなたと別れてしまうことを耐え忍ぶことができません。私はあなたが私の国の政治を司る仕事をなさることを望みます。高い志を持っている人は政治を執《と》り行う力を選ぶべきで、たとえ財宝といえども卑しむものではありませんし、いうまでもなく富を得て道の教えをしないことは本当の獲得ではありませんが、

河邊《かはべ》に退《しりぞ》かんとし給へるよしをきゝ、甚《いた》く心をや動かし給ひけん、直《ただち》に王衣を纏《まと》ひ、金冠を戴き、賢良なる老臣ども兩三人を伴ひて、是の奇《あや》しき客人《まろうど》に會はむとて宮殿を出で給ふ。

王はつら〳〵釋迦牟尼が樹《き》の下に坐し給へるを見給ふに、其容《かたち》温乎《おんこ》として擧動《きょどう》何となく氣高く、あはれ高貴の人ならんと推《すい》せられければ、恭《うやうや》しく進みて挨拶してさて宣ひけるは、

「いかに、出家の人よ、卿《なんぢ》は大國の政《まつりごと》を執るべき手を有《たも》ち給へるに、却《かへ》りて賤《いや》しき乞食の鉢をとり給ふはそも何事ぞ。吾は卿の猶うらわかきを憐れむ。吾もし過《あやま》りて卿を王族の人にあらずと思ふことあらんも、いかで卿を捨て去るに忍びむや。吾は卿が吾邦《わがくに》の政《まつりごと》を執られんことを望む。凡《をよ》そ高き志あるものは權柄《けんぺい》を取るべし、財寶と雖《いへども》亦卑《いや》しむべきにあらず、固《もと》より富を得て教《をしへ》を失ふは眞《まこと》の所得にあらざれども、力と富と教との三つを併せ有《たも》ちて、其上に先見の明、殺活《さつくわつ》の力を具《そな》へたらんには、之を明主《めいしゅ》と呼ぶべし。」

力と富と教えの三つを併せ持って、そのうえさらに、事態を事前に見抜く見識を持ち、国を活かすも殺すこともできる力を具えていらっしゃる人は『盟主《めいしゅ》〈＝国の中心となる人〉』と呼ぶべきでしょう」と、仰いました。

菩薩が静かに顔を上げて、

「大王さま、あなたが寛大で徳を備えていらっしゃることは、世の中の人々の知るところです。今、あなたが仰いましたことは、すべて道理に適い、財宝を使って適切なものを得ることは、確かに貴重で有用なものをお持ちだと言うべきでしょう。しかし、やたらと金銀財宝を欲深く、富を際限なく欲しがるようなことは無益の極致です。

それに引き換え、施しは正しい道理を得ることが多いのです。施しとは最大の富なのです。それは、どんなに与えようとも後悔の心を持つことはないのです。

私は『解脱《げだつ》』を得るために、すべての束縛を捨てました。今更、出家を止めて世の人と同じような生活を営むことは望んでいません。世界最高の

釋迦牟尼、徐《しづ》かに頭を擧《あ》げて答へ給ひけるは、

「大王よ、卿が寛大にして有道《いうだう》なるは世の人の仰ぎ知る所なり。今卿が說《と》き給ふ所、皆理《り》に當《あた》れり。財寶《たから》を用ゐて其宜《よろ》しきを得たるものは、まさしく大寶庫《ほうこ》を有《も》てりと謂《い》ふべし。されど徒《いたず》らに財《たから》を貪り、富を求むるが如きは誠に無益の極《きはみ》なり。

施《ほどこし》は報《ほう》を得ること多し、施は最大の富なり。そは如何《いか》ほど撒きちらすことあらんも後悔の念を生ずることなければなり。

吾は解脱を得んが爲めに一切の繫縛《けいばく》を棄てたり。今更世に入り俗に還らんは望むべくもあらず。世界最高の寶とも云ふべき教《をしへ》の道を

宝という教えを得るために道を歩むものは、あらゆる関係や心配事を捨て去り、唯一つの目的に向かって進むだけです。このような人は、貪欲という思いが起こらず、権力を持とうという心も捨ててしまったのです。

少しの欲でも持ってしまったら、その欲は子どもが成長するに従って次第に大きくなります。一旦、権力を持とうとする心が生じると、たくさんの憂いがたちまち我が身に迫ってきます。

地上で王の権威を振るっても、神さま方がお住まいになる天で生涯を送ろうとも、宇宙を含む全世界を手の内に握っても、私は汚《けが》れなく尊い真理には遠く及ばないと思います。

菩薩は、世の中が永久に栄えることが幻影《げんえい》であると知っているが故に、毒を食べるような愚かなことはしないのです。

釣った魚のなおその上にさらに釣れる釣針や、捕まえた鳥に加えてさらに鳥を捕獲する網を欲しがるように、天下は案外このようなものです。

病気で発熱する者が冷たい水分を希望するのは

求むるものは、あらゆる關系《くわんけい》や心配を捨て、唯一つの目的に向って進まざるべからず、是の如き人は、貪欲の念を去るが上に、亦権力《けんりょく》を得んとする念をも捨てざるべからず。

少しの欲にてもあらんには、其欲は小児の次第に生長するが如く益々長大となるべし。一《ひと》たび世の権力を求めんとする心あらば、百の憂立處に迫り來るならむ。

地上に王威《おうゐ》を振はんも、天上に生涯を營《いとな》まんも、全世界を手の裡《うち》に握らんも、吾は聖果《せいくわ》の好《よ》きには如《し》かじと思ふ。

菩薩は世榮《せゑい》の幻に等しきを知れるが故に、毒を食ふが如き愚をなさじ。

釣られたる魚の更に鉤《つりばり》を求め、捕へられたる鳥の更に網を慕《した》ふが如き、天下豈此理《あにこのり》あらんや。

熱を病めるもの丶清涼劑《せいりやうざい》を求むるは自然

自然なことですが、それなのにより発熱を促《うなが》すものを勧めるのはどうなのでしょう。枯草を火の燃える中へ投げ入れて火を消そうとするのは愚かそのものです。

あなたは私を憐れんでくださいますが、むしろ王位にしがみつき、あるいは富豪であることに苦しむ人を憐れんであげてください。人の王位や財産が増えることを喜ぶ人は、憂い心配ばかりしています。それは、ただひたすらにこれらを失いたくないがために、他人が来て奪い取られることを恐れるばかりで、おびただしく切ないのです。しかも、死ぬときには、お金や財産はいうまでもなく、王位や爵位《しゃくい》といった名誉さえ黄泉《よみ》の国へ持って行くことができないのです。ですから、死んだ王様と死んだ乞食とをやはり何で選ぶことができるのでしょうか。

毒蛇から逃げることができた兎《うさぎ》が、あえて再び毒蛇の餌食《えじき》となって噛《か》まれるでしょうか。松明《たいまつ》で手を焼かれ落ちたのに、その手を拾い上げる人がいるでしょうか。また、微《かす》かにものが見えるよう

なり、然るに今一層の熱を生ずべきものを勸《すす》めなば如何。乾草《かんそう》を投げて火の燃えたるを消し盡《つ》くさんとするは痴《ち》のきはみなるべし。

卿よ、吾をな憐み給ひそ。寧《むし》ろ王位に病み、豪富《がうふ》に苦しめるものを憫《あはれ》み給へ。人の王位財寶を喜ぶや、惴々焉《ずいずいゑん》たらざるはなし。何となれば一心只管《ひたすら》之を失はざらんことを願ふが故に、他の來つて奪い去ることとあらんを恐るゝこと頗切《すこぶるせつ》なればなり。而《し》かも其死するに當りてや、金銀財寶は言ふも更なり、王位高爵なりとも亦携《たづさ》へ行くべからず。さらば死せる王者と死せる乞食と將《はた》何の擇《えら》む所あるべきか。

毒蛇の口を脱《のが》れて更に之に嚙《か》まるゝを甘んずる兎《うさぎ》あらんや、炬火《きよくわ》に燒《や》かれたる手を以て、更に其の落ちたるを取り上げんとする人あらんや、僅かに明《めい》を得たる眼《まなこ》を以て更に之

になった人が、目をもので覆《おお》って見えないようにするでしょうか。

私は、この世の中で永遠に続くことのない空しい栄華を願っていません。これによって、私は王位を捨てて、人生の関わりから逃れたのです。

ですから、私は世の中の務《つと》めを新たに持って縛られたくないのです。また、私が今やろうとしている道を求めることを妨げられたくないのです。

私はあなたとの別れを惜しみます。されど、私はここを去って真理の道を教えてくれる賢者を求めて、罪悪を蒙《こうむ》らない方法を研究します。

できれば、あなたの国が永く平和と繁栄が築かれると共に、真理の光が太陽のように、あなたの政《まつりごと》を照らして絶えることがないようにと願います。

あなたの権力が益々強固になって、常に正義があなたの手の内に持つ笏《しゃく》のようになるように」。

王は恭しく菩薩の手を取って「あなたのお志が成就されることを願います。また、できればあなたが再び

を翳《くらま》さんとする盲者あらんや。

吾は、また此世の空しき榮華を願はず。是を以て吾は王位を捨てゝ人生のかゝはりを脱《のが》れたり。

故に新たに世の中の務《つとめ》を以て吾をな縛り給ひそ、又吾が爲《な》さんとする事業の進みを妨げむとなし給ひそ。

吾は卿と別るゝを惜しむ。されど吾は去って道を教ふる賢者を求め、罪悪を免《まぬが》るべき法を究《きわ》めまくほりするなり。

願くは、平和と繁榮とは永く卿の國を守れ。智恵の光は日の中《ちう》せる如く、卿の政《まつりごと》を照らして絶ゆることなかれ。

卿の力は益々固くなりて、正義は常に卿が手裡《しゅり》の王笏《ぎょくこつ》となれ。」

王は恭《うやうや》しく釋迦牟尼の手を把《と》り給ひて謝せられけるは、「願くは御志の成就し給はんことを、又

この地を訪れて、私をあなたのお弟子に加えてくださいますようお願いいたします」とお礼を仰いました。

菩薩は、親愛の情を溢《あふ》れさせて王と別れて、心密かに王の望みである弟子に迎えることを許そうと思われたのです。

当時、婆羅門《バラモン》〈インドでは、将軍や貴族、王様より偉いとされた階級〉にアララとウドラカという、婆羅門教徒の中では特に抜きん出ていた二人の学者がいて、その名前は世の中によく知られていました。

菩薩はこの二人を訪ねてその足許に坐り、『我《アートマン》〈インド哲学の根本原理で、自我《自己の意識や行動》の本質と霊魂を意味する〉』とはどういうものか、二人の説明を聞かれました。『我』とは、心における主人で修行者などが行わなければならないすべての修行を指図するものと云えます。また、霊魂の流転〈迷いの世界で生きては死ぬことを繰り返すこと〉や前世に行った善悪によって今の世で受ける苦楽の巡り合わせの道理について二

願くは菩薩の復此《またここ》に歸り來り給ひて吾を御弟子の中に加へ給はんことを」。

菩薩は親愛の情に溢《ひた》されて王と相別れ、心竊《ひそか》に王の望を許さばやと思召《おぼし》し給へり。

第九　佛の修業

當時婆羅門教徒に阿羅邏《アララ》及欝曇藍弗《ウドラカ》と云へる二人の學者ありけり、智惠學問衆にすぐれて、教徒中に肩を並ぶるものなかりしより、其名到る處に高かりき。

菩薩は此兩人を尋ね、其足下《そつか》に坐して、我《アートマン》の説を聞き給ひぬ、我とは心の中の主人にして萬《ばん》行《ぎやう》の指揮をなす一物《いちぶつ》を云へるなり。又靈魂の輪廻及業報《ごつぽう》の理《り》に關《くわん》して兩哲學者の意見を叩《たた》き、其如何にして惡人の靈魂は下劣の族や動物界などに再生し地獄に堕つるに反して、神の前に供物をなし又苦行を勤めて自ら浄めたるもの丶靈魂は、未來に生まれて或は君王となり、或は婆羅門となり、

人の学者と意見を闘わせました。菩薩は「今の世で悪人となった者の魂が次の世では人間より卑しい種族〈当時のインドでいえば奴隷など〉や動物〈牛や馬、両生類、虫《蛆《うじ》虫》など〉に生まれ変わったり地獄に堕《お》ちるのに対して、神さまに供え物をしたり、苦行をして自分の心を清めた人は次の世では王様や婆羅門、あるいは天人となって、だんだんと優等な種族〈＝界〉に生まれ変わるのでしょうか」と尋ねました。また、菩薩は婆羅門の二人が行う魔術や供物というものがどのようなものかを学び、さらに、心を神のように澄んだものにすることによって肉体がさまざまな関係に縛られることから解放され、自我を自由にさせることも学び、修行しました。

　アララは言いました。

　『我』は、五根《ごこん》という目、耳、鼻、舌、その他の身体の感覚の働きで物に触れたり、臭いを嗅《か》いだり、味わったり、見たり聞いたりすることをいいます。この『我』とは、どのようなものなのでしょうか。『我』には二種類あって、手で摑《つか》んだり、足で走るといいます。「我は言う」、「我は知

或は天人となり、次第〳〵に昇り進みて優等のものとなりゆくかを尋ねたり。而《しか》して又太子は、彼等が行ふ所の魔術、供物の如何なるものなるかを學び、且つ心を凝らし神を澄ますによりて、色身の繋縛《けいばく》を離れ、我をして自在ならしむべき諸法をも修行に給ひたり。

阿羅邏曰く

　我は五根《ごこん》の働《はたらき》を知覺《ちかく》して、或は觸《ふ》れ、或は嗅ぎ、或は味《あぢは》ひ、或は見、或は聞くと云ふ。是の我とは如何なるものなるか。我は二種の働をなして、手に在りては攫《つか》み、足に在りては奔《はし》ると云ふ、是の我とは如何なるものなるか。看よ、「我は言ふ」、「我は知覺《ちかく》す」、「我

って物事の道理を明らかにする」、「我はやって来る」、「我は行ってしまう」、「我は止まらない」などという言葉の中には、霊魂《れいこん》に対する大問題があります。あなたの霊魂とは、あなたの身体ではなく、目耳鼻舌といった器官でもないのです。もちろん、あなたの心でもないのです。すなわち、『我』とは、あなたの身に触れることを感じるものを言うのです。鼻でものの香りを感じ、舌でものの味を感じ、目でものの形や色を感じ、耳で聞こえる音を感じ、心では思うという気持ちを起こす一つのもののことを言い、手足においてはそれを動かすもののことを言うのです。この『我』とは、あなたの霊魂〈人間の体内にあって、その精神・生命を支配すると考えられている肉体でないものの存在〉そのものなのです。これを信じる者は、霊魂を疑うことはしないのです。しかし、これが本当であることを理解できないときは、解脱《げだつ》に到達することを望むことはできないのです。深く思ううちに迷ってしまうときは、かえって心が乱れやすくなり、道を迷って目的に到達できないのです。

は來《きた》る」、「我は行く」、「我は止まらん」など云ふ如き言葉の中には、靈魂の大問題の横《よこた》はりをることを。汝の靈魂とは汝の身體《しんたい》にもあらず、汝の眼耳鼻舌《げんにびぜつ》にもあらず、汝の心にもあらず。卽《すなは》ち我と云ふは汝の身に觸《そく》を感ずる一物《いちぶつ》を言ふなり、鼻に香《か》を感じ、舌に味を感じ、眼《め》に色を感じ、耳に聲《こえ》を感じ、心に想を起す一物を言ふなり、手脚《しゅきゃく》を活動せしむる一物を言ふなり、而して是の我とは卽ち汝の靈魂に外ならざるなり。信あるものは靈魂の存在を疑はざるべし。されども此眞理を解《げ》する能《あた》はざるときは、遂に解脱の期《ご》あるを望むべからず。深く思ひ惑《まど》ふときは却《かへ》りて心を亂《みだ》し易し、是れ迷ひに到る途《みち》なればなり。只靈魂を淨めよ、得脱《とくだつ》の道は此《ここ》にあらん。眞の解脱を得まくほりせば、尤《もつと》も多衆鬧熱《たしゅうにやうねつ》を嫌ふ、よろしく生を仙人に托《たく》し、只食を乞ふて止《や》まんのみ。此《か》くして諸々の煩惱を斥け、萬物の非有《ひう》なることを知る時は、全く虛心《きょしん》の田地《でんち》に到るべし、此田地に到らば、則ち形《かたち》を離れた

ただ霊魂を清めなさい。得脱《とくだつ》とは、煩悩を断ち切って仏の悟りを得ることで、この道はここにはないのです。真の解脱を得ようとするならば、大勢の人の騒がしいエネルギーを嫌い、生きることは仙人に任せ、人に対して食べ物を与えてくださいと頼むことだけなのです。このようにして、さまざまな煩悩から離れ、すべてのものの真実のありかたは、有《ゆう》でもなく空《くう》でもなく、一切の存在が実態を伴わない立場〈＝空〉と、空ではあっても現象として実在すると見る立場〈＝有〉であることを知ったとき、まったく先入観を持たないで素直な心〈＝虚心《きょしん》〉でいなさい。気持ちが虚心になったとき、つまり、物質に形があるという思いが無くなった一生がどのようなものであるかを自《おの》ずと感じられるのです。ムンガ草の実がさやから出るように、鳥が籠《かご》から飛び出すように、我をすべての束縛《そくばく》から解き放たれて、心の隅々《すみずみ》まで静かさを得ることができたとき、これを真の解脱というのです。でも、深く道を求める心を持っている人でなければ、この解脱というものに達するのは難し

る生涯の如何なるものなるかは、自ら感じ得らるるならん。猶《な》ほ、ムンガグラスが莢《けふ》を脱せるが如く、又野鳥の籠を遁《のが》れたるが如く、我は一切の繋縛《けいばく》を離れて充分の平静を得べし、之を眞の解脱と云ふ。されど深信《しんじん》の士《し》にあらざれば能くし難し。

いのです。
菩薩はこの説明に満足したうえで、
「我の想いに至らなかったからこそ、私たちの心は自分で自分を縛《しば》っているのです。

物と物がそれが無くては考えられないような本質的な性質と異なるということは、想いの上では考えられるかもしれませんが、実際にはそのように物と物の本質的性質が異なることはないのです。熱い火が涼しく感じられるようなことは想《おも》いの上でしか考えられないことで、実際に考えれば我々が火から熱を取り去ることはできないのです。あなたは、物と物の本質的な性質を離してそれ以外の性質を当てはめようとしても、あなたが論ずるところを徹底的に既にあることを基にして未知のことについて推測したとしても、決してそのようなことは起こらないのです。

人というものは独りだけでは生きていけず、数多くの集団に所属しなければ生きていけないのです。見識が高く道理に通じた人〈＝哲学者〉は、

菩薩は此説に満足し給はざりければ、答へ給ふ、

我の想を脱し得ざればこそ、我曹《われら》は自縛《じばく》の身とはなれるなれ。

物と其《その》属性との相異《あいこと》なれるは、たゞ想《そう》の上において然るのみ、實際はさにあらず。熱の火と相異なるは只想の上においてのことなり。之を實地に檢《けん》するに、吾曹は火より熱を除くこと能はず、卿は屬性《ぞくせい》を離して物の外にあらしめんとすれども、卿が議論を極《きは》まる處まで推しもて行かば、決して其然《しか》らざるを見む。

人は多くの集りより成れる生物にあらずや。即ち哲人《てつじん》の所謂《いはゆる》五蘊《ごうん》より成れるものにあらずや。色、受、想、行、識、是即ち人間を

観察できる五つの集合体から出来ているものではないでしょうか。色《しき》・受《じゅ》・想《そう》・行《ぎょう》・識《しき》という人間を組み立てる物質と精神とのあらゆる要素を収める蘊《うん》というものがあります。『我在り』と叫ばれるとき、私たちが『我』と呼んでいるものは『我』の後ろに控える実体はなく、ただ蘊が一緒になって働きによって生じる思想なのです。識《しき》・受《じゅ》・想《そう》・真理《しんり》というものがあります。この中で『真理』とは識が正義の道を進むことを言うのです。しかし、遥《はる》か遠くにポツンといる一つの魂が想の外側、またはその後ろにいることはないのです。『我』をことさら存在するものと思う人の考えは正しくはないのです。我を探し求めようとするならば、私は既にその我なるものを見ることができず、この点から道を進むのですが、この先、横道に逸《そ》れてしまい誤った道を進むのも仕方がないことであると言うしかないのです。

『私は大である』、『私は未来の善悪の行為を導く絶大な働きをした』などと心を集中させて我を張ることの夢中になり、事実でないことを誇張する

組み成せる蘊《スカンダ》なるものなり。かの「我在り」と叫ぶとき、吾曹が我と呼び做《な》せる一物は蘊《スカンダ》の後《しり》へに扣《ひか》へをる實體《じったい》にあらずして、只蘊の相合《あいがっ》して働くより生じ來れる思想に過ぎざるなり。識あり、受あり、想あり、眞理あり、而して眞理とは、識が正義の道を歩める時を言ふなり。されど迥然《けいぜん》として獨《ひと》り立てる我靈《がれい》なるものありて、想の外《ほか》に或はその後《しりへ》に存在するとなすは非なり。我を以て殊《こと》に存在するものなりと思ふは決して正しき考《かんがへ》ある人のなす所にあらず。我を探し求めんとす、吾は已《すで》に其の可なるを見ず、さらば是點《このてん》よりして進むものゝ、よからぬ方面に傾《かたむ》かざるを得ざるは宜《むべ》なりとこそ謂ふべけれ。

「我は爾《しか》く大なり」、「我は爾《しか》く絶大の業をなせり」などと思惟《しゆい》して我慢《がまん》を長じ、虚誇《きよくわう》の念を養《やしな》へるが爲め、其心を亂《み》だし、其智を昏《くら》ま

心を養《やしな》ったために、想いを乱し、道理を覚《さと》る分別がなくなるなど世の中に少なからず存在します。あなたが仰《おっしゃ》る我というものは、真偽や善悪を識別することと真《まこと》との間にあることは道理に合わないのです。我を消し去ることにより、ものの真相を明らかにすることができるのです。心の眼が開いている人は迷いが悟りへと変わると思います。『我がある』、『我はない』、『我はないだろう』などという心を集中して考えることは、ものの本質を見極める優れた心の眼を持つ人が考えられることなのです。

もし、あなたの心に我が少しでも残っていたとすれば、あなたはどのようにして正しい解脱に到達することができるでしょうか。我には欲界・色界・無色界という三つの界があり、あるいは地獄・餓鬼・畜生・修羅・人・天といった輪廻する六道の世界に再び生まれ変わるとしたら我々はこの生を廻ることから脱出することができないのです。私たちは、自分の利益だけを貪り取ろうとする心の思いである罪の虜《とりこ》になってしまうのです。

せるもの、世寔《まこと》に少なからざるなり。卿が所謂《いはゆる》我なるものは、卿が理性と眞理との間に立てり、是れ非なり。ただ我を滅ぼせよ、物の眞相は是よりぞ明《あきら》かならん。眼《め》ある人は迷《まよひ》を轉《てん》じて悟を開かんと思ふ。かの「我在り」、「我あらん」、「我在らざらん」などの觀《くわん》念《ねん》は、達眼《たつがん》の人の取らざる所なり。

もし卿の我にして猶殘《のこ》り存すとせば、卿は如何にして能く眞正の解脱に到ることを得むや。我にして三界の中《うち》、或は地獄に、或は人《にん》界《かい》に、或は天界にもせよ、再生すべきものとせば、吾曹は遂に斯生《このせい》を脱する期《ご》なかるべし、吾曹は唯《ただ》私慾罪業の奴《やつこ》となるに至らんのみ。

生きとし生けるあらゆるものは、一旦集まったからといっても、いずれ離れなければならないのです。生老病死という繋がりから抜け出すことはできないのです。この終わりを『解脱』とは言わないのです」と答えられました。

ウドラカは、善悪の行いによって受ける苦楽の結果の理由を、

「あなたは善悪の行いによって受ける苦楽がどのようなものであるかを知っていますか。男女や雌《し》雄《ゆう》に良い悪いがあるでしょうか、また人間が作った階級に貴《とうと》いとか卑《いや》しいというものがあるでしょうか、貧しい家庭と財産などをたくさん持っている豊かな家があったり、運が良い悪いなどというのがあるのはどうしてでしょう。それは、前世《ぜんせい》あるいはそれより前の世においての行いによるもので、善い行いと悪い行いがあり、魂の場所がいろいろな界を車の車輪が回る〈＝輪廻《りんね》〉ように、どのような行いをしたかによって決まるので、前世

總《すべ》て集まれるものは、また離れざるを得ず。吾曹は生、老、病、死のきづなを免《まぬが》れ得ざるべし。是最後の解脱と謂ふべからず。」

欝曇藍弗は又業報《ごうほう》の理《り》を説きて曰ひけるは、

「卿は業報の何ものなるかを知るか。性によきと惡しきとあり、位《くらひ》に貴《たつと》きと賤《いや》しきとあり、家に貧しきと富めるとあり、運に吉と凶とあり、是何の故《ゆえ》ぞと云ふに、即ち業《ごふ》に由《よ》るものなり。業に好《よ》きあり、惡しきあり、靈魂の輪廻するは其業の如何《いかん》に由る、前世《ぜんじよう》に惡業をなせるものは惡果を傳《つた》へ、善根を積めるものは善果を遺《のこ》す。是くの如《か》くならざれば此世に差別あり不平等ある理《り》を解《げ》すへからず。」

に悪いことをしたものは悪い結果に、善い行いをしたものは善い結果に生まれ変わるのです。このようなことから、世の中には差別や不平等が起こることを理解しなければならないのです」と、説いて言いました。

菩薩は輪廻《りんね》や行いの結果がもたらす理由について深く考えた結果、それらは『真理』の中にあることを見抜いたのです。

「善悪の行為をしたことについて言い争うことはできないのです。結果に到るまでにはその元に原因があり、（種子を）蒔《ま》いたものは刈らなくてはならないし、刈り取るものは種子を蒔いたからなのです。

魂が輪廻によってどの界に生まれ変わるかの理屈を疑うことはできないのです。なぜなら、私たちの意思に関わりなく人間の力を超えた作用は、私たち自《みずか》らが原因となる行いをしたからなのです。ですが、私は我《アートマン》が輪廻する理由を見出せないのです。

私がこのように一人の人間として存在するの

如来は深く輪廻及業報の理を究《きは》めて、眞理の其中に存せることを看給ひぬ、曰く、

業の理たるや、爭《あらそ》ふべくもあらず。果あるものは因あり、蒔けるものは刈らざるべからず。刈るものは蒔かざるべからず。

靈魂の移り轉《てん》ずる因果の理法によるや疑《うたがひ》なし、何となれば吾曹の運命は吾曹の自《みずか》ら爲《な》せる所なるべければなり。されど吾は我の輪廻すべき理あるを見ず。

吾をして是《か》く個人たらしむる所以《ゆへん》は、其身

は、その身体と心や精神を選択したのではなく、人間が集まってできた中の一人であるのです。

　また、さまざまな特徴や性質は次第に進化していき、今に至れるものであり、所謂《いわゆる》個人というものは、特徴や性質によって集まったものによって成り立つものではないのかもしれません。生物として理性や意志によって制御される欲求を支配する感覚である眼・耳・鼻・舌・身《しん》の五つは、これらの感覚器官を持った祖先より受け継がれてきたものなのです。私が抱く物事に対する考えは、一つは他人の考え方からきたものであり、もう一つは自分の心の中から生まれてくる思いめぐらした考えが集まることであるのです。今日《こんにち》、私個人である前に同じ感覚で、同じ考え方を持ち合わせていたものが前世の私なのです。これは、昨日いた私が今日は私の父親と同じように、私が向かって行っている動作は、私の今生《こんじょう》の運命を支配しているのです。

　もし、五官の動作を支配しているアートマンがいたら、さらに目のくぼみを壊し、眼球をえぐっ

體たると其心意たるとを擇《えら》まず、皆只集合によりて然るにあらずや。

　又諸々の属性の如きも漸次《ぜんじ》の進化を經《へ》て存するに至れるものにして、而してかの所謂《いはゆる》個人なるものは、其属性の集まれるに由りて成り立つに到れるものにあらずや。生物の感覺を司どれる五根《ごこん》は、是等の官能を有せる祖先より傳へ來れるものなり。吾の抱ける觀念《くわんねん》は、一は他人の思想より來り、一は吾自らの心中における觀念の集まれるより來れるなり。今日吾是の個人たるを得る以前にありて、吾と同一の感覺《かんかく》を有し、同一の觀念を抱きしものは即ち吾前身なりと謂ふべし、是猶昨日の彼は今日の我の父なるが如き乎《か》。吾が往行《わうかう》によりて作れる業《カルマ》は、吾今生《こんじょう》の運命を支配するなり。

　若しその五官の作用を司どれる我《アートマン》なるものありとせんか。さらば眼窩《がんくわ》を毀《こぼ》ち、眼球を

ても、我は、より一層大きくなる窓の隙間から周囲を見ることが以前よりも増してできるのは明らかなのです。耳を削《そ》いでもより一層よく聴こえ、鼻を切り落としても匂《にお》いに敏感となり、舌を抜き取られても味に鋭《するど》くなり、身体が滅《ほろ》んでも肌が感じることは益々敏感になることが、すべてのものに共通する平等で人が行うべき正しい道筋《みちすじ》なのです。

私は、魂が生き続けることと移り変わる理由を詳しく知り、また今世の行為が未来の苦楽の結果に導くはたらきが正しいことを知りました。されど、私がいうところの我なるものが、修行者が修得する一切の行とは信じられません。我が迷いの世界を生き変わり死に変わることはないのですが、再び生き返ることはあるでしょう。何故かと言えば『我は言う』、『我は欲す』などと言っても、この我は幻想に過ぎないのです。もし、この我が実際にあるのであれば、如何にして本来実体のない我を実際にあるように執着する想いを倒して裁断することができるでしょうか。死者が迷い

抉《くじ》り去るとも、かの我《が》なるものは、今や一層廣大《くわうだい》となれる窓隙《そうげき》よりして四邊《しへん》を看得ること以前に優《まさ》りて明《あきらか》なるべき理なり、耳根《にこん》を削り去らば聽《き》くこと愈々《いよいよ》明かに、鼻根《びこん》を斷じ去らば嗅《か》ぐこと愈々強く、舌根《ぜっこん》を抜き去らば味《あじは》ふこと愈々鋭《いよいよするど》く、身根《しんこん》を滅《めっ》し去らば感ずること愈々敏《さと》かるべき理《り》なり。

吾は靈魂の績《つづ》き存すること及移り轉ずる理を覺《さと》り、又業《カルマ》の眞理なることを知る。されど卿が説く所の我《が》なるものありて萬行をなすとは信ぜざるなり。我の輪廻することなけれども、再生《さいじやう》の理は是れあらん、何となれば「我は言ふ」、「我は欲す」など云ふ、是の我は幻想に過ぎざればなり。若し是の我にして實體《じつたい》なりせば、如何にして我執《がしう》の念を伏斷《ふくだん》し得ることあらんや、冥府は限りなき怖れを惹《ひ》き起して、而かも遂に之を免るゝ期なかるべし。又かくの如くなる時は、人生の苦は吾曹が無明と罪業とより來れるにあらずして、吾生の

行き着く暗黒の世界は無限の怖れを心に懐《いだ》かせて、遂にはこの怖れを免れることはないでしょう。またこのようなときは、人生の苦というものは我々の心の迷いや煩悩が源《みなもと》であり、悪い結果を生む行為から来るのではなく、我々の本来の状態であるというべきです。これが『真理』なのです」。

菩薩はやがてここを去り、とある寺院に入って祈りを捧《ささ》げる司祭の横に立って、司祭が残酷な行いをするのを見て、哀《あわ》れ愛《いつく》しむ心が動いたのです。

「司祭たちが祭りを営み、生贄《いけにえ》を供えるために大勢集まるのは、彼等は知識がなく文字が読めないからではないのです。生きている家畜を殺してその血を流すことにより神を祀《まつ》るよりは、そのような行為をしないで真理を敬うことにした方が良いのです。

　生きたものを殺して悪い行いを償《つぐな》うことができると信じる者の心に愛があるのでしょうか。新たに悪いことをして、旧《ふる》い悪行を滅ぼすということ

實性本來然りとなすべきに至らむ。ア丶、是れ豈眞理ならんや。」

やがて佛は此を去りて、ある寺に入り、勤《つとめ》をなせる僧侶の靈机《れいき》の前に立ちて、殘酷なる所作を營《いとな》めるを見て大いに慈悲心を動かし給ひぬ。

「彼等が祭りを營み生贄《いけにえ》を供《そな》へんとて大集會をなすは、只彼等の無智文盲《むちもんもう》なるが爲めにあらずや。生《いける》を殺し血を流して諸神を祭らんよりは、如《し》かず眞理を敬《けい》して之を従はんには。

　生《せい》を殺して惡行を償《つぐな》ひ得ると信ぜるもの丶心中には、果して如何なる愛あるか。新たに惡をなして舊《ふる》き惡を滅ぼさんと欲す、果して

に何の道理があるのでしょう。人間の罪は、罪なき家畜を生贄として殺すことによって免《まぬが》れるのでしょうか。これは、徳を含まない悪の道を行くことになるのです。

心を清くして、生き物を殺さないことこそ真の道ではないでしょうか。

儀式を行っても何の効果があるのでしょう。また祈禱《きとう》を繰り返し行って何の利益が得られるというのでしょう。魔術を勉強しても人が救えられるのでしょうか。

極めて欲深く、何でも貪《むさぼ》り欲しがる思いを捨て、他人を深く忘れられないほどの怨みから離れ、酷《ひど》く恨んだり、他人に害を与えようとする心から去ることこそが真の身を捧《ささ》げるといい、これこそ誠に神を畏《おそ》れ敬うことなのです。

◇

菩薩は、より一層優れた教えを知りたいと思い、苦行林に暮らす五人の比丘を訪ねました。彼等五人の比

此理あるか。人間の罪は罪なき生贄を殺すによりて脱《まぬが》れうるものなるか。是れ實に徳を外《ほか》にして道を行はんとするなり。

其心を淨くして殺すことなき、是れ之を眞《まこと》の道となす。

儀式を行ふも何の功かあらん、祈禱《きとう》を繰り返すも何の益《えき》かあらん、魔術を學《まな》ぶも如何にしてか能く人を救はむ。

貪婪凡欲《たんらんぼんよく》を捨て、惡念を離れ、憎怨《ぞうゑん》惡意を去る、是れをこそ誠に身を捧ぐと云ひ、誠に畏れ敬ふと云ふなれ。

第十　苦行林

菩薩は尚一際《ひときわ》優れたる教を知らんと思ひ給ひて、苦行林の中《うち》に棲める五人の比丘を訪《と》ひ給ひ

丘の生活を見てみると、物事に感じて起こる心の動きを抑え、欲の心を閉じて苦しい修養をして、飽きることなく精を出し、大いに褒めたたえるべきものに思えたので、菩薩自らこれらの苦行を試そうとして、五人の比丘の仲間に加わりました。

菩薩は、精魂《せいこん》を傾けて目的に向かう心を励まして、人間が自然と沸き起こる欲望を抑えて精神力を鍛えることを行い、ひたすら人と喋ることをせずに黙ってじっくり考えました。

五人の比丘は苦しい修養をする者もいましたが、菩薩の心身を苦しめる修養には足元にも及ばず、大いにこの修養の姿勢を尊敬し、我々の先生として敬《うやま》うのでした。

このようにして菩薩は、人間が自然と沸き起こる欲望を抑えて精神力を鍛えることを六年に亘《わた》り、世間の人々と接触しない生活を送りながら身体を鍛えて心を磨くことに飽きることがありませんでした。とうとう、一日にゴマを一粒だけを食べるまでになり、果てしない海のように無限に続く生死の境を越えて輪廻の世界から解き放たれ、心の安らぎを得られる悟りの世

つ。さて熟《つらつら》彼等の生活を見給ふに、其情を制し、其慾を窒《ふさ》ぎて鍛錬《たんれん》苦修《くしゅう》、捲《う》むことなく熱心勵《れい》精《せい》、大に讃《ほ》むべきものがあるが如くに思召されたれば、自ら亦之を試みんとて其仲間のものとぞなり給ひし。

釈迦牟尼は、精進《しょうじん》勇猛の志を勵《はげ》まして難行苦行を勤め、一向《いっこう》沈思《ちんし》黙考《もっこう》に凝《こ》り給ひぬ。

五人の比丘、苦修《くしゅう》せざるものあらざりしも、釈迦牟尼の刻苦《こっく》し給ふには及ぶべくもあらざりけれど、大いに之を尊敬し、師として謹《つつし》み給へり。

斯くて菩薩は難行苦行、情を抑へ、慾を窒《ふさ》ぎ給ふこと六年、最《いと》も嚴《おごそ》かなる隠者《いんじゃ》の生涯を送りて、其身を鍛《きた》へ其心を練ることを捲《う》み給はず。遂に日に一粒《りゅう》の胡麻を食ふに過ぎざるまでに至り給ひしも、生死の大海を乗り越えて、解脱安楽の彼岸に達せんとする念《こころ》は暫くも止給はざりき。

界に到達しようとする気持ちは、いささかも止まることはなかったのです。

このような生活を送っていた菩薩は日々痩せ衰え、まるで枯れ木同様の姿になりながらも、修行に専念して立派な修行者であると各地に知られ、遠い所からも菩薩を訪ねて来る人が多く、菩薩から天の幸福を賜わろうと願う人もいたのです。

しかし、菩薩はこの苦行林での修養に満足せず、究極の悟りの完成を求めて、まだそこに至らないことに深く残念に思い、決意をもっと固く心を集中させましたが「苦行だけでは煩悩を滅ぼすには充分ではなく、人の心と神が打ち解けて、理解し混じり合う処まで行くことができないのです」とお考えになりました。

菩薩はムラサキフトモモ〈紫蒲桃〉の木の下で一心不乱に動かずに坐り、自分のこれまでの生活や苦行で得たものは何だろうかと考えたところ「私は子供の頃から強い方ではなかったが、この頃益々身体が弱ってきた。断食を行えば解脱できると思ったがそうはならず、この断食というものは正しい道ではないようだ。ならば、私は止めていた飲食をして身体を強くし、心

菩薩の形容《けいよう》日々に衰《おとろ》へて殆《ほと》んど枯木の如くなり給ひたるも、聖《きよ》き譽《ほまれ》は四方《よも》に傳《つたは》りて、遙《はる》けき地方より尋ね來りて、天福を享《う》けんと願ふものさへあるに至りぬ。

されど世尊は此かることにて満足し給ふべくもならず、眞正の智恵を求めてまだ獲られざるを深く遺憾とし給ひ、遂に斷乎《だんこ》として思惟《しゆい》を給ふ、「苦行は煩悩を斷つに足らず、苦行は人をして心《しん》融神會《ゆうしんくわい》の域に至らしむる能わず」。

菩薩、閻浮樹の下に兀座《こつざ》して熟《つらつら》自己の境涯及苦行によりて何を得たるかを觀《くわん》じて自ら思ひ給ふやう、「吾躰《たい》は益々弱くなりぬ。斷食を行はばとて解脱の途は此より開くべしとも思はれず、これ正しき道にあらざるならん。されば吾は寧《むし》ろ食をとり飲をなして此の躰《からだ》を強くし、遂に斯の心をして寂靜《じやくじやう》の地に到らしめん」。

を静めて執着などを離れれば、悟りの境地へと向かうことができるのではないか」という思いに至ったのでした。

菩薩は、川に入って沐浴をして川から上がろうとしたときに、これまでの苦行で全身が痩せ衰えてしまい、自らの力で立ち上がることさえ弱くなってしまったので、樹木の枝を摑んで、ようやく岸に上がることができました。そして、菩薩は自分が行を行っていた場所へ行こうと思い歩きはじめたところ、すぐに目の前が暗くなってその場に倒れ込んでしまいました。これを見ていた五人の比丘は、菩薩が死んでしまったのではないかと思ったほどでした。

そのとき、苦行林の近くに住んでいる牧場で働く人の長女でナンダという娘がその場を通りかかりました。菩薩が道の端に倒れ込んでいるのを見つけると、頭の方へ跪《ひざまず》き娘が手に持っていた壺に入っていた乳製品を召し上がるように勧めました。

菩薩は娘の差し入れを受けて、その乳製品を口に入れると、手足に徐々に力が入り、心が清々《すがすが》しい気持ち

世尊乃《すなわ》ち河に入りて沐浴し、了《おは》りて立ち上がらんとし給ひたるに、五躰痩せ衰へたるを以て自ら支ふる力なく、やうやく樹《き》の枝に縋《すが》りて岸に上《のぼ》れり、それより己が棲家《すみか》に還《かへ》らんと思ひて歩を進め給ひしに、忽《たちま》ち眼昏《くら》みて、はたと地上に斃《たふ》れ給ひたり。五人の比丘は之を見て佛は死し給へりと思ひたり。

その頃森近く住める一人の牧夫《ぼくふ》ありけり。其長女を難陀《ナンダ》と云ひしが、今しも此を通りたるに、佛の路上に斃《たふ》れ居給へるを見て、其前に跪《ひざま》づき手に持てる乳酪《にうらく》を進めぬ。

佛之を受けて喫《きつ》し給ひたれば、手足次第に力づき心地すが〳〵しくなりて、無上正覺《むじょうしやうがく》を成就す

になり、このうえなく、優れた完全な悟りの境地に行かれることに間違いないと思ったのでした。

このことがキッカケとなり、菩薩は断食を止めて食物を摂取するようになりました。弟子となっていた五人の比丘は、今度は菩薩が娘に乳製品を勧められて口にしたのを見て、今度は菩薩自ら食事を摂取するのを見てしまい、疑いを持ちつつ、にわかに信じがたく、ついには苦行を止めるのではないかと思い「菩薩が断食を止めて内臓がざわつき出したので、これまで『師』とも『主人』とも仰いできた菩薩も、とうとう解脱の道を求める思いを諦《あきら》めたようだ」と思ったのでした。

そして、五人の比丘が、菩薩一人を残して苦行林を立ち去ったのを見て、菩薩は比丘たちがなかなか信仰が成就しないのを気の毒に思うとともに、自分がこれから一人孤独に暮らしていかなければならないことに不憫《ふびん》とさえ思うのでした。

しかし、菩薩は「これも仕方のないことである」と思い直し、一人苦行林を出てあてどなく歩けば、「菩薩は我々を捨てて、一人楽しめる家を求めて苦行林を後にした」と五人の比丘たちは言うのであろうと思っ

る亦難《かた》からじと思はれぬ。

是事ありし後、菩薩再び食物を取り給ひしかば、五人の弟子、先に難陀の乳酪を進めしを見、今又佛の自ら食物を取り給ひたるを見て疑ひ惑ひつゝ遂に竊《ひそか》に信ずらく、「太子の熱誠《ねっせい》こそ動きそめたれ、是までは師とも主とも仰ぎし菩薩も、今や道念《どうねん》を打失し給ひたりと見ゆ」。

比丘は菩薩を殘《のこ》して皆立ち去りたれば、菩薩は之を見て其信仰を欠けるを憫《あはれ》み、又自ら孤居獨棲《こきょどくせい》の身となれるを痛ましく思ひ給ひぬ。

されど菩薩は悲み痛むも詮《せん》なしとて、今は只獨《ひと》り彷徨《さまよ》ひ出で給ひければ、五人の弟子等皆言へるやう、悉達多は吾曹を捨てゝ獨《ひと》り樂《たの》しき住家を求めんとて出で給ふ、と。

たのでした。

◇

菩薩は菩提樹の所へ行き、その木の下に坐って修行を行おうと決めました。

この時、大地が揺れて、光は世界を照らし、まるで別世界を思わせるように輝きました。

菩薩が坐っている天上からは、喜びの声が響き渡り、あらゆる動物や植物が手拍子をとって喜び舞い踊っているように感じられたのでした。

ただ、五つの感覚器官〈眼・耳・鼻・舌・皮膚〉を対象とする五種類の欲望〈色欲・声欲・香欲・味欲・触欲〉に執着し、死を喜び真理を嫌がる欲の世界の大魔王は、この様子を見て眉《まゆ》をひそめて心は憂鬱《ゆううつ》で嘆《なげ》き、三人の魔女と人々を悩まし邪悪な心を持つ鬼神たち、神通力を使って人を食う鬼の一団を引率して出家した釈迦牟尼が坐っている所を襲いましたが、菩薩は少しも動じることはありませんでした。

大魔王は、恐怖のために体中《からだじゅう》の毛が逆立つようにぞ

第十一　魔王

世尊は、かの菩提樹の方《かた》へと進み行き、其下にて修行を仕果《しはた》さばやと思ひ定め給ひたり。

是の時大地震《だいちふる》ひ動きて、輝ける光は世界を照らし、宛然《さながら》別天地の観をなせり。

菩薩の座を占め給ふや、天は洋々たる歡聲《よろこびこへ》を反響し、生けとし生けるもの、孰《いづ》れも忭舞《べんぶ》せざるはなかりき。

唯五欲の大魔王、死を招き眞理を否《いな》む欲界王のみは、之を見て竊《ひそか》に眉を顰《ひそ》めて憂《うれひ》に沈みぬ。乃《すなわ》ち三人の魔女及悪鬼羅刹《あくきらせつ》の一隊を率ゐて大出家釋迦牟尼が坐し給へる所にぞ襲い來りし。されど太子は之が爲め毫《すこし》も動き給はざりき。

魔王は身の毛もよだつばかりに大惡聲《だいあくせい》を發《はつ》して

っとする悪声を出して旋風《つむじかぜ》を起こすと、またたく間に空は真っ暗になり、海は荒れ狂うような波が立ち、さながら水が沸騰するようになりました。しかし、菩薩は菩提樹の下にきちんと坐り、精神が動揺したり顔色を変えることはありませんでした。それは、災いが菩薩の身におよぶことがないことを知っていたからです。

大魔王は、三人の娘が女の色気で仏の心を迷わそうとしましたが、菩薩はさらに心を固《かた》くして色欲に迷うことはありませんでした。

大魔王が菩薩に戦いを挑むたびに仏は勝ってしまい、菩薩の心が少しも動じないのを見て、大変イライラし、引率してきた悪い鬼たち全員に一気に菩薩を攻めるように命令しました。

だが、菩薩にはこれら悪い鬼たちが攻めてくるのをまるで幼子《おさなご》が遊んでいるようにしか見えず、大魔王が怒り狂う大声も何事もなかったかのように聞こえ、地獄で燃え盛る炎は穏やかな春風のように感じ、雷鳴や稲光《いなびかり》は清らかな紅色の蓮に変わってしまいました。

大魔王は、とうとう力尽きてしまい、引率した悪い

颶風《ぐふう》を呼び起しければ、看る〳〵一天暗黒となりて、大洋の浪、怒り狂ふこと、さながら沸くに似たり。されど佛は菩提樹の下《もと》に在りて端然として神色變し給はざりき。そは禍《わざはひ》の決して其身に及ぶなきを知り給ひたればなり。

魔王は三人の娘子《むすめ》をして菩薩を色に迷はさんとしたりしも、菩薩は更に顧《かへり》み給はざりき。

魔王は、佛の戰ひ毎《ごと》に勝ちて一念も心を動かし給はぬを見て、大いに焦立《いらだ》ち、惡鬼《あくき》の全軍に指揮して一同に釋迦牟尼をそ攻め立てける。

されど佛は之を兒戲《じぎ》の如くに看給ひしかば、魔王が怒り憎む聲も何の要なく、地獄の炎《ほむら》は長閑《のどか》なる春風と變じ、雷《いかづち》の轟き電《いなづま》の閃《ひら》めくは清らかなる紅蓮《こうれん》となり化《かは》りぬ。

魔王は遂に力の施こすべきなきを見て、一軍を

鬼たちも菩提樹から立ち退いたところ、天上界から霊妙〈尊く不思議〉な花が雨のように降り注いできて、さまざまな善い神さまの声が暗い夜空に響き渡ったのです。

大いなる聖者を見なさい、憎しみや怨みが襲って来ても、その心はまるで重く動かない鉄の塊のようで悪魔がこの心を滅ぼすことはできなかった。清く、賢く、慈悲深く、敬い親しみのある心を持っている聖者を慕わない者がいるでしょうか。

怠け心を持たない者は、太陽の光が夜の闇を照らし出して明るくするように、真理を正しく見る者がいたとき、真理はその人に輝きを与えるでしょう。

◇

大魔王が菩提樹から逃げ去った後も、菩薩は静かに思い巡《めぐ》らしていました。また、心の眼を開いて世の中のあらゆる悲しみや傷ついた心のことや、悪い行いの結果によって出てきた悪いことや、その悪によって苦しみが生まれるのを見て、心を深く落ち着けて考え込

収めて菩提樹下《ぼだいじゅのもと》を立ち去りき、その時天花《てんげ》雨の如く降り來り、諸々の善神が叫べる聲は冥々《めいめい》の中《うち》にぞ響き渡れる。

大なる牟尼を見よ、憎怨《そうえん》の爲めに、動かざる金《きん》鐵《てつ》の心は、惡魔も之を亡ぼす能はず、ア丶、牟尼は淸し、賢し、慈悲深し、誰か敬愛せざるべき。

求めて倦《う》まざるものは、日の光が天地《あめつち》の闇を照らし破るが如く、眞理を看破るならん、而して眞理は彼を輝《かがやか》すならん。

第十二　成《じやう》道《どう》

大魔王の遁《のが》れ去れる後、菩薩は靜かに思考に沈み給ひぬ。又心眼を開きて世の中のあらゆる傷心《しょうしん》の事、惡行によりて生れ來れる惡しき事、及其の惡より生じ來れる苦を見給ひて、深く心を潜めて思考に耽り給ひたり。

んでいました。
「かりにも生命《いのち》が与えられた者として、その人が行うことができる悪のすべての結果がどのようになるかを見たならば、それらの悪いことに対して大層《たいそう》嫌がって避けるでしょう。しかし、私の心はこれらのことが見えないために心身を煩わして悩ませることに囚《とら》われてしまうことにはならないのです。

彼らは楽をしたいと思っても逆に苦しみを呼び起こして、『死』という魔の手が首にかかろうとするとき、心は悩みが湧き出し穏やかではいられなくなり、末永く生きたいと思う心はまるで咽喉《のど》の渇《かわ》いた者が水を欲しがるように、実体のない自分が実際に存在するように見えて忘れられずに常に心深く囚《とら》われているという記憶が再び訪れるのです。

このようにして、すべての人々は海の波が漂《ただよ》って浮いたり沈んだりするように地獄の責め苦しむことから逃れることができないのです。その楽しみが夢、幻《まぼろし》であることが如何に空《むな》しいことなのか

「苟《いやしく》も生《しやう》ある者にして、其が爲せる諸々の惡行《あくかう》の結果を看《み》得たらんには、其の惡行《あくかう》を忌み嫌ふこと甚《はなはだ》しかるべし。されど私の心は之をして盲目ならしむるが故に、煩惱に執着して自在なることを能はざるに至る。

彼等は樂を求めて却《かへり》て苦を呼び起し、死の手が其頸《くび》を纏《まと》はんとするときは、心惱《なやみ》を生じて穩《おだやか》なることを能はず、尚生き永らへんと思ふ心の切なるは、猶ほ渇けるものが水を求むるが如し。是《ここ》において乎《か》、我執《がしう》の念再生に伴うて生ず。

斯くして一切の衆生は浪のまに〳〵浮き沈みて自ら作《な》せる地獄の苛責《かしやく》を脱《ぬが》るゝ期《ご》なし。其樂《たのしみ》なるものゝ如何に夢幻《むげん》なるかを看よ、其行なるもゝの如何に虚誇《きょこう》なるかを看よ、甘《かん》

見なさい。甘蕉〈バナナ?〉のように空しく、泡のように跡を残さないのです。

世の中は罪と心が喜ばない状況で溢《あふ》れようとしています。それは、世の中が迷いや煩悩で人々を閉じ込めようとしているからです。人は真理への道に迷っているのです。それは偽《いつわ》りによって真理に優っていると思わされているからです。人々は真理には従わずに一切の迷いや煩悩に従っているからです。人生や物事の真相が明らかでないことはひと目見ると大変楽しいものに見えますが、心を傷つけ、苦難に悩み、いずれ亡びることになるという道筋は無明以外にはないのです」

このようにして、菩薩は法則や規範、物事の原因などについて解説《かいせつ》しようとして、よくよく考え、「ダルマ〈法〉というものは真理で、犯すことのできない基本的な法で、悟りへの道なのです。迷いや罪、憂いといったものが淀んでいる深い場所から人々を救い上げてくださるのはダルマだけなのです」と仰いました。

菩薩は、生きとし生けるものの生き死にを追求すると、無明がすべての罪や悪の根本であることを知り、

蕉《せう》の如く空しく、泡沫《ほうまつ》の如く跡なきにあらずや。

世は罪と憂とを以て溢れんとす、何となれば世は無明《むみょう》の塞《ふさ》ぐ所となればなり。人は路に迷へり、何となれば虚妄《こもう》を以て眞理にも勝れりと思へばなり。彼等は眞理に従《したが》はずして無明に従へり。無明や、之を一見すれば甚だ樂しむべきに似たれども、心を傷め、苦《くるしみ》に悩み、亡《ほろび》に至るべき途は無明に外ならざるなり。」

かくて菩薩は達磨《ダルマ》（法）を解説《げせつ》せんとして思惟し給ひけるは、達磨は眞理なり、達磨は神聖なる大法なり、達磨は道なり、迷《まよひ》、罪、憂《うれひ》の淵より吾曹を救い上ぐるものは唯達磨あるのみ。

佛は又生死《しやうじ》の源《みなもと》を推し窮《きは》めて、無明が一切の罪惡の根《ね》となれることを悟り、次の如く生るゝに

次の世に生まれ変わるまでのあらゆる生き物との関連した繋《つな》がりを『十二因縁』と名づけました。

「初めに真理に暗く理解できないものがいて、それらのものが欲という名の広い海の中に隠れ、欲に物質を与える力があり、知または感覚というものが生まれてくるのです。感覚は個々の生き物にあり、生き物は六識《ろくしき》という『眼・耳・鼻・舌・身』の五つの器官と『意識』というものからなり、物に触れることにより感じ、その感覚を覚え、覚えた感覚から欲が生まれ、欲望にとらわれた生き物から物体を除いた心の働きが煩悩を生じさせるのです。この心が発展して、形のあるもの〈色〉、感受作用〈受〉、イメージ〈想〉、能動的な形成力〈行〉、認識作用〈識〉によって自我が生まれて成長し、何度も生まれ変わることによって、苦・老い・病・死が順序立てて起こるのです。これは、心の憂慮、失望の原因となるのです。

　すべての憂いや苦悩の基は始めにあって、人は産まれるにあたり無明の中にいるのです。無明から去り、無明から発生する欲望は自ら断たなけれ

至るまでの連鎖を示し給ひき、之を十二因縁《ニダーナ》と名づく。

「始めに盲目不知のものありて存せり（無明）。是の無明の大海中に欲（行）を蔵《かく》せり、欲に物を作《な》し形を寓《ぐう》する力あり。識或は感覺と云ふべきもの之より生ず。感覺は個躰《こたい》として生存すべき生物躰（名色）を生じ、生物躰は六處《ろくしょ》即ち五官と一心とを發達《はったつ》し、六處は物に觸《ふ》れ（觸）、觸るゝによりて感ずる所あり、受を生ず、受は個躰たる所以《ゆへん》を全くする所の慾（愛）を生じ、慾より外物《ぐわいぶつ》を取りて吾が有《いう》となさんとする念を生じ（取）、此念發達して我を生じ我を繼續《けいぞく》せしむ（有）、我は生又生を更《か》へて現はれ出で（生）、之によりして苦、老、病、死を惹《ひ》き起す（老死）。是實に憂慮、失望の根本なり。

　一切憂苦の根元は太始《はじめ》にあり、人をして斯《こ》の生を得るに至らしむる無明の中に潜《ひそ》めり。無明を去れ、さらば無明より起る惡慾《あくよく》は自ら

ばならないのです。この好き嫌いといった執着の心を断つことで、邪《よこしま》な心の働きは消え去るのです。この邪な心を滅ぼして、心や物体のさまざまな要素から出来ている一人一人の身体に住まう迷いである名色《みょうしき》は終わりを告げるのです。この迷いを滅ぼして六識《ろくしき》の幻は自ら消え去るのです。六識の幻が消えれば、物質とそれに触れた感覚の誤った見方である謬見《びゅうけん》が間違ったものだと分かるのです。謬見が無くなれば、欲求する間違った心は静まり、この欲求する心が消えれば執着というものを自ら断つことができるのです。物事に執着する心が消え去れば、自分の間違った心の想いが生まれることはないのです。自分が抱えるこの想いが滅びれば、生き死にや病気による死は何であったのであろう、この一切の苦しみは、これで除かれて終わりということなのです」。

菩薩は、涅槃《ねはん》、つまり小乗《しょうじょう》〈南伝《なんでん》〉仏教による涅槃へ行くための道を明るく照らしてくれるのは、『苦の真理』、『苦の原因となる真理』、『苦を滅した悟りの真理』、『悟りに至る修行方法の真理』の四つの尊い道理

斷ぜられん、是慾念《よくねん》を斷て、之より生ずる邪《じゃ》識《しき》は消え去らん。邪識を亡ぼせ、名色《めうしき》の迷《まよひ》は終を告ぐるに至らん。名色の迷を亡ぼせ、六《ろく》處《しょ》の幻妄は自ら滅し去らん。六處《ろくしょ》の幻妄を亡ぼせ、物と相觸《ふ》れて謬見《びうけん》を生ずることなからん。謬見を亡ぼせ、求むる念自ら休《や》まむ。求むる念を亡ぼせ、執着のきづな自ら斷たれん。執着を去れ、私する謬念生ずることなからん。私する念亡びなば生死《しやうじ》病《びやう》死《し》はた何をかなさん、一切の苦是《ここ》に於てか脱《まぬが》れ了《おは》れりと謂ふべし。」

佛は又涅槃《ニルウーナ》即ち我空（小乗涅槃）に至るの道を照らせる四つの尊き道理（四聖諦）を觀《くわん》じ給ひぬ。

『四聖諦《ししょうたい》』と呼ぶものをよく観察して思い巡らし正しく知ることができたのです。

「第一は『苦』で、産まれることも、老人になることも、病気に罹ることも、死ぬことも全部苦なのです。嫌なものと一緒になるのは憂《うれ》いで、愛するものと別れなければならないのは更に憂いを増し、得られないものを欲しがることも苦なのです。

第二を『苦の因』といい、欲のことです。我々が世界中のあらゆるものの感覚を覚えて、感じたものを欲しいと願い求める気持ちを燃やして、すぐに手に入れることで満足しようとすることなのです。これは、自我《じが》という幻が起ころうとする気配であり、その物をとうとう手に入れようと自分の心に現れるのです。この自我を喜ばすために無益に生きものを際限なく欲《ほ》しがる欲は、我々が苦という網《あみ》に掛《か》かったためなのです。楽しみという餌《えさ》に食いつき、それによって得られるのは苦ばかりなのです。

第三は『苦の滅』です。自我の欲に勝つことが

「第一を「苦」となす。生《うま》るゝは苦なり、老ゆるは苦なり、病むは苦なり、死するは苦なり。好まざるものと結ばざるを得ざるは憂《うれひ》なり。愛するものと離れざるを得ざるは尚更《なおさら》憂なり、獲《う》べからざるものを獲《え》んと欲するも亦苦ならざるを得ず。

第二を「苦の因」となす。苦の因は慾なり。吾曹が四邊の萬物は感覺を起し執着希求《けぐ》の念を煽《あふ》りて、直ちに之を満足せしめんとするなり。是《ここ》においてか我の幻想は萌芽《きざ》し、外《ぐわい》物《ぶつ》を逐《を》ふに當《あた》りて自ら現はれ來る。是の我を喜ばさんが爲め徒《いたづ》らに生を貪《むさぼ》らんとする欲は、吾曹をして苦の網に罹《かか》らしむ。樂しみは好《よ》き餌《ゑば》なり、得る所は苦あるのみ。

第三を「苦の滅」となす。我に克《か》てるもの

できるのは欲から離れることなのです。欲を求めず、それに伴って起こる煩悩が燃え盛るための材料も無いので、滅ぶしかないのです。

第四は、『苦を滅する八正道《はっしょうどう》』です。我を捨てて真理に到着するもの、する必要があることを進んですること、ただ一生懸命に仕事や勉強などをやろうと願うものなど、これらの人々は空を自由に飛ぶ鳥のように煩悩から解《と》き放《はな》たれて自由な心《こころ》持《も》ちになるのです。このような賢い人は苦に陥《おちい》ることはないのです。

八正道とは、一に世界を正しく見ること、二に正しく道理を考えること、三に正しいことを話すこと、四に正しい行いをすること、五に規則正しい生活を営《いとな》むこと、六に正しい方法で仕事や勉強に励《はげ》むこと、七に正しい考え方をすること、八に迷いのない清く正しい心を持つことです」。

これらは、法であり、真理であり、道と言われるものなのです。菩薩が詠《よ》めるのは、

「長い間、私は彷徨《さまよ》いました。

は欲を離る。また求むることとなし、煩悩の炎も燃すべき材料なきが故に、自ら亡びざるを得ず。

第四を「苦を滅する八道《はちだう》」となす。我を捨てゝ眞理に就《つ》くもの、爲《な》すべきことを爲す心あるもの、只管《ひたすら》其務《つとめ》を仕果《しはた》さんとのみ希《ねが》ふもの、是等の人々は解脱の途に到るべし。賢きものは此途に入りて苦を免るゝならん。

八道とは何ぞや、一に見處《けんじょ》の正しきこと（正見）、二に決意の正しきこと（正思惟）、三に説話の正しきこと（正語）、四に行爲《こうゐ》の正しきこと（正業）、五に生計を營《いとな》む道の正しきこと（正命）、六に務《つとめ》の正しきこと（正精進）、七に考《かんがへ》の正しきこと（正念）、八に安心の正しきこと（正定）、是なり。」

是れ即ち法《ダルマ》なり、眞理なり、道なり。佛乃ち謡《うた》ひ給ひけるは、

「永くも、さまよひし吾かな。

煩悩というものと綱《つな》で縛《しば》られて
産まれては死ぬということを繰《く》り返し
永い間探してもその甲斐なく
そもそも、人の心の安らぎとは何だろう
私の心にある欲の悩みは、いったい何処《どこ》から来たのだろう

生き変わり死に変わる広い海の中で浮き沈みするのは悲しい
苦しみと悩みが私を襲《おそ》ってこないときはなかった

ああ、見破りぬ、それを見破りぬ
何なのか、自我《じが》の根本は
自我よ、お前は、まだ私を牢屋に繋《つな》ぎ留《とど》めておくのか
罪の柱が折れて倒れたなら
悩みの種は砕《くだ》かれて

私の心は永遠に涅槃の境地に入るだろう
煩悩は終《つい》に滅ぼされるだろう」
我があり、真理がある。我がある所に真理なく、真

煩悩のきづなに繋《つな》がれて、
生《うま》れかはり死にかはり、
永く探せし甲斐もなく。
そも人の心の安からざるは何故《なにゆえ》ぞ。
其私の心、其慾の悩《なやみ》、又何れより来りしぞ。

生死の大海に浮き沈みするこそ悲しけれ、
苦《くるしみ》と悩《なやみ》との吾曹を襲はぬ時しなければ。

あゝ、看破りぬ、そを看破りぬ、
何を、我の源《みなもと》を。
我よ、汝はまだ吾を囹圄《れいご》に繋《つな》ぐこと能はざらん、
罪の柱の折れ倒れたれば。
悩《なやみ》の礎《いしづえ》は打ち砕かれて、

吾心は永く涅槃に入れり、
煩悩は遂に寂滅に歸《き》せり。」
我あり、眞理あり、我ある所には眞理なく、眞

理がある所に我はない。我は生まれ変わり死に変わる世界での迷いで、自分と他人を分け、あの世とこの世を分け、嫉《ねた》みや憎しみを持ち、自己の利益だけを考える心なのです。我は快楽を思い離れがたくその後を追って行ったり、偽りを誇張することを願う。しかし、真理はことの真実を観じ、永遠に滅びることはなく、本当のことのみで虚《むな》しく思う心が生まれないのは、正義の幸いというのです。

我は幻で実在しないのです、本来この世の中に不正はなく、悪もなく、罪もないのです。ただ、我を自ら肯定することによって諸々の悪が生み出されるのです。

我を幻と見て信ずれば、真理に向かっていくことができるのです。この心を持って欲から離れれば正義の道を歩むことができるのです。一切の虚勢《きょせい》を退《しりぞ》ければ、十分に安らかな心を得ることができるのです。

自分の心の中に真理だけを取り込んで住まわせることができる人は幸福なのです。この真理は仏であり、悟りを得ることによって我を追い出して滅ぼすことができるのです。

理ある所には我なし。我は定めなき輪廻の迷《まよひ》なり、自他を別ち、彼我《ひが》を別つ、嫉《ねた》み憎むの自利心なり。我は快樂を慕い、虚誇を願ふ。されど眞理は事物の實相を観る、永遠にして朽つることなし、眞實《しんじつ》にして虚《むな》しきことなし、之を正義の福《さいはひ》となす。

我は幻なり、實在にあらず、斯世《このよ》には原《もと》より不善なく、惡なく、罪なし、唯我を肯《うけが》ふによりて衆惡を生ず。

我を幻なりと信ぜざれば、眞理に到ること能わじ。斯《この》心をして私慾を離れざらめしば正義を踐《ふ》むこと能はじ。一切の虚誇を却《しりぞ》くるにあらざれば充分の安心を得ること能はじ。

眞理をとりて吾心の中に住ましむるものは幸《さいはひ》なり。之を佛《ぶつ》となす、悟りを得て我を亡ぼしたればなり。

この状態を『涅槃』といい、安定した心となり、満月のようにまったく欠けていない幸せが訪れるのです。

仏は七日の間、悟りの境地に入った後、静かに出てこられました。

そのとき、タブッサとブハリカという二人の商人が旅の途中、容姿が厳《おごそ》かで穏やかな顔つきをした出家者が木の下に一人で坐っているのを見て、礼儀正しく丁重にその出家者の前に跪《ひざまず》いて米菓とハチミツを差し出しました。

これは、出家者が成仏《じょうぶつ》して以来、初めての食べ物でした。

仏は二人のために解脱する方法を教えると、二人は悪魔に打ち勝った仏の清らかで穢《けが》れのないことを感じ取り「吾《われ》らは仏であるあなたと法を深く信じます」と言って、丁重な言葉と共に頭を下げて合掌しました。

是を涅槃となす。安心の至れるものなり。福徳の圓《まどか》なるものなり。

第十三　最初の歸依者

佛は七週日の間、悟《さとり》の中《うち》に在りて、寂寞《じやくまく》の裡《うち》を出で給はざりき。

其時二人の商賈《しやうこ》タブッサ、ブハリカ（『因果經』の所謂る抜陀羅期那、抜陀羅梨の二人なり）と云へるもの、此のあたりを旅してありけるに、出家の大人の容嚴《かたちおごそ》かにして色平《いろたひら》かなるが、獨《ひと》り樹下に坐《おは》せるを見て、恭《うやうや》しく其前に跪《ひざまづ》きて米菓と蜂蜜とを進め奉《たてまつ》りたり。

是は佛が成佛《じやうぶつ》以來始めての食物なりしとぞ。

佛は二人の爲めに解脱の道を示し給ひければ、二人は惡魔を伏《ふく》せる佛の神聖なるを感得《かんとく》して、恭しく禮拜《らいはい》して曰ひけるは、「吾曹は佛と法《のり》とに歸《き》依《え》し奉るべし」。

この二人、タブッサとブハリカは庶民として初めて仏の弟子となったのです。

仏は悟りを得て、次のような厳《おごそ》かな言葉を述べたのでした。

「悪意から離れた者は幸福です。欲を退け自我から生まれるさまざまな驕《おご》り昂《たかぶ》りを断てる者は幸せなのです。

私は、意味の内容が奥深く、容易に人に知ることができないような真理を見《み》定めたのです。この真理とは、大変微妙な法則で、人を執着心から離した静かな場所に進ませても、これと出会うことは難しいのです。なぜならば、俗世間の利害を追いかけて、この世の誘惑《ゆうわく》から逃れることができず、むしろ楽しむ者が多いからです。

この世は輪廻《りんね》の中にあり、その海で浮き沈みするものは、仏が教える真理というものを獲得する

タブツサとブハリカとは俗人にて始めて佛弟子となれるものなり。

第十四　梵天王の願事

佛は既に佛果を得て、左の如く嚴《おごそ》かなる言葉を宣べ給ふ。

「惡意を離れたるものは福《さいはひ》なり。慾を去り我より生ずる諸々の慢心《まんしん》を斷てるものは福《さいはひ》なり。

吾は甚深《じんしん》の眞理を看破《くわんぱ》せり、此は頗《すこぶ》る微妙《みめう》の法にして、人を寂靜《じやくじやう》の地に進ましむれども、之を會《ゑ》すること容易ならず。何となれば塵世《ぢんせ》の利害を逐《お》ひ、塵世の煩惱を樂しむもの多ければなり。

塵の世に浮き沈むものは教《をしへ》を會得《ゑとく》すること難《かた》し、何となれば是人《このひと》は唯我を執《しう》するのみを

のが難しいのです。何故かといえば、この人は自分の思いだけに執着していることが幸せだと考えていて、このような人は真理による幸せというものがどのようなものなのかを分からせるのが難しいのです。

　このような人は、悟りというものが極めて清純で誠実な楽しみであることを勘違いして、世間との情けなどによる繫《つな》がりを閉ざして絶ってしまっているのです。心が十分に満足することが不生不死であることを、自分がやりたい放題のことが出来なくなると間違えているのです。自我に勝《まさ》るものを見て永遠の生命であることを、死んで何もできなくなると思い込んでしまっているのです。

　真理が憎しみと愛着だけで繫《つな》がっているのではなく、涅槃とは死ではなく、この世の利害損得といった霧の中で迷っているような人が理解したり、考えがおよぶところではないのです。

　私が人々に述べる言葉が理解されなければ、ただ疲れるだけです」。

福《さいはひ》なりとなせばなり、是人には眞理に從ふ福徳の如何なるものなるかを知らしめ難《がた》ければなり。

　是人は、悟れるものが至醇《しじゅん》の樂しみなりとする所を誤りて、世を厭《いと》ひ情を絶つものとなすなり。是人は圓滿なるものが不生不死なりとする所を誤りて、寂滅なりとなす。是人は我に克てるものが見て永遠の生命なりとする所を誤りて、死なりとなすなり。

　眞理は憎愛のきづなに繫《つな》がれをるもの、看得る所にあらず。涅槃は此世の利害に迷へること雲の裡《うち》にあるが如き凡夫の解《げ》し得る所にあらず、想《おも》ひ到る所にあらず。

　吾もし教を説かんに、人の之を解《げ》するものなくんば、只疲勞を招くに過ぎざらむ。」

ある時、宇宙の創始者と云われる梵天王が天界から地上に降りて、仏の前にやって来て丁寧に合掌して仰るには、

「ああ、仏がお話しになる教えが無くなるのであれば、ついにこの世は滅んでしまいます。

お願いできるのであれば、煩悩などと戦っている者に恩恵を、迷いに苦しめられて、苦悩が果てしなく広がっている世界に浮かぶことが出来ず失望している者たちに慈悲《じひ》〈あわれみ、慈《いつく》しむ〉心で楽を与え、苦を取り除いてください。

世の中の穢《けが》れが付いてしまう者がいるかもしれません。もしこれらの人たちが仏の教えを聞くことが出来なければこの世は滅亡してしまいます。ただ、この仏の教えを聞いて理解することが出来たならば、心に仏を信ずる念《ねん》が生じて苦の世界から脱出することができるでしょう」。

仏は持てる限りすべての憐《あわ》れ慈《いつく》しむ気持ちを溢《あふ》れさせて、心の眼で人々を見て、世の中の汚れが身に降りかからないもの、仏の教えを聴《き》くことができるもの、罪や欲などから免《まぬか》れて悟りを得られることが、この世

時に浄梵天使なるものあり、天より降《くだ》り來《きた》り、佛の前に禮拜《らいはい》して曰ひけるは、

「嗚呼、如來の説法することなくんば、斯世は遂に滅びざるを得じ。

願はくは戰へるものを恵《めぐ》めよ、苦しめるものを憫《あはれ》めよ、苦界《くがい》に沈みて失望せるものを愍《あはれ》めよ。

世の塵の汚す所とならざる者無きにしもあらず、もし是等の人々にして教《をしへ》を聞くなからんには、遂に亡《ほろび》に至らん。されど一たび之を聞かば、信心を生じて解脱するを得ん。」

佛は全幅の慈悲溢《あふ》るゝばかりにて、佛眼《ぶつげん》を以て衆生を見て、世の塵を蒙《かうむ》らざるもの、教《をしへ》を受くるに足るもの、罪と慾との危難を悟れるものの尚世に存するを知り給ひ、乃ち、「不生不死の門は廣

にあることを知り「『不生不死』という生命が存続する場所にある門は広く開かれていて、仏の言葉を聴くことができる生きとし生けるものは、よく聞きなさい。仏が仰った言葉を信じて受けとりなさい」と仰いました。

このとき、仏が梵天王の願いを褒《ほ》めたたえて、教えを明らかにされようとすることを理解されたのです。

く開かれぬ、耳あるものは聞け。法《ダルマ》は宜しく信を以て受くべきなり」とぞ宣《のたま》ひける。

是時淨梵天使は佛が其願事を稱《かな》へ給ひて教を宣《の》べ給はんとするを會《ゑ》しぬ。

第三章

仏教僧とグループ

仏は、「この悟りで得たものを、まず誰に伝えたらよいだろう。私の恩師は既に亡くなってしまい、もし生きていらしたら喜んでくださったろうに。苦行林で一緒に修行した五人は、まだ生きているだろうから、まず解脱の話をするのは彼らだろう」と思ったのでした。

このとき、五人はベナーレスにある鹿苑に一緒に住んでいました。仏は、彼ら五人が大変不親切で、私を一人捨てさすらうようにしたことを恨むことはせずに、彼らが私と一緒にいたときに親しみを持ってくれたことを善《よ》いと褒《ほ》め、そして悟りを得るのに何の役にも立たない難行苦行しているので、それを憐《あわ》れに思い、彼らの所へ行くために旅立ったのでした。

ウバカという若きバラモンは他の教えを信じている

◎正義の國を建つる事

第十五　優婆伽

佛、思惟し給ふ、「先づ誰をか教ふべき。吾舊《わがきう》師《し》は既に逝《ゆ》けり。在《あ》らば喜んで好《よ》き音信《おとづれ》を聞くべきに。されど五人（憍陳如等）の弟子は尚生きながらへたり。よし解脱の福音《ふくいん》を先ず受くべきものは彼等ならん」。

是時五人の比丘は波羅奈《ベナーレス》の鹿苑《ろくおん》に棲めり、佛は彼等が向《さ》きに頗《すこぶ》る不親切にして人を孤獨流浪の中《うち》に捨てたることを恨み給はず、只彼等が佛の爲に務めし時の情誼《じやうぎ》を嘉《よみ》し、又其尚徒《いたづら》に苦行難行するを憐《あはれ》み給ひて彼處《かしこ》に行かん爲《た》め旅立ち給ひぬ。

優婆伽《ウバカ》と云へるは若き婆羅門にて外道なりける

が、以前は私の親友で、仏がベナーレスという所へ行く途中でその彼に遭遇《そうぐう》し、威風堂々として気高い姿と穏やかな顔つきに「友よ、あなたの歩く姿は厳《おごそ》かで、目がキラキラと光っている。きっとその心は清らかで幸せのように見えます」と言ったのでした。

仏は、「私は自我を亡ぼして悟りを得たのです。身体は清浄で、心は欲から離れて非常に深い真理を胸の内に秘めているのです。私は心に沸き起こる迷いの炎を完璧《かんぺき》に消し去ったのです。そのため、静かな姿となり、目がキラキラと燦然《さんぜん》としているのでしょう。今、私はこの地上に真理で覆《おお》われた国を創《つく》り、迷いの闇にいる者に真理の光を当て、人々のために生命が永遠に続く所の門を広く開けているつもりなのです」と答えられました。

ウバカは「ならば、あなたはジーナ〈この世で最も優れた人〉となり、世界を纏《まと》め上げる人となり、配偶者や親族などから独立し、穢《けが》れなく、知徳と道理に明るい尊い方となられたのですね」と言われたのです。

仏は「ジーナとは、自我に、そして欲望に勝った者

が、以前は悉達太子の知己《ちき》なりき、今佛の波羅奈《ベナーレス》に行かんとし給ふに遭《あ》ひ、其風采《ふうさい》の堂々として氣高きか上に平和の色の眉間に溢れんとするに驚きて曰《いひ》けるは、「吾が友よ、卿《なんぢ》が容《かたち》は肅然《しゆくぜん》たり、卿が眼は爛然《らんぜん》たり、其心の清らかにして福《さいはひ》なるを見るべし」。

佛、答へ給ひけるは、「吾《われ》は我を亡ぼして解脱を得たり。吾《わが》身は清く吾《わが》心は慾を離れ、甚深《じんじん》の眞理は胸間《きやうかん》に宿れり。吾は涅槃を得たり、是れ其容《かたち》の肅然《しゆくぜん》として其眼の爛然《らんぜん》たる所以《ゆへん》なるべし。吾今は地上に眞理の國を建て、闇に迷へるものに光を與《あた》へ、又人々の爲に不生不死の門を開かまくほりするなり」。

優婆伽「さらば卿は耆那《ヂーナ》（最も勝れたるものの義）となり、世界を征服せるものとなり、偶《たぐひ》を絶てるもの、聖《きよ》きものとなれりと宣《のたま》ふか」。

佛、「耆那《ジーナ》とは我に克ち我の慾に克てるもの、

のことを言うのです。また、世界を纏《まと》め上げるとは、自分の心を制御し支配して罪を犯すことがないようにする人のことを言うのです。さようなら、ウバカ。私はジーナなのです」と仰いました。

ウバカは、肯《うなず》きつつ「尊い人ゴータマ。あなたが行く道は何処《どこ》にあるのですか」と言って、他の方角へ立ち去ったのでした。

◇

五人の比丘はかつての師であった菩薩が近づいて来るのを見つけて話し合った結果、ただ名前を呼んで、彼を師として特別な配慮はしないことに決めました。彼らが「かつての師は、みんなの誓いを破り、清浄で穢《けが》れのない苦行生活を顧《かえり》みなかったので、もう比丘ではなくて、ゴータマという人物です。そして、ゴータマは世の中の贅沢《ぜいたく》を楽しむ生活に浸かってしまったのです」と言いました。

しかし、仏が堂々として威厳のある姿で近づいて来るのを見て、五人の比丘は決めたことを忘れて、知ら

謂《いい》なり、又征服者とは、心を御して罪を犯すことなきものゝお謂ひなり。さらば優婆伽よ、吾は耆那なり」。

優婆伽は頭打掉《かしらうちふ》りつ、「尊き瞿曇《ゴータマ》よ、卿が途は彼處《かしこ》にあり」と云ひて、あなたへこそは立ち去りけれ。

第十六　波羅奈の説教

五人の比丘等は、舊師《きうし》の近より給へるを見て相共に議しけるは、只其名を呼びて彼をな禮《らい》しそ、師遇なしそ、と。彼等又曰ひけるは、「何となれば彼は誓《ちかひ》を破り、神聖を顧みざればなり。彼は比丘にあらず、瞿曇《ゴータマ》と云へるものなり、而して瞿曇は奢《おごり》の中《うち》に入り世の樂《たのしみ》に溺《おぼ》るゝものなり」。

されど佛の威容《ゐよう》堂々として近づき給へるを見て、彼等は以前の決議ありしにも拘《かか》はらず知らず

ず知らずのうちに立ち上がって合掌《がっしょう》しましたが、「ゴータマ」と呼んで仏と友達のように接しました。

五人の比丘は、このようにして仏をもてなそうとしたとき「私は如来なのだから友達のように呼ばないでください。如来は仏であり、聖人《しょうにん》なのです。仏は、すべての人々を同じように慈悲をもって見るのですから『父』と呼んでください。父を敬わないのは悪であり、卑《いや》しく思うのは罪となるのです」と仏が仰《おっしゃ》いました。

仏はさらに続けて、

「如来は苦行で悟りを求めることはなく、だからといって、如来がこの世の楽しいことや驕《おご》り昂《たかぶ》りの生活を送るとは思わないでほしいのです。世の中の苦行や快楽といったものから離れ、その矛盾した立場を超える心を見据えることができたのです。

自分で釣った魚や自ら処理した肉を食べず、裸足《はだし》で歩き、坊主頭にして、あるいは髪の毛を整えず、粗末な服を着て、埃《ほこり》を浴び、燃え盛る火の

識《し》らず坐《ざ》より立ちて禮拜《らいはい》したり。されど尚其名を呼びて佛を友の如くもてなしぬ。

五人の比丘等の斯《か》く佛を遇《ぐう》せるとき、佛宣《のたま》ひけるは、「如來を呼ぶに其名をな云ひそ、又之をな『友』としぞ。如來は佛なり、聖人なり。佛は一切の衆生を見るに同一の慈悲を以てするが故に宜《よろ》しく呼んで『父』となすべし。父を敬《うやま》はぬ惡《あ》し、之を卑《いや》しむは罪なり」。

佛、更に語を續《つ》きて宣《のたま》ふ、

「如來は苦行によりて解脱を求めず、されど是《この》故に如來は世の樂《たのしみ》に耽り、奢りの中《うち》に棲むとな思ひそ。如來は中道を看破したり。

或《あるひ》は魚を斷《た》ち肉を食はず、或は跣足《せんそく》にて歩み、或は頭《かうべ》を圓《まどか》にし、或は髪《はつ》を亂《み》だし、或は粗服《そふく》を着け、或は塵を蒙《かうむ》り、或は阿耆尼《アグニ》（火

中に生きものを入れて供えても、抱えた迷いから脱出して心が清められることはないのです。『ヴェーダ』というインドで最古と云われるバラモン教の聖典を話し、僧に布施をし、神に生贄《いけにえ》を供え、寒さや暑さに耐える苦行をしたり、不生不死を求めてさまざまな難行を行っても、迷いから抜け出して清められることはないのです。

　腹を立てたり、酒に酔って本筋から外れたり、自分の意見などを固く主張すること、頑《かたく》なで正しい判断ができないこと、騙《だま》したり裏切ったりすること、愛情などが他に向いて怨むこと、自分で自分を褒《ほ》めること、汚《きたな》らしいこと、思い上がって人を見下すこと、害を与えようとすることなどを『不浄』と云うのですが、他人が調理した肉を食べることは必ずしも不浄ではないのです。

　比丘よ、私に『中道』について話をさせてください。中道は両極端から離れることです。苦行をする人は、ただ身体を酷使して疲れさせるだけなのです。身体が疲れれば、それに伴って心で思うことが乱れ、尊く不可思議な働きをする霊魂にも

なり）に生贄を供ふるとも、迷《まよひ》を出でざるものは浄めらるゝことなし。

　或は吠陀《ヴェーダ》を講じ、或は僧侶に布施し、或は神に生贄を供え、或は寒熱の苦行をなし、其《その》外《ほか》不生不死を求めん爲め種々の難行を修するとも、迷《まよひ》を出でざるものは浄めらるゝことなし。

　憤怒、酔狂、固執、頑迷、欺負《きふ》、嫉妬、自讃、賤辱《せんじょく》、傲岸《がうがん》、悪意、是等《これら》をこそ不浄とは云ふなれ、肉を食するが如きは必ずしも不浄にあらじ。

　比丘よ、吾をして中道を説かしめよ、中道は両端《りょうたん》を離る。苦行をなすものは、只其身を疲《つか》らすのみ、其身疲るれば、従って其心亂れ、其神昏《しんくら》む。苦行は世間の智識をすら得る道にあらず、況《いは》んや慾を斷《た》つにおいてをや。

乱れが生じ、苦行は世の中の道理を得ることができないのです。欲を絶つことなどは尚更《なおさら》です。

水を油に変えようとするような考えは理に適ったことではなく、腐った木で火を熾《おこ》そうとしても火が点《つ》くことがないように、希望を達成することはできないのです。

苦行は、ただ苦しいだけで何の利益も効果もなく、執着や欲望の火を消すことが出来ず、虚《むな》しく悲惨な生涯を送り、どのようにしても自我から逃れることができないのです。

我というものを摘み取り去らなければ、苦行を修めようとも効果はなく、世の中や天での楽しみを恋しく思ったり願ったりする欲を捨て去らなければ、極めて苦しい修行も無益《むえき》になってしまうのです。しかし、我を亡ぼせば欲から離れることが出来、世の中の楽しみを想ったり、天界で楽しもうとする希望もせず、このような心の人は心身が求める自然のあるがままに満足して、邪悪な汚れを被ることがなく、自然に従って飲食をするだけで良いのです。

水を取りて油に代へんとするものは暗きを除く能はず、朽木《きうぼく》を以て火を熾《さかん》ならしめんとするものは、其望を達する能はず。

苦行は苦なり、而《し》かも益《やく》なく利なし。情炎《じょうえん》慾火《よくくわ》を滅ぼすことなくして、徒《いたづ》らに悲惨の生涯を營《いとな》むも、如何にしてか能く我を脱《まぬが》れ得ん。

我を刈り盡《つく》さゞれば、如何に苦行を修するとも、はた何の益《やく》かあるべき。或は世の樂しみを慕《した》ひ、或は天の樂しみを希《ねが》ふ慾を除き去らざれば、難行もまた徒事《いたづらごと》ならん。されど我を亡ぼせるものは慾を離る、世の樂《たのしみ》を慕《した》はず、天の樂《たのしみ》を希《ねが》はず、是《か》くの如きものは身體《しんたい》が要求する自然の性を満足するも汚《けがれ》を蒙《かふむ》ることなし。たゞ欲する所に従ひて飲み且つ食ふのみ。

泥水の池に蓮を植えると、泥に汚れることはなく美しい花を咲かせますが、固執《こしつ》した考えや欲望はすべて腐っています。固執した思いに進もうとする人は欲の奴隷となり、楽しみを貪《むさぼ》る粗末で卑《いや》しい身となるのです。

されど、この生き方の必要な条件を満たそうとするには悪ではなく、健康な身体をまずは維持することであり、もしそうでなければ、どのようにして知恵という照らされた燈火《ともしび》を授《さず》けて、心を強く清らかで明白な心〈考え方〉が得られるのです。

これこそ『中道』というものであり、一方に偏《かたよ》らず、また依存することなく、苦と楽の両方から離れることとなのですよ」。

このように五人の比丘に、迷いを信じることを憐《あわ》れみ、やってきた苦行には効果がないことを仏が親切に教えると、彼らが持っていた悪意の心を凍らせたものが、仏の言葉の熱によって溶かされてしまい、悪意の氷は跡形もなく消えてしまったのです。

この後、仏は最も優れた教えである法輪〈悪を砕《くだ》いて駆逐《くちく》し追い払うのを武器《輪》に例えたもの〉と不生不死

泥水《でいすゐ》は蓮《はちす》をひたせり、されど美《うるは》しき花は之が爲めに汚《けが》るゝことなし。之に反して一切の情慾は皆腐敗なり。情に赴《おもむ》く人は慾の奴《やつこ》なり、樂を貪らんとするは陋《らう》なり、賤なり。

然《さ》れども斯生《このせい》必須の求《もとめ》を充たすは、惡にあらず、身體《しんたい》をして健全ならしむるは義務なり、もし果して然らずとせば、如何にして智惠の燈《ともしび》を傳へ、且此心をして強く明《あきらか》ならしむるを得んや。

是れ卽《すなは》ち中道なり、比丘よ、中道は偏《へん》せず、倚《い》せず、兩端《りょうたん》を離るゝなり。」

此《かく》の如く佛は弟子の迷信を憐《あはれ》み、其勤行《そのごんぎょう》の益《えき》なきを示して親切に教へ諭《さと》しければ、彼等の心を冷《れい》殺《さつ》せし惡意の氷も、佛が教化《けうけ》の熱に融かされて跡なく消え失せぬ。

是より佛は最勝の法輪を轉《てん》じて、彼等五人に不生不死の門を教へ、涅槃の福徳を示し給ひたり。

の門が開けられていることと悟ることの幸せを五人の比丘に教えたのです。

仏が教えを話し始めると、喜びの声が充ち溢《あふ》れるように天地に流れました。

天の神々は、仏の教えが優れた趣《おもむ》きのある言葉の喜びを得ようとして地上に降《お》り立ち、この世を去ってしまった魂たちは嬉しい話を聴こうとして仏の周りに集まり、動物たちも仏の言葉に含まれた幸福を観《かん》じ取っていました。今の世の中すべての人々や神々、人間や他の生き物が等しく悟りへ進む道の教えを聴いて、仏の言葉が理解できるものが、それぞれの言葉に訳して他のものに伝えて、この話である『法』をみんなが確信を持って了解したのでした。

仏は、

「車輪と車軸を繋ぐ放射状の細い棒〈法輪の輻《や》〉となるものは、清浄な行いの手本なのです。何故なら、正直で他を欺《あざむ》かないものは、輻《や》の長さが均一なのに似ていて、知恵は車輪の輪の部分であり、謙譲や深い考えは轂《こしき》〈車輪の真ん中にあり、軸をその中に貫《つらぬ》いて輻《や》をその周囲に差し込んだ部分〉とな

佛の説教を始め給ふや、喜びの聲は洋々として天地に溢れぬ。

天の神々は眞理の妙味を嘗《な》めんとて降り來り、既に世を辭《じ》せる魂は、喜ばしき音信《おとづれ》を受けんとて大師のほとりに集《つど》ひ來れり。地上の動物すら如來の言中《ごんちゅう》に含まれたる福徳を感得《かんとく》せり。世上一切の衆生、神祇《じんぎ》、人間、獣畜の差別なく、解脱の妙道《めうだう》の來れるを聞きて、各々其の國語によりて之を受け之を信解《しんげ》せずと云ふことなし。

佛説き給ふ、

「法輪の輻《や》となるものは、淨行の規矩《きく》なり、正直欺かざるは輻《や》の長短相均しきに似たり、智恵は輪鐵《わがね》なり、謙讓、深慮は轂《こしき》なり、眞理の動くことなき軸は此れを貫《つらぬ》けり。

り、真理という貫《つらぬ》かれた軸は動くことがないのです。

苦と苦の原因、苦の救いと苦が減ることを知るものは、四つの尊い真理を知ることができ、この人は道理に正しい道を歩むことができるのです。

彼が正しい意見や考えを持つことは、正しい道理の道を照らす松明《たいまつ》の火となるのです。正しい目的地には彼が案内をして、正しい言葉は彼の休憩所になるのです。彼の正しい行いのために歩みは曲がることなく真っ直ぐなのです。そして、正しい道を選んで生活をして、これらを合わせて楽しみとするのです。毎日の正しい行いは彼の歩みとなり、正しい考えや思いは彼の呼吸となり、彼の足跡《そくせき》を辿《たど》って行った先にある平和に行き着くのです」。

仏は、自我の本質とは絶えず変化して固定されるものではないと言い、

「ものの始めがあるものには終わりがあるのです。自我をとやかく考えたりすることは誤った行

苦と苦の源と、苦の救《すくひ》と、苦の滅とを知れるものは四つの貴き眞理を知れるなり。是人は義《ただ》しき道を踏むに至らん。

正しき見解《けんげ》は彼が道を照らす炬火《こくわ》なり。正しき目的は彼が案内とならん。正しき言葉は途中における彼が安息所とならん。彼が行《おこなひ》は正しきが故に其歩みは直《なほ》かるべし。彼は正しき道を踏むで生計を營《いとな》み、これを以て其の樂しみとなすならん。正しき務《つとめ》は彼が歩《あゆみ》となり、正しき思慮は彼が呼吸となり、而して平和は彼が足跡の到る處に從ひ來《きた》るならむ。

佛は又我の性、變々化々して定りなきを説き示し給ひき。

「始めあるものは終りなかるべからず。我を慮《おもんばか》るは妄《もう》なり、我は猶ほ幻の如し、之より

為であり、幻《まぼろし》なのです。これらのことから生じるすべての悩みは永久に停止することがないのです。眠った者が目を覚ますように、夢で恐ろしいものに苦しめられることがないように。

目が覚めたものは恐れることはないのです。これは仏となりさまざまな心配をして思い込んだり、分不相応な望みや甚《はなは》だしい苦しみが実体のないものであることを知るのです。

昔ある人が入浴後、濡れた縄を踏んだところ、これを毒蛇と思って驚き毒の牙《きば》に触《さわ》ったかもしれないと怖くなったという話を聴いたことがあります。そのとき、踏んだものが毒蛇でないことを確かめることができたなら、さぞ喜んだことでしょう。そもそも、その人の恐怖の原因は濡れた縄を毒蛇と誤って思い込んだことにあり、無知であり、幻であったのです。本来、縄がどのような物であるかを知れば、その人の心は以前のように平穏だったのです。その人は思わず助かった気持ちになり、その喜びや蛇の毒に襲《おそ》われなかったことを幸せに思ったことでしょう。


来《きた》る一切の悩《なやみ》は永く止《とど》まることなけむ。眠れるものゝ醒むる時、また魘《おそ》はるゝことなきが如し。

覺《さ》めたるものは恐るゝことなし、是れ佛となれるなり、諸々の憂慮、非望、痛苦の空《くう》なることを悟れるなり。

嘗《かつ》て人あり、浴後、濡れたる縄《つな》の上を歩みて之を毒蛇なりと思ひ、驚くこと一方ならず、毒牙に觸《ふ》れもせんやとて戰《をのの》き怖れて爲《な》す所を知らざりきと云ふ。是時もし其毒蛇にあらざりしことを確め得たらんには、其喜《よろこび》果して如何なりしぞや。そも彼が恐怖《おそれ》の源は其誤《あやまり》に在り、其無知なるにあり、其幻妄《げんまう》なるに在り。縄《なわ》の本性は何たるかを知り得たらんには、其心は舊《もと》の如くに平らかなるを得べし、彼は恰《あたか》も救はれたるが如く思ふなるべし、其喜びや、其の幸《さいはひ》や如何ならん。

このようなことは、自我が無いことを思い、さまざまな心配や憂鬱、苦悩、嘘《うそ》は夢や幻《まぼろし》、影のようなものであることが分かる人の心情なのです。

自分だけ利益を独り占めしようと思う心に勝てること、安心が得られること、そして、真理を見つけ出すことができるのが幸いなのです。

真理とは、真実の言葉や行動が上品で巧みであり、人の心に悪いことが入るのを防ぐのです。この世の中において真理以外に救ってくださるものはないのです。

真理を信じなさい。たとえ、真理というものに会うことがなくても、また甘いものを苦《にが》いと思っても、初めはこれが恐ろしいと思われることとでも、真理のみを信じなさい。

真理そのものは、そのままで他に比べるものがないほど強く、この真理を変えようとしたり改めようとしても、真理のみを信じて、真実の中にいなさい。

迷いというものは、邪《よこしま》な正しくない道に人を薦めて、迷いの執念は人が落ちぶれるように導くの

是の如きは我の無なることを觀《くわん》じ、諸々の心配、憂苦、恐誇《いつはり》は夢の如く幻の如く影の如くなるを悟れるものゝ心情なり。

私慾に克てるものは幸《さいはひ》なり、安心を得たるものは幸なり、眞理を看出《みいだ》せるものは幸なり。

眞理は高尚にして其味旨《うま》し、人をして惡を免がれしむ。天下眞理を措《お》きて、また他に救《きう》主《しゅ》あることなし。

眞理を信ぜよ、假令《たとひ》之を會《ゑ》し得ざらんも、假令甘きを誤りて苦《にが》しと思ふことあらんも、假令始《はじめ》は之が爲《た》めに怖るゝことあらんも、只眞理を信ぜよ。

眞理は其儘《そのまま》にて最勝なり、物の比すべきなし。誰か能く之を變《へん》じ、誰か能く之を改《あらた》めん。さらば只眞理を信じて其中《うち》に起居せよ。

迷《まよひ》は人を邪徑《じやけい》に陥らしめ、妄念は人を零落《れいらく》に赴かしむ。其の人を狂《きやう》せしむるは猶酒の人

です。人の心を狂わせるのは、酒呑みに更に酒を呑ませて酔わすようなものなのです。しかし、これらはすぐに消え去らなければならないのですが、人は悪い習慣に染まり疲れて心が醜《みにく》いものとなるのです。

　我とは熱に浮かされて心が正常でなくなったり、夢幻のようであったりするのですが、すぐに現れたり隠れたりするものなのです。しかし、真理は気高く偉大で永遠に存在するものなのです。真理以外のものは、生まれ変わり死に変わるもので、常にこの世にあって変化しないものは真理だけなのです」。

　このように仏が教えを話せば、五人の比丘の中で最年長のコーンヂンヤは、心の目が開いて、真相をはっきり見分ける鋭い心で「我々の師である悟りを得た人よ、あなたは本当に真理を見抜いたのですね」と言いました。

　如来の理屈を説いて聞かせられた諸々の神や聖人、既にこの世を去った善人の魂は、みんな喜んで教えを

を酔はすが如し、されど是等は直《ただち》に消え去るべし、人は病み疲れて陋《いや》しきものとならん。

　我は熱病なり、我は夢なり、幻なり、忽《たちまち》にして顯はれ忽にして隠《かく》る。されど眞理は健全なり、眞理は崇高なり、眞理は永遠なり。眞理の外、不生不死なるものあることなし。常住にして變ぜざるものは只眞理のみ。」

　是の如く佛は教《をしへ》を説き示しければ、五人の弟子中にて最長の憍陳如《コーンヂンヤ》は心眼を開きて眞理を看破して曰ひけるは、「吾主なる佛陀よ、汝は寔《まこと》に眞理を看破《みやぶり》し給へり」。

　如來の説法をきける諸々の神及聖《きよ》き人、及既に世を去れる善き人の靈は、皆喜んで教を奉じつゝ

謹《つつし》んで聴き「実に仏は正義の国を創られたのだ。仏は世の中を正しい方向に導き、人々の悪を打ち砕いて車輪が回るように伝えたのです。宇宙のあらゆるものは神や人に関係なく誰もがこの教えを遠ざけて拒《こば》むことはできないのです。真理の国はこの世に言い伝えられて広められなければならないのです。正義や好意、平和の教えは、生きとし生けるものすべてに、そよ風のように吹き渡るのです」と叫ぶように言いました。

◇

仏が五人の比丘等に真理を教え語った後、

「真理に従って修行しようと決心しても、一人だけで行えば心細くなり、旧来《もと》た道に戻ってしまうことも考えられるので、お互いに助け合いながら強い団結力で修行に励みなさい。

お互い兄弟のように固い絆で、専《もっぱ》ら愛と神聖と真理を探究する心になりなさい。

叫びて曰ひけるは、「實《まこと》に佛は正義の國を建て給へり。佛は世を動かし給へり、法輪を轉《てん》じ進め給へり。宇宙のものは其神たると人たるとを問はず、誰か能く之を轉《てん》じ退《しりぞ》かしむるを得ん。眞理の國は地の上に宣《の》べ傳《つた》へらるべし、傳《つた》へ擴《ひろ》めらるべし、正義、好意、平和の風《かぜ》は人界《にんかい》に普《あまね》く吹き渡るに至らん」。

第十七　僧伽

佛、五人の比丘等に眞理を説き示し給へる後、又宣《のたま》ひけるは、

「眞理に従はんと決心せる人も、獨立にては、猶心弱く、舊《もと》の道に引き返さるゝことあらん、されば相互《あひたがひ》に扶け合ひて其力を鞏《かたく》せよ。

兄弟の如くなれ、愛の一《もっぱら》に、神聖に一に、眞理を求むる念に一なれ。

真理について、すべての人々を正義の国の知識人とするために、あらゆる場所で教えを伝え広めなさい。

礼仏聞法《れいぶつもんぽう》〈合掌して仏に礼拝し、教えを聞く〉の集会を行うため、仏の教えを信じる人々が集《つど》う場所として建てられる小屋を『サンガー』と呼ぶことにします」と仰《おっしゃ》いました。

コーンヂンヤは、仏の教えを深く理解した初めての弟子となりましたが、仏はコーンヂンヤの心中を察して「実にコーンヂンヤは真理を深く理解した」と仰《おっしゃ》いました。みんなはコーンヂンヤ尊者を「アッジニヤータ・コーンヂンヤ」と呼ぶことにしました。

これは仏の教えを会得したコーンヂンヤのことです。

コーンヂンヤ尊者は「願わくば師よ、我等に、世尊の教えを人々に仏道へ教え導く命令を与えてください」と仏に言いました。

仏は「コーンヂンヤよ。私の前に来なさい。比丘たちへの教えは話し終えました。聖人としての生涯を送り、苦を滅ぼしなさい」と仰いました。

眞理を擴《ひろ》めよ、到る處に教を説けよ、一切の衆生をして遂に正義の國の士人《しじん》たらしめんが爲めに。

是を神聖なる教會となし、是を佛の會堂《くわいどう》となし、佛に歸依《きえ》せるものを連合せしめんが爲めに建てられたる僧伽《サンガー》となす。」

憍陳如《コーンヂンヤ》は佛の教を深く會得せる始めての佛弟子なり、如來は其心中を洞察《どうさつ》し給ひて、「實に憍陳如は眞理を會得せり」とぞ宣《のたま》ひける。是れより皆憍陳如尊者を呼びて「アッジニヤータ・コーンヂンヤ」と言ひぬ、是は教を會得せる憍陳如の義なり。

憍陳如尊者、佛に曰ひけるは、「願くは、主よ、吾曹をして世尊の教令《きょうれい》を受けしめよ」。

佛曰ひけるは、「來《きた》り前《すす》め、比丘よ、教は既に示し終りぬ。聖《きよ》き生涯を營みて苦を滅ぼせ」。

コーンヂンヤとその他の比丘たちは、みんなで次のように厳かに誓を三回言いました（いわゆる三帰戒《さんきかい》）。

「吾は仏に帰依します。あなたは、まん丸い満月のように欠けることがなく、神聖で最も優れていらっしゃるのです。仏は我々に仏法の教えと知恵、そして悟りの方法を授《さず》けてくださったのです。仏は天からの幸福を納め、天地すべての法を知っているのです。仏はこの世を支配する者で、牧場で働く人のように我々をお護りくださるのです。仏は、人間が住む世界と神が住む世界の両方の師なのです。聖者となられた仏に私は帰依します（帰依仏）。

私は仏の教えを信じて拠《よ》り処とします。法は煩悩を離れて正しい道理を覚った人が仰《おっしゃ》るものです。法は我々が目で見てとれるくらいに露《あら》わとなり、心による作用が起こる時と場所にあって、伝説や言い伝えではなく、『こちらに来てよく見なさい』という意味があり、幸福に向かう道を指し示して、思慮分別のある人が心から認めるのであるから私は法に従います（帰依法）。

憍陳如及其他の弟子等、皆三たび嚴《おごそ》かに次《ついで》の如く誓ひぬ（所謂三歸戒）。

「吾は佛に歸依《きえ》し奉る。圓《まど》かにして缺《か》くることなき彼は神聖なり、最勝なり。佛は吾曹に教と智惠と解脱とを與《あた》へ給へり。彼は天の福《さいはひ》を享け給へるものなり、萬有《ばんいう》の法を知り給ふものなり。彼は世の主なり、牧牛者《ぼくぎゅうしゃ》の如く吾曹を護り給ふ。彼は人天《にんでん》の師なり、聖《ひじり》に到れる佛なり。吾は佛に歸依《きえ》し奉る（歸依佛）。

吾は教法《けふはふ》に歸依《きえ》し奉る。法は聖者《せいじゃ》の説き給ふ所。法は吾曹の見得る程に顯はになれり、法は時と處との上に在り、法は傳説口碑《こうひ》に基《もと》づけるにあらず、『來りて看よ』との義あり。法は幸福に到る途なり、法は賢き人の自ら認め識《し》る所なり、吾は法に歸依《きえ》したてまつる（歸依法）。

私は、仏の教えを信じる人の集いに従います。仏の弟子たちが集う所では、我々がどのようにして道理に正しい生活を送るべきか、心が正しく素直で健康な身体でいることを教えてくれるのです。そして、真実の行いをどうしたらできるのかを話してくださるのです。憐《あわれ》みや思いやり、慈《いつく》しみによって団結し、そのすべての正しいことを尊敬できるのです。仏の弟子は、人々が行うべき正しい道筋を守り、善い行いを教えてくださるために、団結して場所が提供されるのです。私は仏の教えを信じる場所を提供してくださる人に帰依します（帰依僧）」。

◇

当時ベナレスという所にヤサという上品な一人の青年がいました。裕福な商人の子でしたが、世の中に対しての苦しみやわだかまりに悩まされて、ある晩、静かに家を抜け出して仏の所へ向かいました。

吾は教會に歸依《きえ》し奉る。佛弟子の教會は、吾曹に如何にして正義の生《しやう》を送るべきかを教ふ。佛弟子の教會は、吾曹に如何にして正直律儀を行ふべきかを教ふ。佛弟子の教會は、吾曹に如何にして眞理を實践《じつせん》すべきかを示す。佛弟子は仁愛《じんあい》の團結を作れり、其聖《きよ》きものは皆尊敬するに足れり。佛弟子の教會は、人々が義を守るべき、善の行ふべきを教へん爲め、神聖なる同盟をなさんとて建てられたるものなり。吾は教會に歸依し奉る（歸依僧）。」

第十八　波羅奈の青年耶舎

當時波羅奈《ベナレス》に一人の氣高き青年ありけり、其名を耶舎《ヤサ》と云ふ、富める商人《あきびと》の子なり。世の中の苦に悩まされて夜半竊《ひそ》かに家を出て佛の許に來りぬ。

仏はヤサが遠くから来るのを見つけました。だんだんヤサが近くに来ると「ああ、苦しいのです。悩めるのです」と仏に叫びました。

仏は、「ここには苦はなく、悩みもない。私の前にいらっしゃい。私はあなたに真理というものを教えましょう。真理はあなたが抱えている苦悩を取り除くでしょう」とヤサに言いました。

ヤサは、「苦はなく、悩みも気持ちを塞《ふさ》ぐような愁《うれ》いもない」と仏が説明したのを聞いて、心に同情と慰《なぐさ》めと大切にする気持ちが伝わってきたので、その場に跪《ひざまず》いたのでした。

仏は布施と道徳についてまとめて教えを話しました。また、煩悩が幻で非難されることや悪いということも話し、悟りへの進み方も一緒に話しました。

ヤサは、この話を聴きましたが、世の中が下品であるとか見下げることはせず、かえって心に清々しい気持ちになることを感じました。真理という曇りのない心の眼があることを知り、自分を顧《かえり》みたときに金銀珠玉の豪華な宝飾を身に着《つ》けていたことに赤面して、恥ずかしい気持ちからそっと外しました。

佛は耶舎の遥かに來るを見給ひぬ。耶舎漸《やうや》く近づくに及んで叫んで曰ひけるは、「嗚呼、苦なるかな、惱なるかな」。

佛、耶舎に告げ給ふ、「此處《ここ》には苦なし、惱なし。進み來れ、吾汝の爲めに眞理を教へん、眞理は汝の苦惱を除くに足りなむ」。

耶舎は佛の苦なく、惱《のう》なく、愁《うれい》なしと説き給へるを聞きて其心に慰藉《ゐせき》を得たれば、直ちに世尊の許に至り、其前に跪《ひざまつ》きね。

世尊乃ち布施と道徳とにつきて一場《いちぢやう》の説教をなし給ひ、又煩惱の妄《まう》なること、罪なること、惡なることを説き、又解脱の途をも示し給ひき。

耶舎之を聽《き》きて敢《あへ》て世を賤《いや》しみ輕《かろ》んずる念を生ずることなく、却《かへ》りて聖《きよ》き智恵の流れに浴する感を得たり、既に眞理の淨き眼を獲て而して自ら其身を視るに、金銀珠玉《しゅぎょく》の燦爛《さんらん》として懸《かか》れるありければ、耶舎赧然《たんぜん》として私《ひそか》に愧《は》つる色ありき。

仏は、ヤサの心中を察して、

「宝飾を身体に飾っても、あなたの心は既に欲望を押さえつけたのです。金銭や品物に恵まれるか否かで、幸運かどうか、心の善悪を決めることはできないのです。世間から逃れたことを表す出家をした人が着る衣も、その心は塵《ちり》で汚れているかもしれないのです。

寂《さみ》しい荒野に住みながら、なお世間の道理と違うことを慕《した》う人がいる中で、世間で平凡な服を着ている人の中には、心が澄んで神々が暮らす世界にある人もいるのです。

もし、欲の絆から逃れることができたのなら、世の中の風俗に入ろうが出ようが違いはないのです」。

ヤサの悟りの道に入ろうとする意気込みを見て、ヤサに「私について来なさい」と仏が仰《おっしゃ》いました。

ヤサは、仏の弟子のグループに入り、仏の弟子を象徴する黄色い衣を身に着けて、仏から決まり事や教え

如來其心を察して宣《のたま》ひけるは、

「寶玉《ほうぎよく》をもて身を飾るとも、其心は既に慾を制し得たるならん。飾の如何によりて德の有無をはかり、心の善惡を定むべきにあらず。脱俗の衣を着《つ》けたる出家の人も、其心は却りて塵の汚《けが》す所となれるを知らんや。

寂寞《せきばく》の野に棲みながら尚ほ世の虚誇《いつはり》を慕ふ俗人あらん、又身に俗衣《ぞくい》を纏ひながら其心は天上に在るものあらん。

もし我のきづなを脱し得たらんには俗に入ると俗を出づると、はた何の異《こと》なることとあらんや。」

耶舍の道に入らんとする意あるを見て、佛、「吾に従へ」と宣《のたま》ひたれば。

耶舍乃ち佛弟子の群《むれ》に入り黄衣《くわい》を着《つ》けて教令をそ受けたりける。

を受けました。

仏がヤサと教えについて語り合っていたとき、ヤサの父親が息子の行方を知らずに、この場所を通り過ぎようとして、仏を見つけ「あなたは、ヤサという私の息子を知りませんか」と尋ねました。

仏は、「ここへ来なさい。あなたの子がここにいます」と答えました。父親はこれを聞いて大そう喜びながら仏の近くまで来て、ヤサの側《そば》に坐りましたが、ヤサが目を閉じていたので我が子とは思いませんでした。仏は、この父親に教えを話すと、ヤサの父はこの教えを理解して、

「導きを教える人よ、真理の表す知恵とは素晴らしいものですね。我々の尊い仏は、今までの宗教の考え方を根本から変え、心に隠れていたものを現し、迷っていた心を正しい道に導き、心の目を持つものには暗い場所に燈火《ともしび》を点《つ》けて周囲が明るく見えるようになさるのですから、私はあなたを信じて仏の教えに従いましょう。そして、仏が建てられた正義の国へ行きましょう。願わくば、私

佛、耶舍と教法を談じ給ひつゝありし時、耶舍の父は其子の行方《ゆくて》を知らんとて此處《ここ》を過ぎりしが、佛を見奉《たてまつ》りて、「主よ、汝は吾子《ごし》耶舍を知り給はずや」と問ひぬ。

佛、耶舍の父に答へけるは、「入《い》れ、汝の子此に在り」。父、之を聞きて大に喜びて入り來り、耶舍の傍《かたはら》に坐せしが、眼閉ぢて其吾子なるを知らず。佛之に教へ説き示し給へば、耶舍の父は其旨を解《げ》して曰ひけるは。

「主よ、眞理の光榮《くわうえい》は大なり。吾曹の主なる、聖者佛は、覆《くつがへ》れるを起し給へり、隠れたるを現はし給へり、迷へるものに道を示し給へり、眼あるものをして其四邊《あたり》を看得《みえ》せしめんが爲め、暗きに燈《ともしび》を點《てん》じ給へり、吾は吾曹の主なる佛に歸依《きえ》し奉らん、吾は仏の現はし給へる教に歸依し奉らん、吾は佛の建て給へる教會に歸依し奉らん。願くは、今日以來、

の命が続く限り仏に心から従う弟子の一人として仲間に入れてください」と仏に言いました。

今までは何かしらの修行を積んでいた人たちが仏の弟子になっていましたが、ヤサの父親は世俗《せぞく》の人として初めて仏の弟子になった人です。

この富豪の商人が仏の弟子となったとき、吾が子が着ていた衣を着て仏の側に坐り、ヤサに「お前の母は、お前がいなくなり、悲しみのあまり倒れてしまったから、家へ帰って母親を元気にさせなさい」と言ったのでした。

そのとき、ヤサは仏がどう思っているのだろうかと思い、頭を上げて仏を見たら、「ヤサは、家に帰って普通の人の暮らしに戻りますか」と仏が仰いました。

ヤサの父は「もし、ヤサがここに留《とど》まる必要があるならば、ここにいるのも良いでしょう。ヤサは世の中の柵《しがらみ》から脱したのですから」と答えました。

仏は、真理と正義の言葉でヤサ父子《おやこ》の心を察して慰《なぐさ》めれば、父親は「仏よ、ヤサと一緒に私の供養を受け

吾命のあらん限りは、佛に歸依せる一弟子として吾を受けさせ給へ。」

耶舎の父は、俗人《ぞくじん》にて僧伽《サンガー》に入りたるもの丶始めなり。

是の富める商人《あきびと》が佛に歸依せる時、兩眼《りやうがん》開けて、吾子の黄衣を着て、佛の傍《かたはら》に坐せるを見たれば、則ち曰ふ、「汝の母は悲《かなしみ》の爲めに氣絶せり、歸りて之を蘇《よみが》へらしめよ」。

其時耶舎は佛の心如何ならんと思ひて、頭を擧《あ》げて仏を見奉りたるに、佛宣《のたま》ひけるは、「耶舎はまた俗に還りて俗の生涯を楽しまんとするか」。

耶舎の父答へけるは、「もし吾子耶舎の此に止《とど》まるべき要あらば、止まるも亦可なるべし、彼は世の累《るい》を脱《まぬ》がれたるなり」。

佛は眞理と正義との言葉を以て耶舎父子の心を慰め給へば、父、「主なる世尊よ、願くは主の耶

ていただきたいのです」と申し上げました。

仏は僧が着る法衣《ほうえ》を着て、食物を入れる鉢を持ち、ヤサと共に商人の家に行けば、ヤサの母と妻は、これを見て仏に合掌して、その傍《そば》で仕えました。

仏がヤサの母と妻に教えを話すと、二人の女性はこれを理解して「導きを教える人よ、真理の表す知恵とは素晴らしいものですね。我々の尊い仏は、今までの宗教の考え方を根本から変え、心に隠れていたものを現し、迷っていた心を正しい道に導き、心の目を持つものには暗い場所に燈火《ともしび》を点《つ》けて周囲が見えるようになさるのですから、私は、あなたを信じて仏の教えに従いましょう。そして、仏が建てられた正義の国へ行きましょう。願わくば、私の命が続く限り仏に心から従う弟子の一人として仲間にいれてください」と仏に願いました。

ヤサの母と妻は、女性では初めて仏の弟子となり、仏に従うことを誓いました。

ヤサには四人の友達がいて、みんな資産家で大金持

舎を伴ひ給ひて、共に吾供養を受けさせ給はんことを」とぞ奏《そふ》しける。

世尊乃ち法衣を纏《まと》ひ、鉢を持ちて、耶舍と共に是富める商人の家に至り給ひしかば、耶舍の母及び妻は、之を見て佛を禮《れい》し、來りて其傍《かたはら》に侍したり。

佛、法を説き示し給へば、兩女《りやうじよ》は之を解《げ》して、「主よ、眞理の榮光は大なり。吾曹の主なる聖者《しようじや》佛陀は覆《くつがへ》れるを起し給へり、隠れたるを顯はし給へり、迷へるものに道を示し給へり、眼あるものをして其四邊《あたり》を看得せしめんが爲め、暗きに燈《ともしび》を點《てん》じ給へり。吾は吾曹の主なる佛に歸依し奉らん、吾は佛の建て給へる教に歸依し奉らん、吾は佛の顯はし給へる教會に歸依し奉らん。願くは、今日以來、吾命のあらん限りは佛に歸依せる一弟子として吾を受けさせ給へ」と云へり。

耶舍の母と妻とは、婦人にて佛弟子となりて佛に歸依し奉れるもの、始めなり。

耶舍に四人の朋友ありけるが、皆素封家《そほうか》の族な

ちでした。この友達はヤサが髪の毛を切り、僧が着る衣を着《つ》けて、決まった住む所を持たない身となったのを聞いて、「これは確かに今までの世間で知られていた教えと異なり、高い志《こころざし》がなければ、この世から抜け出すことはできないぞ。性格が素直で穏やかで頭が賢くて適切な判断や処置が素早くできるヤサですら、このことで髪の毛を剃り落とし、僧が着る衣を纏《まと》って世間から脱して自由の身となるのを見れば」と思ったのでした。

これを聞いて、友達四人がヤサを尋ねると、ヤサは「私の四人の友達のために上手に人々を教え導く話を聞かせてやってください」と仏に頼んだのです。仏は、ヤサの友達四人に話をすることを許して、仏が教えを聞かせれば、四人の友達はその本来の趣旨を理解して、仏教で重要としている『仏法僧《ぶっぽうそう》』という宝に従うことを仏に誓ったのでした。

◇

仏の教えが日々広がり、この教えを聞こうとする人

りき。是等の朋友は耶舎の髪を斷ち、黄衣を着《つ》け、世を捨てゝ一所不住《いっしょふぢう》の身となれるを聞き、以《おも》爲《へ》らく、「是れ慥《たしか》によのつねならぬ教ならむ、高き志を抱きて世を捨てしむるものならむ、善良《ぜんりやう》賢明《けんめい》の聞こえある耶舎すら、之が爲め髪を剃り、黄衣を着《つ》け、世を捨てゝ一所不住の身となれるを見れば」。

是に於て彼等相携《あひたずさ》へて耶舎を尋ねければ、耶舎、佛に曰へるやう、「願くは吾四人の朋友の爲めに善巧方便《ぜんぎやうほうべん》を示し給へ」。佛之を許して法を説き聞かし給ひければ、四人のものは其旨を解《げ》して、佛法僧に歸依し奉りけれ。

第十九　弟子の派遣

佛の福音《ふくいん》日々に擴《ひろ》がりければ、之を聞かんとて

が益々増えて、みんな三帰戒〈『三帰五戒』のことで、仏《ぶっ》法僧《ぽうそう》という仏教の三つの宝に信心の誠を捧げることと、殺生をしない・他人のものを盗まない・男女間などで淫《みだ》らな行為をしない・嘘《うそ》を言わない・お酒に飲まれないとする五つの戒〉という仏教徒になるための条件を授《さず》かり、「世の中の苦を滅ぼすために清く正しい生活を送ります」と誓ったのでした。

仏は、これらの人たちが来るたびに教えを聞かせて、仏弟子となるための条件である三帰五戒を与えていましたが、来る人が多くなったために仏一人でこれらを行うのが難しくなったので、真理を教えられる弟子を選抜し、各地に派遣し、私の代わりに教えと戒を授ける行為をさせようと弟子たちに次のように告げたのでした。

「比丘らよ、多くの人が幸せな生涯が送ることができるように、人間の幸福が増えること、そして世界から『苦』を減らして『楽』を与え、いつくしみと愛の真理を教えなさい。初めも、途中も、終わりも、文字としても、道理の上でも輝かしい誉《ほま》れであることを確信してこの教えを伝えなさ

集り來るもの益々多く、皆三歸戒《さんきかい》を受けて、世の苦を亡ぼさん爲め、聖《きよ》き生涯を送らんことを謂へり。

佛は一々是等の人々の爲めに眞理を說き聞かし、戒を授《さづ》け與《あた》ふるの難《かた》きを見給ひて、達磨《ダルマ》（法）を教ふるに足るべき弟子を擇《えら》び、之を四方《よも》に送らんと思ひ給ひ、彼等に告げ給ふ。

「汝比丘《びくしう》よ、多くの人の幸《さいはひ》を進めんため、人間の福《さいはひ》を增さん爲め、世界に對《たい》する慈悲の爲め、出《い》でゝ大法を宣《の》べ傳《つた》へよ。其始《はじめ》にも、其央《なかば》にも、其終《をはり》にも、文字の上にも、義理の上にも、榮光あらずと云ふことなき、是の教《をしへ》を說き示せよ。世には尚ほ其眼の塵に翳《くも》らされ

い。世の中は未だに心の目が曇らされているが、我々が教えを伝えることによって悟りを得るものが出てくるであろう。清く正しい生き方がどのようなものであるかを教えなさい。庶民はこの教えを理解して喜びの心に変わるだろう。

　仏が教えるあらゆる真の姿と生活をする上で守るべき掟《おきて》を表すことで、たとえ隠しても光が当たれば輝くのです。しかし、この優れた教えの『真理』を、仏を信じようとしない者にこそ伝えなさい。身分が低く卑《いや》しいとか、見下したり、非難や嘲《あざけ》り、笑いものにされるといった屈辱《くつじょく》を受けるかもしれません。

　私は比丘たちに『各地で修行や人々に教えを話し、仏に仕えたいと願う者のうち、正しく真理を理解することができたと思われる者には戒を与えなさい』と許したのです。

　天気の良いときや乾季には、外に出て自分の修行や人々に仏の教えを話してきなさい。しかし、雨が降り続く雨季には、外へ出ないで仏の所へ行き、教えを聴くとともに指導を受けて教わること

ざるものあり、されど是等に教《をしへ》を傳《つた》へざれば解脱を得難《えがた》かるべし。聖《きよ》き生涯の如何なるものなるかを教《をし》へよ。彼等は之《こ》を解《げ》して受くるを喜ぶならん。

　如来の説ける達磨《ダルマ》（法）と毘尼《ビナヤ》（律）とは、之を顯はすによりて、光を放《はな》てとも収め隠《かく》さば光を失《うしな》はん。されど眞理ある此勝《すぐ》れたる教《をしへ》を、不信徒の手に落ちざらしめよ、或は輕賤《けいせん》、侮蔑《ぶべつ》、非難、嘲笑《てうせう》の辱《はづかしめ》を受くることあらん。

　今汝比丘に次の件《こと》を許すべし、卽《すなわ》ち四方《よも》に遊行《ゆうぎやう》して戒を授《さづ》からんと願ふものあらば、其可なるものを撰《えら》みて戒を與《あた》へよ。」

　天晴れたる時節には出《い》で丶四方《よも》に遊行《ゆうぎやう》し、雨ふる頃には共に安吾《あんご》して佛の教《をしへ》を聞き、如來の導《みちびき》に従ふ習《ならはし》は、此れよりして行《おこな》はれたりとぞ（夏安吾《げあんご》の制）。

をしなさい」と仏が仰《おっしゃ》いました。

◇

その頃、苦行林の中に住んで火を祭っているバラモン教徒で、迦葉というバラモン教の一派の首領がいました。

迦葉の名前はインド中に知られていて、この世において最も才能が優れ、物事の本質や道理を深く考えて、正しいことと、そうでないことをよく認識できると皆から尊敬されて、一つの宗派において大きな力を持っているとされていました。

仏は、苦行林にいる迦葉の所へ行き「あなたが守っていらっしゃる聖火のある場所に一晩泊まらせてください」と希望しました。

迦葉は仏の厳《おごそ》かに礼儀正しく美しい身のこなしを見て、「この人はインドの山の中で心と道を修めた人だ。道を人々に説いて悟りに導く話を聞かせる尊い人である。もし、火の燃え盛る祭壇《さいだん》の近くで一夜を過ごしたら、毒を持った大蛇に噛《か》まれて死ぬかもしれな

第二十　迦葉

其頃苦行林《ウルウイルウア》中に棲《すま》ひて火を祭れる婆羅門信徒中に伽葉《カシヨウ》と云へるありて、或る一派の首《しゆ》をぞつとめたりける。

迦葉の名は全印度に響きわたりて、地上における最も賢き人の随一なりと崇《あが》められ、宗旨《しうし》の上には少なからぬ力あるものと認められぬ。

佛は苦行林中なる迦葉の許に至り、「卿《なんじ》が聖火《せいくわ》を守れる所に一夜をあかさせよ」と請《こ》ひ給ひたり。

迦葉は佛の儀容《ぎよう》嚴《おごそか》なるうちに、また麗《うるは》しき所を見て、「是人は大いなる牟尼なり。尊き導師なり。もし聖火《せいくわ》の在る處《ところ》に夜を過ごしたらんには、毒龍《どくりう》に噛《か》まれて死を招くに至らん」と思ひければ、「吾は卿《なんぢ》の聖火《せいくわ》の在る處《ところ》にて夜を過ごさんと

い」と思い「私はあなたが火のある所で一夜を過ごされるのは構《かま》わないが、ただし、竜王の機嫌を害《そこな》って死ぬことになるかもしれないと思うと悲しいのです」と仏に言ったのでした。

されど仏は「構いません」と迦葉に、さらに泊まることを願うと、迦葉はそれ以上に拒《こば》むことができずに、仏を火が燃えている所へ導き入れたのでした。

仏は火が燃え盛る祭壇がある場所に坐《すわ》り、身を正し、周囲を見渡しました。

夜になると、大蛇は仏の前に出てきて口から毒の煙と炎を吐き出して夜空を焦《こ》がしましたが、仏の身体には何の変調もなく、次第に自然と消えていく火の中にあって、仏は顔色を変えずに動揺する様子もなく平常と少しも変わらないことに、毒蛇は自らの怒りに耐えきれなくなって苦しみ出し、ついに倒れ死んでしまったのです。

迦葉は、竜王がいた窟《いわや》から出てくる火を見て「ああ、気の毒に、仏は端正で立派だったが、毒蛇の害には如何《いかん》ともしがたい」と言ったのでした。

するを拒《こば》まざれども、只龍王の卿を害《そこな》ひて死に致すことあらんを悲しむなり」とぞ曰ひし。

されど佛は尚宿《やどり》を求め給ひければ、迦葉は拒むに力なく、佛を導きて聖火《せいくわ》の在る處《ところ》に入らせ申しぬ。

佛、室に入りて坐《ざ》を占め、身を直《なほ》くして、眼をあたりに注ぎ給ひぬ。

夜に入りて龍王、佛の前に出で來り、烈《はげ》しく毒煙を吐き散らし、炎を以て虚空《こくう》を燬《や》きたれど、佛の身には少しの害をも及ぼす能はざりき。佛は次第次第に自《みずか》ら消え行く炎の中に在りて、神色變《かは》らず、自若《じじゃく》として在《いま》しければ、毒龍怒《いかり》に堪《た》へずして苦しみ悩《なや》み、遂には果敢《はか》なくも自ら斃《たふ》れて亡びぬ。

迦葉は龍王の室より炎の出《い》づるを看て曰ひけるは、「嗚呼、悼《いた》ましきかな、大釋迦牟尼瞿曇《ゴータマ》の容《かたち》は誠に麗《うるは》しけれど、毒龍の害を如何ともする能はざらん」。

夜が明けて、仏は毒蛇の屍《しかばね》を迦葉に見せて「竜王の怨《うら》みによる炎を私が破ったのです」と仰ったのです。

迦葉は「釈迦牟尼は出家した人で仏である。その能力は大変優《すぐ》れていて、知恵や知識、真実の道理を正しく知っていることには私も及ばない」と心の中で思ったのでした。

例年催《もよお》される祭日が近づいてきて「祭りの日には、あちこちから多くの人がやって来て、仏の姿を見て話をする人が多いと思われるが、みんなの信仰心が仏に集中してしまい、私は捨てられてしまうに違いない」と迦葉は心の中で考えて、仏を妬《ねた》ましく思うのでした。

祭りの日になり、仏は自身の身上を隠して迦葉の所へ行きました。迦葉は仏を訪ねて、何故ここに来たのか、その理由を訊《たず》ねました。

仏は「迦葉、あなたは私が祭りに行かないことを好都合と思っていませんでしたか」と迦葉に訊《き》きました。

これを聞いた迦葉は驚いて「立派な仏よ、その知性

暁《あかつき》に至り、佛、毒龍の死屍《しし》を迦葉に示して宣《のたま》ひけるは、「龍王の炎は却《かへ》りて吾が炎の破る所となりぬ」。

迦葉私《ひそ》かに所爲《おもへ》らく、「釋迦牟尼は出家の大人《たいじん》なり、其力甚《はなは》だ勝れたり、されど、其聖《きよ》きは、よも吾に及ばじ」。

例年の祭日に近づきければ、迦葉竊《ひそ》かに、「祭り日には四方より多くの人々群《むらが》り來り、釋迦牟尼を見て、之と相語らふことあらんには、もろ人の信仰一に釋迦牟尼に集りて、吾は遂に打ち捨てらるゝに至らん」と思ひて、嫉《ねたみ》の心に惱まされぬ。

祭の日になりければ、佛は自ら身を隠して迦葉の許に來《きた》り給はざりけり。迦葉、佛を訪《と》ひて其の來り給はざりし所以《ゆへん》を繹《たず》ねぬ。

如來、「迦葉よ、汝は吾が祭に行かざりしを却りて便宜好しとは思はざりしか」。

迦葉は之を聞きて打ち驚きつ、以爲《おもへ》らく、「大《おほひ》

や真実の道理を正しく理解している方に私は足許にも及びません」と思いを言いました。

仏は、

「あなたは真実の道理を理解していらっしゃるが、そのお心には嫉妬《しっと》の思いがあるので、この道理を知ったとは言えないのです。嫉妬した心は聖いといえるでしょうか。それは、あなたの心の中に過去の悪い思い出となる種《たね》が蒔《ま》かれて咲いているのではないでしょうか。あなたはそのために心が聖くならずに、未だ真理の道に入ることができないのです」と迦葉に仰ったのです。

このように言われた迦葉は、自我を捨てて嫉妬の心を断《た》って仏の前で「私の尊敬するあなたが、私にあなたの弟子となれるように戒を授けていただけないでしょうか」と仏に願い出たのでした。

仏が「迦葉よ、あなたはバラモン教の中の一派の長《おさ》であるから、まずは、あなたに従ってきた弟子たちに、あなたの志を告げて、弟子たちのこれからの身の処《しょ》し方を彼ら自身に任せなさい」と迦葉に言うと「私は仏の所で真実の道理を修めるために、一生を仏に仕《つか》

なるかな、釋迦牟尼、されど其聖《きよ》きはよも吾に及ばじ」。

佛、迦葉に告げて曰ひ給ひけるは、

「汝は眞理を知れり、されど其心の中《うち》に横《よこた》はれたる嫉《ねたみ》の念《おもひ》の爲めに之を容《い》るゝこと能はず。嫉《ねたみ》の心は聖《せい》なりと云ふべきか。そは汝が心の中《うち》に殘れる我の形身《かたみ》にあらずや。汝未だ聖《きよ》からず、汝未だ道に入らざるなり」。

是《ここ》において迦葉は我を捨て、嫉《ねたみ》の心を斷ちて世尊の前に禮拜《らいはい》して曰ひけるは、「吾曹の主よ、願はくは吾が爲めに戒を授《さづ》け給へ」。

佛、「迦葉よ、汝は婆羅門の首領なり、さらば先づ行きて衆徒《しうと》に其志を語り、唯彼等の欲するまに〳〵其身を處《しよ》せよ」と宣ひければ。迦葉乃ち衆徒の所に到り、告げて曰ひけるは、「吾は大釋迦牟尼の許に至り、道の爲《た》めに一生を供へんと思ふ

えようと思う。彼は既に仏である。あなたたちは、各自の信ずるところに従って行きたい所へ行きなさい」と迦葉は弟子たちの前に行き、そう伝えたのでした。

　弟子たちは「私たちは仏によって深く心を動かされました。もし、この一族の長《おさ》であるあなたが仏に仕《つか》えようとするなら、我々もあなたに従ってついていきます」と答えました。

　苦行林にいた迦葉の弟子たちは、火を祀《まつ》るために使っていたさまざまな礼拝の道具を川に投げ入れて、その後、仏がいる所に集まったのでした。

　苦行林で大迦葉と言われていた人には、ナデーとガーヤという二人の弟がいて、二人ともバラモン教でそれぞれ勢力を持つ一派の長《おさ》になって川の近くに住んでいました。このとき、川の流れに沿って川上から礼拝に使うたくさんの道具が流れてきたのを見て、二人は兄の大迦葉に何か変わった事が起きたのではないかと思い、二人はそれぞれの弟子たちを引き連れて、事情を聴くために兄が住む苦行林へ向かいました。そこで二人は仏から礼拝に使われる道具が川に流された理由《わけ》を聞いて、二人とも仏に従う決意をしたのでした。

なり、彼は佛なり、汝曹《なんぢら》は只其好む所に従ひて身を處《しょ》せよ。」

　衆答へて曰ひけるは、「吾曹は大釋迦牟尼の爲《た》めに深く心を動かされたり。もし汝にして其教《けう》會《くわい》に入らば、吾曹も亦爾《しか》すべきのみ」。

　苦行林の婆羅門は、火を拜する用に供へし諸々の禮具《らいぐ》を河水《かすゐ》に投じて世尊の許に來りつどひぬ。

　苦行林の大迦葉の兄弟に那提迦葉《ナヂシカショウ》及迦耶迦葉《カシヤカショウ》と云へるありき。皆勢力ある一部の首領にして、流《ながれ》に沿ひて住《すま》ひけるが、今拜火の用に供する禮具《らいぐ》の河水《かすゐ》に漂《ただよ》ひ流《なが》れ來《きた》るを見て大迦葉の方《かた》に變事の起りしならんと思ひ、其徒《と》を率ゐて苦行林に至り、事の情《やうす》を聞きて、兩迦葉も亦佛の處に到れり。

仏は、火を拝《おが》むバラモン教の宗派の長《おさ》であるナデーとガーヤが来たのを見て、「バラモンよ、物として燃えることはないのです。眼が燃え、想《おも》いも燃え、迷う心が燃えるのです。しかし、その燃えているものはすべてが欲なのです。怒りや迷い、憎しみはみんな欲を燃やす燃料となっているのです。もし、これらの燃料となるものが無くなれば火が燃えることはないのです。生き死に、身体の衰《おとろ》え、悲しみ嘆《なげ》くこと、痛みや苦しみ、希望を失ったり、心配や不安な気持ちが絶え間なく襲《おそ》って来たり、去って行ったりするのです。ですから、仏の弟子になろうとする者は、人生に関する四つの真理を心静かにありのままを正しく観察することと、仏が最初の話で説かれた修行の基本となる八つの実践目的を修行しなさい。これらを学べば目は一点に定まり、心は静まり、魂は清らかとなり、心身を悩ます火は消えて永遠の悟りを得るでしょう。欲という貪りや愛に執着したり、私情が絡《から》んで適切な処置ができない事柄などを遠ざけて、人々が幸福《しあわせ》の種を蒔《ま》く迷いの火を吹き消した場所に至ることができるでしょう」と説かれたのでした。

佛は苦行を勤めて火を拝せる那提《ナヂー》及迦耶《ガーヤ》の婆羅門の來《きた》れるを見て、火の説をなし給ふ、「婆羅門よ、物として、燃えざるはなし。眼も燃え、想《さう》も燃え、情も燃ゆ。而して其燃ゆるは皆慾の火を以て燃《もゆ》るなり。怒あり、痴あり、憎あり、皆慾の火を燃《もや》すべき薪炭《しんたん》となる、もし是等の薪炭の絶ゆるとなければ、火も亦已《や》むことなからん。生死、老《らう》憊《はい》、悲嘆《ひたん》、痛苦、失望、愁傷《しうしやう》、一來一去《いちらいいつきよ》して絶ゆる期《ご》なからん。故に眞理の弟子となれる者は、之を見て四諦《したい》の理を観《くわん》じ、八正道《はつせいだう》を修すべし。是の如くならば眼定まり、想靜まり、情清らかに、煩惱の炎《ほのほ》消えて、永く解脱を得るならん。私慾の羈《き》絆《づな》を遠ざけて、涅槃の福田地に到るを得るならん。」

バラモン教徒たちはこれを聴いて、歓び沸いて、みんな仏と、仏が悟った教えと、比丘が集まって修行するグループに従うことを誓ったのでした。

仏は、しばらく苦行林に留《とど》まった後、比丘衆を引き連れて王舎城に行きました。その中には、バラモン教の長であった大迦葉もいました。

マガダ国王ムコヤ・ビンビシャラは、仏がこの城内に来たことを聞いて、また「彼は立派な人で天から知恵を与えられた仏だ。彼は牛や羊の群《む》れを導く牧場の人のように私たちを良い方向へ導いてくださるという方だ。身分の高い低いにかかわらず、みんな彼を尊敬して師として仕《つか》えて教えを受けるのだ」と人々が噂しているのを聞いて、王は役人や軍事に携《たずさ》わる人を問わずに引き連れて仏がいらっしゃる所へ行かれたのでした。

王の一行は、仏がバラモン教の頭領《とうりょう》の一人である迦葉と一緒にいるので大変驚き「仏が迦葉に従ってきた

婆羅門は之を聞きて、歓喜《くわんき》限りなく、遂に佛法僧に歸依し奉りたり。

第二十一　王舎城の説教

佛は暫《しばら》く苦行林に止まり給へる後、比丘衆を率ゐて王舎城に行き給ひぬ、前に婆羅門の首領なりし大迦葉も亦此一行に加はりをれり。

摩羯陀《マカタ》國王施尼耶《セニヤ》、頻毗娑羅《ビンビシャラ》は、瞿雲釋迦牟尼の來り給へるを聞き、又人々の、「彼は聖《きよ》きものなり、天の恵《めぐみ》を享《う》けたる佛なり、彼は牧者《ぼくしゃ》の牛羊《きうやう》を導くが如く吾曹を導き給ふなり、高きも低きも皆打仰ぎて師事《しじ》すべきぞ」と云ひ囃《はや》せるを聞き、文武の役人を従へて佛の在《いま》す處に赴き給ひぬ。

王の一行は、佛が「婆羅門」の大頭領《だいとうりやう》迦葉と共に居給へるを見て大《をほひ》に驚きて、「大釋迦牟尼の

のか、はたまた迦葉が仏に従ったのか」と疑いを持ったのです。

仏は、人々が戸惑っているように思われたので「迦葉よ、あなたはどのような思いで火を尊ぶバラモン教を辞めたのですか、また苦行林を出て、そこでの修行を止めたのですか」と訊きました。

迦葉は「私が火を崇《あが》めて祀《まつ》って得られたことは、ただ自我が苦しみと迷いと一緒にグルグルと回転するように来ては去るといったことを繰り返すことだけでした。私は火を祀ることを止め、身体を苦行に追い込み、生きたものを神に捧げるような愚かな行いとしか云いようのないことも止め、今は心を浄化して最高と思える悟りを追究しているのです」と答えました。

仏は、集まった人々が空《から》の器に水を溢れるほど入れてもらうのを待っているように仏の教えを聴こうとしているのが分かり、ビンビシヤラ王もいらしたので、この場で教えを話されたのです。

「自分というものが何者であるかを知り、身体や心が感じることにどのように応じるかが分かった

迦葉に従へるにや、はた迦葉の大釋迦牟尼に歸依せるにや」と、疑ひ給ひたり。

如來人々の惑へるを察し給ひて迦葉に「迦葉よ、汝は何の思ふ所ありて、聖火を捨てしか、苦行を止めしか」と尋ね給ひぬ。

迦葉答へけるは、「我《わが》聖火を崇《あが》めて獲たる所は、只我が苦と妄とを伴ひて輪廻相續《さうぞく》する一事のみ。吾今は之を捨て了《をは》りぬ。苦行をなし生贄《いけにえ》を供ふる愚を去りて、今は只最《い》とも勝《すぐ》れたる涅槃をこそ求めんと思ふなれ」。

佛は今や集まれる人々が器の水を容《い》るゝを待てる如く、教《をしへ》を聞かんとするを見て頻毗娑羅《ビンビシャラ》王のために一場《じやう》の説法をなし給ふ。

「我の何ものたるかを知り、感覺《かんかく》の如何に働くかを知るものは、我執の念なかるべし。永

者は、自分の心の中で思い悩むことはなく、長期にわたり迷いから生じる執着に別れを告げて安心できる境地へと行くことができるのです。しかし、世の中は執着という思いから去ることができずに、誤った知識や思想、考えが続々とやって来るのです。

死んだ後、自分というものが生き続いたり、絶え滅びるなどは誤りなのです。これは、悲しい迷いなのです。

もし、私というものが絶えてしまうのであれば、世間の人が求める結果も絶えて無くなってしまい、さらに、未来すら無くなってしまうのです。このようなことから、罪から逃れようとしても得られる理屈はないのです。

もし、これに反して、私自身が絶えないものであるならば、ずっと生死という大海原《おおうなばら》の中で生きもしなければ死にもしないものといえば、ただ一つしかないのです。この一つのものは自我であるとすれば、欠けていない満月のようです。実践した行為の内容によってまん丸にして、すべてが備

く妄執を斷ちて安心の境《さかひ》に進むを得ん。されど世は尚《なほ》我の念を離るゝ能はず、是《ここ》を以て邪《じゃ》智《ち》邪見《じゃけん》の跡絶ゆることなし。

死後我を以て或は相續《さうぞく》すとなし、或は斷滅《だんめつ》すとなすは、皆非なり。是れ寧《むし》ろ悲むべき迷《まよひ》なり。

もし我を斷滅《だんめつ》するものとなさば、世人《せじん》が求むる果報も亦斷滅《だんめつ》すべし、さらば遂に未來なきに至らん。斯くして罪ある我執を脱《まぬか》れんと欲するも得べき理《り》なし。

もし之に反して、我を滅《ほろ》ぶることなきものとせんか。一切生死の大海中に在りて生なき死なきものと云はゞ、唯一物《ただいつもつ》の外之《ほかこれ》あることなからん。而して今此《この》一物を以て我なりとなさば、我は既に圓滿《ゑんまん》にして缺《か》くるとなきなり、また所行の如何によりて、之を圓滿《ゑんまん》に

わっていることになるのです。このような永遠に死なないという自己が変化して流れることなく自分自身となるのです。この完全なるものをさらに完璧にするものはなく、好運の原因を造る目的や苦しみからの解放を求める教えも必要ないのです。

　けれども、喜びや憂いといったものは、常にどこかにあるのです。もし、私たちの行為が自分の本来の持って生まれた性質にないとすれば、どこに本来の性質があるのでしょうか。行いの後ろに行った人がいるのではなく、知識の後ろに知恵の優れた人がいるのでもなく、さらに、物事が生じた後に生じた行為をした人がいるのでもないのです。

　さらに聞きなさい。目・耳・鼻・舌・皮膚という五つの感覚器官と物との感覚が生まれると、記憶が生まれるのです。このように、日の光が凸レンズを通して焦点が合うように、感覚器官と現象から生まれる考える働きによって、いわゆる自我という自分が生まれるのです。芽は種子《たね》から発芽

し、完全にすること能《あた》はざらん。斯《かか》る永遠不死の我は、決して轉變《てんぺん》するを得じ、遷流《せんる》するを得じ。我は主人公となるべし。さらば此の全《まつた》きものを更に全《まつた》からしめんとすべき要もなかるべく、又徳を行ふ目的、解脱を求むる法も無用の長物となるべし。

　されど看よ、喜《よろこび》あり、憂《うれい》あり。何處《いづこ》に常住のものやある。もし吾曹の行《おこなひ》を爲《な》すものは我にあらずとせば、何處《いづこ》にか我の足を立つべきぞ。行爲《かうゐ》の後《しりへ》に行爲者《かうゐしや》あるにあらず、知の後《しりへ》に知者あるにあらず、生々《せいせい》の後《しりへ》に主人公あるにあらざるなり。

　さて進みて聽《き》けよ。五根（眼、耳、鼻、舌、身）の外境《ぐわいきやう》と相觸《ふ》るゝや、此に感覺《かんかく》を生じ、感覺より記憶を生ず。此くして日光の凸面鏡を通過して燒點《しようてん》を生ずる如く、根《こん》と境《きやう》とより生じ來《きた》る知覺《ちかく》の作用によりて、所謂我なる主人公を生ずるなり。芽は種子《たね》より發《はつ》すれ

しますが、種子と芽は違うのです。種子と芽は一つのものであっても、同じものとは言えないのです。しかし、異なった種類のものでもないのです。生きとし生けるものの生命《いのち》というものもまた同じなのです。

自我の家来となって、昼夜に関係なく、そればかりに苦しみを味わって、生・老・病・死の苦悩が淀《よど》んでいる所に浸かっている人たちよ、ここへ来て誤った考えに囚われて真理から遠ざかり、道理を曲げて罪に落とすものが本来はいないという話を聞きなさい。

執着とは迷いであり、幻で、夢なのです。あなたたちは目を開けて、長い夜の眠りから覚めなさい。ものの真実を見ることができれば、心を安らかにすることができるのです。

迷いが晴れたものは、執着から襲《おそ》われることはないのです。縄を毒蛇と勘違いしても本当のことが分かれば恐れることはないのです。

自我が無いと分かれば、私利私欲の悩みに苦しむこともないのです。

ども、種子《たね》は芽にあらず、両者《りやうしや》は一物同體《いちぶつどうたい》なりと言うべからず、されど亦異種《ゐしゆ》とも言ひ難《がた》からん。生きたる生命の生じ來《きた》るも亦此の如し。

我の奴《やつこ》となりて夜となく晝《ひる》となく只管《ひたすら》其の苦役する所なりて、生、老、病、死の淵に沈む者よ、來りて吾が此の如き虐主《ぎやくしゆ》（我を指せるなり）の本來なきものなりと説くを聞けよ。

我は迷《まよひ》なり、幻《まぼろし》なり、夢なり。汝曹《なんじら》の眼を開きて、長き夜の眠《ねむり》より覺《さ》め來《きた》れ。物の實相を看破せば、慰《なぐさめ》を得ること如何に大《おほひ》なるべきぞ。

醒《さめ》たるものは魘《おそはるる》を恐れず。毒蛇かと看誤《みあや》まれる繩の眞相を知れるものは懾《お》づることなし。

我のなきものなることを知るものは、また私利私慾の煩惱に苦しめらるゝことなし。

物事に執着し、欲深く際限なく欲しがることや、欲を得ることに没頭《ぼっとう》して楽しみばかりを追い求めることなどは、前世から引き継がれたもので、今の世で落ちぶれたり迷いから起こる嘘偽《うそいつわ》りの原因となっているのです。

欲深く欲しがる私欲の心を滅ぼしなさい。人は安心し、善良で知恵ある心を持って穢《けが》れを離れて誤った考えの無い人間となるのです。

慈《いつく》しみの深い母が、わが身を顧《かえり》みずに自分の子供をさまざまな悪から護《まも》るように、真理を理解する者は限りない親愛感をもって人々に接することをよく考えるのです。

このような人は道徳の基礎となる礼儀や清らかで恥を知る心を持っていて、身分の上下に関係なく、世界中に差別、選別のする思いから離れて、無限の好意を示しなさい。

四威儀《しいぎ》という歩くこと・とどまること・坐《すわ》ること・寝ることをしている間に目を開けたときには平常と変わることがないように心を整えなさい。

このような境遇は、世の中において他のものと

物事に執着すると、貪《むさぼ》りて飽《あ》くを知らざると、慾に耽《ふけ》り樂《らく》を遂《お》ふと、是等は前《さき》の生より傳え來《きた》れる所にして、此世に零落、虚妄《こもう》の存する源《みなもと》なり。

只貪《むさぼ》らんとする私慾の念を滅ぼせよ、人は至安《しあん》、善良、智恵の心を獲て、無垢無邪《むくむじゃ》の身とならん。

慈母《じぼ》が其身を捨てゝ唯一人の愛兒《あいじ》を護るが如く、眞理を認識せるものは、限りなき好意を養《やしな》ひて衆生に對《たい》せんことを慮《おもん》ばかれよ。

是《かく》の如き人は四維《しゆい》上下を問はず、全世界に對して、差別し揀擇《れんたく》する念を離れて、只管《ひたすら》限りなき好意を盡《つく》さんことを勉めよ。

行住坐臥《ぎやうぢうざぐわ》の間、眼の開けたる限りは、此心を持して渝《かは》ること無を期《ご》せよ。

此《かく》の如き境涯は、世上物の比す可《べき》なし。涅

比べられるべきものではなく、『涅槃』ということなのです。

さまざまな悪い行いを捨てて、正しい道に適《かな》って徳を備えた生活をし、心を清らかにすることこそ仏の教えなのです」と。

仏の教えが終わると、

「私が王となる前の太子と呼ばれていた時、私には五つの願いがありました。第一に王となることを願い、幸いに王となりました。第二は、私が王として国を治めている間に仏が我が国にいらっしゃることを願い、幸いにも願いが叶《かな》いました。第三に私は仏に会って敬い尊敬することで、幸いにして願いが叶いました。第四は、私のために仏が教えを授けてくださることで、これも幸いに叶いました。第五は、さまざまな願いの中でも最も大きなもので、仏が仰《おっしゃ》る真理を理解することで、これまた幸いに成就できました。

輝かしく名高い仏が教える真理は最も優れたも

槃とは卽《すなは》ち之を云へるなり。

諸々の惡行《あくぎやう》を捨て丶有道《いうだう》の生涯を營み、其意を清淨にす、是をこそ諸佛の教とはなすなれ。」

説教終はれるとき、摩羯陀王宣《のたま》ひける。

「主よ、吾前《わがさき》に太子たりし時、吾は五つの願《ねがひ》をもちたりき。吾は先づ王とならんことを願ひき。是れ第一の願なりしが、幸《さいはひ》に其成りしを見たり。次に吾は在世の中《うち》に佛の生ずるありて吾邦《くに》に來り給はんことを願《ねが》ひき。是第二の願《ねがひ》なりしが、亦幸《さいはひ》に其成《なれ》るに遭《あ》へり。次に吾は其人を恭敬《くぎやう》し得んことを願《ねがひ》き。是れ第三の願《ねがひ》なりき。而して亦幸《さいはひ》に其成れるに遭へり。第四の願は佛の吾が爲めに説法し給ふ一事なりしが、是亦幸《さいはひ》に成れり。而して第五は諸願中の大いなるものなりき。願はくは佛の法《のり》を解《げ》し得んことをと、而して是亦幸《さいはひ》に成れり。

榮光ある主よ、如來の教へ給へる眞理は最《い》

のです。仏はそれまでの宗教の教えの根本をひっくり返して、隠れていたものを露《あら》わにして正しい真実の道を示してくださったのです。心の目が開いているものが周囲を見渡すために、暗い場所に松明《たいまつ》に火を灯《とも》したのです。

私は仏に真心を捧《ささ》げ、教えに従い、仏が引率するグループの一員となることを誓ったのです」とマガダ国王ムコヤ・ビンビシャラは仰《おっしゃ》ったのです。

仏は真理について完全に知ることと善い結果をもたらす正しい行為によって、広く果てしない知的で理性的な心の能力の大きさを表して、人々の心を得心させて矛盾《むじゅん》なく整い、真実の筋道を理解させて、様々な場所に功徳の素《もと》となる種子《たね》を蒔《ま》いたのでした。

◇

王は仏に誓った後、王宮に招こうと思い立ち「仏よ、明日は比丘の方々とご一緒に私の宮殿にいらして

と榮光あるものなり。主なる佛は覆《くつが》へれるを起し給へり、隠《かく》れたるを現はし給へり、迷へるものに道を示し給へり、眼あるものをして其四邊《あたり》を看得せしめんが爲めに、暗きに燈《ともしび》を點《てん》じ給へり。

吾は佛に歸依し奉らむ。吾は法に歸依し奉らむ。吾は僧に歸依し奉らむ。」

如來は圓《まど》らかなる智と德とによりて廣大無邊なる精神的力量を現はし、諸人《しょにん》の心を服して之を調和し、又之をして眞理を解《げ》せしめ、到る處に德の種子《たね》を蒔き散らし給ひぬ。

第二十二　頻毗娑羅王の布施

王は佛に歸依《きえ》し奉れる後、之を王の宮《きう》に招かんとて宣ひけるは、「主よ、明日は比丘衆と共に吾

供養をお受けください」と言いました。

翌朝、王は仏に昼食の時刻を告げようと「仏よ、さあ、いらっしゃい。あなたは私にとって第一級のお客様です。昼食を早く用意させます」と仰《おっしゃ》いました。

仏は僧衣を着けて鉢を持ち、弟子たちを引率して王舎城に入りました。

天の音楽を演奏し、歌を唄いながら空を飛ぶ神々は、バラモンの衣裳を着て前の方に寄って来て、

「努力して自分の衝動《しょうどう》や欲望、感情を抑えることを学んだ人やそれを教えた人、それを聴いて救われた人たち、心の安定が決まっている人々と一緒にいる仏は今、王舎城に入った。仏を祝いましょう。仏の名を尊いものとし、仏に従うことを誓った人たちの一切の善行によって得られる功徳と利益を尊びなさい」と謳《うた》ったのでした。

仏は、ご馳走を食べ終えて鉢と手を洗ったとき、王は仏の側に来て、

「私は仏がお住まいになり、教えを広めていくための家を探しています。町から遠すぎず、また近

宮《みや》に來りて供養を受けさせ給はずや」。

翌朝、施尼耶《セニヤ》、頻毗娑羅《ビンビシャラ》王は佛に午餐《ごさん》の時なるを告げんとて宣ひけるは、「世界の主なる佛よ、いざ來り給へ。爾《なんぢ》は吾が第一の客人《まろうど》なり、午餐の用意は早や整へるに」。

佛は衣を着け、鉢を持ち、大衆を率ゐて王舎城に入給へり。

天人は若き婆羅門の裝《よそほひ》をなして前面に歩み來りつゝ、歌ひけるは、

「克己《こつき》を學《まな》べる人々と共にある、克己《こつき》を教ふる人、救はれたる人と共にある救主、安心を決定《けつじやう》せる人々と共にある世尊は、今や王舎城に入り給ひぬ。祝《いは》へ、吾曹の主なる佛を祝へ。御名《みな》を崇《あが》めよ、佛に歸依し奉れる人々の上に降《くだ》れる福徳を崇めよ。」

世尊、食を終へて鉢と手とを洗い了《おは》り給へる時、王は其傍《かたはら》に在りて思惟《しゐ》し給ふ。

「吾何處《いづこ》にか佛の住家を定めむ、町を去ること遠からず、又近からず、往來《おうらい》の便宜よく、

すぎずに、町との行き来が便利で、お弟子の方々も使いやすく、昼間は喧騒がなく夜も静かで修行をなさるにも好環境の場所を選んでいます」と今考えていることを話されました。

「そうだ！　私が所有している竹林でしたら、くつろいでお使いいただくのに適《てき》しています。私は仏を筆頭とするグループにこの土地をお贈りしましょう」と仏に言いました。

王が仏のグループに「仏がこのことを受け入れてくださることを願っています」とその竹林を贈ろうと仰《おっしゃ》ったのでした。

仏は、黙って礼をすることでこの件を受け入れ、更に王のために教えを話した後、坐を立ってその場から出て行かれました。

◇

この頃、舎利弗と目蓮という、サンジャナ教徒の首領を務《つと》める二人がいました。二人は宗教の思考や表現の内容に従って、お互いに、どちらか先に悟りを得た

信徒の到り得べき、晝《ひる》も騒はがしからず、夜も靜けき退隱《たいいん》の好場處、吾何地《わがいづち》にか之を求めん。

恰《あたか》も好し、吾が遊園地《いうゑんち》なる竹林《ブエヌブアナ》は正に之に適《かな》へり。吾は當《ま》さに佛を頭とせる教會に此地を贈るべし」。

是に於て王は教會に其遊園地を贈らんとて曰ひ給ひけるは、「願はくは世尊の之を受領し給はんことを」。

佛、黙禮《もくれい》して之を許し、更に教理を説きて摩羯《マカ》陀《ダ》王に教へ給ひたる後、坐《ざ》より起《た》ちて出で去り給ひけり。

第二十三　舎利弗及目蓮

是頃、舎利弗《シヤリホツ》及目蓮《モクレン》とて二人の婆羅門ありけり。サンジヤナ徒の首領にして共に宗教の事に從ひしが、互ひに誓ふらく、先ず涅槃を得たるもの

者は必ずもう一人を悟りに導くことを誓っていたのでした。

　アッシウアジット尊者が食べ物を貰《もら》おうと舎利弗の所へ来て頭を下げて静かに待っている様子に気高さと世俗の人と違うのを感じ取り、「真にこの僧こそは、正しい真理への道を得た人だ。あなたは、何というお名前で、どうして世俗を捨てたのですか。あなたが信仰する師と教えとは何ですか」と舎利弗が尋ねました。

　アッシウアジット尊者は「私は大釈迦牟尼の弟子で、牟尼は仏陀なのです。婆伽婆〈＝世尊〉です。

　私は、その人の名において世俗を去り、世尊は私の師であり、その人の教えを信奉しています」と答えました。

　舎利弗は目蓮の所へ戻ってこのことを話すと、二人とも「私たちは世尊の所へ行って師として仕え、教えを受けよう」と言って、二人は自らの弟子を引き連れて仏の弟子となり、これに従ったのでした。

　仏は「今、この世界を束《たば》ねる人の真実の教えが動き

は後《おく》れたるを導くべし。

　阿捨婆耆《アッシウアジット》尊者の食を乞はんとて舎利弗の所に來り、頭《かしら》を垂れて物靜かに待てる様の何となく氣高く、よのつねならぬを見て舎利弗曰ひけるは、「實《げ》に是《この》出家の人こそは、正しき道を得たるものならめ。吾は是人《このひと》に物問はん。卿《なんち》は何人《なにびと》の名にて世を捨て給ひしや、卿が師とする所は誰ぞ、卿《なんち》が奉ずる教は何なりや」。

　阿捨婆耆尊者、「吾は大釋迦牟尼の弟子なり、牟尼は佛陀なり、婆伽婆《バカブウト》なり。

　吾は其人の名にて世を退《しりぞ》きぬ。世尊は吾が師にて吾奉ずる所は其教にこそ」。

　舎利弗は目蓮の所に到り此事を話して共に言へらく、「吾曹は世尊に往きて之を師事すべし」と。乃ち兩人《りやうにん》は其徒を從へて如來の弟子となり、之に歸依し奉りたり。

　佛宣《のたま》ふ、「此《これ》に世界を支配せる帝王の今や法輪

出したのです。舎利弗は、私の重要な弟子であると云える人なのです」と仰《おっしゃ》いました。

◇

マガダ国の民衆は、将来有望な青年が仏の弟子となって宗教に身を委《ゆだ》ねている姿を見て、不快で怒って「釈迦牟尼は夫として妻を捨て、家族とも縁を絶ったやつである」と口々に言っていました。

民衆は、仏の弟子たちを見て貶《けな》しながら「釈迦牟尼は民衆の心を征服しようと王舎城に来たのだ。誰が続いて教えの導きをされるものか」と言っていました。

比丘が帰ってきて仏にこのことを言うと「弟子たちよ、このような不平を言うことは長くは続かないのだよ。まず七日続くだろうか。ならば、弟子たちよ、もし我々のことを悪く言う者がいたら『仏が人を導くのは、真実の道を示して教えているのです。才能に優れ思慮分別のある人を非難したり、善い行いをする人を攻撃しようとするのは誰ですか。自分の目標に向かって努力し、正しい行いをして、心を清めようとするこ

を轉ぜんとするものありとせよ、舎利弗は之が重臣とも云ふべきが如し」。

第二十四　衆人の不滿

摩羯陀國の衆人は、有爲《うゐ》の青年が佛に從ひて身を宗教に委《ゆだ》ぬるを見て、且つ惱み、且つ怒りて曰へるやう、「瞿雲釋迦牟尼は夫をして其妻を捨てしめて、遂に家族の斷絶を來たさんとするなり」。

衆人、比丘を見て譏《そし》りて曰ひけるは、「大釋迦牟尼は衆人の心を服《ふく》せんとて王舎城に來れり。誰か次ぎて其の導く所となるものぞ」。

比丘歸りて之を佛に告げければ、佛宣ふ、「比丘衆よ、かゝる不平は永く續《つゞ》くことなからん。先づ七日の程やつゞくべき。されば比丘衆よ、もし汝曹を譏《そし》るものあらんには、次の如く答へよ。「如來の人を導くは眞《まこと》の道を教へんとてなり。賢きものを譏《そし》り、徳あるものを攻めんとするは何者ぞ。己《おのれ》に克《か》ち、正しきを行ひ、意を淨《きよ》うするは之れ吾が主の箴《いましめ》なり、と」。

とが仏自身の行動を慎《つつし》ませているのです』と言いなさい」と仰いました。

◇

この頃、アナタ長者という桁外《けたはず》れに裕福な人が、ある日、王舎城を訪れました。とっても人やものを大切にし、同情する心の篤い人で、みんなからは「身寄りのない子の保護者」とか「貧しい人の生活を守る人」と呼ばれていました。

仏が悟りを開いて世の中に出現し、現在、王舎城の外側にある竹林に一時滞在していらっしゃることを聞いて、アナタ長者はその晩すぐに仏に会いに行きました。

仏がアナタ長者に会うと、長者の心に曇りがないことが分かり、真理の道を話して心を和《なご》やかにしました。

アナタ長者は、仏が仰《おっしゃ》る真理という言葉に深く興味を持ち、膝を前に進めて仏に近づき、耳を傾《かたむ》けまし

第二十五　須達長者

是の頃須達長者《アナタビンヂカ》とて、こよなう富める人ありけるが、一日《あるひ》王舎城を見舞ひけり。頗《すこぶ》る慈悲《じひ》の心厚かりければ、人々之を呼びて孤子《みなしご》の保護者、貧《まづし》き人《もの》の伴侶《とも》なりと云ひあひぬ。

佛、出世し給ひて、今城外《じょうがい》の竹林《ちくりん》に留錫《りうしやく》し給へりと聞きて、彼は其夜直《ただち》に佛の處に來れり。

佛は直《ただち》に須達長者の心に曇《くもり》なきを見給ひて、道を説きて其心を慰《なぐさ》め給ひけり。

須達長者は佛の教へ給へる眞理の味旨《うま》きに覺《をぼ》えず膝を進めて耳聳《そば》だてぬ。佛、宣《のたま》ひけるは、

た。仏は、

「この騒《さわ》がしく忙しそうな世の中を見ていると、これはすべての人間の心身を悩ませることが元となっているのです。心を空っぽにすれば、生まれることも死ぬこともない悟りの境地が得られるのです。自己とは、この世の原理で物質と精神からなる五つの要素〈①身体又は物質、②感覚又は感情、③心に浮かぶ像、④意思又は衝動的な欲求、⑤意識〉から出来ているものなのです。自己の世界は、本来幻《まぼろし》のように摑《つか》みどころがないものなのです。私というものを生かしているものとは何者なのでしょう。自在天という人間のような形をしたものや、この世界を造る『創造者《そうぞうしゃ》』というものの手によって造られたのでしょうか。もし、自在天がこの世の中の創造者として、すべてを造った『造物《ぞうぶつ》主《ぬし》』であるならば、人間はこの造物主が持つ威力や権力といったあらゆる自由な意思を押さえつけられ、ただ黙《だま》って従うだけなのでしょうか。これでは、人々は陶工《とうこう》によって造られた単なる器《うつわ》でしかありません。では、人が人として行うことを実

「此の休みなき忙《いそがは》しき世の様は、皆苦の根《みなもと》より生じ来るなり。只此心を虚《むなしう》して不生不死の安心を得よ。我は五蘊《ごおん》より成れるものなり。我の世界は幻《まぼろし》の如く空《むな》し。『吾が生を成せるものは誰《た》ぞ。自在天《イツシブアアラ》（耶蘇《やそ》教《きょう》の天帝に似たり）と云へる人間の如き創造者《そうぞうしゃ》の手に成れるものか。もし自在天にして造物者《ぞうぶつしゃ》なりせば、一切の衆生は之が権威《けんゐ》の下《もと》に黙従《もくじゅう》すべき理なり。衆生は猶《なほ》陶器師《とうきし》の手に成れる諸器具の如くなるべし。果して然らば道徳の實踐《じっせん》は如何にして出來得べき乎《か》。此世にして自在天の爲《な》せる所ならんには、苦と云ひ、悲《かなしみ》と云い、罪と云ふもの、之あるべくも思はれず。何となれば、淨《きよ》きも淨《きよ》かざるも、皆共に自在天より來るべければなり。もしさにあらずとせば、自在天の上に別に源因《げんいん》なかるべからず、自在天は自ら立ち、自ら存するものにはあらざるべし。かくて汝は自在天の用なきを見るならん。

際の行動に移すには、どのようにしてできるのでしょうか。自在天が造り上げたものであれば、苦しみや悲《かな》しみ、罪というものがあるとは思えないのです。なぜなら、清浄なものも汚いものも、すべて自在天が造り出したものだと云えるからです。もし、そうでないとするならば、自在天を超える別のものがいて、それが自在天を操《あやつ》っていれば、自在天そのものの存在意義がなくなってしまうでしょう。

あるいは、『絶対というものが我々を造った』と言う者がいるかもしれません。でも、制限をまったく受けることのない絶対というものが、宇宙に存在するあらゆるものを造る根源〈＝原因〉になることは考えられないのです。私の周りにはいろいろな植物の種子《たね》が飛んで来ますが、他の生き物の種子が飛んで来ることはないのです。しかし、絶対がどのようにして宇宙の生きとし生けるものの種子を造り出せるのでしょうか。絶対が無条件ですべてを超越したとしても、すべての生けるものを造ることができるのでしょうか。

或《あるひ》は云ふ、絶對は吾曹を造れりと。されど絶對《ぜったい》のものは源因《げんいん》となること能わず。我が四邊《あたり》の萬有《ばんいう》の植物の種子《たね》より來るが如く、ある原因《たね》より來らざるべからず。されど絶對は如何にして一様《いちやう》に萬《ばん》有《いう》の原因《たね》となり得る乎。絶對は萬有《ばんいう》の中《うち》に貫通することあらんも、いかでか能《よ》く萬有を造り得んや。

あるいは、『我こそ造物主である』と言う者がいたとしても、果たしてその我が何故《なぜ》、人々が楽しいと思うだけの世界を造らなかったのでしょう。苦しみと楽しみの原因は、仏の心である悟りの世界の内にはないのです。ですから、どのようにして苦と楽の原因となるものを自己が造ったと云えるのでしょうか。

　このように論じてきたときに、ある人は、造物者というものが実在しないのですから、人間の運命とはこのようなものであって、そこにおいて物事の原因や結果というものはないのです。生きていくうえでの必要性も、また生きていく方法を目的にする必要はないのです。

　でも、この考え方には問題があり、人々が得られる苦楽の原因と結果がないとは言えないのです。ただし、自在天や絶対というもの、我〈＝自己〉、原因がなく、偶然にすべての生きものが造られたということはないのです。人々の行い〈原因＝種子〉の如何《いかん》によって結果が良くなったり悪くなったりすることは、疑う余地がないのです。

或は我こそ造物者なれと云ふ。されど若し果して然《しか》らんには、我は何故《なにゆへ》に此世を思ふまゝに樂しくは造らざりしか。苦と樂との原因《たね》は實に之あり、吾《わが》心の外《ほか》に存せり。さらば如何にして是等の原因《たね》は我の造れる所なりとなすを得る乎《か》。

　さても此《かく》の如く論じ來るときは、汝曹或《あるひ》は言はん、さらば造物者と云ふものもなく、人間の運命は此儘此《このままかく》の如きものにて、又因果と云ふものもなかるべし。吾《わが》生を成すの要もなく、又方法をして目的に相應《さうおう》せしむるの要もなかるべし、と。

　されど是《こ》はよからず、故に吾曹は因果なしとは言はず。但《ただ》自在天や、絶對や、我や、因《いん》なき偶然の事によりて萬物《ばんぶつ》は造られたりとなさゞるなり。されど吾曹の行ふ所如何《いかん》によりて、其果報《かほう》はよくもなり、あしくもなるは疑ふべきにあらず。

この世の中のすべてのことは、原因を元にして結果が現れるという原則があるのです。しかし、この原因となるものが自己の心の外にあるのではないのです。金の盃《さかずき》を造るための原料としての黄金は、いつ、いかなるときでも黄金であり続けるのです。

ならば、人々が自在天に祈りを捧げるような仏教以外の宗教行為を排除してはならず、役に立たない考えを話し、真実によらない議論をして時間を費《つい》やすような馬鹿げたことは止めるべきです。自己の思いを正し、欲を抑え、自分の利益だけを考える心を安らかにしなければならないのです。

すべてのものは、善悪の行為によって、それに相応《ふさわ》しい報いを受けるのですから、善い結果を得るためには善い行いをしなければならないのです」と仰いました。

アナタ長者は、

「私は、あなたが聖《きよ》く正しく、幸福をもたらす仏であることを知りました。できれば、私に思いのすべてを話させてください。仏の仰《おっしゃ》るお話を伺《うかが》っ

此世は總《すべ》て因果の法によりて動くなり。而して是の働く所の原因《たね》は心外《しんげ》のものにあらず、何となれば金杯を成せる黄金《こがね》は、何時《いつ》も黄金たるは失はざればなり。

されば吾曹は自在天を拝《おが》みて之に祈るが如き外道の所爲《しよゐ》を斥《しりぞ》けざるべからず、無益《むやく》の思《し》辨《べん》を弄《ろう》し、空論を放《はな》ちて時を消すが如き愚を已《や》めざるべからず、我に克《か》ち、慾を塞《ふさ》ぎて、私心を芟《か》り除かざるべからず、而して萬物《ばんぶつ》は因果の法によりて動くが故に、善果を収めんが爲めには善行《ぜんぎやう》を修めざるべからず。」

須達長者、

「吾は爾《なんじ》の聖《きよ》くして福《さいはひ》なる佛に在《おわ》すを知る。願はくは吾をして思ふまゝを述べしめ給へ。佛の吾言《こと》を聞き給へる後は、吾は更に佛の示

た後、私はさらに仏がお示しになられたことを聞いて、あなた〈＝仏〉に従おうと思いました。

　私は、これまで多くの事業を行って財産を得ることができましたが、少しも心が休まることがなかったのです。でも、私は事業を行うことに魅力を感じ、力の持てる限り諦《あきら》めることなく働いてきました。多くの人が私のために仕事を手伝い、私の事業計画の成否によって一緒に働いてくれる人たちの運命も決まってしまうのです。

　しかし、私は仏のお弟子が世俗《せぞく》を離れて暮らしていらっしゃるのを幸福だと思い、世の中を常に大事にすることが善いことだと聞きました。そのことに触れて『仏は産まれた国を捨て、財産を脇に置いて、正しい真理への道を示し顕されたのです。これは、悟りというものをどのようにして追究するかを、この世の中にお示しになられたのです』と言われたのです。

　私の心は、正義を実践して同じような善い行いによって利益と幸福を増やそうと思い、仏の跡を追って行こうと思ったのです。ここで敢えてお伺

し給へる所を聞きて、之に遵《したが》はんとこそ思ふなれ。

　さて、吾は一生を實業《じつげふ》に委ねたり、多くの産をもてるが故に心頗《すこぶ》る安からず、されど吾は實業《じつげふ》に従ふを好む、力の限り之を勉めて倦《う》むことを知らず。衆《おほ》くの人は吾《われ》が爲めに働けり、吾が目論見《もくろみ》の成否如何によりては、彼等の命運も危《あや》ふからざるを得ず。

　然《しかる》に、吾は御弟子たちの隠遁《いんとん》を幸《さいはひ》なりとなし、世事の常なきを厭《いと》ひ給ふよしを聞けり。其言《こと》に曰ふ、『佛は王國を捨て、遺産を却《しりぞ》けて、正しき道を看破し給へり、是は涅槃の如何にして求むべきかの例《ためし》を世に示し給へなり』と。

　吾《わが》心は正義を蹈んで同類の福徳を殖《ふや》さんことを慕《した》ふなり。故に吾は敢て問ふ、吾は財産、家族及事業の係累《けるゐ》を捨て去りて、爾《なんじ》の爲《な》

いしたいのは、『私は財産と家族、仕事のしがらみを取り除き、あなたが行ってきたように、悟りの道を歩いていくように、定まった住居を持たずに修行をした方がよいのでしょうか』ということなのです」。

仏は、

「理想の境地《きょうち》に達するための八つの正しい道〈=八正道=生活態度〉を歩んで行けば、心の幸福は誰でも得られるのです。財産に心を奪われる人は、物質的な富という害毒を避けるのがよいでしょう。されど富に心を奪われていない人が財産をもって、悟りへの道を進むことに使うのであれば、人類の幸せに大いに役立つことになるのです。

あなたが今までの生活を営み、事業を行うことに嫌気を起こすことがないようにしてください。人が堕落《だらく》するのは、ただ生きているだけではなく、財産があるからでもなく、他を服従させる力があるからでもないのです。ただ、生命《いのち》と財産、他人を従わせようとする力に執着する心があるからなのです。

し給ひし如く、一身を道に委《ゆだ》ねて、流浪の身となるべきか。」

佛、答へて宣《のたま》ふは、

「八正道をだに蹈《ふ》み行かば、宗教的生涯の福《さい》徳《はい》は何人も獲らるべきなり。富に志を奪はるるものは、之を避けて其害毒を避《さく》るこそよからめ。されど富に心なきものにて、富を有《たも》ち、道によりて之を用ゐなば、人類の福祉《ふくし》を増すこと多からん。

吾汝に告げん、汝が當時《とうじ》の生涯を續《つづ》けて實《じつ》業《げふ》に従ふことを倦《う》むなかれ。人の墮落するは生命《せいめい》あるが故にあらず、財産あるが故にあらず、勢力あるが故にあらず、但《ただ》生命、財産、勢力に執着するが故なり。

静かに一生を送ろうとして世の中から逃げ出しても何も得ることがないのです。のんべんだらりと暮らすのは多くの罪を作るだけで、仕事をしないのは見下《みくだ》されるのです。

仏の教えとは、人間として世間から離れて決まった住まいを定めない暮らしをすることではないのです。このようにして、その人に合った職業だと思うことを妨《さまた》げるものではないのです。仏の教えの要点は、心を自己の執着から切り離して清くし、快楽を欲深く際限なく欲しがる思いを捨てて、正しい生活を営み一生を送るだけなのです。

それは、技術者であろうと、商人であろうと、王宮の役人となって暮らしていても、あるいは、世間から離れて悟りの道に身を任せ、黙って深くじっくりと考える日々を送っても、ただ全力を傾けてそのことに集中して、勤めを怠《おこた》ることなく励《はげ》むだけなのです。泥だらけの池に咲く蓮華の花のように、泥の底から生まれ育ちながらも花という心が泥水に濡れないのは、嫉《ねた》みや憎《にく》むという心の執着から離れて正しい生活を送る人がいるとすれ

閑《しづ》かなる生涯を送らんとて世を避《さ》くるものは、得る所なかるべし。怠《おこた》りて暮らすものは罪悪多し、勤めざるものは賤《いや》しむべし。

如來の法は人をして世を捨て丶一處不住《いつしよふぢう》の身とならしめんとするにあらず、されど此《か》くするを以て己が天職なりと思惟するものは、此《か》くするも妨《さまたげ》なし。只如來の法の要する所は、我の妄執《もうしう》を斷ちて其意を淨《きよ》くし、快《くわい》を貪る念を捨て丶正しき生涯を送らんこと是のみ。

其爲す所の何たるを問はず、技術者となり、商估《しやうこ》となり、王宮の官人となりて世間に在るとも、又世間を出でて身を道に委ね、沈思黙考に日を送るとも、只全力を竭《つく》して其事に従ひ、務めて倦《う》むを知らざるを期《ご》せんのみ。かの蓮華の如く水より生じて水に濡れぬ心だにあらば、嫉《ねた》み憎む念なくして世を渡るものあらば、我執を離れて眞理の生涯を營むものあらば、是の人は慥《たし》かに喜《よろこび》と和《やはらぎ》と福《さいはひ》とを

ば、この人は正《まさ》しく心が柔和になり、喜びと幸福が訪れるのです」と仰《おっしゃ》ったのです。

◇

アナタ長者は、仏の教えを聴いて喜び「私はコーサラ国の首都、舎衛城に住んでおります。土地は肥沃《ひよく》で平和の風は、あちこちでそよいでいます。国王の名前は、プラセーナジットと申しまして、名声と人望は隣の国にまで聞こえています。私はこのコーサラ国に仏のお弟子のための修行道場として精舎《しょうじゃ》〈＝寺院〉を建《こん》立《りゅう》する場所を探しております。仏におかれましては、この願いをお聞き届けください」と言いました。

仏は、「孤児《みなしご》の保護者」とも呼ばれているアナタ長者が欲の無い施しの心で贈り物をしようとしているのを知ると、喜んでこの申し出を受けて、

「欲の心がなく布施をしようとする人は、他の人からも慕《した》われて褒《ほ》めたたえられ、死に至るまでその人の心は安らぎを持って、喜び溢《あふ》れる生涯を送

得《う》るならん」。

第二十六　布施

須達長者は世尊の教《をしへ》を聞きて喜び曰ひけるは、「吾は憍薩羅《コーサラ》の首都舎衛城に棲めり、土地膏腴《こうゆ》にして平和の風《ふう》は到る處に戰《そよ》げり。國土の名は鉢羅犀那特多《プラセーナジット》と呼びて、其聲望《せいぼう》隣國までも轟けり。さて吾は此處に一寺を建立《こんりう》して、御《み》弟子等の爲めに道の用に供ふべき箇處《かしよ》となさまくほりす、願くは吾主の之を許し給はんことを」。

佛は「孩子《みなしご》の保護者」と呼ばるゝ須達長者が私《わたくし》ならぬ施《ほどこし》の心に動かされて此の贈物を爲さんとするを知り給ひければ、喜んで之を受け、さて云ひ給ひけるは、

「布施を好むものは人に愛せられ、其友情は高く讃《ほ》め稱《たた》へられ、死に臨みても其心は安らかに、喜を以て溢るゝならん、そは是人《このひと》は悔《く》

ることでしょう。こういう人は、心に悔《く》いを残すことなく、過去の善の因〈＝原因〉から花が咲き実がなるように、真実の道を実践する人なのです。食べ物を施《ほどこ》せば健《すこ》やかに、衣服を施せば美しくなり、比丘が集まって清浄で閑静な場所に真理の悟りのために修行する建物を造ることは、大きな心の富を得るのですが、これを実行するのは容易なことではありません」と仰いました。

「施しをするには、ＴＰＯと行為の基準があり、施しを受けられる者は国を一心に思って戦場に行こうとしている勇士のようなものです。この戦士は、良き武人で勇敢な優れた人なのです。

〈仏教では、反戦ではなく非戦、つまり人と人が争うことを忌み嫌いますが、キリスト教の場合、昔の十字軍遠征や植民地などでキリスト教に改宗した人は人間として認められたのですが、一緒に戦ったり改宗をしなかった先住民に対しては、人間と看做さずに獣と同じ扱いをしたために、殺しても殺人の罪にはならなかったそうです。戦争などで戦果を挙げた将兵は『勇者』ともてはやされたと云われています。凡夫注〉

穢《けが》れがなく思いやりのある心に充たされて慎《つつし》み

ゆる所なければなり。報《むくい》より開く花と、之より實《み》のる果は、是人《このひと》の有とならん。食物を施こせば此身健《すこや》かになり、衣服を施せば此身美《うるは》しくなり、清浄《しやうじやう》の伽藍、眞理の寺院を建つるものは、大《おほひ》なる富を得るならん。されど是義を解《げ》すること容易《たやす》からず。

施《ほどこし》を爲すには時あり、法あり、施をなし得るものは戰場に赴ける勇士の如し。是人は良き士なり、活潑《くわつぱつ》勇壯なる英士なり。

愛の心、慈《いつくしみ》の心に充たされて恭《うやうや》しく人に

深く施しをして、憎《にく》んだり怒ったりする気持ちを遮断できるのは真実信楽《しんぎょう》〈ありのままを信じ願うこと〉の人だけなのです。

思いやりの深い人は真実で悟りの道を明らかにします。この人は生き生きとした苗木を植えるようなもので、大きくなった木は花を咲かせて実がなり、世の中の炎熱《えんねつ》を遮《さえぎ》る木陰を作るでしょう。施しの結果も、このように救助が必要な人を助けたという充実した喜びのようなもので、悟りも同様なのです。

不生不死の道を求めるには、いつも親切な心を持って行動するのです。この心を満月のように丸くするには、すべての人に友情の心と金品だけでなく親切な行いを忘れてはいけないのです」と仰いました。

アナタ長者は、舎利弗と一緒にコーサラ国へ帰り、ここに建てようとする精舎のために相応《ふさわ》しい土地を選んでもらいました。

施《ほどこし》をなし、憎み嫉《ねた》み怒る念を絶てるものは是人《ぜにん》なり。

慈《いつくしみ》深き人は解脱の道を看破れり。是人は若木の生々たるを植ゆるものに似たり、是木の年を経《へ》て花開き實《み》を結び、天下涼蔭《りやういん》の樹となるは必定なるべし。施《ほどこし》の果も亦かくの如し、扶《たすけ》なきものを扶《たすく》る人の喜《よろこび》も亦此《かく》のごとし、大涅槃も亦かくの如し。

不生不死の道に到らんには、絶えず親切の行《おこなひ》をなさゞるべからず。是心を圓かならしめんには、慈悲と布施とを忘るべからず。」

須達長者は舎利弗を招きて歸路に伴ひ、憍薩羅《コーサラ》に建てんとする寺院のために好地を擇《ゑら》ばしめぬ。

仏が王舎城に滞在していた時、仏の父親であるジョウホン王は使者を立てて「私が生きている間に、以前別れた息子に対面したい。他の人は我が子に教えを受けて幸せになっているのに、私とその家族は未だに幸せになる教えを受けていない」と、仏に伝えるように託《たく》しました。

使者は「仏よ、王はあなたがこの地へいらしてお会いできるのではないかと、あたかも蓮華の花が太陽が昇ってくるのを待ち望んでいるようにお待ちになっていらっしゃいます」と仏に言いました。

仏は父である王の願いをお聴きになりました。王様ご一家がお住まいのカビラ城へいらっしゃれば、仏が生まれ育った国では、早くも仏がいらっしゃることが話題になり、仏から悟りの教えを聴こうと、「托鉢をしながら各地を修行している僧侶の姿に変身してお城を出た太子が、今その志《こころざし》を成し遂《と》げて国に帰ってくる」との噂《うわさ》が飛び交っていました。

第二十七　佛の父

佛の王舎城に留まり給へる時、父浄飯王は使《つかひ》を遣《つかわ》して佛に曰ひ給ひけるは、「吾は生前に吾子《ごし》を見んことを願ふ。外の人は吾子《わがこ》の教《をしへ》を受けて其福徳を樂しめるに、父と一族とは尚未だ其福《さいはひ》に浴せざるなり」。

使者曰ひけるは、「世尊如來よ、大君が爾《なんぢ》の來り給はんことを望み給へるさまは猶蓮華が太陽の昇らんことを望めるが如し」。

世尊は父王の請《こひ》に任せ、迦毗羅《カビラ》城へと赴《おもむ》き給ひければ、佛の故國は早くも其事をや傳へ知りけん、悟《さとり》を得んとて身を雲水《うんすい》に托《たく》して家を出て給ひし悉達太子は、今や其志を果して歸り來《き》まさんとするなり、との噂は廣まりぬ。

王は一族の者や、主だった家臣と共に、仏に会うためにお城を行幸されました。王は仏が遥《はる》か向こうからやって来るのをご覧になりました。その美しく厳粛《げんしゅく》な姿は何ものにも例えようがないほどで、王の心は歓喜に溢れましたが、それを言葉や表情に表すことはしませんでした。

向こうから歩いて来る人は正しく私の愛息子《まな》で、城を出たときの体つきは変わっていない。血のつながった親子だから、血のつながりは他の誰よりも強く、今、二人の間を隔《へだ》てているのは遠くに暮らしているということだけではないのです。この貴《とうと》き仏は今や私だけの子シッタではなく仏であり、世尊で、聖者にして真理の王であり、人々の師なのです。

王は仏が高い悟りの本質を身につけているのを感じ、車から降りて仏に一礼してから「あなたとは七年もの間会っていませんでした。今回、再び会うことができるのを心待ちにしていました」と仰いました。

仏は父親である王と再会して坐《すわ》り、王は仏の顔をじっと見つめ、名前を呼んで何か言おうとしましたが、ここは敢《あ》えて何も言葉にしませんでした。ただ、心の

淨飯王は一族重臣を従へ、太子に會《あ》はんとて宮殿を出で給ひぬ。王は其子悉達の遥かに來り給へるを見給ふ、其美《うるはしく》して且つ嚴《おごそか》なるさまは何に譬《たと》へんやうもなかりければ、王は喜びきはまりて只黙然《もくねん》としてぞおはしましける。

是れ實《じつ》に悉達の風采なりしなり。是れ實《じつ》に王の愛子《あいし》なりしなり、固《もと》より父子骨肉の親なれば、其近縁《きんえん》なること他人に比《ひ》すべくもあらざるに、今や兩人の間を隔《へた》つるは、たゞ千萬里のみにあらず。この貴《たふと》き牟尼は最早や王子悉達にはあらずして佛なり、世尊なり、聖者なり、眞理の王なり、人間の師なり。

淨飯王は太子の道徳の高きを見給ひて、車を下《くだ》り、先づ一禮《いちれい》を施して宣《のたま》ひけるは、「汝を見ざること既に七歳《とせ》なり。再會《さいくわい》の期《ご》を俟《ま》ちしこと如何ばかりなりしぞ」。

佛は父王と相對《あひたい》して坐《ざ》し給ひぬ。王は頻《しき》りに太子の顔を打守りつゝ、其名を呼びて物言はんとは思ひ給ひしかども、遂に敢てし給はざりき。但心

中では盛《さか》んに「シッタよ、シッタ、年老いた私の所へ帰って、また吾が子として一緒に暮らしておくれ」と強く思っていたのでした。しかし、仏の初心の志《こころざし》を奪い取ってはいけないのだと自分の思いを抑えて望みを失ったのでした。

　王は仏と直接会って坐っていましたが、王の心の中は嬉しさと悲しみが交互に襲《おそ》って来て悩ましく思っていたのでした。王は仏が多くの善を積んで価値ある性質を有していることを理解して、密かに吾が子が心身ともに大きくなったことを誇《ほこ》りに思う気持ちもありましたが、仏が王の後継ぎになることを承知しないと考え、王の後継ぎを思う心を抑えてしまいました。

「私はあなたに国の後を任せようと思ったのだけれど、あなたの姿を見ると、そういったことは取るに足りないものだと思えてきました」と王は仰いました。

　仏は、「私は王の深い慈《いつく》しみと同情の心を知り、また仏となった我が子のために心を煩《わずら》わしていらっしゃることが分かります。しかし、今あなたの前を去った息子に対する愛情を臣下に向けて、みんなを平等に思い遣りの心で接すれば、我が子への思い遣りよりも、

の中《うち》にて竊《ひそ》かに、悉達よ、悉達よ、老父の所に還《かへ》りて、また吾子《ごし》となれ、とぞ思召《おぼし》し給ひける。されど太子の御志《みこころざし》の奪ふべからずを見給ひてや、自ら其心を抑へ給ひつゝ、いと望《のぞみ》を失ひ給ひけり。

　かくて王は太子と相對《あひたい》して坐《ざ》し給ひしに、一喜一憂交々《こもごも》來りて王の心を悩ましぬ。王は太子の徳高きを見て、私《ひそ》かに吾子《ごし》の大《おほひ》なるを誇らんと心起《こころおこ》りしも、太子の王嗣《おうし》たるを肯《がへ》んじ給はざるを見て、また是心を抑へ給ひき。

　王、「吾は汝に王國を譲らんと思へども、汝の之を見るは猶ほ一灰土《いっくわいど》にだも如《し》かざらんか」。

　佛、「吾は王の慈悲深きを知り、又其子の爲めに慮《おもんばかり》を煩《わづら》はし給ふを知る。されど汝が今失ひ給へる子に對する愛を移して之を臣下に及ぼし、一視同仁の心を以て彼等を撫《ぶ》し給はゞ、悉達よりも尚大《をほひ》なるもの來りて其位に依《よ》るならん。大《だい》なるも

もっと大きな効果を及ぼすでしょう。大なるものとは、仏法であり、真理であり、正義なのです。真理を正しく知り何の不安も疑惑も存在しないことは、このようにして王様、あなたの心に入って行くのです」と仰いました。

王は仏の淀みない言葉を聴いて嬉しく思い、手を合わせて涙を流しながら「心で推し量《はか》ることができないほどに胸が張り裂けそうになり、私の嘆《なげ》き悲しんだことや心配は跡形もなく消え去りました。かつて、私の心は悩みに重く沈みがちでしたが、あなたの苦悩から解放される言葉の力によって、無限の喜びと、大変大きな慈《いつく》しみと同情によって王位を得ることを捨てて、一身に正しき道を尋ね、尊いことをなさろうとすることは誠に正しく、あなたは、その道理を獲得されたのです。ならば、不生不死の教えを人々に伝え聞かせて、悟りを望む世界の人々を救ってあげなさい」と仏に仰《おっしゃ》いました。

このようにして、王は宮殿に帰り、仏は街《まち》はずれの林の中で、しばらく滞在したのです。

のとは誰ぞ。佛即《すなはち》是なり、眞理の師即《すなはち》是なり。正義の師即《すなはち》是なり。涅槃の平和は實に斯の如くにして汝の心に入り來らん」。

淨飯王は太子なる佛の淀《よど》みなき言葉を聞きて喜び給ふこと限りなく、掌《たなごころ》を合せ、涕《なみだ》を流して宣《のたま》ひけるは、「何たる不可思議の事ぞや。胸も張り裂けんはかりなりし吾憂《わがうれひ》今は跡なく消え失せぬ。向者《さきには》吾《わが》心悩《なや》みて重《お》もり沈みしに、汝が大解脱の力によりて限りなき喜びは來れり。汝が絶大の慈悲心よりして王位に登る樂《たのしみ》を捨てゝ、一身を道に委《ゆだ》ね、貴《たつ》とき事業に従はんとするは、誠に正しきことなり。汝は既に道を得たりと云ふ、さらば不生不死の法を宣《の》へ傳へて、解脱を求むる世界の人々を救い得させよ」。

かくて王は宮殿に歸り給ひしかば、佛の市外の林中《りんちう》に入りて留錫《りうしやく》し給ひたり。

◇

次の日の朝、仏は食べ物の施《ほどこ》しを受けようとして、鉢を持ちながら王舎城の街中を歩いていました。

街の人たちは「仏は、太子の頃はたくさんの臣下《しんか》を引き連れて、四頭立ての馬車に乗って街中を視察していたけれど、今は食べ物を貰《もら》おうと一軒ごとに訪ね、身体に赤い布を纏《まと》って手には陶器の鉢を持って歩いている」と噂《うわさ》をしていました。

王は、街中でこのような好ましくない噂がされていることを聞きつけ「何故、このように私に恥をかかせるのだ。お前とその仲間である比丘たちを養うことは私にとっては簡単なことだ」と驚《おどろ》いて叫んだのでした。

これに対して仏は「この行いは、私たち仲間のしきたりと決まっているんです」と答えられました。

しかし「何故だ！　こんなことがあって良いものだろうか。お前は王の子孫だぞ。先祖でだれが街の人に食事を分けて貰った者がいるというのだ」と王は答え

第二十八　耶輪陀羅姫

次の朝、佛は鉢を取り、食《しょく》を乞《こ》はんとて城中に入り給ひぬ。

城中の人々相傳へて噂して曰ひけるは、「悉達太子は嘗《かつ》て多くの従者を率《ひき》ゐて、駟馬《しば》に鞭《むちう》ちて場内を巡行し給ひしに、今や食を乞はんとて戸毎に徘徊《さまよ》ひ、身には赤き衣《い》を着け、手には陶器の鉢を持し給へり」。

王は此怪《このあや》しき噂を聞き傳へ給ひければ、太《いた》く慌て丶出でて叫び給ひけるは、「何故に汝は斯くも吾を辱《はつ》かしめんとはするぞ。吾が汝及汝の比丘衆を養はんは、いと容易《たやす》きわざなるを知らざる乎《か》」。

佛、「是は吾徒《わがと》の習《ならはし》なり」。

されど王は、「如何でか此の如き事のあるべきぞ。汝は王孫なり、祖先のうちにて誰か食《じき》を乞い給ひしや」と答え給ひき。

られました。
仏は「王よ、あなたと私は確かに王としての血縁関係があるが、私の祖先は、その昔、さまざまな仏だったのです。その仏たちは、人から食事の提供を受けて、民衆の施しを受けて生きていたのです」と仰いました。
王は何も言葉が出ずにいたところ、仏は「王よ、人が蔵の中に宝を持っているのを見つけたら、その中から最も美しく輝いている宝を取り出して父親に捧《ささ》げるのが世の常です。だからこそ、私は私の心の蔵を開いて、最も大事な教えを王に捧げようと思ったのです。さぁ、この宝を受け取ってください」と仰り、次の詩を作って詠《うた》いました。

「さあ目覚めなさい、迷うことなく
教えを聞きなさい。
正しい道を歩けば
永遠の幸福は、やって来るのです」

王は仏を連れて宮殿に入ると、さまざまな大臣や王の親族がみんな出てきて、仏を大変敬《うやま》っていたのですが、ただ一人、息子ラゴラの母であり太子の妻であ

佛、「大王よ、汝と汝の徒とは誠に王孫なれども、吾祖は過去の諸佛なり。諸佛は食《じき》を乞ひつゝ、人の施《ほどこし》にて住み給ひしなり」。
王は何の答《こたひ》をもなし給はざりしが、佛は更に語を續《つ》ぎて、「王よ、人あり隱《かく》れたる寶《たから》の庫《くら》を見出したらんには、先づ其のうちより最も貴《たふ》とき寶珠《はうじう》をとり出でて之を父に捧ぐるは世の常なり。故に吾も亦吾寶《われたから》の庫《くら》を開きて、大王に法《のり》の寶珠《はうじう》を奉《たてまつ》らん、願くは受け給はんことを」と言ひつゝ、やがて次の詩句を謡い給ふ。

「いざ覺《さ》めよ、な迷ひそ、
法《のり》をきけ。
正しきを行はば、
限りなき福《さいはひ》は來らん。」

王は太子を伴ひて宮《きう》に入り給ひければ、諸々の大臣、皇族などを皆出で來りて大《おほひ》に佛を敬《うやま》ひたるに、獨《ひと》り羅睺羅《ラゴラ》の母、耶輸陀羅《ヤソダラ》姫のみは見え給は

ったヤソダラ姫だけは出てきませんでした。王は侍女を使いに出して姫に出てくるように促《うなが》しましたが、「もし、私に逢《あ》う気があるのであれば、太子自ら私を訪ねなければならないでしょう」と言って出て行こうとはしませんでした。

仏は、一族の者や友人たちと挨拶を交わした後、「ヤソダラ姫は、何処にいるのか」と尋ねると、王はヤソダラ姫が出て来ない理由を仏に伝えました。すると、仏は立ち上がって、すぐにヤソダラ姫がいる部屋を訪ねました。

このとき、舎利弗と目蓮は仏と一緒にヤソダラ姫の部屋を訪れることが許されましたが、仏は「私は悟りを得たけれども、姫は未だに悟りの境地に行き着いていないのです。私と別れて久しいけれど、姫の嘆《なげ》きは普通では考えられないことです。私の思うところによれば、姫の心は千々に乱れているかもしれないのです。であるならば、姫が私にどのような行為をしても、お前たちは姫のすることに手出しをしてはなりません」と仰いました。

ヤソダラ姫は部屋に入ったきりで出ようとせず、み

ざりき。王は使《つかひ》をやりて姫を召し給ひしに、姫は、「もし妾《わらは》に取るべき所あらんには、悉達は自ら來り訪《と》ひ給ふべし」と答へて出で給はざりき。

世尊は普《あま》ねく眷属朋友に禮《らい》し給ひし後、「耶輸陀羅姫は何處《どこ》にか」と問ひ給ひければ、王は姫の出で來り給はらぬよしを傳え給ひたり。仏乃ち坐より起《た》ちて直《ただち》に姫の局《つぼね》を尋ね給ひぬ。

舎利弗と目連とは、共に佛に従ひて姫の局《つぼね》に到ることを許されけるが、佛告げ給ひけるは、「吾は解脱を得たれども、姫は尚解脱の道に到らず。吾を見ざること既に久しければ、姫の悲《かなしみ》は必ず尋常ならじ。其の思ふ所に任せざれば、姫の心は千々《ちぢ》に砕けんも圖《はか》られず。さらば姫の聖者如來の身に觸《ふ》るゝことあらんも、汝等は姫をな妨《さまた》げぞ」。

耶輸陀羅姫は局に閉じ籠り、賤《いや》しき衣《い》を着け、

すぼらしい衣服を着て、長かった黒髪を切って短くして一人坐《すわ》っていましたが、仏が部屋に入ってこようとするのを見て、心の中は揺れ動き、まるで波でひっくり返った舟のようになってしまい、身体を起こしていることができずに床に俯《うつぶ》してしまいました。

ヤソダラ姫は『世界の王』とか『真理の大導師』や『仏陀』と人々に呼ばれている、愛していた仏の足許に縋《すが》って大きな声を出しながら泣きじゃくるのでした。

しかし、王がこの場にいることが分かると、ヤソダラ姫は涙をぬぐいながら恥じらいを見せて立ち上がり、その場を離れたのです。王は姫の代わりに仏に謝《あやま》りながら「今の姫の行いは、深い情が溢《あふ》れ出たもので、夫がいなくなって七年もの間、夫が髪を剃ったと聞けば自ら髪を短く切り、たしなみとしていた香水や装飾品を一切手にすることはなく、陶器の鉢で仏が決められた時刻に食事をするようにして、晴れやかな場所に出ることを嫌《いや》がり、子供が母に再婚を勧めても、まだ『自分は太子の妻である』と言ってこれを拒《こば》み続けたのです。このように、心を痛めているので、姫の

黒髪をも切り捨てゝ獨坐《どくざ》し給ひたるに、今悉達太子の入り來り給へるを見て、心情萬端《ばんたん》、宛然《さながら》覆《くつが》へれる舟の如く、其身を支え得《え》給はずして、地に伏し轉《まろ》び給ひたり。

姫は其愛せる人の世界の王、眞理の大導師、佛陀なることをも打ち忘れ給ひて、太子の足に縋《すが》りて、太《いた》く泣き叫び給ひき。

されど淨飯王の此に在《いま》せるを見て、姫は打ち慚《は》ぢらひつゝ起ちて彼邊《かなた》に移り給ひぬ。王は姫の爲めに太子に謝し給ひけるは、「是は姫が深き情《なさけ》の溢《あふ》れたりなり、ただ一時の心にはあらじ。良人《おっと》を失ひてより七年《ななとせ》の間、悉達の剃髪せるを聞きては、己《おのれ》亦髪を斷《た》ち、其の香油、装飾を用ゐざるを聞きては、己《おのれ》亦之を手にせざりき。陶器の鉢を取りて、定めの時に食事すること亦汝の如く、美《うるは》しき高座の上を厭《いと》へること亦汝の如く、王子の再婚を勸《すす》むるものあるも、尚悉達の妃《ひ》なるを答へて之を否《いな》みぬ。かゝれば姫が心を憫《あはれ》めて無禮《なめ》なる擧動《ふるまひ》

無作法な振舞いをお許しください」と仰《おつしや》ったのです。

　仏は優しくヤソダラ姫を慰めながら、姫に前世での善い行いがたくさんあったことを話したのです。前世から姫は仏を助け続けてきたのです。姫の心は清く穢《けが》れがなくて情に篤く信心深かったので、その功徳はついに菩薩として道に導いて成し遂《と》げ、人類として最高の位である仏に服従しようとの志《こころざし》をますます強くし、心が神聖で自分から仏の妻になろうとヤソダラ姫は思い立ったのです。これは、ヤソダラ姫の幸せの結果であり、今のヤソダラ姫は、過去から善い行いを積み重ねて最も価値ある功徳が得られた結果としてあるのです。しかし、ヤソダラ姫が前世から伝えた気高い心の徳の優れた恵みは、今の世においても善い言葉として、また善い行いとなって、より一層輝く光となり、ヤソダラ姫がこのことを思えば、甚《はなは》だしく多い苦しみや悲しみの嘆《なげ》き訴えも、すぐに変化してこの上もなく限りない無上の喜びの普遍的な真理となるのです。


を容《ゆる》し得させよ」。

　佛は親しく耶輸陀羅姫を慰《なぐさ》めて、姫が前世の福德の大《おほひ》なることを告げ給ひたり。實に姫は前世より太子の助《たすけん》となりしこと頗《すこぶ》る多かりき。其心淨《きよ》くして情厚く、信心深くまし〳〵ければ、其德の及ぶ所、遂に菩薩をして道を成就《じやうじゆ》して人類最高の一大事に從はんとの志をも益々固《かた》からしむるに至りぬ。而して姫の神聖なる、自ら佛の妃《ひ》とならんことを思ひ立ち給ひたるほどなりき。是れ卽《すなは》ち姫の業報《カルマ》にして、其の今日《こんにち》なるは、過去より大功德を積み來りし結果なり。姫の悲《かなしみ》は固《もと》より一方ならざりしならん、されど姫が前世より傳《つた》へし心德《しんとく》の榮《えい》光《くわう》は、又も今生《こんじやう》の美言《びげん》、善行になりて一層の光を添ふるに至りたれば、姫にして之を思ひ給はば、萬斛《まんごく》の愁《うれひ》も忽《たちま》ち變じて天上無限の喜びとなりぬべき理《り》なり。

第二十九　羅睺羅

カビラ城には、仏の教えを信じて従おうとする人々がたくさん来て、青年たちの中には仏の母違いの弟で阿難、従兄弟《いとこ》で提婆達多、床屋のウバリや学者のアヌルツタなどもいました。

その中でも、とりわけ阿難は仏が深く信頼した弟子で、知識や知恵の洞察力があり、心が優しい人でした。いつも偉大である仏の側《そば》にいて、仏がこの世を去る時まで離れることはありませんでした。

仏がカビラ城にいらして一週間ほど経った頃に、ヤソダラ姫は七歳になる息子のラゴラに立派な皇子《おうじ》の衣裳を着させて、

「そこにいらっしゃる人は、輝かしいヒンドゥー教の神の一人で、仏を守護すると云われる大梵天《だいぼんてん》かと思わせる聖者が、あなたの父親なのですよ。お父上は、私がまだ見たことがない四つの大切な宝物をお持ちなのです。あなたは、あの聖者の所へ行って、その宝をいただくことをお願いしなさい。これは、子として父が持つ宝を相続《うけつ》がなければならないのです」と仰いました。

迦毘羅城には如來を信じて其教に歸依するもの頗《すこぶ》る多く、青年にて僧伽《サンガー》に入りたるものの中には、悉達太子の異母弟にて鉢羅闍鉢底《ブラッジャパアチ》の子なる阿難《アナン》、悉達太子の従兄弟《いとこ》なる提婆達多《デブダッタ》、理髪師なる優婆離《ウバリ》、學者なる阿魂樓多《アヌルツタ》など云へるありき。

就中《なかんずく》、阿難は佛の深く愛し給へる弟子にて、其知見は深く、其心情は優《いう》なりき。されば毎《つね》に眞理の大師なる佛の側に侍坐《じざ》して入滅の時まで離るゝことなかりしとぞ。

佛の迦毘羅城に來り給ひてより七日ばかりを經《へ》し頃、耶輸陀羅姫は七歳になる羅睺羅に美《うるは》しき皇子《わうじ》の衣を纏《まと》はしめて、さて曰ひけるは。

「此聖者、其榮光あるさまは大梵天王かと思はるゝばかりなる此聖者は、汝の父にてまし〳〵ぞ。父は妾《わらは》のまだ見ざる四つの重寶《ちやうはう》を有《たも》ち給へり。汝行きて其寶《たから》を與《あた》へ給はんことを請《こ》へ、是は子たるものは父の富を繼《つ》ぐべければなり。

ラゴラは「私が知っている父とは王だけです。私の父とは、誰のことですか」と、母親であるヤソダラ姫に訊きました。

ヤソダラ姫は息子のラゴラを抱いて、窓から外にいる仏が宮殿の近くで食事をしているのを指さして「あなたの父はあそこに」と仰《おっしゃ》ったのです。

ラゴラは仏の前に立って、その顔を見ても怖《こわ》がる様子も見せず、懐《なつ》かしそうに「おとうさま」と言って、仏の横にぴったりと坐《すわ》り、「お坊さん、あなたが映っている地面の影も天から与えられた幸せなのですね」と言いました。

仏は食事を終えると、ラゴラを褒めて宮殿を後にしましたが、ラゴラは仏の後を付いて歩き、「おとうさまが持っていらっしゃるという宝を教えてください」とお願いしたのでした。

ラゴラが仏の後ろをくっついて歩いているのを見た人は、誰もこれを止めようとせず、仏も追い返そうとはしませんでした。

仏は舎利弗を見て、「この子は私の子なのですが、私の宝を貰《もら》おうとして付いて来たのです。私が憂鬱《ゆううつ》や

羅睺羅皇子は「吾は王の外に父あるを知らず、吾が父とは誰が事にや」とぞ答へ給ひける。

姫乃ち皇兒《わうじ》を抱きて、窓より佛の王宮の邊《あたり》に食《じき》を取り給へるを指して「そなたの父は彼處《あのところ》に」と告げ給ひたり。

羅睺羅、佛の前に行き、其の面《おもて》を見上げつゝ恐るゝ色もなく、なつかしげに「吾が父よ」と曰ひ給ひぬ。さて佛の側に座を占めつ、又言葉を續《つ》ぎ給ひけるは、「出家の人よ、爾《なんぢ》の影も亦天福《てんぷく》の地なり」。

如来は食事を訖《お》へ給ひたる後、羅睺羅を恵みて、宮殿を出で去り給ひぬ。されど羅睺羅は尚其後《しりへ》に従ひ行きて父の寶を傳《つた》へられんことを請ひ給ひぬ。

羅睺羅の従《したが》ひ來《きた》るをば何人《なにびと》も得止《とど》めざりき、佛も敢《あへ》てせざりき。

佛、舎利弗を顧《かへり》みて、「吾兒《わがじ》は遺産を得んとて吾に従へり。吾は愁《うれひ》や苦《くるしみ》を生ずべき財寶《ざいはう》を與《あた》ふる

苦しみが起きることを教えることはなく、このようなことは命が尽《つ》きる時が来れば別だが、私はこの子の生涯が立派になるように教えなければなりません。それは聖人と云われるような生涯を送られるような宝だからです」と言ってからラゴラに「金銀の財宝や装飾品は持っていないけれど、お前の心に私が持っている宝というものを受け取る意思があるのであれば、また、これを保ち続ける意思があるのであれば、私は四つの宝である四聖諦を与えるが、それには八正道を教えることによって理解できることである。お前は、この世でこの上ない最も優れた善行によって得られる幸福と利益を得るために私の仲間がいるグループに入ることができるか」と仰《おっしゃ》いました。

　ラゴラはきっぱりと「私はそれを願っています」と答えました。

　王は、「ラゴラが仏が引率するグループに入った」と聞いて悲しみに気落ちしてしまいました。悉達《シッタ》、阿難の二人の子供たちと甥の提婆達多が仏の許に行ってしまったうえに、今度は孫のラゴラまで仏に取られてしまったので、王は仏の所へ行って嘆《なげ》いたのでした。

能《あた》はず、斯《かか》るものは遂に盡《つ》くる時あるべければなり、されば吾は彼に聖《きよ》き生涯を傳《つた》ふべし、聖《きよ》き生涯は盡《つ》くることなき財寶《ざいはう》なれば」と宣《のたま》ひつ、さて羅睺羅に向ひて、「金銀珠玉は吾有《も》てる所にあらず。されども汝に心の寶《たから》を受くる意あらば、又之を運搬《うんぱん》し、之を保持する力あらば、吾は汝に四《し》聖諦《せいてい》を與《あた》へん、而して此聖諦は汝に八正道《はつしやうどう》を教ふるならん。汝は無上最勝の福徳を獲んため、人々の教會《けうくわい》に加はらんことを願へるか」。

羅睺羅決然として答へ給ひけるは、「吾は之を願へり」。

　王は羅睺羅の比丘の教會《けうくわい》に入れるを聞きて愁《うれい》に沈み給ひぬ。悉達、阿難の二子《にし》及甥なる提婆達多を失へるが上に、今又孫なる羅睺羅を取り去られ給ひたれば、王は佛の許に行きて之を慨《なげ》き給ひぬ。佛は之を哀《あはれ》に思召《おぼしめ》して、爾来《じらい》一小物《せうぶつ》なりとも

仏は父である王を憐《あわ》れに思い「ラゴラは、まだ子供なので、両親か後見人の許可なしでグループに入れることはしません」と王に約束しました。

◈

生活に困っている人の友達とか孤児《みなしご》の保護者と呼ばれていたアナタ長者は、家に帰ってからどこかに仏のグループが生活したり修行できる良い場所がないかといろいろと探した結果、ジエータ太子が持っている緑が多く木が生い茂り、清らかな川が流れている庭を見て「これは良い土地だ。仏とそのグループのための家を建てるのにもってこいだ」と思い、長者は太子の屋敷を訪れて「庭を買いたい」と申し出ました。

太子はこの庭を大変気に入っており、売る気持ちはさらさらなく、初めはアナタ長者の申し出を断っていましたが、とうとう根負けして「金貨を庭に隙間《すきま》なく敷きつめなさい。そうすれば庭を売ろう」と言ったのでした。

アナタ長者は大変喜んで金貨を庭に敷きつめようと

父母《ちちはは》或は後見人の許《ゆるし》を經《へ》ずして取り去ることなかるべしとぞ約《やく》し給ひける。

第三十　祇園精舎

窮子《きうし》の朋友、孤獨の保護者と稱《たた》へられし須達《アナタ》長者は、家に歸りて精舎の地を相《さう》せばやと思ひて諸處《しょしょ》を探せし後、太子祇陀《ジエータ》の庭に綠樹《りよくじゅ》茂り清渓流るゝを見て、「是は好き園なり、世尊の教會の爲めに一精舍を建つるに足りなむ」と思ひて、太子を訪ひて園を賈《か》はんよしを言ひ出でぬ。

太子は頗《すこぶ》る此園を愛《いつく》しみければ、之を賣《う》る意なく、初の程は須達長者の請《こい》を拒《こば》みしが、遂に言へるやう、「さらば黄金《こがね》を庭の面《も》に敷きつめよ、かくせば庭を獲さすべし」。

須達長者は打ち喜びて、黄金《こがね》を布《し》きつめんとせ

したら、ジエータ太子が態度を変えて「無理に金貨を敷くことはない。俺は庭を売る気はない」と、今言った言葉を翻《ひるがえ》したのです。しかし、アナタ長者は一旦交わした約束を守ろうとして金貨を敷きつめようとしましたが、長者と太子が争ったので国王が調停に入ることになりました。

　このように二人が争っていることを人々が聞きつけて噂《うわさ》が広まってしまいました。太子は、長者が実直で心優しいことを知っていたので、何故こうまでして庭を欲しがるのかを訊きました。長者の口から「仏に寄進するためだ」と分かったので、太子も「仏に寄進するなら私も」と思い長者に「金貨一枚半で庭を譲る」と言って太子は長者から金貨一枚半受取り「土地は長者のものとなったが、そこに植わっている樹木は私〈太子〉の物だから、私は喜んで庭に植えられている樹木全部を仏に寄進しよう」と太子が言いました。

　このようにして、アナタ長者は土地を、ジエータ太子は樹木を寄進し、建物の工事は舎利弗が行いました。

　そして、基礎工事が終わったところで、仏の指示で前後左右の釣合《つりあ》いが取れた背の高い建物に、さまざま

しかば、祇陀太子遽《にはか》に前言を飜《ひるが》へして、「徒《いたづ》らに労《らう》するなかれ、吾は賣《う》る意なし」と曰ひき。されど須達長者は前約を守りて動かず、互《たがひ》に固く執《と》りて相争《あらそ》ひければ、遂に國守を煩《わづら》はすに至りぬ。

斯《かか》る中《うち》にも人々此事を傳《つた》へ聞きて、爭《あらそひ》の噂高くなりき。太子は事の本末を尚能く聞きたる上、須達長者の富有にして律直《りつじき》親切なるよしをも知りければ、何の爲めに庭を求めんとするかを尋ね出でぬ。佛の名を聞くに及びて、太子も亦此事に與《あづか》りて力を副《そ》へばやと思ひ、僅《わづか》に黄金一半《こがねいっぱん》を受け取りて曰ひけるは、「土地は卿《なんぢ》の有《いう》なれども樹木は吾に属せり、吾は喜捨《きしゃ》の一分《いちぶん》として樹木を佛に献ずべし」。

かくて須達長者は土地をとり、祇陀太子は樹木をとりて、總《すべ》の工事をば舎利弗の手に委《ゆだ》ねたり。既にして基礎を作り上げたれば佛の指圖《さしづ》に從《したが》ひて好《よ》き權衡《つりあい》に高く聳《そび》へたる一棟を建て、適宜《てきぎ》の彫

な美しい彫刻で飾り付けをされました。

この建物は「祇園精舎」と名付けられました。孤児《みなしご》の友達と云われているアナタ長者は仏と会って「この土地と建物を受け取ってほしい」と願い出ると、仏はカビラ城を出て舎衛城に向かいました。

仏が祇園精舎に入るとき、アナタ長者は仏が歩くその前に花を撒《ま》いて清め、香を焚いて、進呈式を行い、黄金製の龍《りゅう》の形をした水の入った壺《つぼ》を傾けて龍の口から水が出るのを見て「この祇園精舎は、世界の仏のグループに贈るであろう」と言いました。

仏はこの言葉を受けて「災いが収束し、この贈り物が正しい教えの国を建てられることを願います。そしてすべての人間が幸せになり、特にこの土地と建物を贈ってくださった方の幸運と功徳が末永く続きますように」と仰《おっしゃ》いました。

ブラセナジッタ王は、仏がこの国に来たことを聞いて、儀式用の衣裳を纏《まと》って祇園精舎にいらして仏に手を合わせて尊敬して、

「我が国は、名前が広く伝わっていないような小さな国ですが、そのような所へ仏という大幸運に

刻を施して美《うるは》しく飾り付けぬ。

是《こ》を祇園精舎と名づけたり。孤子《こし》の友なる須達長者は自ら佛の處《ところ》に行きて是贈り物を受け給はんことを佛に乞ひければ、佛は迦毗羅城を出發《しゅっぱつ》して舎衛城にぞ到り給ひぬ。

佛、祇園精舎に入り給へるとき、須達長者は花を撒《ま》き、香を焚《た》き、贈遣《ぞうけん》の式なりとて金龍《きんりゅう》の瓶《かめ》より水を傾瀉《けいしゃ》して曰ひけるは、「是《この》祇園精舎は全世界の教會の用にとて吾贈る所なり」。

佛、之を受け給ひつ、「願《ねがは》くは災《わざはい》の鎮まらんことを、願くは是の贈物《ぞうぶつ》の正しき御國《みくに》を興《おこ》すに至らんことを、願くは一切の人間の福徳、特に贈主《ぞうしゅ》の福徳《ふくとく》を進めて永く渝《か》はざらんことを」と宣《のたま》ひき。

鉢羅犀那特多《ブラセナジッタ》王は世尊の此《ここ》に來り給へるを聞き、鹵簿《ろぼ》を備へて祇園精舎に至り合掌恭敬《くぎやう》して曰ふ、

「吾が王國は、名もなき賤《いや》しき國柄なるに、斯かる大幸運に會《あ》ふことを得たるは如何なる

巡り会えるとは、どのような天の巡り合わせでしょうか。世界を導く人で善行と徳の王で真理の王がここにいらっしゃるのですから、災いや困難がこの国に襲《おそ》ってくることはないでしょう。

私は、今仏のお姿を拝見できる幸せに浴しています。できましたら、教えをお聞かせいただき、渇《かわ》いた心に水が与えられるように潤《うるお》していただきたいのです。

世の中での恩恵というものは、一か所に留まることなく移《うつ》ろいやすく、いずれは無くなってしまいます。しかし、真理の恩恵は永遠に続くものなのです。世の人たちは、たとえ王になろうとも苦に迫られることは国民と同じなのです。けれども、心に穢《けが》れがない人は、どのような職業に就《つ》いていてもその心は安らぎを得て動じることがないのです」と言われたのです。

仏は、王が早く貪《むさぼ》るように教えを欲《ほ》しがるのを聴いて、大変悩んでいることを知り、この機会を逃さずに、

「前世において悪い行いをしたことによって、この世で貧しく欲望が次から次へと湧《わ》いてくるよう

天福ぞや。世界の主、法《だるまらじや》の王、眞理の王の此の在《まし》ますに、如何でか災禍危難の吾國に及ぶことあらんや。

今吾　幸《さいはひ》にして汝の聖容《せいよう》に接するを得たり、願くは法《のり》の水を得て吾心を養《やしな》はん。

世間の利益《りやく》の移り易くして遂には亡《ほろぶ》るに至る、されど法《のり》の利益《りやく》は限りなく窮《きは》まりなし。世の中の人は、たとひ王の身なりとも、苦に逼《せま》られずと云ふことなし、されど聖《きよ》きものは、卑《いやし》き身にありとも其心は安らかなり。」

佛は王の貪欲馳求《ちぐ》の爲めに太《いた》く悩めるを見て、此機を外さず告げ給ひけるは、

「悪業によりて卑しき身に生まれたるものも、有道《いうだう》の人を見るときは自《みずか》ら畏敬《ゐけい》の念を生

な人が真理の道を目指しているのを見ると怖ろしさのあまり敬《うやま》う気持ちを持つものなのです。まして、前世において善いことや功徳をたくさん積んで、この世で王になるような人は、仏に会って特に強く敬《うやま》う気持ちが湧いてくるでしょう。

私は、教えの要点を取り出して話をするので、王は自分の今までの言動を思い起こして教えに逆《さか》らうことなく聴いてほしいと願います。

私たちの修行は、良くも悪くも、どちらにしても映った影のように、いつも我々に付いてくるのです。

我々が最も大切にして欠かせないのは、他人《ひと》を思いやる気持ちなのです。あなたの国の人々は、それぞれが私の子供のように思えるのです。この気持ちを抑えつけたり無視することなく、正しい教えに従ってあなたの身体を確かなものとして、不正への道に踏み外すことなく正しい道を行きなさい。他人を良くない状態に引き摺り込んで自分の身分を高めたり財産を増やしたりしないで、また、さまざまなことで悩んでいる人を慰《なぐさ》めて救っ

ずるものなるに、況《ま》して前世の功徳によりて獨立の王位に上《のぼ》れるものは、佛陀に接して特《こと》に畏敬《いぎやう》の心を起さゞるべからず。

吾今法の簡要を摘《つま》みて之を説くべし、願くは大王《マハラジヤ》の吾言《わがこと》を思ひて深く自ら省《かへり》みて其教《をしへ》に逆《さか》ふことなからんを。

吾曹の行《おこなひ》は善きも惡《あし》きも猶ほ影の形に從ふが如く、常に吾曹の後《しりへ》を逐《お》ひ來るなり。

吾曹の最《いと》も緊切《きんせつ》にして欠くべからざるものは愛の心なり。汝の人民を視ること猶吾が一人の子の如くなれ。之を抑《おさ》ふるなかれ、之を殺すなかれ、正しき法に遵《したが》ひて汝の色身《しきしん》を固めよ、不正の道を塞《ふさ》ぎて直《なほ》きを歩め、人を陥《おとし》ゐれて己を高《たか》むることなかれ。悩めるものを慰《なぐさ》めて之を助けよ。

てあげなさい。

自分が王だからといって、威張《いば》ってはいけません。おべっかを言ってくるような人の言葉に耳を貸してはいけません。

苦行をして身体を苦しめることは無駄なことで、仏の正しい教えのみを聴いて心に想いを馳《は》せなさい。

私たちの周りには、生老病死という四つの苦しみに囲まれているのです。本当の教えを念じて身体に染《し》み込ませてしまえば、四つの苦しみから脱出することができるのです。

正しくないことを行って何になるのでしょうか。物事の本質や道理を注意深く考えて正しいことととそうでないことを判断できる人は、ただ身体の快感を避けるのです。この人は人の心を悩ませる煩悩を一刻も早く排除しようと願っているのです。

烈《はげ》しく燃える木に鳥が集まることがないように、煩悩という火が燃え盛る所に真理はないのです。この意味を知らなければ、聖人と云われる学

自ら王位の高きに誇るなかれ。阿諛《あゆ》の甘《うまく》して滑《なめら》かなるに聞くなかれ。

苦行を勤めて身を苦しむるは徒《いたづ》ら事なり、たゞ佛を思ひて正しき法《のり》を念ぜよ。

生、老、病、死の斷崖《だんがい》は吾曹の四邊《あたり》を圍《かこ》めり、たゞ眞《まこと》の法《のり》を思ひて之を身に行ふものは悲《かなしみ》の谷を出づるなり。

さらば不正を行ふて何かせん。賢き人は總《すべ》て色身《しきしん》の樂を却《しりぞ》くるなり。彼等は煩惱を惡《にく》みて心の存在を全くせんことを願ふ。

烈火に罹《かか》れる樹上には如何でか鳥の集るを得べき。煩惱の棲《すめ》る處には眞理あること能はず。此理を知らざれば、聖人と稱《たた》へられん學

者でも学び得たものが無いに等しいのです。

この意味が理解できる人は真実の知恵という光を見ることができるのです。この真実の知恵を獲得するのが生きていくうえで最大の目標となるのですが、この勉強を怠《なま》けると人生を失ったも同じになるのです。

ほとんどの宗教が言っている教えの要点はこれなのです。これが無ければ道理が存在しないのです。

真理とは、世の中の穢《けが》れを逃《のが》れた人だけのものではなく、僧侶や俗世間に生きる人にとっても同じなのです。決意を仏に誓った僧侶と家族がいる世間一般の人と、何で区別する必要があるのでしょう。世間の穢《けが》れから逃《のが》れた人が罪を犯すこともあれば、身分が低くみすぼらしい人でも信頼される人になることもあります。

煩悩という波は誰にでも押し寄せてくるもので、この波はありとあらゆるものを深みに引き込もうとするのです。押し寄せてきた荒波に引き込まれるように、その波に呑み込まれると逃げるこ

者も無學《むがく》に等し。

此理を知れるものは眞知《しんち》の光を見ん。此眞知を得るは人生の一大目的なり、而して之を怠《おこた》るは生を失へるに同じ。

諸教の説く所、中心は皆是に在り、之なければ道理なきなり。

是理は只遁世《とんせ》の人に要あるのみならず、僧俗おしなべて皆然《しか》らざるはなし。誓《ちかひ》をなせる僧侶と、一族を有《も》てる在俗の人と、何の擇《えら》む所あらんや。遁世の隠者にて罪業に陥《おち》ゐるものあり、卑賤《ひせん》の俗人にて聖徒《せいと》の位に昇るものあり。

煩悩の波は如何なる人をも危《あやう》からしめずと云ふことなし、かれは世を擧《あ》げて淵に沈めんとするなり。滿《み》ちくる潮《うしほ》に引き去らるゝものは、遂に遁《のが》るゝ道なからん。されど智恵の端《たん》

とはできないのです。しかし、そこに知恵という舟があって、心静かに目の前に現れたことを忘れて想像を巡《めぐ》らすために水を掻いて前に進める道具があり、煩悩という荒波に押し流されながらもこの舟で波を乗り越えて行かなければならないのです。正しい道の教えとは、あなたの心を助けて魔王の手から避けようとしてさかんに叫んでも聞こえないのです。

我々がする行《おこな》いの効果、または結果は、行いの内容によってやって来るのであって、善い行いだけをすることに励みなさい。

我々は、いつも心のあり方を反省して、悪事の種《たね》を蒔《ま》いて収穫するようなことがないようにしなければなりません。

明るい場所から暗い所へ行く道があり、逆に暗い所から明るい場所へ行く道があるように、日暮れのうす暗い所から真っ暗闇の場所へ通じる道があれば、夜明けから真昼間《まっぴるま》に向かう道もあるのです。思慮分別ができる人は、手に持っている松明《たいまつ》の火の灯《あか》りによって益々明るい所へ行こうとして

艇《てい》あり、禪定《ぜんじやう》の舵機《だき》あり、煩悩の荒浪も之にて渉《わた》らば争《など》か渉《わた》られざらん。道の教《をしへ》は汝の心を助けて魔王の毒手《どくしゅ》を避けしめんとて頻《しきり》に叫べるを聞かずや。

吾曹がなせる行《おこなひ》の果報は到底《つまり》遁《のが》るべくもあらざれば、只善きわざをのみ爲《な》さんことを勉むべし。

常に吾曹の心を省《かへり》みて悪事をなすを得ざれ、蒔《ま》けるものは収めざるべからず。

明《あかるき》より暗《くらき》に至る道あり、暗《くらき》より明《あかるき》に至る道あり。又薄暮《はくぼ》より暗夜《あんや》に至る道あり、拂曉《ふつげう》より白日《ひる》に至る道あり。賢きものは、其《その》もてる燈《ともしび》によりて益々明《ますますあかるき》を求めて止まず、常に眞理の知識に進まんとするなり。

歩みを止めず、いつも真理を求めて進んでいるのです。

善い行いをして、絶対平等の真理を理解して、大衆に解《わ》かりやすく話すことをしなさい。何事につけ虚しいことを思って、人生はアッ！という間に終わってしまうことを心に思いなさい。

心を上品に保ちなさい。動揺するようなことがないような志《こころざし》を持って励《はげ》まし、仏を真心を持って信じなさい。王であることを忘れて悪い行いをせず、幸せを外《ほか》に求めることなく心の中で探しなさい。このようにすれば、永遠にあなたの名前を歴史に刻み、仏はあなたが仏の教えを疑うことなく信じていることを心の喜びとするでしょう」と仰いました。

王は、丁重に仏の教えを聴き、深く心に刻《きざ》んで忘れませんでした。

〈ほかに、太子が「金貨を庭に隙間なく敷きつめたら売ろう」と言ったことで契約が成立したものとされ、実際に長者は金貨を敷きつめて土地を購入したという説があります。凡夫注〉

徳を行ひ理を辨《べん》じて衆に勝《す》ぐれんことを勉めよ、世間萬事《ばんじ》の空しきものなるとを深く思へ、又人生の忽《たちま》ちにして滅ぶるものなることを觀《くわん》ぜよ。

心を高尚ならしめよ、動《ゆる》ぎなき志を勵《はげ》まして眞《まこと》の信心を得よ、王者たる身を忘れて非行をなすとなかれ、幸福を外物《ぐわいぶつ》に求ずして、心に求めよ。かくの如くせば、青史《せいし》は永く汝の芳名を傳《つた》へ、如来は深く汝の信心を愛《め》づるなるべし。」

王は謹《つつし》みて佛の教《をしへ》を聞き、深く心に銘《めい》じて忘れざりき。

第四章

仏教の成り立ち

仏がまだ仏としての悟りを得ていなかったとき、修行者たちはいろいろな苦難に堪《た》えて修行を行うことによってのみ悟りが得られるものと思っていました。その最終目的とは、一切の欲の源《みなもと》となる思いや苦しみ、悩むことから解放され、肉体そのものの欲からも離脱することであり、衣食住すべてを排除して森や林の中で獣《けだもの》のような生き方をすべきだということです。これをもって、裸《はだか》のままであったり、墓地やゴミ捨て場にあるボロ布を拾って着たりする者さえありました。

仏は、宮殿から出奔《しゅっぽん》〈行方をくらますこと〉して山で修行を始めましたが、すぐに裸で修行することが間違いであることに気付き、野蛮な風習だと理解して、一度捨てた衣を再び身に着けたのです。

◎佛教の確立

第三十一　醫師時縛伽

世尊の未だ大覺《だいがく》を得ざりし以前は、人々皆難行苦行するを以て解脱を得るの道なりと思ひ習へり。其最後の目的と云へるは、心をして一切の體《たい》慾《よく》の煩《わづら》はらす所とならしめず、終《つい》には肉體《にくたい》其物の束縛より脱離せんとするにあるを以て、總《すべ》て衣食住の用を節して、林中の野獸《やじう》の如き生涯を營むべきものとなしたりき。是《ここ》を以て或《あるひ》は裸體《らたい》のまゝなるもあり、或は墓地など汚穢《おくわい》を積み棄てたる邊《あたり》より襤褸《らんる》を拾ひ來りて之を纏《まと》へるもありき。

佛の世を退《しりぞ》きて山に入り給ふや、直ちに裸體《らたい》修行者の誤《あやま》れるを看破し、其習慣《ならはし》の蠻風《ばんぷう》なるを悟りて、自ら捨てたる衣《ころも》をとりて自ら身に着《つ》け給ひぬ。

仏の悟りを得た者は無駄な修行を止めました。仏やその弟子たちは墓地やゴミ捨て場から拾ってきたボロ布を着ることはなくなりました。

比丘もいろいろな病気に罹《かか》ったときは、実際に薬を服用させたり、必要に応じて軟膏《なんこう》などを塗ったり貼《は》ったりして治療を行いました。

比丘の中には、足の先や脚《あし》を怪我したりする者もいたので、仏はこの比丘に足を布で覆《おお》うことも許しました。

仏が病気になったときは、弟子の阿難がビンビサラ王の専属医師ジウアカに来てもらい、仏の診察をしてもらいました。

ジウアカは、元々仏を信心している者で、薬を服用させたり、水浴を勧めるなど精一杯の治療をしたので、仏の病気は全快したのです。

丁度その頃、ウツジヤヤナという国のブラジヨタという王が黄疸《おうだん》になり、ビンビサラ王が王の専属医であるジウアカを召《め》して治療にあたらせたところ、ブラジヨタ王の病気が治り、大変喜びました。ブラジヨタ王は、医師のジウアカに大変良い生地一着分を贈りまし

大覺《だいがく》を得たるものは總《すべ》て無用の苦行を斥《しりぞ》けて、佛も比丘衆も共に墓地《はかち》或は塵芥蓄積の處にて拾ひ來れる襤褸《らんる》を纏《まと》ふこと久しかりき。

比丘の種々の病氣《やまひ》に犯されし時は、現《あら》はに命じて藥《くすり》を服さしめ、又必要の場合には許して膏藥《かうやく》をも用ゐしめぬ。

一比丘の足部《あし》を痛めしものありしかば、佛は之に足を覆《お》ふことを許しぬ。

佛病《やまひ》に犯され給ひたるとき、阿難は頻毘娑羅《ビンビサラ》王の侍醫《じい》なる時縛伽《ジウアカ》を招きて之を診《しん》せしめたり。

時縛伽は固《もと》より佛を信ぜるものなりしかば、心を竭《つく》して藥《くすり》を進め浴《よく》を取らしめたれば、佛の病《やまひ》は遂に全く快癒《くわいゆ》するに至りぬ。

其頃、烏闍衍那《ウツジヤヤナ》國の王鉢羅樹多《ブラジヨタ》と云へるが、黄《おう》疸《だん》を病みければ、頻毘娑羅王、一侍醫《じい》時縛伽を招きて其の診察を乞ひて、亦病《やまひ》遂に癒《い》ゆるを得たり。王は大《をほひ》に喜びて、最《い》とも勝れたる衣服一襲《かさね》を贈りぬ。時縛伽竊《ひそ》かに以爲《おもへ》らく、「是《こ》は頗《すこぶ》る勝れ

たが、ジウアカは「これは大変に良い生地で、このような生地で作った衣裳を着る資格があるのは正に仏か、さもなくばマガダ国のビンビサラ王以外にはこの世にはいないでしょう」と考えました。

　ジウアカ医師は、この生地を持って仏の所へ行き、仏の前で丁寧に合掌して挨拶をした後、仏のすぐ傍《そば》に坐って「世尊、私の仏への供養としてこの布地をお受け取りください」と言いました。

「ジウアカよ、何の目的があって私にくださるのかが分からないので、受け取ることはできません」と仏が仰いました。

「世尊、私の願いを良きに計らってください。仏が貰うことに他人《ひと》がものを言うことではありません」とジウアカが言いました。

「ジウアカ、理由を言いなさい」と仏が仰いました。

「世尊がいつも着《き》ていらっしゃるものは、墓地やゴミ捨て場から拾われて汚れていて、破れているものもありますし、比丘の方々も同じような格好でいらっしゃいます。この一式は、ブラジヨタ王が私に贈られたもので、最上の生地で他と比べようがないものです。世

たるものなり、斯《かか》る衣を着《い》けん人は圓《まど》かに聖《きよ》き佛にあらざれば、摩羯陀《マカダ》國王施尼耶《セニヤ》頻毗娑羅王の外《ほか》、世にあるべしとも思はれず」。

　時縛伽乃ち此一襲《かさね》を持して佛のもとに到り、その前に出でて恭敬禮拝《くぎやうらいはい》せる後、側《そば》近く坐して曰ひけるは、「世尊、吾は佛の吾《わが》供養を受け給はんことを願ふ」。

　佛、「時縛伽よ、如来は總《すべ》て其の何たるかを知らざるに供養を許すことなし」。

　時縛伽、「世尊、吾が願ひは宜《よろ》しきに適《かな》へり、人の拒《こば》み得る所にあらず」。

　佛、「言へ、時縛伽」。

「世尊の常に着《つ》け給へるは墓地 或《あるひは》 塵芥の地より拾い上げられたる弊衣《やぶれころも》なり、教會の比丘も亦然《しか》らずと云ふことなし。さて主よ、一襲《かさね》は鉢羅樹多王の吾に贈り給へる所にて最好《さいかう》、最勝、最第一、最《さい》珍《ちん》、最貴《さいき》、他に比すべきものなし。世尊よ、願く

尊よ、私のこの生地を受け取って着ていただけるように、またグループの比丘の方々にも清められた衣を着ていただけるように」と医師のジウアカがお願いしました。

仏は、衣を受け取られ、道理の話をされた後、比丘衆に、

「捨ててもよいような破れた衣でも、そのまま着ようと思う者はそのまま着なさい。しかし、清らかな新しい衣を着ようと思う者は新しい衣に取り替えなさい。どちらを好むも私はあなたたちに任せますから、咎めることはしません」と仰いました。

王舎城の町の人々は、仏が比丘に新しい衣を着ることを許したと聞きつけて、前から綺麗な衣を贈ろうと思っていた人は大変喜び、先を争《あらそ》って衣を贈り、一日で数千着もの衣が贈られました。

◇

仏の父であるジョウホン王が年を取り病気になった

は吾此衣を奉ずるを受け給はんことを、又教會の比丘をして淨衣《じやうい》を纏《まと》はしめ給はんことを」。

佛は衣を受け給ひて道の話をなし給へる後、比丘衆に告げ給ひけるは。

「捨てゝ用ゐぬ弊《やぶ》れ衣《ころも》を着《つ》けんと思ふものは之を着《つ》けよ。されど淨衣《じやうい》を着《つ》けんと思ふものは淨衣を着《つ》けよ。彼を好むも、此を好むも、吾は汝等の爲《な》すに任せて咎《とが》めざるべし」。

王舎城の人々は、佛は比丘の淨衣を着《つ》くるを許し給へり、と聞き、兼て之を贈《おく》らばやと思へるものは大《おほひ》に喜びて争《あらそ》いて衣を贈りければ、一日にして數《すう》千の衣は集《あつま》りぬ。

第三十二　佛の兩親の示寂

淨飯王の年老いて病《やまひ》に罹り給へる時、今一たび

とき、王は今一度仏に会いたいと思って使者を仏の許に送りました。仏は王宮に来て父の病床で待っていると、父は悟りを得て仏に抱《いだ》かれながら、安らかに亡くなられました。

伝え聞くところによると、仏は王が逝去された後、母親で仏が生まれてから間もなく亡くなったマヤ夫人のために教えを聞いていただこうと思って天上界に昇り、他の天人と一緒に教えを聞かせ終わると、また地上に戻って、あちこち旅をしながら教えを聞かせていたということです。

◇

仏の妻であったヤソダラ姫は、仏の弟子になろうと思い、三回も仏にお願いしましたが、仏はこれをお許しになりませんでした。

そこで、仏を母親代わりに育ててくれたブラジヤパーチがヤソダラ姫や知り合いの数人の婦人と一緒に仏の許を訪れて、仏の弟子にしてほしいと頼《たの》み込んだのです。

佛を見んと思ひて使を遣《や》りて之を呼び給ひければ、佛來《きた》りて王の病の床に侍《じ》し給ひければ、王は圓滿《えんまん》なる悟《さとり》を得て佛の手に抱かれて逝矣《ゆきぬ》。

傳え言ふ、佛は其後亡き母麻耶《マヤ》天女の爲めに法を説かばやと思ひ給ひて天界に上り、諸天人と伍《ご》して、この信心なるわざを成し果てたるとき、又も地上に下り、諸方に遊行《いうぎやう》して教化《けうけ》を施し給ひたりとぞ。

第三十三　女人僧伽に入る

耶輪陀羅《ヤソタラ》姫は僧伽《サンガー》に入らんとて三たび佛に乞い給ひしも、佛は之を許し給はさりき。

然るに今や世尊の乳母鉢邁闍鉢底《フラツジヤパーチ》は耶輪陀羅姫及自餘《じよ》の數《すう》婦人と共に如来のもとに來《きた》り、眞心《まごころ》を盡《つく》して誓《ちかひ》をとりて、佛弟子となさんことを乞ひ給ひぬ。

仏は、彼女らの一生懸命さに絆《ほだ》されて、これ以上仏の弟子になることを拒むことはできず、とうとう弟子になることを許しました。

ブラジヤパーチは、女性としての仏のグループの習慣や規律などを聞いて、初めての仏の弟子となる比丘尼になったのです。

◇

仏の所に比丘たちがやって来て「仏よ、俗世間から離れた我々は女性にどのように対応したらよろしいのでしょうか」と仏に尋ねました。

仏は、

「できるだけ女性の姿を見ないようにしなさい。もし女性を見てしまったら、見なかったことにして話をしてはいけません。

もし、どうしても女性と話をしなくてはならなくなったときは、心を清くして、あらぬことを考えないように話をするように心がけなさい。自分は出家した身なのだから、穢《けが》れ多き世の中である

佛は其の眞理を愛する眞心あるを見給ひて、之を拒《こば》むに忍び給はず遂に弟子となるを許し給ひけり。

鉢邁闍鉢底《フラツジヤパーチ》は女人の身にて佛弟子となり、教令《けうれい》を授かりて比丘尼となれるものゝ始めなり。

第三十四　比丘の女人に對する心得

比丘來りて佛に問ひけるは、「吾曹の主なる如來よ、世を捨てし出家の人は、女人に對して如何に行ふべきか」。

佛、曰ひけるは、

「勉《つと》めて女人を見ることを避けよ、もし女人を見ることあらんには、之を見ざるが如くせよ、之と語ることなかれ。

もし遂に之と語らざるを得ざることあらば、淨《きよ》き心にて語れ、而して自ら思へ。吾は出家の身なれば、此の罪深き世に棲むとも、泥の中より出でて少しも濁《にご》らぬ蓮葉《れんえう》の如くな

けれど、泥の池で咲く蓮の花のように少しも心に濁《にご》りを持ってはいけません。

年かさが増した女性は母親のように、若い女性には姉妹のように、幼子《おさなご》には自分の子供のように接しなさい。

出家した身で、女性を女性として見たり、女性と話をするのに女性と意識することは仏のグループの誓いを破るもので、仏の弟子とは言えないのです。

間違った欲望の威力は大きく、恐《こわ》がって震《ふる》えることがないように、極《きわ》めて誠実な真心を持って諸々の侮辱《ぶじょく》や迫害《はくがい》を堪え忍んで受け、相手を恨《うら》まないように心の弓をしっかりと張って、真実の知恵という矢をつがえて放ちなさい。雑念を払い、深く真理を思う兜《かぶと》を頭に被《かぶ》り、最高の悟りを得ようとする気持ちを励まして、五つのことに執着して起こす物質的精神的なもの・形のあるもの・飲食・名誉・睡眠の五種類の欲望と戦いなさい。

女性の美しい姿を見てムラムラと心がざわつくものは、欲望という雲に覆《おお》われて知恵の光が届かんと。

年老いたる女人は之を母の如くし、若きは之を姉妹の如くし、幼《いとけなき》は之を子の如くせよ。

出家の身にて女人を視るに女人を以てし、女人に接するに女人を以てするものは、誓《ちかひ》を破れるなり、釋迦牟尼の弟子にあらず。

邪慾《じゃよく》の力は大なり、恐《おそ》れて怖《おそ》れざるべからず、よろしく至誠忍辱《しせいにんにく》の弓を張り、智恵の矢を挾《はさ》みて之に抗《かう》せよ。正念《しょうねん》の兜《かぶと》に頭《あた》蓋《ま》を包み、決烈《けつれつ》の志を勵《はげ》まして五慾と戰《たたか》へ。

女人の美《うるは》しきを見て心亂《みだ》るゝものは、邪慾《じゃよく》の雲に掩《おほ》はれて智の光昏《くら》まん。

ないのです。

あなたたちが女性の肉体への欲望や容姿を見てムラムラッとする心に対しては、熱く熱《ねっ》した鉄で両目をほじくるのが良いでしょう。

女性と一緒に住んで性欲を充たすよりは、猛々《たけだけ》しい虎の口へ飛び込むとか、断頭台に上った死刑囚のようによく切れる刀の下に臥《ふ》せっているほうがよいでしょう。

この世で女性というものは、日常生活の中で化粧などをして容姿を整えようと思うだけで、まるで絵に描かれているものでさえ麗《うるわ》しい容姿を見せて男の固い決心を揺り動かそうとするものなのです。であるならば、あなたはどのようにして乱れる心を静かに保《たも》とうとするのですか。

女性の涙や微笑《ほほえみ》は仇敵《あだがたき》に出会ったように思いなさい。膝《ひざ》や腰を折り曲げたり、スッと伸びた細腕、髪が風で乱れる恰好《かっこう》などは、すべてあなたたちの心を虜《とりこ》にしようとする遊びと思いなさい。煩悩や欲情、惑《まど》わされる心が、暴《あば》れ馬や、勝手に動

汝等の心に肉慾を熾《さかん》にせんよりは、女人の容《かたち》を見て邪慾を起さんよりは、如《し》かず熱鐵《ねってつ》を以て汝等の兩眼《りようがん》を抉《くじ》り去らんには。

女人と與《とも》に棲みて邪慾を勵《はげ》まさんよりは、如《し》かず猛虎《まうこ》の口に飛び入らんには、如《し》かず刑人《にん》の利刀《りたう》の下《もと》に伏せんには。

女人の世に在るものは、行、住、坐《ざ》、臥《が》、只其容姿《かたち》を飾らんと思ふのみ。繪畫《くわいぐわ》の中《うち》に現はるゝ時すら艶《つやつや》しき容《かたち》を作りて男子の決心を動かさんとするなり。さらば汝等は如何に之を禦《ふせ》がんとするか。

女人の涙、女人の笑《わらひ》を視ること敵の如くせよ、屈《かが》める姿、垂《た》れる腕、亂《みだ》れたる髪、皆是れ汝等の心を奪はんとする玩具《ぐわんぐ》なりと觀《くわん》ぜよ。故《ゆへ》に吾汝等に告げん、情を制して意馬心《いばしん》猿《えん》に綱《つな》せよ。」

き回り爪を立てて引っ掻《か》いたりする猿を静かにさせるように、強く心を冷静に保つことに努力することが必要なのです」と忠告されたのです。

◇

ウイシャカは、舎衛国に住んでいて、子や孫が大勢いる裕福な女性です。東側にある樹木が植えられた土地を仏のグループに寄進して、出家をしていない女性たちを取りまとめていました。

仏が舎衛国に一時滞在していた時、ウイシャカは仏の所へ行き、自分の家へ来てもらい、食事の提供をしたいと仏に願い出たところ、仏はこれを受けました。

その日の晩も次の日の朝も雨が降り続いていたので、比丘たちは濡《ぬ》らさないために衣を脱いで雨の中をずっと立っていました。翌日、仏が食事を終える頃にウイシャカが仏の近くに坐り「仏に贈りたいものが八つあります」と言いました。

仏は「ウイシャカよ、私は布施の内容を知らないの

第三十五　鞞索迦

鞞索迦《ウイシャカ》は舎衛國に住める富裕なる婦人なり、子孫數多《あまた》ありき。東園《とうゑん》を教會に寄進して、在俗の姉妹の主母《しゆぼ》となりぬ。

佛、舎衛国に留錫《りうしやく》し給ひたる頃、鞞索迦は佛の許に行き、其家に來りて供養を受けんことを請《こ》ひしに、佛は之を許し給ひたり。

其夜も次の朝もいたく雨ふりければ、比丘衆は衣を濡《うるほ》さんことを恐れ、之を脱《ぬ》ぎてふりそゝぐ雨の中にたちたり。翌日、佛食事を終へ給ひける時、鞞索迦は其側に來り坐して次の言《こと》をなせり、「世尊、わらわが佛に施さんと望む所の布施八つあり」と。

仏、「鞞索迦よ、如來は布施の何たるを知るに

で、どのような布施をも受け取ることはできません」と仰いました。

ウイシャカは「私が贈ろうとする布施は正しい心を持って行うもので、決して他人《ひと》からとやかく言われるようなものではございません」と仏に言いました。

ウイシャカが仏に布施をする許可を是非得たいと思い「雨が降る日にはグループの人々に着替えの衣を与え、新たにこの地へ来たり離れたりする比丘たちや看病する比丘には食べ物を、また、病気になった比丘には薬と粥《かゆ》を、女性の比丘には川で沐浴するときの衣類を提供しようと、私の命が終わるまで続けることを考えています」と言いました。

「でも、どのような事情でこの布施を考えられたのですか。そして、八つの布施とは、どのようなものなのでしょうか」と仏がウイシャカに尋ねられました。

ウイシャカは、

「仏よ、私は前もって女性の召使に食事の提供をすることを比丘たちに伝えさせました。その召使がこの敷地にある建物にいるときは、雨が降る日

あらざれば、如何なる恵みをも許すことなし」。

鞞索迦、「主よ、わらはが願ふ所の布施は正しきものなり、人の拒《こば》み得る所にあらず」。

布施を望むの許しを得たりければ、鞞索迦進んで曰ひけるは、「主よ、わらは身を終ふるまで、雨の日には僧伽に衣を與《あた》へ、入り來らんとする比丘、出で去らんとする比丘、病《や》めるもの、病《やまひ》に侍するものには食物を與《あた》へ、病めるものには薬劑《くすり》を供《きやう》し、常に粥の供養をなし、比丘尼には浴衣《よくい》を供せんことを願ふなり」。

佛、「されど鞞索迦よ、如何なる事情のありてか斯《か》くは如來に八つの布施を請《こ》はんとするに至りしぞ」。

鞞索迦答へけるは、

「世尊、わらは向《さ》きに婢《ひ》に命じて食事を調へることを比丘に告げしめたり。婢、寺に到れば、雨の降れるにも關《かか》はらず、比丘は衣を脱し

に比丘たちが衣を脱いでしまえば『比丘である衣を脱げば比丘ではないのです。裸の修行者が雨に打たれているだけです』と思い、召使は建物を離れて私の家に帰ってくるでしょう。よって、その間、私は召使が再びその建物に行くことをさせないでしょう。雨に濡《ぬ》れた衣を脱いで、身体を露《あら》わにすることは軽蔑《けいべつ》することであり、気持ちを逆《さか》なでにすることなのです。私が死ぬまで、雨が降る日は、濡《ぬ》れた衣と交換するために、その時に相応《ふさわ》しい衣を用意して建物に運び入れて着替えてもらおうとする気持ちを抱《いだ》いたのは、この時のことを考えたからです」と答えました。

「二つ目には、比丘が初めてこの土地へやって来て、真っ直ぐに逸れることなくこの地への道を選ぶことができず、何処《どこ》で食べ物を手に入れることができるかを知らず、施《ほどこ》しを求めるのに街中をさまよっている人をよく見かけます。このため、私が生きている間は、このような比丘のために食べ物を提供しようと考えています。

三つ目は、比丘がこの地を離れて修行の旅に行

てありしかば、『是は比丘にあらざるべし、裸體《らたい》の行者が雨に晒《さら》されをるものならん。』と思惟《しゆい》して、婢は歸《かへ》り來《きた》れり。依りてわれは再び婢を彼處《かしこ》に行《ゆ》かしめざるを得ざりき。主よ、體《たい》を露《あら》はすは賤《いやし》うして且つ情に逆《さから》ひたり、わらはの身を終ふるまで、雨の日には相《さう》應《おう》の衣を調へて之を僧伽に供せんとする念を抱くに至りしは、實に是の事ありたればなり。

世尊、吾《わが》第二の願ひは、比丘の入り來《きた》らんとするや、直路《ぢきろ》を取る能はざるが爲め、又何処《いつこ》に食物を得べきかを知らざるが爲め、施《ほどこし》を求めつゝ路に迷ひさまよふもの往々《わうわう》之あるを見る。世尊、是故《このゆゑ》に妾《わらは》は一生の間、入り來《きた》らんとする比丘の爲めに食物を與《あた》へんことを願ふ。

世尊、第三は、比丘の出《い》で去らんとする

こうとしたとき、この先施《ほどこ》しを求められることができるかどうか後ろ髪を引かれる思いがあるでしょう。また、目的地にたどり着くのに道が分からなくなり時間がかかり過ぎてしまう恐れもあります。

四つ目は、比丘の中には病気に罹る人が出るかもしれません。この比丘に適切な食べ物を食べさせなければ、病気が重篤《じゅうとく》になり死んでしまうかもしれません。

五つ目は、病人を看病する比丘が食を乞《こ》うためにその場を離れることができなくなります。

六つ目は、病気になった比丘に適切な薬を与えなければ、病気は重くなり、死ぬことも考えられます。

七つ目は、食べ物の粥《かゆ》は、水分が多く食べ物も軟らかいので、飢えと咽喉《のど》の渇きを和《やわ》らげると共に心の乱れを整える効果があると仏は好《この》ましい食だとお考えのようです。本当に粥《かゆ》は栄養があって、健康な人は益々元気になり、病気の人には心身を安らかにする効果があります。このため、私

や、施《ほどこし》を求むる爲め、後に引き殘《のこ》さるゝ憂《うれい》あり、又其行かんと欲する所に到ること遲《おそ》きに過ぐる恐《おそれ》あり。彼或《あるひ》は之が爲め疲れて道にさまよふことあるべし。

世尊、第四は、もし病める比丘あらんに、食物の適せるものを取らざれば、其病愈々《いよいよ》重くなりて死に至らんも計《はか》られず。

世尊、第五は、病に侍するものは、自ら出でて食を乞ふべき機《とき》を得ざることあらん。

世尊、第六は、病めるもの良劑《りやうさい》を服せざれば、病重くなりて死に至らんも圖《はか》られず。

世尊、第七は、妾嘗《わらはかつ》て之を聞きけり、粥は心を齊《ととの》ふるが上に、飢《うゑ》と渴《かはき》とを止むるを以て佛は之を好み給ふ、と。寔《まこと》に粥は衞養《えいよう》としては健《すこや》かなるものを益々《ますます》健《すこや》かにし、藥劑《くすり》としては病めるものを愈《い》やす功あり。是故に妾《わらは》は一生の間、常に粥を供養せんことを願ふ。

は死ぬまでの間中、いつも粥《かゆ》を用意して食べていただこうと思っています。

最後の八つ目は、女性の修行者がアチラバチ川で沐浴をする時、いつも娼婦《しょうふ》〈売春を仕事にしている女性〉がすぐ傍《かたわ》らに裸でいると聞きます。娼婦《しょうふ》たちは比丘尼を見て『若い時に純潔を守っても良いことがあるだろうか。純潔は年老いてから守るものです。女性とはこの二つのことをしてこそ真面《まとも》なのです』と馬鹿にしながら言っているのです。女性が裸を見せることは、汚《けが》らわしく下品だという気持ちになるのです。私はこれらのことがあるので、仏とそのグループに布施をしたいと思うのです」と答えました。

仏は「されどウイシャカよ、あなたがこれらの布施の許しを得ようとするのは、どのような見返りを期待しているのですか」と訊きました。

ウイシャカは、

「さまざまな所で雨季を過ごしている比丘が仏を訪ねようとして舎衛城にいらっしゃることがあるでしょう。そして、彼らは『比丘〈尼〉の誰某《だれそれ》が

世尊、最后《さいご》に比丘尼のアチラバチ河に浴するや、常に淫女《いんにょ》と同處《どうしょ》に在りて且つ祼體《らたい》なりと云ふ。主よ、淫女《いんにょ》の輩《ともがら》、或《あるひ》は比丘尼を嘲《あざけ》りて曰はん、『若きときに貞節を保たんとするも、何の善きことかあらん。貞節は老いての後にこそ保つべけれ。是れ卽《すなは》ち兩《ふたつ》ながらを全うするものなり』。主よ、婦人の身として祼《ら》體《たい》なるは穢《けが》らはしくして且つ賤《いや》しむべし、實《まこと》に情に戻《もと》れり。妾《わらは》が望みは是等の事情あればなり。」

佛、宣ひけるは、「されど鞞索迦よ、汝の是等の布施を如來に乞はんとするは、如何なる利益《りやく》のありにてや」。

鞞索迦答へけるは、

「世尊、諸所《しょしょ》にて雨の節《せつ》を過せる比丘の佛を訪はんとて舎衛城に來《きた》ることあらん、而して彼等は佛の前に出でて云はん、主よ、比丘の

死にました。その運命は今どのようになっているのでしょうか』と仏の前で言うでしょう。それらの人々に『私の教えを受けて得られた幸せや利《り》益《やく》』について語り、また、その人が生前どのような修行をして思いに至ったかで悟りを得られたのか、あるいは、阿羅漢《あらかん》という修行が完成して世間の人々から尊敬され、拝《おが》まれて供養を受けるのに相応《ふさわ》しい聖人となったと仏は仰るでしょう。

　そのとき、私は『その亡くなられた方は、以前この舎衛国にいらしたことがおありでしょうか』と尋《たず》ねるでしょう。もし、報告に来た方が『彼（彼女）〈亡くなった比丘、または比丘尼〉は、この舎衛国で暮らしていました』とお答えになれば、私は『その亡くなられた方は、雨の季節に濡れた衣を交換したでしょう。また、この国へ初めていらした時、この国から旅立った時、病気をしたり、あるいは友達を看病したときなどに食べ物を提供されたのではないでしょうか。さらに、病気になったときに薬をもらったりして、常に粥《かゆ》を食べられた』と断言できるでしょう。

某々《それがし》は死せり、其命運は今如何なるべきか。佛乃《すなは》ちそれらの人々は佛教に歸依《きえ》せるより享《う》け得る果報をば収め得たるとを説き、又其人の修業如何によりて、或《あるひ》は涅槃に入り、或《あるひ》は阿羅漢果《あらかんぐわ》を得たることを説き示し給ふならん。

　其時、妾《わらは》は是の比丘に繹《たづ》ねて言はん。君よ、其僧は嘗《かつ》て舎衛國にありしとありや。もし彼等にして答へて、彼は曾《かつ》て舎衛国に住まへり、と云はば、妾《わらは》は斷言《だんげん》せん。彼の僧は必ず雨の節には衣を護《え》たりたりしならん、入り來《きた》らんとせし時、出で去らんとせし時、病みし時、病《やまひ》に侍《じ》せし時には食物を得たりしならん、又病《やみ》し時には藥《くすり》を得、又常に粥の供養を享《う》けしならん。

私が、これらのことを思い巡《めぐ》らすことができたとき、私は喜びの気持ちが溢《あふ》れんばかりになり、その喜びは私の心身に澱《よど》みなく叶《かな》うことでしょう。このように心身に当てはまったとき、幸せの満足感が心に生まれ、その幸せで胸いっぱいになり穏《おだ》やかになるでしょう。これは、私の功徳する気持ちを動かし、功徳する気力を働かせて、七つの功徳を備えている行いを働かせるものです。仏よ、これが私の八つの布施を行いたいための理由であり、他人《ひと》に恵みを与えることができるのです」と答えました。

仏が言うには、

「善いことだ、良いことだ。ウイシャカよ、このような良い行いを仏とそのグループのために八つの布施が行われることは大変良いことだ。施《ほどこ》しが与えられるべき恵みは、肥沃《ひよく》な土地に善行の種を蒔《ま》いたようなものです。しかし、煩悩の禍《わざわい》から抜け出すことができない者に施しを与えることは、何も育つことができないような干涸びた土地に種を蒔《ま》くようなものなのです。そして、その施しを

妾《わらは》此の思惟《しゆい》をなす時は喜びの念、心の中に涌《わ》き來《きた》らん。而して喜びは妾《わらは》の心身をして暢《てう》適《てき》ならしむるならん。かく暢適《てうてき》なる時、福《さひは》ひ多き満足《まんぞく》の心を生じて、胸は其福《さひはひ》の爲めに穏やかなるべし。是れ實《まこと》に妾《わらは》が徳の情を働かし、妾《わらは》が徳の力を働かし、又七種《しちしう》の智恵を働かすものなり。世尊、是則ち妾《わらは》が八つの布施を乞ふ所以の利益《りやく》なるものなり。」

佛曰ひ給ひけるは、

「善哉善哉、鞞索迦よ、此の如き利益《りやく》の爲めに如來の八つの布施を乞ふは甚《はなは》だ善なり。施《ほどこし》を受くるに足るべきものを恵むは、豊饒《ゆたか》なる地に好《よ》き種子《たね》を下《おろ》したらんが如し、されど煩悩の累《きづな》を脱すること能《あた》はざるものに施《ほどこ》すは、不毛《やせ》たる土に種子《たね》を下せるが如くならん。蓋《けだ》し施しを受くるもの丶煩悩は、功徳の生長するを妨《さまた》ぐるなり。」

受けた者の煩悩は、功徳を育てることを妨げてしまうのです」と。

仏は、ウイシャカにお礼を述べようとして、次のような詩を詠《うた》いました。

「仏の弟子になろうとする正しい本心を持つ女性はどのような施《ほどこ》しでも、施《ほどこ》しをした人の心は汚《けが》れておらず、喜びに満ちているので、その贈り物は最も優れていて、苦悩を取り除き、幸せを呼び起こす価値ある行為です。

その女性は、不幸に陥《おとしい》れることや汚れから離れた悟りへの道を進んで幸せな一生を送ることができるのです。真理を目標としているので、その人は幸せです。仏は、自主的に行われている慈善行為を見て喜ぶでしょう」と。

◇

仏がコウシャンピーという所に住んでいたころ、一人の比丘が罪を犯したと他の比丘から非難を受けましたが、彼はこれを否定したので、比丘のグループはこ

佛は鞞索迦に謝意を述べんとて次の句を誦《しよう》し給ひき。

「佛の弟子となれる心根正しき婦人は、如何なる施《ほどこし》をなすとも、其心は喜に充ちて汚《けが》れなきが故に、其贈り物は最勝無上なり、苦を除き、福《さいはひ》を生ずるに足れり。

其婦人は敗《やぶれ》と汚《けがれ》とを離れたる道に入りて福《さいはひ》なる生涯を得たり。善をめあてとなせるが故に其婦人は福《さいはひ》となれり。彼は自らなせる慈善の行《おこなひ》を見て喜ぶなり。」

第三十六　分裂

佛、拘睒彌《コウシヤンピー》に住まひ給へる頃、一人の比丘あり、罪を犯せりとて非難を受けたりしが、彼は之を肯《うけが》はざりしを以て、教會は此比丘に對《たい》して擯斥《ひんせき》

の罪を犯したという比丘を仲間から排除すると宣告しました。

さてこの比丘は、幅広い知識があり多くの才能に恵まれていた人でした。慣習や物事の本質などを知り、仏の生活上の教えを学んで、実践的な修行や本性を認識すること、控えめな態度で行動し、善悪の区別ができて、仏が決めたグループの戒律を守ってきました。彼は比丘の中の友達に「友よ、私が戒律を犯したと言わないでほしい。のけ者にするという宣告の理由は当たりません。私には罪はないのです。そのことを書いたといわれる決定書は不正で正しくないものなのです。ですから、私は仏のグループの人間であるのです。私が尊敬する皆様方、私のグループ内の権利を守ってください」と言いました。

のけ者にすることにされた比丘に味方しようとする者は、「これは戒律に反していない」と言いましたが、宣告をした比丘の仲間は「いや、規律に違反した」と答えたのでした。

このことは、ついに仏の知るところとなりました。

仏は、排除を宣告した比丘の所へ行って、「比丘

の旨を宣告したり。

さて此比丘と云へるは博學《はくがく》の人なりき。達磨《ダルマ》（法）を知り、律《ビナヤ》を學《まな》びて、才あり、學《がく》あり、知あり、謙徳《けんとく》あり、良心ありて能《よ》く戒法を守れり。彼《かの》比丘衆中の朋友を尋ねて自ら辨《べん》じて曰ひけるは、「友よ、是《こ》は戒を犯せりと言ふべからず、擯斥《ひんせき》の宣告を受くべき理由はあらず。吾は實《じつ》に罪なきなり。かの決定書と云へるものは不法にして正しからず、故に吾は猶教會の一員たるを信ずるなり。願くは吾《わが》尊敬すべき諸兄弟《けいてい》よ、吾が爲めに權《けん》利《り》を失はしめざれよ」。

擯斥《ひんせき》せられたる比丘に左袒《さたん》せるものは、彼《かの》宣告をなせる比丘の徒《と》に至りて、「是《こ》は罪にあらず」と言ひ爭《あらそ》ひしが、宣告をなせる比丘等は之を難《なん》じて、「そは罪なり」と答へぬ。

此一事は遂に佛の知り給ふ所となりぬ。

佛、乃《すなは》ち擯斥《ひんせき》を宣告せる比丘の所に至り、告げ

よ、どのような事情があるにせよ『我々はこのように知っている。だから我々はこのことに反対する』と言って、かの比丘に排除をできるとは思わないでください。慣習や物事の本質などを知り、仏の生活上の教えを学んで、実践的な修行や本性を認識すること、控えめな態度で行動し、善悪の区別ができて、仏が決めたグループの戒律を守っている者に対して感情の赴《おもむ》くままに仲間外れの宣言をするのは自《みずか》らグループの分裂を招くものなのです。ただ排除しようとする比丘が戒律に従わないからといって、仲間外れにすることは道理に合っているのでしょうか」。

仏は、今度は仲間外れにされた比丘の所に行って「比丘よ、戒律を犯しても『私は戒律を犯していません』と思って、これに対する過ちを免《まぬが》れてそのままにしておいて良いものと思ってはいけません。自分が過ちだと思えることをしたとき、他人がこれを過ちを犯したとしたならば、過ちを犯したものは、これらの仲間は、慣習や物事の本質などを知り、仏の生活上の教えを学んで、実践的な修行や本性を認識すること、控えめな態度で行動し、善悪の区別ができて、仏が決め

給ひけるは、「比丘よ、如何なる事情あるにもせよ、「只吾曹は斯《か》くありしを知る、故に吾曹は之に反對せんと思ふ」と云つて比丘に擯斥《ひんせき》を宣告し得るものと思ふなかれ。法《ダルマ》を知り、律《ビナヤ》を知り、學《がく》あり、知あり、才あり、謙徳《けんとく》あり、良心ありて能《よ》く戒法を守るものに對し、情に任して擯斥《ひんせき》を宣告するものは、自《おのづか》ら分裂の恐《おそれ》を招くものなり。只彼が其罪に服せざる故を以て兄弟《けいてい》を擯斥《ひんせき》す、是豈《これあに》道に合《かな》へるものならんや」。

佛また擯斥《ひんせき》せられたるもの丶所に到りて告げ給ひけるは、「比丘よ、戒を犯せるとあるも、只『吾は罪なきなり』と思ひて、之に對する償《つぐなひ》をなさずして止《や》み得るものと思ふなかれ。自ら罪にあらずと思へる事を爲《な》せるとき、他は之を目して有罪なりとなすとあらば、斯《か》く目《もく》せられたるものは次の如く思惟すべきはづなり、「是等の諸兄弟《けいてい》は法を知り、律《ビナヤ》を知り、學あり、才あり、知あり、謙徳《けんとく》あり、良心ありて能く戒法を守るものなれ

たグループの戒律を守っている者たちであるから、私だけが私欲をはかる心で、悪意を持ったり軽蔑したり、遠慮なく情《なさ》けに動かされてしまうことはあってはならないのです。この人は、自らグループを分裂させるもので、むしろ、仏のグループの権威を保つために過ちを犯したことを認めたうえで、グループから離反することも仕方のないことです」と仰いました。

　これにより、二つの派閥は、月に二回〈新月と満月の日に〉行う定例の集会でそれぞれが自己反省をして過ちを告白し懺悔《ざんげ》する布薩《ふさつ》と仏の教えを聞いたりする修行をしました。このことを仏に聞いたところ、「双方が正しい道理に基づいて行っているので、非難すべきことではない」と仰いました。何故なら、仏は「仲間外れにされた比丘と仲間外れにした比丘それぞれのグループに優れた人がいるのです。もし、意向が異なるのであれば、それぞれが定例の集会を行って、仏の教えを拡めたり修行することも良いのではないでしょうか」と仰いました。

　仏がこれらの争いごとが好きな比丘たちに過ちのないように注意したのは、

ば、たゞ吾一人の故に私心を挾《はさ》み、惡意、欺負《きふ》、忌憚《きたん》の情に制せられて動くに至らんことは到底あり得べきことにあらず」と。あゝ、彼は自ら分裂を招かんとするものなり、寧《むし》ろ諸兄弟《けいてい》の權威《けんい》の爲めに其罪を認むるものなり」。

　是より兩派相分れて布薩《ウバワサダ》を守り、法事を營むものにも各々獨立《どくりつ》して之をなせり。此事、佛に聞しが、佛はこれを以て双方共に如法正實、敢て非難すべきなしとなし給へり。何となれば、佛曰ひけるは、「擯斥《ひんせき》せられたる比丘に黨《とう》するものと、擯《ひん》斥《せき》を宣告せる比丘に與《くみ》するものと、各其團結《だんけつ》を異《こと》にするとも、双方に尊《たつと》ぶべき比丘のあるあり。もし意見合同せずとならば、相分れて聖日（布薩《ウバワサダ》〈キリスト教の祝祭日〉）を守り、法事を營むも亦可ならん」。

　佛、是等の爭《あらしひ》を好める比丘衆を戒《いま》しめ給ひけるは、

「世間の人は口うるさいけれど、比丘のグループは暇《ひま》ができたときは、他人の悪い噂《うわさ》をしてはいけません。他人が自分を悪《あ》しざまに言ったり、ばかにして笑ったり、傷つけたりすることなどと思って怒ったりする者は、他人に優しくすることはできないのです。

何故なら、憎《にく》しみの心というものは、そもそも憎《にく》しみを和《やわ》らげることができないのです。憎《にく》しみを和《やわ》らげることができるのは憎《にく》しみ以外のものなのです。それは、永遠に滅びることのない真理だけなのです。

自分の意思の力だけで衝動や欲望といった感情を抑える大事なところを知らない人がいて、その人たちが喧嘩《けんか》をしても私はこれを注意したりしません。されど知恵をたくさん知っている人は、意見が一致する方が利益《りやく》が大きいことを知っています。

その人が物事を上手に知恵と才能を使って平常心を失うことがないことを知れば、また一緒になって気が緩《ゆる》むことをしないようにすれば、幸せな

「庸俗《ようぞく》の人は喧《かまびす》し、されど僧伽は自ら隙《ひま》を生ずるに至りては誰かを責《せ》むべきぞ。彼は吾を訾《そし》れり、彼は吾を嘲《あざけ》れり、彼は吾を害《そこな》へり」などと思ひ憤《いきどふ》るものは、他の憎《にくみ》を和《やわら》ぐること能はじ。

何となれば、憎《にくみ》は憎《にくみ》の和げ得べき所にあらざればなり。憎《にくみ》を和《やわら》ぐべきものは、憎《にくみ》にあらざるものなり。是は永く滅びざる法なり。

克己《こくき》の要を知らざるものあり、彼等相争《あらそ》ふも、吾は之を咎《とが》めざるべし。されど知多《ちおほ》きものは寧《むし》ろ一致するの利を知れり。

其友の賢《かしこ》くして正しく恒《つね》の心を失はざるを知らば、相交りて互《たがひ》に隙《ひま》を生ぜざらんことを愼《つつし》みて、福《さいは》ひなる生涯を送るべきなり。

一生を送ることができるでしょう。

しかし、相手から正しく変わらない心を得られないのであれば、一人ぼっちでいることですが、象の王が一頭で行動しないように、国王が国を捨て政治をほったらかして木が生い茂る林に入って修行するようにはいかないのです。

理解力に乏しい愚《おろ》かな人に友人はできません。自分だけ得をすればいいという人を騙《だま》す気持ちで騒動を好み、頑固に自分の意見だけを通すことを喜ぶような人と一緒にいるよりは、肩を並べて歩かずに一人で道を歩いた方が良いでしょう」と仰いました。

しかし、仏は「このように頑固な人に正しい道理を教え諭《さと》そうとしても簡単ではない」と静かに考えて、とうとう立ち上がってその場を去ったのでした。

◇

マガダ国王のビンビシャラは退位して宗教に専念していました。当時、王舎城にはバラモンの一派がい

されどもし友の正しくて恒《つね》の心あるものを得がたからんには、寧《むし》ろ孤行獨立《こぎやうどくりつ》すること猶《なほ》象王の獨《ひと》り行くが如くせんには如《し》かず、猶ほ國王《こくおう》の國《くに》を捨て政《まつりごと》を捨てゝ、叢林《さうりん》の間に退《しりぞ》くが如くせんには如《し》かず。

痴人《ちじん》には友なし。私心あり虚誇《いつはり》の念ありて争《あらそひ》を好み、執拗《しうよう》を喜ぶものと共にあらんよりは、如《し》かずには」。

佛竊《ひそ》かに「是の如く頑《かたくな》なるものを教え諭《さと》さんは容易《たやす》き業にあらず」と思惟し給ひて、遂に坐を起《た》ちて去り給ひたり。

第三十七　布薩と婆羅提木叉

摩羯竭陀《マカダ》國王施尼耶頻毗娑羅《セニヤビンビシャラ》は既に位を退きて一身を宗教に托《たく》し給ひたり、當時《とうじ》王舎城中に婆羅

て、日を決めて人々を集めて教えを話していました。

退位したビンビシャラはこの様子を見て、年老いて仕事を辞めてから宗教に関する教えが必要であることが分かったので、仏に知らせようと「バラモン教のジツチヤ派に所属しているパリツパジャカの一行の信者が増えていくのは、毎月八日と十四日（あるいは十五日）に集会を開いているからです。我々も日にちを定めて比丘や民衆を集めて集会を開いては如何《いかが》でしょうか」と言いました。

仏は比丘に「毎月八日と十四日（あるいは十五日）の二回、比丘だけでなく一般の人々にも仏の教えなどについて話したり聴いたりする集まりを開くことにして、民衆にも知らせなさい」と命じました。

これを仏弟子の『布薩《フサツ》〈仏の教えを聴いたり、自らの行いを見直す〉』、つまりキリスト教でいう祝祭日としたのです。

かくして、比丘は仏が定めた日に会場に集まり、また民衆も仏の教えを聴こうと集まったのですが、比丘たちは受けた仏の教えを黙《だま》ったまま一言も喋《しゃべ》らずに何

門の一宗派あり、聖日を期《ご》して人民を其會堂《かいどう》に集めて説教をなせり。

王は之を見給ひ、日を刻《こく》して世の務めを息《や》め、宗教上の説話をなすの必要なることを知り給ひければ、佛の許に至り告げ給ひけるやう、「ぢっちや派に屬《ぞく》せる『ぱりつぱじやか』徒の日に榮えて多くの信者を得る所以は、半ヶ月毎に第八日及第十四日（或は第十五日）を期《ご》して之を守るが爲めなり。吾黨《わがとう》の如きも亦定日《ていじつ》を期《ご》して僧伽の諸尊者を集めなば如何《いかん》」。

佛乃《すなは》ち大衆《だいしゅ》に命じて半月毎に第八日及第十四日（或は第十五日）を期《ご》して集會《しゅうくわい》し、此日《このひ》を以て宗教上の説話等をなすことゝ定め給ひたり。

是を佛弟子の布薩《ウパワサダ》卽《すなわ》ち聖日となす。

斯くて、大衆は佛の定め給へる法規に遵《したが》ひ、定日には寺に集り、人民も亦法を聽《き》かんとて集《つど》ひ來《きた》れるに、比丘衆は黙然《もくねん》として何等《なんら》の説法をもなさ

も説法をしないので、民衆は大変失望したのです。

　このことを仏が聞いて、比丘に「民衆が集まった日には『フラジモクシャ』という悪い行いを悔《く》い改めることにしなさい」と仰いました。これは人間が行う悪行を告白して、これからは善行を行うと誓うことで、もし一つも悪い行いをしなかった人は、さらに善行を行うように心を清めて誓えば、必ず光明《こうみょう》が射《さ》すでありましょうと仰いました。

　仏は、

「『フラジモクシャ』は次のように執《と》り行いなさい。

　あなたが尊敬している比丘の中から一人を選び、その比丘に次のことを言いなさい。『ここにお集まりの皆様、私の言うことを聞いてください。今日は布薩の日です。月の半分の八日（あるいは十四日）目にあたり、儀式の用意が整えば布薩を行い、フラジモクシャという比丘や比丘尼、在家の出家者が守るべき戒律の基本条文を唱《とな》えなさい』」と仰いました。


ざりしかば、人々大いに望《のぞみ》を失ひけり。

　佛之を聴《き》き給ひ、大衆に、此日《この》には赦罪《しやざい》の式、『波羅提木夜叉《フラヂモクシヤ》』を行へと命じ給ひぬ。こは人々のなせる罪を懺悔《ざんげ》して法の赦《ゆるし》を受くるにてありき。もし罪一つにてもあらんに、之を忘れずして洗い滌《そそ》がんと思ふ比丘は、來《きた》りて懺悔《ざんげ》すべし、懺《ざん》悔《げ》すれば罪も光となるべければなり。

　佛、宣ひけるは、

『波羅提木夜叉《フラヂモクシヤ》』は次の如く行ふべし。

　尊敬すべき適當《てきたう》の比丘を擇《えら》び、僧伽に向って左《さ》の言《こと》をなさしむ、「僧伽の衆よ、吾《わが》言ふ所を聞け。今日は布薩《ふさつ》に當《あた》れり、半月《はんげつ》の第八日に當《あた》れり（或は第十四日）、僧伽の用意整はば布薩《ふさつ》の勤めをなし波羅提木夜叉を誦《じゅ》すべし。吾今『波羅提木夜叉』を誦せん」。

このようにして、比丘たちは「私たちは、謹《つつし》んで仏の教えを聴き、改めて善行を行うことを心に誓います」と答えました。

当番の比丘はさらに「悪行を一つでも行った者は悔《く》い改めて、悪行を行わなかった者は黙っていていいのです。私は比丘たちが黙《だま》っているのを見れば、尊敬される皆さんが悪行を行っていないことを知るでしょう」と言いました。

悪行を行ったかどうかを問われたけれど、進んで自ら答えようとしないで、この集まった人々の前で三回問われても返事をする比丘はいないかもしれません。もし、三回目の問いかけの後に悪行を行ったことを話して悔《く》い改めるのであれば、その人は他の人々から嘘《うそ》をついていたとは言われないでしょう。

尊敬する比丘の皆様方よ、わざと嘘《うそ》をつくのは、苦となる悪業の結果生じる悪い行いを作ってしまい、正しい道を進む邪魔《じゃま》になると仏は仰《おっしゃ》っています。ですから、悪い行いをしたことを覚えていながら心を清らかにしようとする者は、悔《く》い改

斯くて比丘衆は『吾曹謹《つつし》んで之を聴《き》かん、之に留意せん』と答ふべし。

當役の比丘は語を繼《つ》ぎて、「罪を犯せるものは懺悔《ざんげ》するを得ん、罪なきものは黙して可なり。吾は衆《しゅう》の黙するを見ば、尊敬すべき諸兄弟《けいてい》の罪なきを知るべし」。

問い掛けられたるものの進んで答《こたへ》をなす如く、此の集會《しうゑ》の前に立ちて三たび嚴《おごそ》かに問い掛けられたらんには其答《こたへ》なかるべからず。もし三度の公言を經《へ》て比丘の自ら犯せる罪を記するあるも尚之を懺悔《ざんげ》せざれば、彼は求めて詐《いつは》りをなせるものと云はれん。

尊敬すべき諸兄弟《けいてい》よ、故意の詐《いつは》りは業障《ごふしやう》なりと佛は説き給ひぬ。故に犯せる罪ありて之を記憶し而かも清浄《しやうじやう》ならんと願ふものあらば、其罪業は懺悔《ざんげ》せられざるべからず。もし之を懺悔《ざんげ》せば、法に據《よ》りて處置《しよち》せらるべし。」

めなければならないのです。もし、悔《く》い改めれば、仏のグループによる規則によって今後の行動が決定されるでしょう。

二つのグループの喧嘩がなかなか止《や》まないので、コウシャンピーを去った仏は、あちらこちらとさまよった挙句、舎衛城に行きました。

仏がいなくなったコウシャンピーでは、二つのグループの喧嘩は益々激しくなり、在家の仏を慕《した》う人たちを悩ませていたのでした。在家の人々は「この度の比丘の喧嘩はすごく厭《いや》で耐えてきたけれど、こうなっては不幸が我々在家の人間にも降ってくるかもしれない。仏が彼らの騒動に悩んだ挙句、この地を去って別の所へ行ってしまわれた。だから、仏がいなくなった今、我々も喧嘩をしている比丘たちに布施をしたり、保護するのは止めましょう。喧嘩をしている連中は、仏の弟子を象徴する黄色い衣を着る資格はないのです。であれば、彼らは自ら進んで仏に仲介を求める

第三十八　一致に復す

徒《と》黨《たう》の爭《あらそひ》尚止《や》まざりしかば、佛は拘睒彌《コウシャンビ》を去りて此處《ここ》彼處《かしこ》をさまよひ給へる後、遂に舍衛城に入り給ひし。

佛、去り給ひし後、爭《あらそい》は益々《ますます》烈《はげ》しくなり、拘睒彌の居士を惱《なやま》すに至りぬ。居士等云へらく、「這《しゃ》般《はん》、比丘の喧《かまびす》しき、頗《すこぶ》る厭《いと》ふに堪へたり。不幸は遂に吾曹の上に落ち來《きた》らんも計られず。佛は彼等の爭《あらそひ》を惱《なや》み給ひて此《ここ》を去りて別處《べつしよ》に行き給へり。故に吾曹も亦比丘衆を保護し優待するとを止むべし。彼等は黄衣《くわうい》を着るべき價《あたひ》なし。されば彼等は進んで佛の和解を求むるか、退《しりぞ》きて世間に歸俗《きぞく》するか、孰《いづ》れかを爲《な》さゞるべからず」。

か、でなければ、仏の弟子を止めて世間の人々と同じ暮らしをするのか、どちらかを選ばなければならないでしょう」と言いました。

　コウシャンピーに残った比丘たちは、遂に在家の人たちから優遇を受けることができなくなって、初めて事の重大さに気がつき後悔《こうかい》し、「我々は仏がいらっしゃる所へ行って、喧嘩の仲裁をお願いしよう」と言い出したのでした。

　ここで喧嘩をしていた二つのグループは、一緒に舎衛城へ仏を訪ねることにしました。これを聞きつけた舎利弗は「喧嘩することを好んで、騒がしく自ら不和を招《まね》いてしまった比丘たちが舎衛城に着いたら、どのように取り扱えばよろしいでしょうか」と仏に尋ねました。

　仏は「舎利弗よ、彼らを非難してはいけません。激しい言葉は誰でも気持ちの良いものではありません。二つのグループを分けて住まわせても、異なる扱いをしてはいけません。できるだけ、両方のグループの意見を聞き、釣合《つりあ》いが取れるようにしなければ賢者とは言えないのです。彼らの思いを存分に語らせれば、二

拘睒彌《コウシャンピ》の大衆は遂に居士の優待を受け保護を受くるを得ざるに至りければ、始めて漸《やうや》く後悔《こうかい》の念を生じて云ひけらく、「吾曹は佛のもとに行きて是の争《あらそひ》の仲裁を願はざるべからず」。

　是《ここ》において兩派《りやうは》の人々相携《たづさ》へて佛を舎衛城に尋ねければ、舎利弗之を聞きて佛に曰ひけるは、「かの争《あらそひ》を好みて喧《かまびす》しき比丘自ら隙《ひま》を招《まね》ける比丘は、今や拘睒彌《コウシャンピ》を發《はつ》して舎衛城に着けりと云ふ。世尊此等の比丘をば如何に取り扱ふべきか」。

　佛宣《のたま》ひけるは、「舎利弗よ、彼等をな責めそ、烈《はげ》しき言葉は何人にも快《こころよ》からぬものなり。兩徒《りやうと》を分ちて別居せしむるも、取扱は異なるべからず、務めて兩者《りやうしゃ》の言ふ所を聞け、双方の權衡《けんかう》をして失はざらしむるものを名づけて牟尼《むに》とは云ふなり。彼此《これ》共に其思ふ所を述べ了《おは》らば、僧伽を協同せし

つのグループは元の一つのグループに戻るのがよいのではないでしょうか」と仰いました。

比丘の後援者であるブラジャパーチはどのように気を付けたらよいかを仏に訊いたところ「喧嘩をしている両方のグループは、在家から衣や食べ物の施《ほどこ》しを同じように受けていたので、成り行きに任せて施しを行ってください。双方が不平の心を持たないようにすることです」と仏が仰いました。

ウバリ尊者が仏の前に来て、分かれていた二つのグループを一つに纏《まとめ》ようとして「仏よ、これから喧嘩が起きないようにするため、この喧嘩の原因をはっきりさせなくては一致する誓は立てられません」と仏に言いました。

仏は、

「もし、グループで今回の喧嘩の原因を突き詰めることなく双方のグループを一つに纏《まとめ》ることは正しくないし、規律にも違反することです。

グループが一つになるには、二つの方法があります。一つは文書だけであり、もう一つは心と文書です。

めて、舊《もと》の一體《いったい》に復すこそよからめ」。

比丘の保護者、鉢羅闍鉢底《ブラッジャパーチ》は佛に忠告を乞ひければ、佛、「兩黨《りやうたう》は同じく在家の施《ほどこし》を受け得べし、衣にせよ、食物にせよ、彼等の要するままに之を給せよ、兩者をして不平の念を起さゞらしめんことを要するなり」と宣《のたま》ひたり。

優婆離《ウバリ》尊者佛の前に來り、僧伽の再び和睦《わぼく》して一致に歸《き》せんことを願ひて曰ひけるは、「世尊、爾后《そのご》また争《あらそひ》の起らざらん爲め、此争《あらそひ》の源《みなもと》を究《きは》むることなくして一致を誓はしむる、亦可ならざんや」。

世尊宣《のたま》はく、

「もし僧伽にして今回《こんくわい》の事の本末を究めずして再度の一致を計らんか、是れ不正なり、不法なり。

一致に復すべき法二つあり、一は文字の上にあり、一は精神と文字の上にあり。

もし、グループの事情に関係なくして一つになると言うのであれば、これは言葉のうえだけの妥《だ》協《きょう》にすぎません。しかし、もしグループでよく話し合い、その原因を確かめて双方が合意のうえ一致するのであれば、これは心と文字の両方で結ばれた平和というのでしょう。

　このように、心と文字の両方で結ばれることこそ、正しく道理に適った一致であるということができるでしょう」と仰いました。

ここで、仏はヂガーブ太子の話をされました。

「ハラナシのブラフマダッタというベナーレスに住んでいる王がいました。かつてハラナシがコーサラ国の王ヂギーチと戦争をしようとしたとき、コーサラは小国でヂギーチの軍隊は我々の敵ではないのだと。

　ヂギーチは、わが軍がハラナシ王の大軍に抵抗するだけの戦力を持ち合わせていないと悟《さと》ると、自らの国を敵のブラフマダッタに任せて遠くへ逃げてしまい、各地を転々とした後、ベナーレスと

もし僧伽にして事情の如何を問はずして一致を公言せんには、是れ文字の上の平和に過ぎず。されどもし僧伽にして事情を吟味して深く其《その》源《みなもと》に達せる後、一致の再興を計らば、是即《すなは》ち精神と文字との二つによりて締《むす》ばれたる平和なりと謂ふべし。

　斯く精神と文字との二つによりて結ばれたるをこそ、正當、如法の一致とは云ふなれ。」

佛、大衆にヂガーブ太子の話を告げ給ひけるは、

「波刺那斯《ハラナシ》の梵摩達《ブラフマダッタ》と云ふ波羅奈《ベナアレス》に棲める有力の王なりき。嘗《かつ》て憍薩羅《コーサラ》の王ヂギーチと戰《たたか》はんとせしとき、自ら思へらく、憍薩羅《コーサラ》の王國は小さし、ヂギーチ如何《いかん》ぞ能く吾が軍に敵せんや。

　ヂギーチは波刺那斯《ハラナシ》王の大軍に抗する力なきを見るや、其國を敵なる梵摩達《ブラフマダッタ》の手に委ねて遠く遁《のが》れ去り、諸方《しよはう》を迷へる後、波羅奈《ベナーレス》に來《きた》り、女皇と共に市外なる一《ある》陶器師の家に隱

いう地で妻である皇后と一緒に市外にある一軒の陶器職人の家に密かに住みました。

皇后は、一人の男の子を産んで、名前をヂガーブと名付けました。ヂガーブが成長すると、ヂギーチ王は『ブラフマダッタは我々に大損害を与えたので、私たちの復讐《ふくしゅう》を恐れて我々を探し出すと言っている。もし、間違ってブラフマダッタやその家来に見つけられたら我等《われら》三人の命は奪われてしまう』と思って、子供のヂガーブを他の家に預けておきました。ヂガーブは、父の正しい道理の教えを受けて、素直で良い性格を養《やしな》い、またさまざまな芸事を怠《なま》けることなく習って、才能にも恵まれて大いに上達しました。

ある日、以前ヂギーチ王に仕《つか》えていた理髪師が、ベナーレスの市外でヂギーチ王が密かに住んでいるのを見つけ、欲深い気持ちが湧《わ》いてきて、敵の王に知らせたのです。

ハラナシの王ブラフマダッタはコーサラ国王が皇后と共にベナーレスに逃《のが》れて、変装して陶器職人の家で生活していることを聞いて、『王と皇后

れけり。

女皇一人の男兒《だんじ》を生めり、其名をヂガーブと呼びぬ。ヂガーブ漸《やうや》く長ずるに及び、王は竊《ひそ》かに「梵摩達《ブラフマダッタ》は吾曹に大害を與《あた》へたれば、吾曹の復讐《ふくしゅう》を恐れて、嚴《をごそ》かに吾曹を捜索《そうさく》すと云へり。もし過《あやま》ちて彼が爲めに見付けられたらんには、吾曹三人の命は固《もと》よりなきものとなるべし」と思ひて、其子ヂガーブを他に移しおきぬ。ヂガーブは父の教育により善き性を養ひ得て、諸般の藝術《げいじゅつ》を學《まな》びて倦《う》まざりければ、大いに熟練と才智とを増すに至りぬ。

是《この》時、波羅奈《ベナーレス》に一人の理髪師ありけり。もとヂギーチ王に仕《つか》へしものなりしが、一日《あるひ》故《こ》主《しう》の市外に棲めるを見て、貪欲の念、禁じ難く、密《ひそ》かに之を敵王に告げ知らしぬ。

波刺那斯《ハラナシ》王梵摩達《ブラフマダッタ》は、憍薩羅《コウサラ》王の女皇と共に波羅奈《ベナーレス》に遁《のが》れ、姿を更へて、人知れず陶器師の家に靜けき生涯を送れるよしを聞き、

を捕《つか》まえて刑に処するように』と命令を受けた今でいう警察官がすぐに陶器職人の家に向かいヂギーチ王を逮捕して刑場に連れて行きました。ヂギーチ王はベナーレス市中を引き廻《まわ》されていたとき、息子のヂガーブが引き廻《まわ》されている両親をよく見ようと道に出てきたのをヂギーチが見つけて、敵に息子ヂガーブの存在を知られてはと心を苦しめたのですが、生前に最期の教えを一言話しておこうと切《せつ》に願って、『我が子ヂガーブよ、永からざれ、急ぐなかれ、何故なら怨みは怨みによって心が和《やわ》らぐものではない。怨まないという気持ちだけが、怨む心を抑えてくれるのだから』と叫んだのでした。

　コーサラ国の王と皇后は、あっけなく処刑されてしまいましたが、息子のヂガーブはアルコール度数の大変高い酒を買って、夜中に門番の兵隊に呑ませて酔わせ眠らせて、密《ひそ》かに両親の遺体を運び出して、遺体を火の点いた薪《たきぎ》の中に入れて火葬し、形だけの葬式をしたのです。ブラフマダッタはこのことを聞いて大変恐怖を覚えました。ヂギ

則《すなは》ち王及女王を捕《とら》へて之に刑を加ふべしと命じたれば、命《めい》を受けたる警吏《けいり》は直ちに行きてヂギーチを縛《ばく》し、之を刑場に引き据ゑたり。王は擒《とら》はれて波羅奈の市中を引き廻されし時、正に其子ヂガーブの父母を省《せい》せんとて歸《かへ》り來《きた》れるを見、敵に其子の在ることを知らしめざらんと思ひて、太《いた》く其心を苦しめしが、而も最後の箴《いましめ》を其子に與《あた》へんと思ふ一念頗《すこぶ》る切《せつ》なりければ、彼に向ひて、『吾子《ごし》ヂガーブよ、永《なが》からざれ、急《きふ》ならざれ。何となれば怨《うらみ》を和《やはら》げるものは怨《うらみ》にあらずして、怨《うらみ》ならざるものゝみ之を能くすべければなり』と告げたり。

　憍薩羅王は女皇と共に果敢《はか》なくも刑場の露と消え去りければ、ヂガーブは強き酒を買い來《きた》りて番兵を泥酔せしめおき、夜に入りて、竊《ひそ》かに兩親《りやうしん》の屍《しかばね》を奪ひ、之を薪火《しんくわ》の中に投じて一片の煙となし、形《かた》の如く葬式をなし果てぬ。梵摩達は之を聞きて大《をゝい》に恐れて思へらく、ヂギーチ王の子ヂガーブは殺されたる兩《りやう》

ーチ王の子ギガーブは殺された両親の無念を晴らそうと、復讐のために機《き》が熟《じゅく》すのを待って、私を暗殺しようと必ず思うだろう、と。

　その夜、ギガーブは森の中で一晩中泣きあかした末、涙も涸《か》れ果てて家に帰りました。この頃、王家で飼っている象を飼育する人が足りなくなったので、ギガーブは象の飼育係に応募して飼育の頭領《とうりょう》に採用されました。

　ある夜、ブラフマダッタは夜空に冴《さ》えわたる笛の音《ね》を聴くに及んで大変喜び、侍従《じじゅう》に『誰が笛を吹いているのか』と訊いたところ、侍従は『象を飼育する頭領《とうりょう》のところで最近一人の少年を雇《やと》ったそうです。その少年はいろいろな芸事に秀《ひい》でており、その者の好むところだそうです。少年は笛を吹き歌を唄《うた》うのが得意だそうです。思うに王様を喜ばせた者は、きっとその少年以外にはいないでしょう』と答えました。王は、その少年を宮殿に招き入れて、優れた芸を聞いてみたところ王の心を満足させたので、少年に宮殿内の仕事を仰《おお》せつけました。少年の言動は、いつも慎《つつし》み深く丁寧《ていねい》で

親《しん》の爲めに復讐せんため、機の乘《じょう》ずべきを見て吾を暗殺せんとするや必《ひつ》せり。

　若きギガーブは森の中《うち》に行きて、其夜は心の限り泣きあかせしが、遂に涙を拭ひて波羅奈《ベナーレス》に歸《かえ》りぬ。時に王家の象を護《まも》るものに不足を生じたるを機とし、彼は之を勤めんことを請ひて、長の許しを得たり。

　ある夜、王は笛聲《てきせい》の瀏喨《りうりやう》として頻《しき》りに響くを聞き、大《ををい》に之を喜びて、侍臣《じしん》に誰の謡《うた》ふ所なるかを問ひしかば、侍臣答へて曰ひけるは、「象を守れる者の長《をさ》なる人、近頃一人の少年を獲たりしに、此《この》少年は諸般の藝《げい》に達して、其徒の愛する所となれり。笛吹き歌謡《うた》ふは彼が習《ならい》なりと云ふ。思ふに君の心を喜ばせしものは、必ず彼《か》の少年ならん」。王は彼《か》の少年を其前に伴ひ來《きた》らしめて其才藝《さいげい》を試《こころ》みしに、太《いた》く王の心に稱《かな》ひければ、王は之を城内に留めて一役《いちやく》を勤めしめぬ。其擧動怜悧《きよどうれいり》にして、恭謙《きやうけん》能く人に下《くだ》り、精嚴《せいげん》能く其職に従ひ

頭が良くて判断力にも優れており、与えられた仕事にも真面目に努力を重ねたので、王はすぐにこの少年を昇進させて、王の信任が厚い役職に就かせたのです。

ある日、狩猟に出かけた王は、東へ西へと駆け廻《まわ》った末に家臣の者が誰もついて行くことができず、ただ一人王に取り立てられた少年のギガーブだけになってしまいました。一日中狩りで動き回ったのか疲れが出てしまい、王はいつの間にかギガーブの膝《ひざ》を枕《まくら》にして、うたた寝をしてしまいました。

この時、ギガーブは『我等に大きな損害を与え、両親までも殺したブラフマダッタ王が、今ここでうたた寝をしていて、いつでも怨《うら》みを晴らすことができる』と思い、腰に吊るした剣を鞘《さや》から抜いたのでした。

ブラフマダッタ王を殺すには丁度よかったのですが、ギガーブは『永《なが》からざれ、急ならざれ、怨《うらみ》を和ぐるは怨《うらみ》にあらずして、怨《うらみ》ならざるもののみ之を能《よ》くす』という父の遺言を思い出して、鞘《さや》か

しかば、王は直ちに之を上《の》ぼして信任の地位を與《あた》へたり。

ある日のことなりき、王は遊獵《いうれう》に出で、東西を駆け廻れる末、遂に從者を失ひて只從《したが》へるものはギガーブのみなりしが、終日《ひねもす》の狩にや疲れたりけん、王は知らず識《し》らず、若きギガーブの膝に枕して假寝《かりね》したり。

ギガーブ思へらく、「是の王梵摩達《ブラフマダッタ》は吾曹に大害《だいがい》を與《あた》へたり、吾《わが》王國を奪へり、吾《わが》父母を殺せり、而して今や吾《わが》手中のものとなれり」と。斯《か》くて腰なる劍《つるぎ》は鞘《さや》を拂《はら》はれぬ。

恰《あたか》も好し、彼は父の遺戒《いかい》『永《なが》からざれ、急《きう》ならざれ、怨《うらみ》を和《やはら》ぐるは怨《うらみ》にあらずして、怨《うらみ》ならざるもののみ之を能《よ》くす』を思ひ出《いだ》しければ、抜き放ちし劍《つるぎ》をまた元の鞘《さや》に收《おさ》めぬ。

ら抜いた剣を、また戻しました。眠っている王の顔を見ていると、悪い夢でも見ているようで恐怖の顔つきになっていました。目を覚《さ》ました王に『何故それほどに怖がるのですか』と少年が尋ねると、『私は寝ていると、いつもヂガーブが剣を突きつけてくる夢を見るために、ゆっくりと穏やかに寝ることができないのだ。今、お前の膝《ひざ》を枕にして眠っていた時も同じ夢に襲われたので、目が覚めてもまだ心が動揺しているのだ』と王が語りました。

　少年は、左手で力が抜けてしまっていた王の頭を支え、右手で鞘《さや》から抜いた剣を持って王に突きつけると『我こそは、お前のために国を奪われ、母と共に殺されたコーサラ国の王ヂギーチの一子《いっし》ヂガーブなるぞ。復讐する時が来たのだ』と言ったのでした。王は抵抗することができないことを知ると、『私が信頼しているヂガーブよ、私を殺しなさい。今すぐ、ここで私をその剣で突き刺しなさい』と手を挙《あ》げて叫んだのですが、ヂガーブは怒る様子はなく、悪意も持ち合わせていないよ

王は眠れるうちにも穏《おだやか》ならる夢のみ結びけむ、太《いた》く恐るゝ面色《おももち》ありしが、今や漸《やうや》く覺《さ》め來《きた》りければ、少年問ひて曰ひけるは、「王よ、何故《なにゆへ》に斯くは恐れ給ふぞ」。王曰ひけるは、「吾は常に若きヂガーブの剣《つるぎ》を掲《さ》げて迫まり來《きた》るを夢みるが故に、眠りても穏《おだや》かなる能はず。而して今汝の膝に枕して眠れる時、またもや恐ろしき夢に襲《おそ》はれたれば、覺《さ》めての後《のち》さへ胸驚きて心安からず」。

　少年は直ちに左手《さしゅ》を延べて力なき王の頭を捉《とら》へ、右手《うしゅ》に剣《つるぎ》を閃《ひらめ》かして曰へるやう、『吾こそは汝の爲めに王國を奪はれ、女皇なる吾が母と共に殺されたるヂギーチ王の一子ヂガーブなれ。今や復讐すべき時は來《きた》りぬ』。王は其《その》抵抗し難きを見て、手を擧《あ》げて叫んで曰ひけるは、「吾《わが》親愛なるヂガーブよ、吾をな殺しそ。吾《わが》親愛なるヂガーブよ、吾をな殺しそ」。ヂガーブは怒《いか》れる様もなく、又悪意を抱ける様もなくて曰ひけるは、「王よ、吾《わが》命

うで『王よ、あなたの生命の危機にあなたを助けなければなりません。王よ、王こそ私の生命を助けてくださったのです』と言ったのに対し、王は『私の信頼するギガーブよ。ならば、私の生命を助けてください。私はあなたの生命を助けることができるでしょう』と言いました。

このようにして、ハラナシのブラフマダッタ王と少年ギガーブとは、お互いに命を助けつつ、手を取り合って復讐をしないことを誓ったのです。

王はギガーブに『あなたの父親が処刑される前に、〝永からざれ、急ならざれ。怨《うらみ》を和《やわ》らぐるものは怨《うらみ》にあらずして、只怨《うらみ》ならざるもののみ之を能くす〟と言っていましたが、あれはどのような意味なのだ』と訊きました。

ギガーブは『父が死に臨《のぞ》んで『永かれざれ』と言ったのは、王が怨《うら》みに思うことが長期にならないようにと願い、『急ならざれ』とは私への戒《いまし》めで、王の家臣たちと争うような急に過激な行動をすることがないようにということです。『怨《うらみ》を和らぐるものは怨《うらみ》にあらずして、怨《うらみ》ならざるものの

の危《あやう》きにいかでか王を扶《たす》けまゐらせん。王よ、王こそは吾《わが》命を助くるものなれ」。王曰ひけるは、「好し、吾《わが》親愛なるギガーブよ。さらば吾《わが》命を助けよ、吾《われ》汝の命を助け得させんに」。

斯《か》くて、波刺那斯《ハラナシ》の梵摩達《ブラフマダッタ》王と若きギガーブとは迭《たがい》に命を助けつゝ、手を取り交はして相害《そこな》ふことなきを誓ひぬ。

王、是《この》若者に曰ひけるは、「卿《なんじ》の父が死に臨《のぞ》んで、『永からざれ、急ならざれ。怨《うらみ》を和《やわ》らぐるものは怨《うらみ》にあらずして、只怨《うらみ》ならざるものゝみ之を能くす』と云へるは何の意なりしぞ」。

若者答へて曰ひける、「吾が父が死に臨《のぞ》んで『永かれざれ』と云へるは、王の怨《うらみ》の長からざらんとを願へるなり。『急ならざれ』とは吾を箴《いま》しめて、王の徒《と》と相ひ争《あらそ》ふが如き急激なる擧動《きよどう》に及ぶなかれとの義なり。『怨《うらみ》を和《やはら》ぐるものは怨《うらみ》にあらずして、怨《うらみ》ならざるも

み之を能くす』とは、すなわち、王は私の両親を殺しました。もし、私が王を殺したとき、王の家来たちは私を殺そうとするでしょう。すると、今度は私の家臣たちがあなたの家来を殺すことになり、殺し合いが止《とど》まることがなくなってしまうのです。怨《うら》みを消し去るのは怨《うら》みではないことがこれで明らかなのです。されど、王は今、私の生命を助けました。そして、私は王の生命を助けたのです。これは、怨《うら》み以外の心でもって怨《うら》みを消し去ったのです』と言いました。

この時、ハラナシのブラフマダッタ王は『つまり、簡単に要約すると、父親が戒《いまし》めるために言った言葉をヂガーブは、よく理解したので、あなたは誠に賢者であると言えるだろう』と思ったのでした。

これで、王はコーサラ国の軍隊や車両、王国そのもの、そしてコーサラ国の財宝や倉庫などを元のように返して、更にヂガーブの夫人となる女性との縁組みを取り持とうと考えました」。

仏が、このように話された後、比丘たちに集会が終わったことを告げました。

の、み之を能くす』と云へるは、其義《そのぎ》次の如し。即ち、王は吾《わが》父母を殺せり。もし吾亦王を殺さんには、王の徒は亦吾を仇《あだ》となすに至らん。然る時は吾が徒も亦王の徒を殺さざれば止《や》まざるべし。怨《うらみ》を和ぐるもの怨《うらみ》にあらざるは是れにて明《あきらか》ならん。されど王よ、王は今や吾《わが》命を助けたり。而して吾亦王を助けたり。是卽《すなわち》怨《うらみ》ならざるものを以て怨《うらみ》を和ぐるものにあらずや」。

是時、波刺那斯《ハラナシ》の梵摩《ブラフマ》達《ダッタ》王は思へらく、「斯く簡約《かんやく》に箴《いま》しめたる父が言葉を斯《か》く十分に悟れるヂガーブは、誠に賢なるものと謂ふべし」。

是《ここ》において王はヂガーブの父が有せし軍兵、車輛、王國、財寶《ざいほう》、倉庫を返し與《あた》へ、又之に娶《めは》はすに其女《むすめ》を以てせりとぞ。」

佛は斯く云ひ給へる後、比丘を退かしめ給ひたり。

比丘たちは互いに寄り添って喧嘩を始めた原因を話し合い、喧嘩を始める前に戻って、二つのグループが和解することを宣言したのです。

◈

ある日、仏が素足で庭を散歩していました。これを見た古くからいる比丘は、履《は》いていた靴を脱いで素足になりましたが、まだこの地に来て間もない比丘は素足になることなく靴を履いたまま仏に付いて行きました。

古くからいる比丘は、来て間もない新参《しんざん》の比丘が靴を脱がないのを見て、このことを仏に言ったところ、仏は新入りの比丘を呼んで「私が生きている間でさえ、相手を敬《うやま》うことなく、礼を尽《つ》くさないのだから、もし私が死んだ後は、どうなるのだろうか」と仰いました。

仏は、変わらない敬意を表することについて大いに心配で、続けて、

「比丘よ、世間の暮らしを送る者ですら、先生と

比丘衆は互ひに打寄《うち》りて、隙《げき》を生ぜし本末を詮《せん》索《さく》し、其始《はじめ》に返りて、復《また》も僧伽の歸一《きいつ》を宣言するに至りぬ。

第三十九　比丘箴《いま》しめらる

ある日仏は跣足《せんそく》にて庭中を逍遥《せうよう》したまへり、舊《きう》參《さん》の比丘は佛の跣足《せんそく》にて歩みたまふを見て、其靴を脱して、また跣足《せんそく》となりたれども、新參《しんざん》の比丘は是の例には倣《なら》はず、足を覆《おほ》へるまゝにて之に從《したが》ひぬ。

舊參《きうさん》の比丘は新參《しんざん》の比丘がなせる無禮《ぶれい》なる擧動《きよどう》を見て、之を佛に告げたれば、佛乃《すなは》ち新參《しんざん》の比丘を箴《いま》しめて曰ひけるは、「吾が存生《そんじやう》の間にすら、互ひに敬《うや》まはず禮《れい》を盡《つく》さざること此の如くならば、他日吾《わが》亡き後には何事をなさんとする乎《か》」。

佛は眞理の爲めに之を憂ふること少からず、更に語を續けて曰ひけるは、

「比丘よ、世間の事を爲《な》して生を送る者す

云われるような人に対して尊敬や親しさ、礼儀を失わないように教えられるのです。では、比丘よ、世間を離れて宗教に身を預けた者が先生と云われる人や我々を支えてくださる敬《うやま》うべき人々に対しては、遜《へりくだ》った礼儀を守り、愛し、尊敬することが比丘として功徳の光を輝かすのです。比丘よ、あなたのような行いで、他人《ひと》を私の教えに導いて、この教えを信ずる人を増やすことは大変難しいことなのです。比丘よ、このような行いをすることは、私の教えを信じようとしなくなり、遠ざかってしまうのですよ」と仰いました。

◇

スブラ長者の子で、ヤソダラ姫の兄のデーブダッタは仏の弟子となり、仏のように輝かしい地位に就《つ》きたいと思ったのに、身の程を過ぎた望みの一片も手に入れることができず、大いに嫉妬の炎を燃やして、仏の栄光を上回るようになりたいと決心したのでした。それで、まずは仏が定めた修行の規則が生《なま》ぬるいと貶《けな》し

ら、師に對する尊敬、親愛、禮儀《れいぎ》は之を失はざらんことを勉《つと》むるなり。さらば比丘よ、塵《ちん》世《せ》を捨て丶身を宗教に委《ゆだ》ねたるものは、師匠、長者、及師匠長者として敬《けい》すべき人々に對しては、謙譲《けんぢやう》の禮を守りて之を敬《うやま》ひ、之を愛し、之に遵《したが》ひて以て己が徳光《とくくわう》を輝かすべきにあらずや。比丘よ、汝の如く振る舞ひたらんには、人を導きて吾宗《わがしう》に歸《き》せしめ、信仰のあるものを增《ま》さんこと、誠に難《かた》かるべし。比丘よ、此の如きは却りて適《たまたま》不信の徒をして相離れしむるに足りなむ」。

第四十　提婆達多

善覺《スブラブツダ》長者の子にて、耶輸陀羅《ヤソダラ》姫の兄に當《あた》れる提婆達多《デーブダツタ》は、佛弟子となりて瞿曇悉達《ゴータマシツダ》の如く榮譽《えいよ》ある地位を得んと思ひしに、其大望《たいもう》の端もなく敗れたれば、却りて嫉妬の炎を熾《さかん》にして、佛の德を凌《しの》ぐほどにならんと決心せり。是《ここ》において先づ佛の法規を非難し、寛《ゆる》きに過ぎたりとて之を訾《そし》り

たのでした。

　デーブダッタは王舎城に行ってビンビシャラ王の子のアジャタシャトルーを説き伏せて、アジャタシャトルーのために精舎を建てて、デーブダッタ自ら一つのグループを作って、人を集めて厳しい修行の規則を定めて苦行を始めたのでした。

　間もなくして仏は王舎城に来て、竹林精舎に滞在しました。デーブダッタは、自分が定めた苦行の規則で、より一層尊く侵し難いものが得られると思い、仏が滞在している竹林精舎へ行って許可を得ようと「人の身体は三二の部分から出来ています。けれど、その中に神聖なものは一つもありません。ただ、汚《けが》れているだけで身体は苦しみと愁いだけを生じ、万物が生まれては死ぬという変化によって端からどんどんと崩れ、終《しま》いにはすべてが崩れ落ちるのです。前世での行いに応じて人間として生まれた身体は、宗教的に受け入れられない行為と病気が棲み着き、身体にあるさまざまな臓器は常にあってはならない液体を続々と排出して、それが排出されないということは死を意味し、その肉体の行き先は棺桶《かんおけ》の中なのです。身体の中で変

ぬ。

　提婆達多は王舎城に至り、頻毘娑羅《ビンビシャラ》王の子の阿闍世王《アジャタシャトルー》に説きて、彼が爲めに一寺を建立《こんりゅう》せしめ、是《ここ》に自ら一宗を開きて、其徒を集め、嚴《きび》しき律《りつ》を制して苦行に從《したが》はしめぬ。

　其後幾何《いくばく》もなくして佛は王舎城に來り、竹林精舎に留錫《りうしやく》し給ひたり。提婆達多は是嚴《きび》しき律によりて今一層の神聖を保ち得るものとなし、佛の許に來りて其の許《ゆるし》を乞ひて曰ひけるは、「肉體《にくたい》は三十二の部分より成れり。而れども其中《うち》に一の神性を有《たも》てるものなし。只罪を造りて敗れに生《な》るのみ。肉體《にくたい》の性は苦惱《くのう》を生じ、轉變瓦解《てんぺんぐわかい》を來《きた》すのみ。前生《ぜんしやう》の業報《カルマ》によりて成れる是《この》肉身は、罪と病《やまひ》との棲家なり、肉身がもてる諸《もろもろ》の機器は常に忌むべき液汁《えきじう》を分泌して止まず、其終る所は死なり、其留まる所は棺槨《くわんくわく》なり。肉身の性たる汚《けが》れも亦甚《はなはだ》しと謂ふべし。果して然らは、肉身を處《しよ》することは猶穢《けが》れにて充ちたる臭體《しうたい》の如くすべし、之に衣《き》するには、墓地或《あるひ》は穢《けが》れたる土地より獲來《えきた》れ

わらない真実ですら著《いちじる》しく汚《けが》れているのです。そうであるなら、肉体を埋葬《まいそう》することは、十分に悪臭で汚《けが》らわしいものとして扱うべきです。この遺体に衣服を着せるのであれば墓地やゴミ捨て場から拾ってきたようなボロ布のようなものを着せるべきです」と言いました。

「なるほど、肉体は汚れていて、最後は棺桶《かんおけ》に入るのです。何故なら、人間の身体というものは永遠に不滅ではないのです。最終的には、バクテリアなどによって分解され、万物の根源をなす究極的な成分〈エレメント〉になるのです。身体とは人間の前世における行為の結果であるがゆえに、人間の能力など真実の容れ物としてであるのであって、汚《けが》れた行いを入れるのも、その人間の器量《きりょう》によるものなのです。身体が欲《ほ》しいだけ欲《よく》を求めることは悪いことなのです。しかし人が生活するうえで決められたことを横に措《お》いて悪い行いのうえにさらに悪さをするのは良いことではありません。ランプの掃除をしないで、油を足《た》すこともせずにいれば、やがてランプの灯火《ともしび》は必ず消えてしまいます。沐浴をせず、髪を梳《と》かすこともしないで、悩みな

るが如き繿褸《ぼろ》の類《たぐゐ》を以てすべきなり」。

佛、「然り、肉體《にくたい》は汚《けが》れにて充《み》てり、其終る所は棺槨《くわんくわく》なり。何となれば肉身は永久不變《ふへん》のものにあらずして、遂には本《もと》の元素に分れ行くべければなり。されど肉身は業《カルマ》の果なるが故に之を眞理の器《うつは》となして、罪の器《うつは》となさゞらしむるも亦唯汝の力量如何によらずとせんや。肉身の慾に溺《おぼ》るゝは惡し、されど其必ず要する所を却《しりぞ》けて汚《けがれ》の上に汚《けがれ》を積むは善き事にあらじ。燈《ともしび》の掃除全《まった》からざるに、油をも注ぐこともなければ、火は消ゆるより外なかるべし。浴《ゆあみ》せず、梳《くしけづ》らず、苦行にて悩まされたる肉身も亦また此《かく》の如し、眞理の光を受くるに適せざるなり。汝が作れる律《りつ》は、吾が中道を踏《ふ》ましむるものにあらず。固《もと》より自ら進んで嚴《きび》しき律《りつ》に従はんとするは、敢て妨《さまた》ぐべくもあらず。さ

がら苦行を行う身体は、真実の光を受けるのに相応《ふさわ》しくない状態なのです。あなたが作った修行の規律とは、苦行と快楽を共に排除した『中道』という私が勧めるものではないのです。自分の意思で厳しい規律を定めて行うことに「止めろ」とは言いませんが、その規律を他の人にも強制するに至っては、私はそのやり方を良いとは思いません。何故なら、悟りの道を求めるのに、その必要性を感じないからです」。

このようにして、仏はデーブダッタの要請を断《ことわ》ったところ、デーブダッタは自分の精舎に帰って行き、「仏は、私が推奨《すいしょう》する解脱の方法を貶《けな》した。仏がやっているような緩《ゆる》い修行では全く効果がない」とデーブダッタは言ったのでした。

仏はデーブダッタの悪巧みを聞いて、「私は人間として非難されるようなことはしていない。ただ黙っていること、喋《しゃべ》ること、そして中道についての教えを話すことすら非難されているのだ」と仰いました。

デーブダッタは、アジャタシャトルーに「ビンビシャラ王に反抗して王の位《くらい》を取ったうえで、ビンビシャラ王が死んだその後のマガダ国はあなたが好きなよう

れど之を他に強《し》ひんとするに至りては、吾其《その》可なるを知らず、何となれば、斯《かか》る必要あるを見ざればなり」。

斯《か》くて如来は提婆達多の請《こ》ふ所を拒《こば》み給ひたれば、提婆達多は佛を去りて己が寺に歸《かへ》り、佛が解脱の法を譏《そし》りて、寛《ゆる》きに過ぎて全く効なきものなりと言へり。

佛、提婆達多の陰謀を聞き給ひて、「人として譏《そし》られぬはなし。黙するものも譏《そし》られ、語るものも譏《そし》られ、中道を教ふるものも亦譏《そし》らる」とぞ宣ひし。

提婆達多は阿闍世王を教唆《けうさ》して、其父頻毗娑羅《ビンビシャラ》王に反《そむ》きて王位を取らしめんとせり。かくて頻毗娑羅王の死せる後は、摩羯陀國は其子阿闍世王の

に支配できるのですよ」とそそのかしました。

新しく王になったアジャタシャトルーは、デーブダッタの悪い企《たくら》みとは知らずに仏を殺そうと命令しました。しかし、殺し屋は何度も仏の所へ行って仏を亡き者にしようとしたのですが、いつも失敗してしまい、仏を狙《ねら》っているうちに、仏の教えを聴くようになって仏の弟子となってしまいました。上手く殺すことができなかったデーブダッタは、今度は崖の上から大きな岩を落として仏を殺そうとしましたが、岩は途中で二つに割れて遠くへ飛んでしまい、仏を岩で押し潰《つぶ》すことができませんでした。さらに、デーブダッタは、荒れ狂った象を仏がいる所へ連れて行ったのですが、象は仏の前に来ると猫がじゃれつくような態度になってしまいました。アジャタシャトルー王は、デーブダッタが言ったことを命令したのにすべて失敗に終わったのを見て、良心の呵責《かしゃく》に堪えられなくなり、仏の所へ行って心が苦しいことを告白したのです。

仏はアジャタシャトルー王を招き入れて、心が安らかになる話をしたのですが、デーブダッタは、更にしつこく自分が宗教の教祖になろうと思ったのでした。


嗣《つ》ぐ所となりぬ。

新王は提婆達多の惡言を容《い》れて、佛をなきものにせんことを命ぜり。されど刺客《しかく》の世尊を殺さんとて來《きた》れるもの、一《いつ》も其惡行を遂《と》ぐること能わず、佛を見るに及んで、直ちに之に歸依《きえ》して其教《をしへ》に耳傾けぬ。又佛を亡ぼさんとて斷崖《だんがい》の上より墮《おと》せる大石は、裂《さ》けて二つとなり、別處《べっしょ》に飛び行きて、寸害《すんがい》をも佛身《ぶっしん》に加え得ざりき。又世尊を害《そこな》はんとて放《はな》たれし荒き象も、佛前《ぶつぜん》に來《きた》りては、馴れて猫の如くなりぬ。阿闍世王は大いに良心に攻め惱《なや》まされて、遂に佛の前に出《い》で來《きた》りて、苦の穩《おだ》やかならんことを求めたり。


佛は厚く阿闍世王をもてなして、解脱の道を教え給ひぬ。されど提婆達多は尚執念《しうね》くも自ら一派の開基《かいき》とならんと思ひたりき。

デーブダッタが精魂《せいこん》を込めて行動したにもかかわらず、とどのつまりは絵に描いた餅のように全く役に立たず、たくさんいた弟子たちはデーブダッタの許から去って行きました。とうとうデーブダッタは思いが遂《と》げられないことから病気になってしまい、今まで仏に対して行った悪事を後悔して、残っていた弟子に頼んでベッドに寝たまま仏の所へ運んでもらおうと思い「弟子たちよ、私を仏の所へ一緒に連れて行ってほしい。私は仏を殺そうとしたが、元々、仏は私の妹の旦那である。妹の結婚によって親類になったのだから、悪いようにはしないだろう」と言いました。弟子たちは、今まで悪いことをしてきたので躊躇《ためら》いましたが、親分が言い出したことなので承知しました。

デーブダッタは、早く仏に会おうとする心が勇《いさ》み立ちましたが、弟子たちが手を洗っている間にベッドから起き上がったとたん、両足が燃えるような熱を持ってその場に倒れ込み、ただ仏の人格を讃《たた》えて死んでしいました。

提婆達多が盡力《じんりよく》も其甲斐なく、計《はか》る所は畫餅《ぐわべい》となりて多くの弟子は彼を捨て去りぬ。

提婆達多は遂に病み疲れて、大に往事《わうじ》を後悔しければ、尚殘《のこ》れる弟子を頼みて其病床を佛のもとに運はしめんと思ひて曰ひけるは、「兒等《じら》よ、吾を彼處《かしこ》に伴《ともな》へよ、吾は彼を害《そこな》ひしかども、彼は吾《わが》妹の婿《むこ》なり。姻戚の身なればよも惡《あ》しくは圖《はか》るまじ」。弟子は躊躇《ちうちよ》せしも遂に之を肯《うけが》ひぬ。

提婆達多は、早く佛を見んと欲する心禁じ難く、弟子の手を洗《あら》はんとせる間に、自ら床より起《た》たんとせしに、兩脚《りやうきやく》は燃えて地上に倒れ伏しつ、只管《ひたすら》佛の德を讃《さん》して遂に逝きぬ。

◇

仏は次のように比丘衆にお話しになりました。

「比丘衆よ、あなたたちと私が長く迷いの世界で生まれ変わり死に変わって車輪のようにぐるぐると止まることを知らない世の中にいます。これは四つの基本的な真理を自分のものとして理解していないからです。

人間が死んで、完全なる悟りを得るまでには、さまざまな形で生死を繰り返すのです。それは、心を持たないように見える石の塊《かたまり》から植物になり、いろいろな動物に転じた後に、さまざまな性質を持った人間に産まれるのです。

すべての生き物は、過去そして現在において行ってきた行為の善《よ》し悪《あ》しによって今があるのです。

人間の根本の真実とは花火のようなものなのです。しかし、一度根本の真実というものを知ることができれば永久に忘れることはないのです。し

第四十一　目的

佛は下の如く比丘衆に説き示しぬ。

「比丘衆よ、汝曹と吾と斯《か》く長く輪廻《りんね》の巷《ちまた》に迷ひしは、四聖諦《しせいてい》を會得《ゑとく》せざりしによるなり。

靈魂《れいこん》の成佛して圓《まど》かなる悟りをなすまでには、あらゆる形を享《う》けて輪廻《りんね》するなり。即《すなは》ち非情《ひじやう》の石塊《せきくわい》より植物を經《へ》て、種々の動物體《たい》となり、更に轉《てん》じて千態萬狀《さまざま》の性質を具《そな》へたる人間となるに至れり。

一切の衆生の此《かく》の如く存在するは過去世及現在世にてなせる行爲《かうゐ》の業《カルマ》によりて然るなり。

人間の理性は悟《さとり》の火花なり、されど悟《さとり》は一たび得らるれば永く失《うしな》はるゝことなし。而かも亦新たに生を享《う》くるの要は之あり、何とな

かも、この迷いがある世界に再び生まれてくるときはこれが必要なのです。何故なら、この迷いの世界において山の頂《いただき》のようなところに行くと、すべてが善く正しい行いとして出現するような光に満《み》ち溢《あふ》れるからです。

私は人間という高等な生き物に位《くらい》づけられて、生きるものとしての真実を見て、穏やかで心身に苦痛がない場所へ行く道をあなたたちに教えました。

私はあなたたちに悪業を捨てることができる心の泉について話しました。

私はあなたたちに真実を貫《つらぬ》き通して見ることができる心の薬を与えました。これに従う者は、心を正しく持ち、悪い行いを良い方へと導くことができるのです。

煩悩という荒波の立つ海を乗り越えて涅槃の岸に上陸できた者が得られる善い行いによって得られる良い結果と利益は、すべての神が羨《うらや》むようなものばかりなのです。こういった人は、すべての悪を清めて、迷いの世界へ戻ることはないので

れば輪廻によりて存在の絶巓《ぜってん》に達し、之よりしてすべて正義の源《みなもと》となるべき不可測の光明を得べければなり。

吾は生《せい》を此高等なる地位に享《う》けて、眞理を看破し、平穏安樂《へいをんあんらく》の都《みやこ》に到るべき道を汝曹に教へたり。

吾は汝曹にすべての罪を洗ひ去るべき神泉《しんせん》を示せり。

吾は汝曹に眞理の徹見《てつけん》と名づけたる健康劑《けんかうざい》を與《あた》へたり、之を服するものは心を動かし、情を搖《うご》かし惡を行ふべき禍《わざわひ》に罹ることなし。

煩惱の荒浪を逃れて涅槃の岸に上れるものの福德《ふくとく》は、諸神《しょじん》も羨《うらや》むばかりならん。此人の心はすべての汚《けがれ》を去り、すべての迷《まよひ》を離れたり。

す。

この人は、蓮華が咲く池に生まれて、一切水に濡れることはないのです。

この理想の地へと進めることができる人は、比丘でなくとも、心は世間の汚れにまみれることはないのです。

慈《いつく》しみを持つ母親は、その子を愛しているが故に、わが身に代えても子供を護《まも》ろうとするでしょうし、悟りへの道を知った者は、世の中で貧しい人や障がいを持った人に同情し、無償の好意を表そうとするのと同じことなのです。

人間が生きている間に行う、歩く・留まる・坐る・寝るといった行為の間に、病気で苦しむとき、健康で楽しいとき、死を目前におびえるときなど、どのような場合にあっても生き物を慈《いつく》しみ愛する心が変わらないように決心すれば、この世界に比べるものが無いほど強いものなのです。

苦〈迷い《生老病死》そのものが苦である〉・集〈苦《喜びと貪《むさぼ》りを伴う渇愛《かつあい》〔本能的な強い愛〕》の原因となる真理〉・滅〈渇愛が完全に捨て去られた状態の真理〉・

是人《この》は蓮華の水より生じて而かも水に濡れざるが如し。

大《おほ》なる道を歩めるものは、世間に住むとも、其心は世間の慾塵《よくじん》を蒙《かぶ》むることなし。

慈母の、其一人子を愛するや、己が身を捨てゝなりとも之を護らんとするなり、道を得たるものが衆生を憐《あはれ》みて限りなき好意を示さんとするは亦復《またまた》此《かく》の如し。

行住坐臥《ぎやうぢうざぐわ》の間、病に苦しむ時、健康を楽しむ時、死せんとする時、生きんとする時、其如何なる時たるかを問はず、固く此心を持して渝《かは》ることなかれ。此心の好きこと、世上物の比すべきなし。

四聖諦《しせいてい》を見ざるものは、無明の沙漠《さばく》を過ぎて、生れかはり死にかはり、迷ひの淵に沈み罪の泥に塗《まみ》れつゝ、長き旅路を行かざるべか

道〈苦を止めるための道筋の真理〉という四つの真理〈四聖諦《ししょうたい》〉を見ることができない者は、何も存在しない砂漠を通り過ぎて、生死を迷いの大河に沈め、罪の泥を塗られて、長い輪廻の道を行かなければならないのです。

しかし、今や四つの真理を見ることができたのです。生死流転《るてん》する世界と迷いの水源は涸《か》れてしまい、私の手の中に目的の地が握《にぎ》られているのです。自らが持つ執念は敗れ去り、真理は勝利を祝う歌を大声で唄《うた》っているのです。

これが一切の心の執念を消し去った悟りの境地であり、仏になったと言えるのです。これこそ浄土に生まれ変わり、生死流転の世界から生命が飛び出して、心の幸せと利益が得られるのです。

◇

王舎城の街中に住んでいるスブハドラという者の子にジョチツシカという家主がいました。草鞋樹《サウアイジュ》という木で作られた、珍宝の椀を持っていて、家の門の前に

らず。

されど今や四聖諦《しせいてい》は看破せられぬ。輪廻《りんね》と迷《まよひ》との源《みなもと》は涸《か》れ果てぬ。目的の地は吾《わが》手に歸《き》しぬ。我執《がしう》の慾は敗れて眞理の凱歌《がいか》は高し。

是之《これ》を眞《まこと》の解脱となし、成佛《じやうぶつ》となす。是之《これ》を天界となし、不死不生の生命が受くべき福徳となす。

第四十二　奇蹟を禁ず

須跋陀羅《スブハドラ》と云ふものゝ子に樹提迦《ジョチツシカ》と云うあり、王舎城に棲める家主なりき。草鞋樹《サウアイジュ》といふ木にて作り、寶珠《ほうじゅ》もて飾りたる一個《ひとつ》の珍らしき椀を得て

立てた長い竿の上にこの椀を載せ、その下に「出家した人で、梯子《はしご》や長い釣竿《つりざお》を使わずに魔術でこの椀を取った者には、その出家した人の望む物を差し上げます」という張り紙を出しました。

たまたま、驚いた様子で一人の人が仏の所へやって来て「たいへんだぞ、仏の弟子は奇蹟を現したぞ。迦葉というあなたの弟子は、ジヨチツシカの家の前に立てかけていた竿の先に置かれた椀を見て、手を伸ばしてこれを取って精舎に持ち帰ったぞ」と大きな声で賞讃しながら言いました。

仏はこれを聞いて迦葉の所へ行って、迦葉が持ち帰ったという鉢を地面に叩《たた》きつけて粉々にしてしまい、「どのような奇蹟をも行ってはいけません」と迦葉に言いました。

このことがあってから暫《しばら》くして雨季になりました。多くの比丘はブリヂ地方に滞在していましたが、たまたま飢饉《ききん》となって食べ物を得ることができなくなったので、一人の比丘が「我々は村人と功徳を褒《ほ》め合って、この比丘、迦葉は仏の弟子の中では位《くらい》が高く、天

ければ、之を己が家の門前に立てたる長竿《ちやうかん》の上に載せ、其下に一紙《いっし》を貼て、「もし出家の人にて梯子《はしご》又は鈎《かぎ》ある竿を用ふることなく、魔術の力を以て之を取り得るものあらば、吾は其人に好むものを與《あた》ふべし」と書《しょ》したり。會々《たまたま》人あり、太《いた》く驚ける面色《おももち》にて賞讃の聲《こへ》も喧《かまび》しく佛の許に來《きた》りて曰ひけるは、「大なるかな、如來、爾《なんぢ》の弟子は奇蹟を行へり。佛弟子なる迦《カ》葉《ショウ》は樹提迦《ジョチツシカ》の竿頭に懸れる鉢を見て、手を延べて之を取り下《おろ》し、携《たづさ》へて寺に歸れり」。

佛、是の事を聞きて、迦葉の所へ行き給ひ、其鉢をとりて之を粉砕《ふんさい》し、如何なる奇蹟をも決して行ふべからずと告げ給ひたり。

是の事ありし後、幾何《いくばく》もなくして雨の時は來りぬ。多くの比丘は弗栗恃《ブリヂ》の地方に滞留《たいりう》して此時を過ごしけるが、會々《たまたま》饑饉《ききん》にて食を得るに難《かた》かりしかば、一比丘の言ひ出つるやう、「吾曹は村民に向ひ相互《あひたがひ》に其徳を讃めて次の如く言ふべし。是の

が救済のために身を変えられてこの世に姿を現した方で、天から恩恵を受けて奇蹟を行える」と言いました。これを聞いた村人たちは「幸せがやって来た。この雨季に我々は救済のために我々の所へ来てくださった比丘と一緒に暮らすことは幸せである」と喜んで言い合っていました。そして、村人たちはたくさんの布施をしたため、この地の比丘たちは飢饉《ききん》に苦しめられることなく、雨季を恙《つつが》なく送ることができました。

　これを聞きつけた仏は、比丘たちを集めるように阿難に命じて、

「比丘よ、比丘としてのいわれを失うのはどのようなときか、答えなさい」と言うと、

舎利弗は、

「仏の弟子となれるのは、女性を犯してはならないのです。もし、これを犯す者がいれば、仏の弟子とは言えないのです。

　仏の弟子は、民衆などから布施として提供された物以外を受け取ることがあってはならないのです。もし、提供された物以外でそれがゴミ一つ髪の毛一本であっても、取った者は仏の弟子とは言

比丘は聖徒なり、嘗《かつ》て天の示現を感せしことあり、彼は實に不可思議の賜《たまもの》を有《も》てり、奇蹟を行ひ得るなり」と。村民は之を聞き傳《つた》へて喜ぶこと一方ならず、皆「幸《さいはひ》なる哉《かな》、斯《かの》雨の時節を斯《かか》る聖徒の吾曹と共に過ごし給はんとは誠に幸《さいはひ》なる哉《かな》」と云って、多《おほく》の布施を與《あたへ》ければ、比丘は少しも饑《き》饉《きん》のために苦しめられず、安然《あんぜん》として日を送りけり。

　佛之を聞き給ひ、阿難をして比丘衆を集めしめて問い給ひけるは、

「比丘よ、比丘の比丘たる所以《ゆえん》を失ふは如何なる時なるか、吾が爲めに語れ」。

舎利弗、答へけるは、

「法の如く弟子となれるものは、不邪淫戒を犯すべからず、もし之を犯すものあらば、最早や釋迦牟尼の弟子にあらざるなり。

　如法の弟子は、與《あたへ》られたる物の外は一物も取るべからず。もし取る者あらば、一塵一毛《いちぢんいちもう》にせよ、彼は最早や釋迦牟尼の弟子にあらざるなり。

えないのです。

仏の弟子は、わざと意識してあるいは悪意があったにせよ、害を及ぼさない生き物を殺してはいけないし、もし、それらを殺したのであればその者は仏の弟子ではないのです。

これを『三大戒』というのです」と答えました。

仏が比丘たちに、

「それに加えて、言わなければいけない一つの大きな戒《いまし》めがあります。

仏の弟子たる者は、魔術といった不思議に思える行いをしてはいけません。もし弟子がいて、悪意や欲の深い心で天からの恩恵にせよ奇蹟にせよ、魔術を使うことを誇《ほこ》りとするならば、その人は仏の弟子であってはならないのです。

比丘たちよ、私はあなたたちがどのような魔術も使うことを禁止します。すべての生き物は、善悪の行為によって原因と結果があるのですから、魔術を使う必要はないのです。奇蹟を起こそうと

如法の弟子は、故意或は惡意を以て無害なる生き物を殺すべからず。假令《たとひ》一小蟲《せうちゆう》にもせよ、もし故意或は惡意を以て無害の生き物を殺すものあらば、彼は最早や釋迦牟尼の弟子にあらざるなり。

是を三大戒となす。

佛、衆に告げ給ひけるは、

「尚汝曹に告げ知らすべき一大戒あり。

如法の弟子は、不可思議の所作《しよさ》に誇るべからず。もし弟子あり、惡意又は貪婪《どんらん》の念を以て、天の示現にもせよ奇蹟にもせよ、不可思議の所作《しよさ》に誇ることあらば、彼は最早や釋迦牟尼の弟子にあらざるべし。

比丘よ、吾は汝曹の如何なる魔術をも爲《な》すことを嚴禁《げんきん》す。萬物《ばんぶつ》は業《カルマ》の法則によりて動くが故に、魔力を用ゐる要なし。奇蹟を行はんと思ふものは如來の説法を解《げ》し得ざるものな

する者は、仏の教えを理解していないことになります」と注意されました。

その頃チヱという、真理を知って目の曇《くも》っていない仏の信者である詩人がいました。仏の教えは波立つ心を穏《おだ》やかにして、苦悩しているときの慰《なぐさ》めとなっていました。

当時、ある病気が流行して、あちこちに蔓延《まんえん》して多くの人が死んでいき、誰ひとりその病気を恐れない者はいませんでした。中でもひどいものは、将来の運命を予想して、すごく恐れる人さえいました。その病気に罹《かか》っただけで死ぬことを恐れる心情では、まず、その心を殺しているようなものでした。また、別の者は、楽しそうな顔をして「今、この時を楽しみましょう、明日がどうなるか分からないから」と声高らかに叫んでいる者もいました。しかし、楽しそうな顔は、心から楽しいのではなく、あえて無理をして自分の心を誤魔化《ごまか》すようにしていたのでした。

り。

第四十三　塵事《ぢんじ》は虚妄《こもう》なり

其頃ちゑと云ふ詩人ありて、眞理の翳《くもり》なき眼を開ける佛の信者なりける。佛法は彼の心に安穩《あんをん》にし、苦の時を慰《なぐさめ》となれり。

當時《たうじ》一の流行病あり、到る處《ところ》に蔓《はび》こりて多くの人々を斃《たほ》しければ、誰一人怖《おそ》れずと云ふものなし。就中《なかんづく》其甚《はなはだ》しきものは、將來《しやうらい》の運命を豫想《よそう》して恐れ慄《おのの》くこと一方ならず。其身未だ死せざるに死を恐るゝ情は、先ず其心を殺すに至りぬ。又然《しか》らざるものは愉快《ゆくわい》の相をなして高く叫んで曰ひけるは、「今を楽《たの》しめよ、明日をも圖《はか》られぬ身なれば」。されど是の愉快《ゆくわい》は眞《しん》の愉快《ゆくわい》にあらず、強《し》ひて自ら欺《あざむ》けるなりけり。

このように世間の人は恐怖に震《ふる》え戦《おのの》いていましたが、詩人チヱは、悪い流行《はや》り病のなかにいても、平常心を失わずにいました。助けられる人には看護する人を差し向けて、薬を与えて、仏から教わった真理への道を話して心の痛みを和《やわ》らげたのでした。

ある時、一人の人が詩人の所へ来て、

「私の心は、周囲《まわり》の人たちが次々と死んでいく様《さま》を見て敏感になりました。私は他人《ひと》のことを心配していませんが、次はわが身かと思うと怖《こわ》くなります。私を救ってください、そしてわたしを恐怖から立ち直らせてください」と言いました。

詩人は「他人《ひと》のために同情するような人には救う手立てがあります。あなたのように自分一人だけを思い煩《わずら》う人には何の手立てもありません。人の心を用いて正義と病気で困っている人を援助することを教えるのは、困難に出合って苦しみ悩むときなのです。しかし、あなたは周囲の現状を見て知りながら、自分の心だけの安定を願うのですか。あなたは、家族や友達が苦しみ悩んでいるのを横目で見ながら、尚《なお》も自分にしつこく纏わり付く煩悩《ぼんのう》から脱却したいのですか」と言

斯く塵裡《じんり》の人は苦の中《うち》に震《ふる》ひ戰《おのの》きしも、かの佛教徒なる詩人は、惡疫《あくえき》流行の間に在りても、平常の如く安然《あんぜん》として少しも亂《みだ》るゝことなかりき。助け得る所には助けを與《あた》へて病者を看護し、藥《くすり》を投じ、道を教へて其痛みを和《やわ》らげぬ。

會々《たまたま》一人あり、彼が許に來《きた》りて曰ひけるは、

「吾が心は人々の死するを見て感じ易《やす》くなれり。吾は他の身を憂《うれへ》ざれとも、只吾一身の故に恐れ戰《おのの》くなり。吾を救へよ、吾が恐怖《おそれ》を癒《い》やせよ」。

詩人曰ひけるは、「他の爲《た》めに同情を表はさんものには、救ひあるべし。汝の如く己れ一人のみを思ひ煩ふものには何の救か之あらん。人の心を試みて、之に正義と慈善《じぜん》とを教ふるは艱難《かんなん》の時に在り。然るに汝は今四邊《しへん》の慘状《さんじやう》を見ながら尚私の心を脱する能《あたは》ざる乎《か》。汝は兄弟姉妹朋友の悩《なや》めるを見て、而も尚我執《がしう》の煩悩《ぼんのう》を離るゝ能はざるか」。快《くわい》を逐《お》ふ人の淺間《あさま》しきを見て、佛教徒なる此詩人は、次の詩を誦《しよう》して之を在寺《ざいじ》の同侶《どうりよ》に示し

いました。快楽を追い続ける人の真理を浅ましく思うのを感じて、この詩人はつぎの詩を朗読して同じ精舎にいる仲間に聞かせました。


　仏の教えに従って心の静まった安らぎの境地を
最終目的にしないのであれば、
　すべては、いつわりである——死ぬことであり、真実ではないのです。

　抽象的な能力を世の中に絶えないようにすることは無駄なことで、心を生き生きと楽しませることは虚しいことなのです。

　世の中と人間とは幻のようなもので、天国を願うことも影を追いかけているようなものなのです。

　世間の男性が快楽を際限なく欲しがって太ってゆくのは、籠《かご》の鳥と同じです。

　されど、聖者《しょうじゃ》は野に放たれた鶴のように空を飛ぶのです。

　籠《かご》の鳥は、いつも同じ餌《えさ》で食べ飽《あ》きてしまいますが、籠《かご》の鳥は殺されてすぐに釜の湯で煮られてしまうのです。


ぬ。

　佛に歸依《きえ》して涅槃に休するにあらざれば
　萬事《ばんじ》は虚妄《こもう》なり、——零落なり、虚妄《こもう》なり。
　意を世に繫《つな》ぐは徒事《いたづらごと》なり、心を生《せい》に樂《たの》しますするは虚《むな》しきことなり。
　世と人と共に幻《まぼろし》の如し、天國《てんこく》を希《ねが》ふも亦《ま》た々《また》影を捉《とら》ふるが如のみ。
　俗漢《ぞくかん》の快《くわい》を貪りて自ら肥え太らんとするは、猶籠中《らうちゆう》の鳥の如し
　されど聖《きよ》き佛者は野鶴《やかく》の如く天空を翔《かけ》るなり。
　籠中《らうちゆう》の鳥は食に飽《あ》けり、されど彼はたゞちに釜中《ふちゆう》に煑《に》られん。

おいしい餌《えさ》は野にいる鶴には与えられませんが、天地は鶴が自由に居られる所なのです。

詩人のチヱが考えていることは、「正に今、悩み苦しむ時で、仏が人々に教えることはすごく多いのですが、世間の多くの人はこのことを少しも意に介していない」ということなのです。ここで、世間が幻であることを詠《うた》って、

改心するのは良いことで、人として考え直す気持ちを持つのは良いことです。

世間の塵にまみれたことは妄想で、すべからく払い落としなさい。

人々は心を病《や》んで悲しみの中に葬《ほうむ》られるのです。

ただし、自分の心だけは悩みがなく清らかなのです。

彼らは楽なことばかりを追っていますが、いつも満ち足りた気持ちにはならないのです。

彼らは、裕福な暮らしを望んでも、何時《いつ》になっ

好餌《かうじ》は野鶴《やかく》の爲めに蓄へられず、されど天地は彼の有する所なり。

詩人ちゑ又以爲《おもへ》らく、「今や正に艱苦《かんく》の時に會《あ》へり、天の人に教ふるもの頗《すこぶ》る多し、而かも世人は毫《すこし》も意を此事に留めざるなり」。是《ここ》において世俗の虚妄《こもう》なるを歌うて曰ひけるは、

改むるはよし、人をして改めんとの心を生《しやう》ぜしむるはよし。

塵事《ぢんじ》の妄《まう》なるや、悉《ことごと》く拂《はら》ひ去られん。

人々は煩《わづら》ひて憂《うれひ》の中《うち》に葬《ほうむ》られん。

唯吾《わが》心のみは惱《なや》むことなくして清浄《しやうじやう》ならん。

彼等は樂を逐《お》へども、遂に足《た》るを知らず、

彼等は富を願へども、遂に充《み》てりと思は

ても心は貧しいのです。

かれらは、まるでマリオネット〈操《あや》り人形〉のようなものなのです。

操《あやつ》る糸が切れてしまえば、忽《たちま》ち天空に光る星から落ちるように崩れ落ちてしまうのです。

死の国は、大きくもなく小さくもないのです。

死の国では、金も銀も宝石さえも必要としないのです。

高い場所や低い場所を選ぶことができないのです。

でも、死んだときには、日々芳《かぐわ》しい香が焚《た》かれる墓の下に葬《ほうむ》られるのです。

西の方角の山に沈む太陽を見なさい。

あなたたちは寝ようとして布団に入っても、鳥は明日の朝に戻ってくることを囀《さえず》るのです。

今すぐに心を入れ替えなさい、あれこれと考えることは時間を無駄にするだけです。

いや、「まだ早い」とは言わないでください。

光陰矢の如し〈時間が経つのは思ったよりも早い〉ですよ。

彼等は細き糸もてあやつる偶人《にんぎやう》の如し、
此糸にして斷《た》えなば、忽《たちま》ち九天《きうてん》の上より墜《お》ち來《きた》らん。
死の國には大なく少《せう》なし、
金《きん》を要せず、銀を要せず、寶珠《ほうじゆ》を要せず。
高きも低きも何の擇《えら》む所あらんや、
而して死せるものは日々に香《かう》はしき墓の下に葬らるゝなり。
西山《せいざん》の後《うしろ》に沈まんとする太陽を見よ。
汝等は休《やす》んとて床に就《つ》けども、鳥は直《ただち》に朝《あした》の歸《かへ》れるを告ぐるならん。
直ちに改めよ、徒《いたづ》らに擬議《ぎぎ》せば期《とき》を失はん。
尚早しとな云ひそ、光陰《くわういん》は人を俟《ま》たず。

心を入れ替えるのは善いことです。人として改めようとする心が芽生えるのは善いことです。

正しい道を歩んで仏の教えに従うのがよいでしょう。

あなたの才能が天に達するとも、富が底をつくようなことがなくとも、悟りの平安を得なければ、すべては虚《むな》しく中身が空っぽで出鱈目《でたらめ》なのです。

◇

新たに入信した比丘が仏の前に来て、「どのような自主的な戒《いまし》めを心がけたらよいでしょう」と尋ねたところ、仏は、

「本当に心を改めて仏の弟子となるためにこの道を選んだ者は、第一に、いつも心正しい人といなさい、第二には、仏の教えを聴《き》きなさい、第三は、自ら考えて悟りを求めるように努力しなさい、最後に第四として、功徳を行うようにしなさい。以上四つを注意することが、悟りを求める道

改むるはよし、人をして改めんとの心を生ぜしむるはよし。

正義の道を蹈んで佛名に歸依《きえ》するはよし。

汝の才《さい》の高きは天に達するとも、汝の富の多きは説《と》き盡《つく》すべからずとも、涅槃の平和を得るにあらざれば、一切は虡《こ》なり妄《まう》なり。

第四十四　沙彌《しやみ》の戒法

新到《しんたう》の沙彌《しやみ》、佛に來《きた》りて如何なる戒を保つべきか問ひたるとき、佛告げ給ひけるは、

「誠に信を改めて佛徒とならん爲め道に入らんと思ふものは、次の四條に注意せざるべからず。第一、善き人と侶《とも》たらざるべからず。第二、法を聽《き》かざるべからず。第三、自ら思ひを内に潜《ひそ》めて悟りを求めざるべからず。第四、德を實踐《じつせん》せざるべからず。是卽《すなは》ち道に入

に入いる初級の行いです」と仰いました。

なお、日常、口から出た言葉を実際に行うこと〈有言実行〉については、十の戒《いまし》めがあります。

初めてこの道に入った人は、殺されることなく、他人《ひと》の物を盗むことなく、合意のない女性を犯すことなく、嘘《うそ》を言わず、酒に吞《の》まれることなく、決まった時刻以外に食事をせず、唄《うた》ったり踊ったり、またそれを観《み》たりせずに、頭を花で飾ること・香水などを着けること・化粧をし装身具を身に着けること・派手な色や模様の服を着ることをせずに、広くて脚《あし》の長いベッドを使わずに、金や銀で出来た宝飾品などを受け取らないでください。

比丘よ、これらを新しく比丘の仲間入りをした者の戒めとしなさい。

仏は、

「どういう人が善い人なのかというと、有動《うどう》〈成

るべき四級《しきう》なり。

尚日常の躬行《きうかう》の關《くわん》しては、十箴《しん》を持すべし。

初學者《しよがくしや》の守るべき十戒は、殺さゞれ、偸《ぬすま》ざれ、淫《いん》せざれ、僞《いつは》らざれ、酒を飲まざれ、時ならざるに食《くら》はざれ、無踏《ぶたう》をなし物見ることをせざれ、華冠《くわくわん》、香具《かうぐ》、膏油《かうゆ》、裝飾《さうしよく》、艶服《ゑんぷく》を用ゐざれ、廣《ひろ》き又は高き臥床《ぐわしやう》を用ゐざれ、金銀を受けざれ。

比丘よ、之を新參沙彌の戒法となすべし。

第四十五　教會《けうくわい》の規矩《きく》

佛、宣ひけるは、

「誰をか善き人となす。有道《いうだう》の人は善なり。

立する〉の人です。有動の人とは真理と一致している人のことです。

どのような人を強い人かというと、忍辱《にんにく》〈様々な侮辱や迫害を受けても忍んで耐えて、決して恨まないこと〉の人は強いのです。これは、自己の真相を究《きわ》め、自分の欲や悪い行いを断つことです。このような人は安らかに穏《おだ》やかで、耐え忍ぶことができ、欠点がないのです。

賢い人とは、我々が本来持っている真実の根源《こんげん》を清浄《せいじょう》にするものです。この人は個人的な欲という汚れをすっかりと落としたことで、その一生は心の真実のまま送ることができるのです」。

仏は、比丘に次のような規則を追加して仰いました。

「他人《ひと》を殺してはいけません。貰《もら》っていない物を盗んではいけません。嘘《うそ》をついてはいけません。酒に呑《の》まれてはいけません。性行為をしてはいけません。

私は、この五つの戒《いまし》めをあなたたちに言っておきます。別に誓いを立てる者には、更に次の三つ

誰をか有道《いうだう》の人となす。眞理に相應《さうおう》する人、是なり。

誰かを強き人となす。忍辱《にんにく》の人は強し、是我に克《か》ち、私慾の煩《わづらひ》を離れたればなり。是《かく》の如きものは安穩《あんをん》なり、耐忍《たいにん》なり、無過《むくわ》なり。

誰かを賢き人となす。自性《じしやう》の源を徹見《てつけん》せるもの是なり。是《かく》の如きものは私慾の穢《けがれ》を離れたり、其生涯は眞理の生涯なり。」

佛、又比丘に左の如き規矩《きく》を與《あた》へたり。

「殺すなかれ。與《あた》へられざるを取るなかれ。詐《いつは》りを語るなかれ。酔亂《すいらん》するなかれ。淫《いん》するなかれ。

吾は此五戒を均《ひと》しく汝曹に授《さづ》くるなり。別に誓《ちかひ》をなせるもの、爲《た》めには更に左の三戒を

について注意しておきます。

日が暮れたら食事をしてはいけません。花飾りや香水といったものを身に着けてはいけません。寝る時は、ベッドなどの寝具ではなく、地面の上に蓆《むしろ》を敷《し》いて寝なさい。

仏の教えを信じる者は、比丘の集会に参加し、善い行いの結果によって次の善い原因となる行いを目指しなさい」と。

◈

仏は、

「一切の人間の行いには十のことを行うのと行わないことによって、善となったり悪となったりするのです。身体〈行い〉に三つ、舌〈口〉に四つ、心〈意〉に三つのそれぞれに罪があります。

身体の三つとは、生きとし生けるものを殺す、他人《ひと》の物を盗む、不純性行為のことです。

舌の四つとは、嘘《うそ》、悪口を言う、二枚舌で二人の人に違った内容のことを言って両者を争わせ

加ふべし。

夜に入りて食を取るなかれ、華冠《くわくわん》、香油《かゆ》を用ゐるなかれ、軟《やわら》かき床を去りて地上に敷《し》ける蓆《むしろ》の上に眠れ。

信心なるものは又布薩《ウバワサダ》を守り、徳に従うて位《くらゐ》を守らんことを望め。」

第四十六　拾戒

佛、宣《のたま》ひけるは、

「一切衆生の所行は、十事《じふじ》を為すと爲《なさ》ざるとにより善となり惡となる。身に三つの罪あり、舌に四つの罪あり、意《い》に三つの罪あり。

身に三つとは殺生、偸盗《ちゅうとう》、邪淫。

舌に四つとは妄語、惡口、兩舌、綺語《きご》。

る、真実に背《そむ》いて巧みに飾り立てた言葉を使うことです。

心の三つとは、大変欲が深く、目を見開いて怒《おこ》ることと根本の真理を知らないことです。

というわけで、私は注意するのです。

生きとし生けるものを殺してはいけません、生きているものに心を寄せなさい。

他人《ひと》の物を盗んだり、ひったくることはいけません。人は、それぞれがその物を得られるべき理由があるのですから、持つことを認めなさい。

すべてにおいて、正直にして、清らかで汚《けが》れのない生涯を送りなさい。

嘘偽《うそいつわ》りを言ってはいけません。心から信じて真実を話しなさい。であれば、怒《いか》りや恨《うら》み、嫉《ねた》みなどの不幸な出来事は起こらないのです。憐《あわ》れ愛《いつく》しむ慈悲の心を持って話しなさい。

悪い評判を立ててはいけないし、繰り返して言うこともいけません。他人《ひと》をけなしてはいけません。友達の良いところを見つけて評価し、悪く言う人を見くびってはいけません。


意に三つとは貧、瞋《じん》、痴。

故に吾は此戒を授《さづ》けん。

殺すなかれ、生けるものに心せよ。

盗むなかれ、奪ふなかれ、人をして各々自ら其得《う》べき所を得《え》さしめよ。

總《すべ》て淨《きよ》からぬことをなすなかれ、清浄《しやうじやう》無垢の生を送れ。

いつはる勿《なか》れ、信《まこと》なれ、心して眞《まこと》を語れ、然らずば禍《わざはひ》を生ぜん、たゞ《ただ》愛の心をもて賢しく語れ。

惡しき評判を作ることなかれ、又之を繰り返すことなかれ。譏《そし》るを止めよ、朋友の好《よ》き處《ところ》を求め誠意を以て其敵の侮《あなどり》を禦《ふせ》げ。

命令することなく、正しく適切な言葉を使い、格調を失うことなく話をしなさい。

内容の乏《とぼ》しい話をして無駄な時間を過ごしてはいけません。思うところがあれば、しっかりと考えてから話すのが良いけれど、さもなくば黙《だま》っていなさい。

欲深く物を欲しがらず、他人《ひと》の幸せそうな姿を見て恨《うら》んだり妬《ねた》むのは止《や》めて、その人が幸せになることを喜んで願いましょう。

他人《ひと》に対して悪い感情を抱《いだ》く心を消し去り、自分の意見や思想と違った考えを持つ人に腹を立て恨《うら》んだり、悪いことをしたりせず、怨みを消し去りなさい。あなたのことをバカにして笑ったり、痛めつけようとする人も怨んではいけません。親しみと大切にする心を持って、誰も同じように見て〈一視同仁で〉接しなさい。

愚痴ることを止《や》めて、真理について知らない人の心を思い巡《めぐ》らして、相手の話の内容を疑ったり、相手の煩悩の世界に取り込まれたりされないために、次の必要な事柄に注意しなさい。それ

誓ふなかれ、宜《よろしき》に適《かな》ひ、高きを失ふことなくして語れ。

空しき言葉を吐きて、あだに時を過すことなかれ。思ふ所ありて而る后《のち》語れ、然《しか》らざれば緘黙《しんもく》を守れ。

貪《むさぼ》るなかれ、羨《うらや》み妬《ねた》むなかれ、他の幸《さいはひ》を喜ぶべし。

惡意を去れ、瞋恚《しんい》、憎惡《ぞうあく》、怨恨《ゑんこん》をすてよ、汝を嘲《あざけ》り、汝を害《そこな》ふものをも怨むなかれ、親愛、仁慈《じんじ》の眼《め》を以て一切の衆生を視よ。

愚痴を除け、眞理を知らんことを慮《おもんぱか》れ、疑《うたがひ》と痴とに陥《おちい》らざらん爲《た》め、殊《こと》にかの一要事に留意せよ。疑《うたがひ》は人をして冷々《れいれい》たらしめ、誤《あやまり》は人をして迷ひに赴《おもむ》かしむ、共に永遠不《ふ》

は、疑うことは人の心を冷ややかにして、間違ったことは人を迷わすだけです。両方ともに、永遠に朽《く》ちることのない、生命に到達すべき悟りの道が見えていないからなのです」と仰いました。

仏は弟子たちに、

「私がこの世を去って、あなたたちと話すことができなくなり、悟りへの道をあなたたちの心に教えることができなくなれば、あなたたちの中から正しい考え方を持った家の出身で私の教えをよく理解し、他人《ひと》に教えられるだけの能力がある者を選び出して、私の代わりに悟りへの道を教えなさい。でも、これらの人は、如来を表す衣を着けたり、その部屋に入ったり、如来が坐るべき場所に坐ってはいけません。

如来の衣とは侮辱や迫害から忍び耐えて心を安らかにして怒りの心を起こさないことで、部屋とは信者に法を説くこととすべての人への思いやり

朽《きう》の生命に到るべき道を看得《みえ》ざらしむるなり。」

第四十七　傳道者の職

佛、弟子に告げ給ひけるは、

「吾、世を去りて、汝等と相語る能《あた》はず、又道を説き汝等の心を教化《けうけ》する能《あた》はざるに至らば、汝等の中より良家《りようか》の人にして教學《けうがく》の力あるものを擇《えら》び、吾に代りて眞理を説かしむべし。而して是等の人々は如來の衣を着《つけ》て、如來の居室に入り、如來の座に居《を》らざるべからず。

如來の衣とは忍辱《にんにく》なり、如來の居室とは布施と慈悲《じひ》となり、如來の坐《ざ》とは善法に精通して其大小深淺《しんせん》を知徳するなり。

の心と愛であり、座るべき場所とは善い正しいことについてよく知り、法を説く相手に合わせた教え方をするのです。

伝灯者《でんとうしゃ》〈仏の教え《灯火《ともしび》》が見えるように、大衆に教える人〉は、真理に基づいて話すことに恐れることはありません。善行に満ち足りて、規則を守り、教える力を強化しなさい。

伝灯者は、その時々で心を励《はげ》ましながら適切な教え方を守りなさい。やたらと、富豪や高い地位の人の仲間になろうと思って、相手の機嫌をとることをしてはいけません。また、落ち着きがない人や軽はずみなことを言う人、悪いことをするような人の仲間になってはいけません。もし、誘惑されたり、誘惑に負けそうになったときは、いつも仏のことを心に想《おも》ってこれに負けないようにしなさい。

仏の教えを聴きに来る人に対しては、すべての人に慈《いつく》しみと愛を持って接しなさい。非難される話を聞いたり、罵《ののし》られてもこれらを避けてはいけません。他の人を罵ったり、行いを非難してはい

傳道者《でんだうしや》は眞理を説きて恐るゝことあるべからず。徳を充たし、戒を嚴守《げんしゆ》して以て教化の力を養《やしな》はざるべからず。

傳道者《でんだうしや》は適宜の範圍《はんゐ》を守りて進むに鋭意《えいい》ならんを要す。徒《いたず》らに大家《たいか》の伴侶《とも》とならんことを求めて己が虚誇《いつはり》の心に阿《おも》ねるべからず。又輕佻不徳《けいてうふとく》の人々と相伍《あいご》するを許さず。誘惑の來《きた》り迫ることあらば、常に佛を念じて之に克《か》たざるべからず。

説教を聞かんとて來れるものを遇するには、總《すべ》て仁慈《じんじ》の心を以てせざるべからず。非難の聲《こゑ》を發《はつ》し、烈《はげ》しき言葉をなすを避けざるべからず。他の名を呼んで之を訾《そし》り、又は他

けません。

伝灯者は、いつもきれいな肌着を着けて、仏の弟子として望ましい色の衣を纏《まと》い、悪い思いを起こすことなく、宇宙を含めた世界中の平和を容れる器〈心〉で教えを聴く人の前に立ちなさい。

伝灯者は、喧嘩や争い、それに関係する人を好んではいけません。自分の才能が優れていることを人に見せようとして、自分の意見に反対する人と議論してはいけません。ただ、心安らかに平穏でいなさい。

敵に対する憤《いきどお》りを持って争おうとする気持ちを持ってはいけません。伝灯者は、すべての人に善き思いやりの心を持ちなさい。伝灯者の目的は唯《ただ》一つで、すべての人が仏であると思いなさい。

伝灯者は、極めて深く熱烈な気持ちから出る真《ま》心《ごころ》で事に当たらなければなりません。如来は不思議な光で真理の姿を伝灯者の前に現すのです。伝灯者は、如来の恩恵が与えられる立場となり、賞讃されるでしょう。伝灯者が話す仏の教えを聴いたり、心が動かされた人に善を積んで得られる徳

の一身上の行爲《かうゐ》を非難すべからず。

傳道者《でんだうしや》は適宜の襯衣《しんい》を着《つ》け、好《よ》き色の淨衣《じやうい》を纏《まと》ひ、惡念《あくねん》を離れ、全世界を容《い》るゝばかりの平和の心を以て説教の壇上《だんじやう》に昇らざるべからず。

傳道者《でんだうしや》は爭《あらそひ》を好むべからず、自ら才の優れたるを顯《あらは》さんとて反抗の論をなすべからず。たゞ安然《あんぜん》たれ、平然《へいぜん》たれ。

敵愾《てきがい》の念を抱くとなかれ。傳道者《でんだうしや》は一切の衆生に對《たい》して慈善ならざるべからず。傳道者《でんだうしや》の唯一の目的は、一切の衆生をして佛たらしむるに在り。

傳道者《でんだうしや》は熱誠《ねつせい》を以て事に従《したが》はんを要す。如來は不可思議の榮光《えいくわう》を以て聖《きよ》き法の躰《たい》を彼に現はすべし。彼は如來の惠《めぐ》める所なりとて讃《ほ》め稱《たた》へらるゝならん。如來は實《じつ》に傳道者及び之に聽《き》き之を悅《よろこ》ぶものには福德《ふくとく》を與《あた》ふるなり。

がもたらされるでしょう。

　普遍的な真実を受け入れる者は、すべて満月のように欠けることがない悟りに達することができるでしょう。真理の法則にある幸福と利益は大変大きく、詩の一節を詠んだり、節を付けて吟唱《ぎんしょう》したり、書いたり、念じても、悪業《あくごう》から真理に向かう正しい道に戻り、苦しみから逃れられることが出来るのです。

　数々の煩悩による心の乱れも、仏の教えを聴くだけで心が清められるのです。汚《よご》れにまみれた世の中に渦巻《うず》く煩悩に迷わされている者も仏の教えの意味が深いことを知れば、その心に知恵が生まれるのです。ひどく憎む心に動かされる者も仏に従い教えを聴けば、その心は慈しみと愛とに溢《あふ》れるでしょう。

　伝灯者は、修行と悟りへの希望を失ってはいけません。仏の教えを人々に話すのが嫌になってしまい、疲れ果てて最後の悟りへ至る希望を失ってはならないのです。

　伝灯者がすべきことは、乾燥しきった土地が水

　眞理を受くるものは、總て圓《まど》かなる悟りに到るべし、誠に法の徳《とく》の大いなるや、一句を讀《よ》み、誦《じやう》し、書し、念ずるものと雖《いへども》眞罪《しんり》に歸《き》し正義の道に到り、罪惡《ざいあく》を解脱するを得《う》るなり。

　汚《けが》れたる情念《じやうねん》の亂《みだ》す所となれるものも、法の聲《こゑ》を聞かば、其心は淨《きよ》められん。塵世《ぢんせ》の妄なるに迷へるものも、法の深きを思はば、其心に智恵《ちゑ》を得ん。憎怨《ぞうあく》の念に驅《か》られて動くものも、佛陀に歸依《きゑ》せば、其心は愛と慈《じ》とにて充つるならん。

　傳道者《でんだうしや》たるものは精進の力と好《かう》希望と有せざるべからず、傳道に倦《う》み疲れて最終の成功に望を絶つが如きことなからんを要す。

　傳道師《でんだうしや》の事業は乾燥の地に水を求むるが如

を求めるようなものなのです。砂漠の砂が乾いて白く見えるのは、水が湧いている場所が遠いことであることを知るべきです。

　でも、これで飽きてしまい疲れて絶望するようなことがあってはいけないのです。ただ、砂地を掘ってみて、石があればそれを取り除き、地中深く掘り進むのです。掘り進んでいくと遠くから水の流れる音が聞こえてきて、爽《さわ》やかな気持ちを思い起こさせるのは昔から知られているところです。

　更に深く掘って行くと、砂が湿《しめ》っているのが分り、水脈が近いことを知らせてくれるのです。

　話し相手が真理に興味を示してきたら、その人の心の中をさらに掘り下げるように話をしていかなければなりません。そして、伝灯者の話にさらに興味を示してきたら、その人が悟《さと》りの道に近づいてきたことに伝灯者は気づくはずです。

　家柄が良く、頭の働きと本質を正しく判断し評価する力があり、仏の教えを他の人にも伝えたいと思って誓いを立てる人には、両方の手の上に真

し。砂の乾きて猶白きを見ば、水の湧くと尚遠きを悟るべし。

　されど之が爲め倦《う》み疲れて望を絶つが如きとなからんを要す。たゞ砂を穿《うが》ち石を運びて益々《ますます》深く土中に入れ。穿《うが》つと愈々《いよいよ》遠くして水愈々冷《いよいよひやや》かに、愈々淸らかに、愈々爽《さはや》かなるは吾曹の夙《つと》に知れる所ならずや。

　穿《うが》ちて深きに達せば、遂に砂の濕《うるほ》へるを見ん。是卽《すなは》ち水の近きに在るを告ぐるなり。

　人の耳を眞理に傾けざるを見ば、其心中に穿《うが》ち入ることは益々《ますます》深からざるべからず。されど遂に意を傳道者《でんだうしや》の言ふ所に注ぐに至らば、傳道者《でんだうしや》は其人の悟《さとり》に進む近きにあるを察し得ん。

　良家の人にして才識《さいしき》あり、如來の言說を傳《つた》ふべしとの誓《ちかひ》を成さんとするものよ、吾は汝曹の双手《さうしゅ》に眞理の善法を讓るなり、委ぬるな

理の善き教えを乗せて、他人《ひと》に教え伝えることを委《ゆだ》ねてもらうことを希望するのです。

その人が真理への善き教えを受け継げば、これを大切に守り、繰り返し言葉に出して忘れないようにして、よく考えて、世の中に広く伝わるような教えを話し、世界中の人が一人も網《あみ》の目から落ちこぼれないようにしなさい。

仏の心には、自分が欲しいものに執着することはないのです。偏《かたよ》った意見に凝《こ》り固《かた》まることはなく、仏は、仏が仰る円満な知恵を授《さず》かろうと心から願う人は喜んでこれを話すでしょう。あなたたちも仏の心を学び、真理について話し、理解させることに物惜《お》しみするような仏ではないことを見習いなさい。

親しみやすく、悪意や偽《いつわ》りの気持ちがない仏の教えを聴きたいものは集まりなさい。人のことを信用しない人たちに真実の光を浴《あ》びせて、彼らの心に苦痛から解放されて喜ぶ気持ちが味わえることを教えなさい。この気持ちを持つことを教えて励《はげ》まし、幾重にも高く教えを積み重ねて、四方に

り、命ずるなり。

眞理の善法を受けなば、之を護持《ごじ》せよ、一《いち》讀再讀《どくさいどく》せよ、思量《しりやう》せよ、傳播《でんぱ》せよ、教説《けうせつ》せよ、世界の到る處《ところ》に、一切の衆生を洩らすことなく。

如來の心には貪慾なし。偏執《へんしう》なし、如來は來《きた》りて佛智《ぶつち》を受けんとを願ふものには喜んで之を授《さづ》くるなり。汝曹も亦如來の心を學べ。眞理を授け、眞理を示し、眞理を與《あた》ふるに吝《やぶさか》ならざる如來の心を學べ、其模樣に傚《なら》へ。

親しき快《こころよ》き法の言葉を聽《き》かんとするものを集《つど》へよ。不信心の輩《ともがら》をして眞理の光を受けしめん爲め、彼等の心に充たすに安樂喜悦《あんらくきえつ》の念を以てせよ。之を勵《はげ》まし、之を教へ、之を高むること層《そう》又層《そう》にして、遂に限《かぎり》なく輝ける眞理の榮光を面《まの》あたりに見るに至らしめよ。」

あまねく放《はな》ち、影を作ることのない真理の光を見せてあげなさい」と言われました。

仏がこのように仰ったのを聴いた弟子たちは、

「思いやりや慈《いつく》しみを喜ばれる仏よ、仏が同情する心で、好意や慈《いつく》しみの雲を沸《わ》き立たせ、苦しみの炎《ほのお》を消して、甘露《かんろ》の法雨《ほうう》〈神々だけが飲む不死の霊薬を万物が潤し濺《そそ》ぐような雨〉を降らせてください。

我々はあなたが命じるようにしましょう。仏が言われることをして、仏は我々が仏の命じられたことにしたがうのを見守ってください」と言いました。

弟子たちが言ったこの誓《ちかい》は天地に響《ひび》き渡り、道理に従い自他を益することを教えようとする菩薩たちの声は、さらに天地に反響したのです。

仏が「これまで大王がいて、正義に基づいて国を治《おさ》めてきましたが、敵から襲《おそ》われて、これから戦場に赴《おもむ》こうとしていると思いなさい。仏は大王のように将兵がよく戦うのを見て、その勇敢さを喜び、勲章を授けようと思います。あなたたちは仏の将兵であります。

佛、斯く告げ給へる時、弟子等曰ひけるは、

「仁慈《にんじ》を喜び給へる爾《なんじ》よ、爾《なんじ》は同情の心よりして、好情仁惠《こうじやうじんけい》の雲を醸《かも》し、苦熱の炎を消し、甘露の法雨を下し給へり。

世尊、吾曹は如來の命のまゝなり。如来の示し給へる所をなすべし。世尊は吾曹の命に遵《したが》へるを見給ふべし。」

弟子等がなせる此誓《ちかひ》は天地に響き渡り、眞理の善法を説かんとする諸菩薩の聲《こゑ》は、反響の如く聞こへぬ。

佛、曰ひ給ひけるは、「此に大王あり、正義に依りて其國を御《ぎょ》し來りしが、敵の爲めに襲はれて今や戰場《せんぢやう》に打ち出でんとす、と假定《かてい》せよ。如來は實《じつ》に此大王に似たり。大王は將士《しやうし》の能く戰《たたか》ふを見て、其勇《ゆう》なるを喜び、之に勲位を與《あた》へんと欲《ほっ》せ

敵である魔王《まおう》は我々が征服しなければならない手ごわい相手なのです。仏の正しく善い事柄は、戦《いくさ》を指導・計画し、軍隊を統率する機関となる悟りを仏の将兵に与えることなのです。魔王が戦争に負けたとき、悟りの真理を得た仏は弟子たちに最も優れた宝を分け与えて、戦闘での苦労を慰《なぐさ》めるでしょう。ただし、その宝とは一切欠けることのない悟りであり、知恵であり、混乱することのない平和なのです」と仰いました。

〈原作者のポール・ケーラスが書いた戦争の表記は、キリスト教における十字軍や異民族を征服するなどを想定したものであると思われ、仏教には馴染まないものと考えます。凡夫注〉

り。汝等は如來の將士《しやうし》なり。魔王は吾曹が征服すべき大敵なり。如來は善法の大本營《だいほんえい》となれる涅槃の都を將士《しやうし》に與《あた》ふべし。魔王降服の日には法王《はふわう》眞理の大君《たいくん》は、諸弟子に最勝の寶珠《ほうじゆ》を分與《ぶんよ》して其勞《らう》を慰《なぐさ》むべし、蓋《けだ》し是の寶珠《ほうじゆ》は圓《まど》らかなる悟り、最《い》とも勝れたる智惠《ちゑ》、亂《みだ》れざる平和を齎《もたら》し來《きた》るなり」。

第五章

教え

仏の弟子が進む普遍的な真理への到達への道とは次のようなものです。

我々が今ある姿は、すべてその人の心が基になっていて、心が苦楽を感じた、そのうえにできたものなのです。

悪い行為は自分から行うもので、苦しみは自ら苦しみを招《まね》いているのです。悪い行為をしないということは自らがそのような行いをしないことで、清浄になるということは、自分自身を清めようとするからです。純粋なものも純粋でないものも自分の行いで決まるものであり、他の人が心を純粋にしてくれるのではないのです。

あなたは毎日、仏の教えを読み拝みなさい。如来た

◎導師としての佛陀

第四十八　法《ダルマ》の道

佛弟子が歩める法《ダルマ》の道は下の如し。

吾曹の斯く在るは總《すべ》て吾曹の心より來《きた》れるなり、吾曹の想《おもひ》の上に建てられたるなり、吾曹の想《おもひ》より造られたるなり。

惡を爲《な》すは吾自らなすなり、苦しむは吾自ら苦しむなり、惡を爲《な》さゞるは吾自ら爲《な》さゞるなり、淨《きよ》めらるゝは吾自ら淨《きよ》むるなり。純なるも純ならざるも、只吾《わが》爲《な》すなり、誰か能く人をして純ならしめん。

汝は自ら勤めざるべからず。諸《もろもろ》の如來は只教《をしへ》を

ちは仏の教えを伝えるだけですが、深い心の中で悟りを得ようとすることは煩悩という魔王から受ける束縛を離れることとなのです。

思い立ったが吉日とは云いながら、その日に行動を起こさず、血気が盛んなのに仏の教えを読むことをせず、意思が弱くて事を実行できずに気力を欠き、自ら放棄するように怠《なま》けて、その場から逃げ出すような人間は、決して悟りを得ることはできないのです。

自分を愛する者は、自分が行ってきたことを反省して、真理を自ら守れる範囲で守りなさい。

「このようにしなさい」と言うように自分もその言葉に従って行わなければと思う人は、先ず自分の心にしっかりと成し遂《と》げられるように、相手を十分に納得させなければなりません。しかし、自分の心を制するのは大変難しいことです。

千人と戦って一度も負けない者は勇者と呼ばれますが、自分と戦って勝利する者が最大の勝者と言えるでしょう。

民衆にしても、出家した人にしても、「これは私しかできません」とか「私は大衆を導きました」とか

傳《つた》ふるのみ。思《おもひ》を潜《ひそ》めて道に入るは魔王の縛《いまし》めを脱《まぬが》るるなり。

起《たつ》べき時に自ら起たず、血氣壮《けつきさかん》なるに勤むることを知らず、薄志弱行《はくしじやくかう》にして自ら棄《す》つるが如き懶惰遊逸《らいだいういつ》の輩《ともがら》は、決して悟りの道に入《い》ると能はじ。

己を愛するものは愼《つつし》んで自ら省《かへり》みよ。眞理は自ら守《まもれ》るものを守《まも》る也。

斯くあれと人に教ふる如く自らも亦然《しか》あらんとする者は、先づ己に克《か》ちて然《しか》るのち人を服し得るなり。されど己に克《か》つは至難のわざなり。

千人と戰《たたか》うて千回《たび》勝つものは勇者なり、されど己に克《か》つものは最も大なる勝者なり。

在家の人にせよ、出家にせよ、「是《こ》は吾成せるなり」「吾は衆人《もろびと》を服し得ん」「吾は彼事業《しごと》の大半

「私の経営力であの会社が成果を上げました」などと出まかせを言う人は愚《おろ》かな考えしか持ち合わせていないのです。愚《おろ》かな人は、行わなければならないことも、志《こころざし》を遂《と》げようともせず、ただ自分の利益を考えるだけで、その人が偽《いつわ》りの心だけを育てているのです。

自傷行為や自殺するといった行いは、実行するのは簡単だけれど、慈悲《じひ》という他人《ひと》の煩悩から出る苦しみを取り除き、大切に思う気持ちを相手の心が安らぐように愛《いつく》しむことは、立派な人でも難しいものなのです。

もし、善い行いをしようとするならば、勢いよくしなさい。

身体というものは枯れた木のように汚《きたな》いもので、真理の本質をまったく理解することができないまま、そのうち死んで土に還ることになるでしょう。されど、仏の教えは永遠に不滅で、人から人へと伝えられていくことで、人々は行動を起こすでしょう。このように、善い考えは善い行為が現され、悪い考えは悪い行動を生むのです。

を爲《な》せり」などと廣言《くわうげん》するは痴漢《しれもの》の常なり。痴漢《しれもの》は務《つとめ》の爲《な》すべきものあるを知らず、志を遂《と》ぐべきものあるを知らず、一向《ひたすら》私の利益《りえき》を計るのみ。事として彼が虚誇《いつわり》の念《こころ》を養はざるはなし。

己の身を傷《そこな》はんとする惡行《あくぎやう》も、之を爲《な》すは容易《たやす》きわざなり。されど慈悲の善行をなすは、賢者《かしこきひと》も之を難《かた》しとす。

若し事の成すべきあらば之を爲《な》せよ、猛然として之を攻めよ。

此軀《このみ》は朽木の如く世の賤《いや》しむ所となり、一法をも會得《ゑとく》するとなくて、遠からず土に歸《かへ》らん。されど吾想《わがさう》は不滅なり、復《また》人の傳《つた》へ承《う》くる所となりて之より行《おこなひ》を生ずるに至るべし。かくて善き想《さう》は善き行《おこなひ》を生じ、惡《あし》き想《さう》は惡《あし》き行《おこなひ》を生ぜん。

悟りへの真理の道は不生不死のことであり、怠慢《たいまん》は滅亡へ繋《つな》がる道です。真理は死なず、すべきことをしないで疎《おろそ》かにするものは消え去ってしまうのです。

普遍的でない道理を真理と思い、普遍的な道理を真理でないと思う人は、真理に至るとは言えず、長い間煩悩の世界で生きていくのです。普遍的な道理が真理であり、そうでないものが真理ではないことを知った人は、真理への道を順に進むことで正しい目的に到達するでしょう。

仏の教えを心得ていない人の心に煩悩が入り込むのは、屋根の修理を怠《おこた》ったために雨が漏《も》るようなもの。仏の教えを信じている人に煩悩が入る隙《すき》がないのは、屋根をちゃんと修理して雨が入り込まないのと同じなのです。

井戸を掘る者は水が来て欲しいところへ水を導き、矢を作るものは竹を温めて真《ま》っ直《す》ぐにし、家を建てる大工は木を削るように、優れた考えを持っている人は、褒《ほ》めたり貶《けな》したりする評判の立つ世の中にあっても迷うことはないのです。その人が優れた仏の教えを獲得して心が安らかなのは、まるで湖が水をいっぱい

誠は不生不死の途《みち》なり。怠《おこたり》は滅亡《ほろび》の途《みち》なり。誠なるものは死せず、怠《おこた》れるものは既《すで》に己《すで》に死せるなり。

理《り》ならざるを理《り》なりと思ひ、理《り》なるを理《り》ならずと思へる者は、眞《まこと》の理《り》に到ると能《あた》はず、永く煩悩《ぼんのう》の巷《ちまた》に迷はん。理《り》の理《り》なるを知り、非《ひ》の非《ひ》なるを知るものは、眞理の中《うち》に進みて正しき望《のぞみ》に從《したが》ふなり。

心なき人の心に煩悩《ぼんのう》の入り來《きた》るは、猶《なほ》破れたる家に雨の漏《も》るが如し、心ある人の心に煩悩《ぼんのう》の入り來《きた》らざるは、猶《なほ》破れざる家に雨の漏《も》らざるが如し。

井を穿《うが》つものは、己が好む所に水を導き、箭《や》を作るものは竹を矯《た》め、家を建つるものは木を直くし、賢こき人は自《みずから》守る所ありて毀譽褒貶《きよほうへん》の中《うち》に陥《おちゐ》るも迷ふことなし。彼等は大法を會得《ゑとく》するを以て其心安らかなるは、宛然《さながら》湖水の湛然《たんねん》として風波なきが如し。

に湛《たた》えていても、波風によってこぼれないようなものなのです。

言動に悪い心を持つ者は、いつも苦悩に追いかけられ、まるで人力車を引く人に従って車輪が回るようなものなのです。

悪い行いをしてはいけません。必ず後悔の念が起きるのです。善い行いをすれば、後悔の念などは起こらないのです。

もし、一度でも悪いことをしたら、決して二度と悪いことをしてはいけません。悪いことをして喜んではいけません。後になって必ず心が苦しむことになるからです。一度でも良い行いをしたならば、二度三度と良い行いをして喜びなさい。幸福は人間生活のうえで最も理想的なものであって、心の中から湧き出るものなのです。

悪い行いは、たとえ小さなことでも「それほどのことはない」と侮《あなど》ってはいけません。一滴の水も溜《た》まれば器がいっぱいになるように、小さい悪事を重ねると大悪人になってしまうのです。

善い行いも、たとえ小さなことでも「大したことで

言語動作の間に悪しき意《こころ》を抱くものは、常に苦に逐《お》はる、其さまは猶《なほ》車曳く人の手に従《したが》ひて輪の轉《てん》じ來《きた》るが如し。

惡しき行《おこなひ》を爲《な》す勿《なか》れ、後悔の必ず之に従《したが》ふべければなり。善き行《おこなひ》をなせ、嘗《かつ》て後悔の之に従《したが》ふとなければなり。

もし一たび惡を爲《な》すことあらんも、決して之を再びすることなかれ、之を喜ぶとなかれ、苦《くるしみ》は必ず之に従《したが》ひ來《きた》るべし。もし一たび善をなすことあらば、必ず之を再びせよ、之を喜べ、福《さいはひ》は至善の中《うち》より來《きた》るべし。

惡《あく》は小なるも、「さまでの事なからん」とて、之を輕《かろ》んずることなかれ。一滴の水も積《つも》れば器《うつは》をみたすが如く、惡《あ》しき人は惡《あく》を聚《あつ》むること少しづつにして遂に至惡《しあく》の人となるなり。

善は小なるも「さまでの事なからん」とて之を

はない」と軽く見てはいけません。一滴の水でもたくさん溜《た》まれば器を満たすように、聡明《そうめい》な人は良いことがたとえ小さくても、それが集まって大きくなれば人間生活のうえで理想の人となるのです。

享楽《きょうらく》にのめり込んで欲ばかりを望んではいけません。暖かい衣類を着て、お腹がいっぱいになっても、なお食べようとして、意気地がなく怠ける日々を過ごすような人は、根が弱った木が強風で倒れるように悪魔の王によって滅ぼされるでしょう。しかし、快楽に溺《おぼ》れることなく欲を抑えて贅を尽くした生活を送らず質素にして、仏への信仰心を篤くして、心の向かうところを強く思えば、強風にびくともしない嶮《けわ》しくそびえ立つ山々のように、決して魔王に滅ぼされることはありません。

仏の教えに理解が足りないような人でも、自分が愚《おろ》かであることが分かっていれば、その分だけ賢いのです。しかし、愚《おろ》かなのに賢《かしこ》いと思い込んでいる人は、愚《おろ》かの域を脱することはできないのです。

悪人《あくにん》の悪業《あくごう》は、他人の悪口を喋っているときのように蜜の味がして、悪業《あくごう》の結果がどうなるか知らないう

輕《かろ》んずることなかれ。一滴の水も積《つも》れば器《うつは》をみたすが如く、賢《さか》しき人は善を聚《あつ》むること少しづゝにして遂に至善《しぜん》の人となるなり。

樂《たのしみ》にのみ耽《よふけ》りて慾を塞《ふさ》ぐこと能はず、暖《あたたか》に衣《き》、飽《あ》くまで食《くら》ひて柔惰怠慢《じゆうだたいまん》に日を過ごすものは、必ず魔王に滅《ほろ》ぼさる、猶《なほ》弱き木の風に倒さるゝが如し。されど樂《たのしみ》に耽《ふけ》らず、慾を抑へて擅《ほしひ》まゝに衣食せず、信仰の念《こころ》厚くして其志強きものは、決定《けつじやう》して魔王に滅《ほろ》ぼされず、猶疾風《なほときかぜ》吹けども、峨々《がが》たる峰を如何《いかが》ともし難《がた》きが如し。

愚かなる人も、自ら其愚かなるを知らば、其れだけ賢《さが》しきなり。されど愚かなる身を以て自ら賢《さが》しと思へるものは、到底愚かなるを免かれず。

罪ある人の罪を見るとの甘きは猶蜜《なほみつ》の如く、罪の果報の如何《いかが》なるものなるかを知らざるうちは喜

ちは心に喜びが満ちてきますが、その結果が分かってしまうと、迷いの雲は切れ切れになって太陽の光が射し込んでくるように悪の根本である真実がさらけ出されてしまうのです。善人の善き習慣もまた同じようなものなのです。その善い行いの結果がどのようなものかを知らないからこそ善い習慣も重荷に感じてしまうのですが、木の実が熟《じゅく》すように結果が分かると、善き行いのことが理解できるのです。

　ロミオとジュリエット双方の父親のように、互いに相手を憎《にく》しみ争って傷つけ合う行いが物質だけでなく心の損害も大きくするのは、悪い心を持った人自らの心に大きな打撃を受けているからです。両親や親族だけが良くなろうと考える人は少なくないのですが、善い心を持つ人は自分だけ利益を得ることが主眼ではないのです。

　大悪人は犯した罪の結果を自らが負うことになり、相手方に笑われてしまいます。これは、それ自身が大いなる敵となってしまうからです。樹木に害をもたらす昆虫が木を枯らしてしまい住み家を失くしてしまうのと同じようなものなのです。

びの情胸《こころ》に充《み》つべけれど、遂に其果報の熟するを見るに至らば、迷の雲晴《は》れて罪の眞相《しんさう》は現はれん。而かも善人の法《ダルマ》の善きを見るも亦此《かく》の如し、其果報の何たるを知らざるうちこそ善き法《ダルマ》も罪と見え重荷と見ゆらめ、其果の熟するを見ば、果して法《ダルマ》の善きことを悟らん。

　憎者相害《ぞうしゃあいそこな》ひ、仇敵《きうてき》相傷く、されど其害の大《おほひ》なるは、悪しき心の人の自ら害《そこな》ふの大《おほひ》なるには如《し》かざるなり。父母、親戚の吾を利益《りえき》すると固《もと》より少なからず、されど善き心の人の自《みずから》利益《りえき》するの大《おほひ》なるには如《し》かざるなり。

　大悪《だいあく》を犯せるものは自ら禍《わざはひ》に罹《かか》りて敵人の笑《わらひ》を招くに至るべし。是れ其身を以て自ら大敵《たいてき》となせるなり。彼昆蟲《かのこんちゅう》が樹を枯らして自ら依る所を失ふも亦此類《このたぐゐ》なるべし。

楽しそうなことを見せつけられても心を傾《かたむ》かせてはいけません。煩悩の火が自分の身を焼いているときに「ギャアー！　苦しい、苦しいー！」と叫んでも、どうしようもないのです。悪いことをした人は、火の点いた薪《たきぎ》を胸に抱えているようなもので、自分が犯した悪い行いによってその身が焼かれてしまうのです。

享楽《きょうらく》は、真理の根本を知らない人が自ら滅んで行くものなのです。真理を知らない人は快楽ばかりを際限なく要求するがために害となって身を持ち崩してしまうのです。田圃《たんぼ》や野原を荒らすのは嵐と雑草で、人の心を堕落させるのは煩悩であり、憎しみであり、嘘偽りで限りない欲求なのです。

心地が好いか否かを問わず、心が好いことを求めれば心配を招き、苦を不快に感じれば恐怖を感じるのです。心地好いことを求めず、苦を避ける者は、心配や恐怖を覚えなくて済むのです。

道理に合わない心に強く囚《とら》われて物事の本質や道理を深く考えることを疎《おろそ》かにし、生きる目的を忘れて快楽だけを欲求する者は、ついぞ物事の本質や道理を考えることなしに他人を羨《うらや》ましく思う日々を送ることに

樂《たのしみ》を與《あた》ふるものに心を傾くるとなかれ、炎の來《きた》りて其身を燒《や》かんとするとき「苦哉《くなるかな》、苦哉《くなるかな》」と叫ぶも、はた何の益《えき》かあらん。惡人は薪火《しんか》を抱くが如《ごと》く己《おのれ》の惡行によりて其身を焚《や》くなり。

樂《たのしみ》は痴人をして自滅せしむ、痴人は樂《たのしみ》を貪りて飽くとを知らざるが故に自《おのづか》ら其身の仇《あだ》となりて滅ぶるに至る。田野《でんや》を荒らすものは暴風《あらし》と野草《くさ》となり、人の心を腐らすものは煩惱なり、憎惡《にくしみ》なり、虛誇《いつはり》なり、貪慾《むさぼり》なり。

快《こころよ》きか快《こころよ》からざるかを問ふとなかれ。快《こころよ》きを求むれば愁《うれへ》を呼び、苦きを惡《にく》めば怖《おそれ》を來《きた》す、たゞ快《こころよ》きを求めず、苦きを避けざるものは、愁《うれへ》を知らず怖《おそれ》を知らず。

虛誇《いつはり》の念《こころ》に驅《か》られて思慮分別を怠《おこた》り、人生の目的を忘れて只管《ひたすら》快樂を貪《むさぼ》るものは遂に必ず思慮分別を怠《おこた》らざりし人を羨《うらや》む日あらん。

なりかねません。

　他人の間違いは見つけやすいのですが、自分の間違いに気づくのは難しいのです。隣の人の間違いを声に出して言うことは、風に向かって乾いた米糠《こめぬか》を撒《ま》き散らすように広がり、自分の過ちを隠そうとするのは悪い者が偽の要点を隠そうとするのと同じです。

　他人の間違いをワザと言いふらして苦しい立場に陥《おとしい》れようとする者は、自分の煩悩の火を燃え上がらせて執着の因縁を離そうとすることはできないのです。

　賢者と云われる人は、他人がしつこく付き纏うことを嘆《なげ》かず、罪を犯した人が償いをしなくても心配せず、ただその人が道に外《はず》れた行いや悪を断って善を行うことに全力を注がないことを悲しむだけです。

　善い行いをする人の輝く姿は、月の光で明るく照らされた雪の山に似《に》ていて、悪い行いをした人が隠れて見えないのは、新月で灯りの全く無い闇に矢を射《い》るようなものです。

　他人を害して、自分の快楽だけを求めようとする者は、かえって欲の縄に縛《しば》られてしまい、憎しみの思い

　人の過《あやまち》を看るは易く己《おのれ》の過《あやまち》を知るは難し、隣人の過《あやまち》を颺《あ》ぐることは風に向ひて糠《ぬか》を散らすが如く、己の過《あやまち》を蔽《おほ》はんとするは奸者《かんじや》の僞骨子《ぎこつし》を隠さんとするが如し。

　人の過《あやまち》を發《あば》きて、好んで之を陥《おとし》ゐるゝものは、自ら煩惱《ぼんのう》を熾《さかん》ならしめて、遂に之を遠離《をんり》するを得ざるに至らん。

　賢者は他《ひと》の執拗なるを憂へず、他《ひと》の罪を犯し務《つとめ》を怠るを憂へず、只其身の失行《しつこう》と懈怠《げたい》とを憂ふるのみ。

　善人の遥《はるか》に輝くは皓々《かうかう》たる雪の峰に似たり、悪人の隠れて見えざるは暗夜《あんや》に箭《や》を放てるが如し。

　他《ひと》を傷《そこな》ひて自己の快《くわい》を求めんとするものは却りて私慾に繋縛《けいばく》せられ、決して憎怨《にくみ》の念《こころ》を脱《まぬが》るゝこ

から脱却することができないのです。

怒りに仕返しをしようと思えば愛で、悪い行いには正しい行いで、ケチには広い心を持って対応し、事実でないことには真実をもって返報《へんぽう》〈人の行為に報《むく》いること〉をしなさい。

怨みの心を和《なご》やかにするのに愛をもって当たるのは、昔からの自然の法則といえるのです。

真実を語り、怒《いか》りに翻弄《ほんろう》されることなく、求められた善きものを与えなさい。この三つのことで、あなたは仏の領域に達するのです。

賢い人というのは、精錬して銀を少しずつ取り出して塊《かたまり》にする鍛冶屋《かじや》のように、寸暇《すんか》〈少しできた暇《ひま》な時間〉を惜《お》しんで人格形成のために修行する必要があるのです。

他人を教えるとき、力を入れ過ぎずに、正しい真理を平等に教えることに集中しなさい。

善い行いをして、知識があり、正しい意義に応じて真実を話して、そのとおりに行う者は世間のために重《ちょう》用《よう》されるのです。

ミツバチが蜜を集めても花を傷めることはなく花び

と能《あた》はざるべし。

怒《いかり》に報《むく》ゆるに愛を以てし、惡に報《むく》ゆるに善を以てし、吝《りん》に報《むく》ゆるに寛《くわん》を以てし、虚《きよ》に報《むく》ゆる實《じつ》を以てせよ。

怨《うらみ》を和《やは》ぐるは怨《うらみ》にあらずして愛なり、是れ古《いにしへ》よりの天則《てんそく》なり。

實を語れ、怒《いかり》に激《げき》せらるゝことなかれ、求めらるゝものを與《あた》へよ、汝は是三事《このさんじ》によりて神とならん。

賢人をして我執《がしう》の垢《あか》を洗ひ去ること猶鍛冶匠《かぢや》の少しずつ銀塊《ぎんくわい》を取りて一《いつ》又一、間斷《かんだん》なく勉《つと》めて之を純《じゆん》にするが如くならしめよ。

人を導くに過激なることなかれ、只正法と平等の心とに依れ。

德あり、知あり、正義を踏み、眞實《まこと》を語りて其爲《な》すべき所を爲《な》すものは、世の爲《た》めに重んぜらるるなり。

蜜蜂は蜜を集めて花を傷《いた》めず、色を害《そこ》ねず、香《か》

らを変色させることもなく、花の香りを残しているように、賢者といわれる人もミツバチのように周囲を変化させることなく、郷に入っては郷に従えというように、その土地に馴染《なじ》んで暮らすのです。

　もし、旅人が自分より優《すぐ》れていると思うものや道連れができて、一緒に旅をすることになったとき、別れて一人旅をしようとは思わないでください。ただし、自分より道理に暗い人とは一緒に旅をする必要はありません。

　眠れないときの夜は長く感じ、疲れたときの目的地までの道のりは遠く感じ、正しい教えを知らない人は人生が長く感じるものです。

　悟りという最高の道を知ることなく百年生きるよりは、悟りの道を知って一日を送る方が良いのです。

　世間あるいは好《この》ましいと思える場所で達磨《だるま》を人の力で工夫して作ろうとする人がいます。彼らは様々な思いや考えで仮説を立てて、これを信じない者は良い結果を得ることが出来ないと思うものです。しかし、知ってか知らずか真理というものは一つしかないのです。何処《どこ》かに「あの真理は」とか「この真理は」とい

を奪はず、賢者も亦此《かく》の如くにして其郷里《さと》に棲《す》めよ。

　若し旅人にして己に優《まさ》れるもの、又は相若《あいし》くものと途《みち》を共にすること能《あた》はざれば、獨立特行《どくりつどくかう》して顧《かへり》みるなかれ。痴人は友とするに足らず。

　眠らざるものは夜を永しとし、疲れたるものは道を遠しとし、正教を知らざる痴人は人生を長しとす。

　最高の道を知らずして百年の壽《ことぶき》を保つは、之を知りて一日の生を送るのよきに如かず。

　世或《よあるひ》は其好む所に任せて達磨《だるま》を作り、人爲《にんゐ》を施こして之を編《あ》み成さんとするものあり。彼等は錯《さく》雜《ざつ》なる思考を費やして一説をなし、之を信受《しんじゅ》せざるものは善果を収むる能《あた》はずと思へり。されど知らずや眞理は一《いっ》のみ。何處《いづく》にか彼の眞理、我《われ》の眞理と云うものあらんや。吾曹は嘗《かつ》て種々《いろいろ》の學説《がくせつ》を

う者がいるかもしれません。私たちは、かつていろいろな学説を研究しましたが、一切の悪を消し去った者は研究者より賢者《けんじゃ》といえるのです。我々はこの賢者《けんじゃ》と悟りへの道を一緒に歩んで行こうと思っても同じように能力を発揮することはできないのです。

悟りへの道のうち、最も優れたものを『八正道《はっしょうどう》〈＝八聖道〉』と云います。これを外《はず》しては人と法の意義を分別する能力を浄《きよ》めることはできないのです。この悟りへの道を進みなさい。この道以外の脇道は魔王が仕掛《しか》けた道で、この道を行くものは苦悩から離れることができないのです。身体中に刺さっていた棘《とげ》がすべて取り除かれたと分かったとき、この道は我が教えとなるでしょう。

世俗的な人が未だに知らない安心を知って、計り知れない幸福と功徳を知ることが出来るようになるには、ただ、修行と願いを成し遂《と》げようとすることではなく、また、数多くを学び知識を得ることでもありません。比丘よ、非常に深い欲を絶ち切ることが出来ないならば、自分を信じることはできません。正しくな

研究せり、されど一切の罪を離れたるものは之よりも賢《けん》なり、吾曹は之と歩《あゆみ》を共にせんと思へども能《よく》し難《がた》きを如何せん。

道の最勝なるものを八正道《はつしやうどう》となす、之を外《ほか》にしては、復智《またち》を淨むべき途《みち》なし。此道《この》を進めよ、他は悉《ことごと》く魔王の欺《あざむ》ける所なり。此道《この》を進むものは苦を離れん。如來の曰ひけるは、吾、身中《しんちゅう》の刺《とげ》の脱《ぬ》けたるを會得《ゑとく》せる時、是道《この》は吾教《わが》ふる所となれり。

吾向《さ》きに塵裡《ぢんり》の人の未だ嘗《かつ》て知り得ざる安心を得て無量の福徳《ふくとく》を収むるに至れるは、啻《ただ》修行と誓願《せい ぐわん》との故にあらず、多くを學《まな》び博《ひろ》く知りたるの故にあらず。比丘よ、貪慾を斷《た》ち得たるにあらざれば、自ら信ずることなかれ。邪慾を斷《た》つは道の最も高きものなり。

い欲を絶つことが出来れば道の最も高い地点に立つことが出来るのです。

悟りへの道を知って得られるものほど良いものはありませんし、味わい深く、喜ばしいものなのです。自分の欲を消し去れば、苦悩は一切なくなるのです。

川を向こう岸へ渡り終える者は少なく、こちらの岸で川を渉《わた》ろうか迷っている人が多いのです。されど、川を渡り切った人には苦悩はなくなり、嘆《なげ》き悲しむような心配もなくなるのです。

蓮華の花は泥の池の中で香りを放つように、本質の悟りを得られた仏の弟子は、池の中に沈む泥や明るさを求めて暗い場所で迷っている人々の中で、ただ一人知恵の光に燦然《さんぜん》と輝いているのです。

ですから、我々は他を怨むことなく幸福な生涯を送るようにしよう。もし、うらみの渦に巻き込まれたら、そこから脱出しなさい。

我々は苦しみに煩わされることなく幸せな生活を送ることができるのです。悩みを持つ人々が周囲《まわり》にいても、あなたまで悩むことはないのです。

たいへん欲深い悩みに惑《まど》わされることなく、幸せな

道の賜《たまもの》ほど好《よ》きはあらず。道の味《あじはひ》ほど甘きはあらず。道の喜《よろこび》ほど喜《よろこ》ばしきはあらず。慾を斷《た》てば一切の苦を離《はな》る。

水を渉《わた》りて彼岸に上《のぼ》るものは少なく、河の畔《ほとり》に彷徨《さまよ》ふものは多し。されど旅を終へたるものには苦《くるしみ》なし、憂《うれひ》なし。

蓮華の匂《にほひ》かくはしくして泥土《でいど》の中に笑へるが如く、眞《まこと》に悟れる佛の弟子となれるものは、知恵の光赫《かがや》きて泥土《でいど》に似たる人々や、暗きに迷へる人々の中に燦然《さんぜん》たるなり。

さらば吾曹をして怨《うら》めるものを怨《うら》むことなくして福《さいはひ》なる生涯を送らしめよ、怨《うらみ》の中に立ちて而《し》かも怨《うらみ》を離れしめよ。

さらば吾曹をして苦惱《くのう》に煩《わづら》はされずして福《さいはひ》なる生涯を送らしめよ、惱《なや》める人々の中に立ちて而《し》かも惱《なや》むことなからしめよ。

さらば吾曹をして貪慾に煩《わづら》はされずして福《さいはひ》なる

生活を送りなさい。欲深い人々の中にいても、自ら際限なく欲しがる行為をしてはいけません。

　太陽は日中に照り輝き、月は夜に光を放つように、武士は鎧《よろい》を着て兜《かぶと》を被《かぶ》ったときに一番輝き、学者は思想を考えているときに輝いて見えるのです。しかし、昼夜を問はず最も妙《たえ》なる光は仏陀であり、真理を体得した人や尊い人、そして世尊です。

◇

　あるとき、仏がコーサラ国を旅していてマナサクリタというバラモンの村にある草むらの中で休息していました。

　このとき、バラモンでも宗派の違う二人連れが仏に会いたいと言って来ました。一人はバシッシタという名前で、もう一人はバラッドファージャという名前でした。バシッシタが言うには、

「我々二人は、お互いに正しい道とは何ぞやと意見が対立しています。私はブラフマと一つになって真直ぐに涅槃へ到達する道は、ホッチャヤラサ

生涯を送らしめよ、貪慾の人の中に立ちて而《し》かも貪《むさぼ》ることなからしめよ。

　日は晝間《ひるま》に赫《かがや》き月は夜半《よわ》に照り、武士は甲冑《よろひ》に輝《ひか》り、學者は思想《おもひ》に赫《かがや》く。されど晝《ひる》となく、夜《よ》となく、爛々《きらきら》として光最妙《いとたへ》なるものは佛陀なり、覺《がく》者《しや》なり、聖者なり、婆伽婆《ばかぶあと》なり。

第四十九　二人の婆羅門教徒

　佛、或時憍薩羅《コーサラ》地方を行脚《あんぎや》して、摩那薩屈利多《マナサクリタ》と呼ぶ婆羅門の一村《ひとむら》に着《ちやく》し、叢中《そうちゆう》に入《い》りて憩《いこ》ひ給ひしことありき。

　時に、宗派を異《こと》にせる二人の婆羅門徒ありて、佛に謁《えつ》を求めたり。一人を婆私瑟陀《バシッシタ》と云ひ一人を婆羅　婆《バラッドブアージャ》と云へりき。婆私瑟陀《バシッシタ》先ず曰ひけるは、

「吾曹は互《たがひ》に正道の何たるかを爭《あらそ》ひぬ。吾は梵天王《ブラフマ》と一《ひとつ》に歸《き》すべき直路《ちきろ》は婆羅門徒ホッチヤラサチの教へし所なりとなせども吾友は婆

チの教えに従うべきだと言い、友達のバラッドファージャはタルックシャの教えに従うべきだと言っております。

さて、出家された人よ、私たちはあなたの遠くまで聞こえているお名前を聞き、悟った人で人間の世界と天上の世界で仏と呼ばれているのを知っています。今、私たちは何れが煩悩や束縛から解放される道であるかを尋ねようと思ってやって来ました。私たちが住む村の周囲にはたくさんの道がありますが、どれもマナサクリタには到達しないことはないと思うのです。バラモン教のいくつもの宗派では、それぞれが煩悩や束縛から解放されるのは自分が主張する道を進むしかないと言ったり、それに似た言動が見受けられます。私たちが主張することは煩悩や束縛から解き放たれる道ではないのでしょうか」。

仏は「あなたたちは何れの道も正しいと思っていますか」と訊かれました。

二人は「そのとおりです。我々はそのように思っています」と仏に答えました。

羅門徒タルックシャの教へし所なりと云ふ。

さて出家の人よ、吾曹は卿《なんぢ》が雷名を聞き、卿《なんぢ》が覺者《かくしや》と呼ばれ人天の導師と呼ばるゝを知れり。故に今吾曹は彼是《これ》共に解脱の道なりや否やを問はんとて來《きた》れるなり。吾曹の村のまはりには多くの道あれど、何れも摩那薩屈利《マナサクリ》多《タ》に到らぬはなし。婆羅門諸徒が互《たがい》に道は我に在りと云ふも亦此類《たぐゐ》にはあらざるか。彼是共に解脱の道にはあらざるか。」

佛、問ひ給ひけるは、「汝曹の何れの道も正しきものなりと思へるか」。

兩人《りやうにん》答へけるは、「然り瞿雲《ゴータマ》よ、吾曹は然《し》かと思へり」。

仏は「されど、バラモン教の根本聖典であるヴェーダを知り抜いているバラモン教徒でバラモン教における宇宙の最高の神である梵天王に直接会った者がいるのですか」と言葉を続けました。「いいえ」と答えるだけでした。

仏は「ヴェーダに精通したバラモン教徒の中で以前梵天王に会った人はいるのですか」と訊きました。

二人は「いいえ」と答えました。

仏は「ならば、ヴェーダを書いた者で梵天王に面会した者がいるのですか」と訊きました。

二人は、仏のこの問いにも否定したので、仏は次のような例え話をしました。

「例えば、ある男性が一つの建物に上《のぼ》ろうとして、十字路に梯子を置いたそうです。人々が集まって来て『あなたがこの梯子で上《のぼ》ろうとするのは、どの建物で、東西南北いずれの方角にあるか知っているのですか。そして、その建物の高さが何階建てなのか知っていますか』と問われると、その男性は『私は、どれも知りません』と答えました。この答えを聞いた人は『されど、あなたは

佛、語《ことば》を續《つ》ぎ給ひけるは、「されど、吠陀《ブエタ》に通《つう》暁《ぎやう》せる婆羅門徒の嘗《かつ》て面《ま》のあたり梵天王《ブラフマ》に見《まみ》えしものあるか」。「否」、是れ其答なりき。

佛、さらば吠陀に通暁せる婆羅門教師の甞て梵天王に面謁せしものあるか。

兩人《りやうにん》は答へて又、「否」と言ひぬ。

佛は、「さらば吠陀《ブエダ》を記《しる》せるものゝ嘗て梵天王《ブラフマ》に面謁《めんえつ》せしものある乎《か》」。

是《この》問も亦兩人《りやうにん》の否む所となりたれば、佛、次の喩《たとへ》を假《か》りて告げ給ふ。

「譬《たと》へば人の一樓《いちろう》に上《のぼ》らんとて十字街頭に梯子《はしご》を立てたるが如し。人々來《きた》りて必ず問はん、「子《し》が此梯子《はしご》によりて上《のぼ》らんとする樓《ろう》は何れにあるや。子《し》は樓《ろう》の東西南北何れの方位に方《あた》れるを知れるにや。子《し》は樓《ろう》の高低の幾何《いくばく》なるを知れるにや」と。此《か》く問はるゝも彼必ず答へて「吾は知らず」と曰はん。問ふもの更に詰《なじ》りて曰はん、「されど吾が友よ、子《し》は

建物に上《のぼ》ろうとして梯子を持ってきたのではないですか。ところが、あなたは上《のぼ》ろうとする建物が何処にあって名前もを知らないと言うのですか』と詰《なじ》るように言うと、男性は詰《なじ》られても『これは、敢えて私がやっていることです』という以外に答えようがありませんでした。さて、このことを聞いてあなたたちはどのように思いますか。あなたたちは、このやり取りを虚言だと言えますか」と。

二人は「それは、ウソですよ」と仏に言いました。

仏は「ならばお二人よ、バラモン教では、人に精神と物質が結合すると教えるのですか。もし、バラモン教の根本がこのようなものであれば、その根本の説も虚言と言わざるを得ませんね」と仰いました。

バラッドファージャは「仰《おっしゃ》るとおりです」と言いました。

仏は「ならば、バラモン教の根本聖典であるヴェーダを知り抜いているバラモン教徒も、精神と物質が結合するという原則を示していないのは明らかなのです

樓《ろう》に上《のぼ》らんとて梯子《はしご》を立てたるにあらずや。而《しか》るに子《し》は其の孰《いづ》れにあるを知らず、又其の何たるを知らずと云ふ乎《か》」。彼は斯《か》く詰《なじ》らるゝも「只是れ實《じつ》に吾爲《わがな》せる所なり」と言ふより外なかるべし。さて汝等《なんじたち》は之を見て何とか思へる。汝等は是言《このこと》を以て妄なりとはなさゞる乎」。

兩人《りやうにん》均しく言ひけるは、「實《げ》に瞿雲《ゴータマ》よ、其は妄言なるべし」。

世尊、「さらば婆羅門徒は人に未知未見《みちみけん》のものと合體《がつたい》せよと教ふるものなり。もし果《はた》して婆羅門教の基礎此《ここ》に在りとせば、其説も亦妄なりと謂ふべからざるか」。

婆羅婆《バラットブアージャ》曰ひけるは、「實《げ》に然《さ》なり」。

世尊、「さらば三吠陀《サンブエダ》に通曉《つうぎやう》せる婆羅門徒も未知未見のものに合體《がつたい》すべき法を現示《しめ》し能はざるは明《あきらか》なりと謂ふべし。猶衆盲相率《しゆうもうあいひき》ゐるが如し。前

ね。迷いを抱《かか》えた世間の人を引率して前も中ほども後方さえ分からないのですね。ならば、バラモン教の根本聖典であるヴェーダを知り抜いているバラモン教徒が言うことも偽《いつわ》りであると言われても、事実を曲げて言うことになってしまいますね。あなた方が説くところの教えは常識では考えられず、でたらめで、事実ではなく、字を書き連ねただけなのですね」と仰いました。

　仏が「川岸にいる人が対岸の地にある所で用事を済ませようと思い、こちら側から向こう岸へ渡りたいと祈りを捧《ささ》げたと思いなさい。あなたたちは、この人が祈りによって向こう岸へ渡れると信じますか」とお尋ねになりました。

「そのようなことは無理です」と二人は答えました。

「されど、この行いはバラモン教徒のすることなのです。彼らはバラモン教徒としての修行として得られたことを実践《じっせん》しないで、インドラやソーマ、ブアルーナやブラフマの名前を呼び上げているだけなのです。このようなバラモン教徒は、如何に声を出して祈りをしようとも、教えを賛美した詩を声に出して詠《よ》んでも、

なるものも知らず、央《なかば》なるものも知らず、後《しりへ》なるものも知らず。さらば三吠陀《サンブエーダ》に通暁《つうぎやう》せる婆羅門徒の言ふ所を以て盲言《まうげん》なりとなすも誣言《ふげん》にはあらざるべし。實《げ》に彼が説く所は奇なり、妄なり、虚《きよ》なり、只字を聯《つら》ねたるに過ぎず」。

　世尊又宣ひけるは、「河畔《かはん》の人、岸の彼方《あなた》に用を辨《べん》ぜんと思ひて、祈禱《いのり》を凝らして、彼《かれ》の岸の此方《こなた》に移り來《きた》らんことを願ひしと假想《かそう》せよ。汝等は此祈禱《このいのり》によりて岸の移り來《きた》らんとするを信ずるか」。

「如何《いか》でか此事あらん、瞿雲《ゴータマ》よ」。

「されど是實《じつ》に婆羅門徒のなす所ならずや。彼等は誠に婆羅門徒となるべき性徳《せいとく》を實踐《じつせん》せずして、徒《いたづ》らに因陁羅《インドラ》の名を呼び、蘇摩《ソーマ》の名を呼び、婆樓那《ブアルーナ》の名を呼び、婆羅吸摩《バラフマ》の名を呼ぶ。實《じつ》に此の如き婆羅門徒は、如何《いか》に聲《こゑ》を揚《あ》げて祈禱《いのり》をなし、讃歌を謠《うた》ふも、死后《しご》婆羅吸摩《ブラフマ》と合躰《がつたい》すべき望

死んだ後バラモン教における宇宙の最高の神であるブラフマと心身が合体できるとは思えません」と仏が仰いました。

仏は「バラモン教徒は、ブラフマをどのようなものなのか、そしてブラフマは欲を持っているのかを私に話してください」と仰いました。

二人はこの仏が仰った意味がよく理解できなかったので、仏はさらに「ブラフマの心は悪い思いを持っているのですか。また、悪い心を断って善行に全力を挙げずに怠《おこた》ったり驕《おご》り高ぶって他人を侮るようなことがあるのでしょうか」と尋ねました。

「いいえ、そのようなことはありません」と二人は答えました。

仏は、「されどバラモン教徒は、これらの悪を取り去ることができますか」と訊きました。

二人は「いいえ」と答えました。

仏は、「バラモン教徒は、物質と精神が五種類〈身体・感覚・心に浮かぶ想い・衝動的欲求・意識〉に執着していて世間の欲から離れられず、眼・耳・鼻・舌・皮膚から得られる誘惑される感覚を排除できないでしょ

みは遂に之あるべくも思はれず」。

佛、更に語《ことば》を進めて曰ひ給ひけるは。「さて吾に語《つ》げよ、婆羅門徒は婆羅吸摩《ブラフマ》を如何なるものと思へるか。彼果して慾あるか」。

兩人《りやうにん》、是《この》問を否《いな》みしかば佛又問ひ給へらく、「婆羅吸摩《ブラフマ》の心には惡念《あくねん》あるか、懈怠《げたい》あるか、驕《けう》慢《まん》あるか」。

「否」。是其答なりき。

佛、又進むで問ひ給ひけるは、「されど婆羅門徒は是等の罪惡《ざいあく》を遠離《をんり》せるか」。

「否」。是又斯く答へられぬ。

佛、「婆羅門徒は五事《ごじ》に執着せるを以て塵欲《ぢんよく》を離るゝ能はず、五官《ごくわん》の誘惑を却《しりぞ》くる能はず。彼等は情慾、惡念《あくねん》、懈怠《けたい》、驕慢《けうまん》、懐疑の五《いつつ》の障《さはり》にさまよへり。さらば彼等如何にして、かの婆羅吸摩《ブラフマ》、

う。男女に関わる欲・恨みを抱く執念・怠慢《たいまん》な態度・驕《おご》りたかぶる行動・疑いを持つ心といった五つの妨《さまた》げに迷わされるでしょう。であるならば、バラモン教徒とは異質のブラフマと合体できるのでしょうか。バラモン教徒が名付けていうところの一切を知り理解する知恵の一切智、実践を学んで人々を救う菩薩智、一切の事柄の究極の真実を知る一切智の三智は、智という水が全く無い砂漠のようなもので、道が消えてしまった深い森のように、見渡す限り何もない荒野のようなものなのです」と仰いました。

仏がこのように言ったとき、一人のバラモン教徒は「釈迦牟尼はブラフマと合体すべき道を知っているというのは本当でしょうか」と尋ねました。

仏は「マナサクリタで生まれて育った人でマナサクリタへ行く道を知らない人はいないでしょう」と訊きました。

「知らない者はいませんよ」とバラモン教徒の一人が答えました。

仏は「如来がブラフマと合体する方法を知るのもその通りで、何故如来がこの方法を知っているかという

彼等とは頗《すこぶ》る類《たぐゐ》を異《こと》にせる婆羅吸摩《ブラフマ》と合體《がったい》するを得んや。故に婆羅門徒が稱《とな》ふる三智《さんち》は猶《なほ》水なき沙《さ》漠《ばく》の如し、猶《なほ》途なき深き森の如し。猶《なほ》限りなき荒《の》原《はら》の如し」。

佛、斯く言ひ給へるとき、一人の言ひけるは、「瞿雲《ゴータマ》よ、釋迦牟尼は婆羅吸摩《ブラフマ》と合體《がったい》すべき道を知れりと云ふ、果して信か」。

佛、「婆羅門徒よ、摩那薩屈利多《マナサクリタ》に生れて摩那《マナ》薩屈利多《サクリタ》に人となれるものにて、此處《このところ》より摩那薩《マナサ》屈利多《クリタ》に到る直路《ちきろ》を知らざるものあらんや」。

「決して然《さ》ることとなし、瞿雲《ゴータマ》よ」。

佛、答給ふ、「如來の婆羅吸摩《ブラフマ》と合體《がったい》すべき直《ちき》路《ろ》を知れるも亦此《かく》の如し。如來の之を知るは、實《じつ》

と、実は如来はブラフマのいる世界で生まれたから知っているのです。これは、何の疑いをも持つべきではないのです」と言いました。

二人のバラモン教徒は「あなたが、もしブラフマと合体する方法を知っているのであれば、それを教えてほしいのです」と言いました。

仏は、

「如来が宇宙を観るということは手のひらを眺めるようなものなのです。それは外部の影響を受けることがない本質的なものを知り極め尽くしたというべきでしょう。如来は物質的にも精神的にも真《まこと》のことを言って間違えることはないのです。如来が説く教えは、其の始めも、途中も、終わりまで何処をとっても愛から出たもので誰もが喜ぶのです。如来は、この上もなく誠実で円満な場所で高尚で潔白な生き方をしていらっしゃるのです。

如来は、宇宙のすべての方角にその想いを寄せていらっしゃり、愛でこの想いを満たしていらっしゃるのです。このようにして、世界は四方八方上下に至るまで計り知れないほど多く、広く、純

に婆羅吸摩《ブラフマ》の世界に入りて彼處《かしこ》に生まれたるものとして之を知るなり。復《また》何の疑《うたがひ》か之あらん」。

二人の婆羅門徒曰ひけるは、「汝もし之を知らば吾曹に道を示せよ」。

佛、言ひ給ひけるは、

「如來の宇宙を見るは掌《たなごころ》を見るが如し、其《その》性《せい》を知るや悉《つ》くせりと謂ふべし。如來は文字の上にも精神《せいしん》の上にも眞理を宣へて過《あやま》つことなし。如來の説く所は其始《はじめ》も、其中も、其終《をはり》も皆喜ぶべく愛すべからずと言うことなし。如來は至醇圓滿《しじゅんえんまん》なる處《ところ》において高潔なる生涯を現はしたり。

如來は其心をして宇宙の四方に至らしめ、愛を以て之を充たせり。かくして世界は上下四維《しゆい》到る處《ところ》永く無量無邊《むへん》至大至純《しじゅん》なる愛の充ち塞《ふさ》ぐ所とならん。

粋で大きな愛で溢《あふ》れていらっしゃるのです。

有名な吹奏楽器の演奏者は、楽器をいとも簡単に世界の果てまでその音を行き渡らしめるのと同じように、如来はすべての生きとし生けるものに接してから離れるまでの間、苦悩から離れる思いと非常に深い愛をもって視ておられるのです。

正しい道を行く人の徴候《ちょうこう》とは、その人の喜びは正義であり、もし災難に遭っても落ち着いていて動じることがないのです。その人は正しい道のいわれに従って修行をし、言動共に残らず尊く清浄で汚《けが》れがないのです。その人は悪行の全く無い生活をしてその能力を活《い》かしているのです。行いの行き着くところには善があり、欲からは遠のいて謹《つつし》み深く、小さな事にも注意を払って家族などを悪いことから守り、幸せな生活を送っているのです。

八正道をわきまえて、その道を躊躇《ちゅうちょ》することなく前に進む者は、必ず悟りへ行くことが出来るのです。如来が自分の子供や孫のように思っている世の中の人々を護《まも》り、よく見守って、すべての方

有力なる喇叭手《らつぱしゆ》は喇叭《らつぱ》を奏《そう》して容易《たやす》く世界の四隅《よすみ》に響き渡《わたら》しむ、如來の來《きた》れるも亦此《かく》の如し。如來は一切の衆生と或《あるひ》は接し或《あるひ》は離るるに當《あた》りて、之を視《み》るに解脱の心と甚深《じんしん》の愛とを以てせずと云ふことなし。

正道を歩める人の徴《しるし》は次の如し。彼の喜《よろこび》は正義に在り、彼は困厄《こんやく》に遭《あ》ふも泰然として危《あやぶ》むことなし。彼は道義の命令に從《したが》ひて其身を修む、言ふ所、行ふ所、悉《ことごと》く神聖ならぬはなし。彼は充分清浄《しやうじやう》なる生計を營《いとな》みて其身を活《いか》す。行ふ所は善に在り、却《しりぞ》くる所は慾にあり、小心翼々《よくよく》として自ら守る所を失はず。其生は誠に幸福の中《うち》に在るなり。

八正道《はつしやうだう》を踏みて勇往《ゆうわう》直進するものは必ず涅槃に達す。如來の兒孫《じそん》を守るや、注意到らざる所なく、彼等をして光明を見せしめんとするや、慈悲遍《あまね》からずと云ふことなし。

角に影を作ることなく如来が放つ光を見せようとするのは、如来の慈《いつく》しむ心がこの光のようにすべてに届くようにしていらっしゃるからなのです。

　八個、十個または十二個の卵を温める母鳥の心のように「卵の殻の中にいる雛鳥《ひなどり》が足の爪や嘴《くちばし》で殻《から》を破って出てきて、柔らかな日の光を見られるように」と願っているのです。何日か経てば雛《ひな》は殻《から》を卵の内側から破り出て日の光を目にするのです。八正道を決心をもって進む人の歩みも同じように、如来が放つ光に照らされて悟りを得る真実の知恵をもって、仏の偉大な幸運が欠けることなくやって来るのは疑う余地がないのです」と言われたのです。

◇

　仏が王舎城に近い竹園に滞在している頃、途中でスリガラという人に会いました。仏は、この家長であるスリガラが合掌しながら東西南北と天地に拝《おが》んでいるのを見て、古くからの言い伝えで災《わざわ》いが来ないように

八箇《こ》、拾箇《じふこ》乃至拾貳箇《じうにこ》の卵子《たまご》を抱ける牝雞《めんどり》の心に思ふやう、「願はくは君鶵鳥《わがひなどり》の爪又は嘴《くちばし》にて安らかに卵殼《から》を破りて日光を看《み》るに至らんことを」と。されど、日ならずして雛鳥の卵殼を破り出でゝ日光を看《み》るに至るは疑ふべくもあらず。かの動かざる決心を懷《いだ》きて聖道を歩むものも亦此《かく》の如く、其光明に照らされ、般若の智惠を得て、大覺《だいかく》の無上福德《うえなきさいはい》を全《まつた》うするに至るは疑ふべくもあらず。」

第五十　六方を護《ご》せよ

佛、王舎城に近き竹園《ウエヌウアナ》に留まり給へる頃、途《みち》にて室利伽羅《スリガラ》と云ふものに遭《あ》ひ給へることありき。佛は此家主《いえぬし》の合掌して四方上下に禮拜《らいはい》するを見て、其舊來《きうらい》の迷信に惑《まど》はされて災禍《わざはひ》を避けん爲《た》め

手を合わせて拝《おが》んでいることを知り「あなたは、何故このような不思議な拝《おが》み方をするのですか」とスリガラに尋ねました。

　スリガラは「あなたは、私の悪魔除《よ》けの拝礼を見て『怪《あや》しい』と言うのですか。私は、あなたがはっきりと言いたいことが分かります。つまり、如来と呼ばれ、幸いなる者と言われ、仏陀と呼ばれている釈迦牟尼さま、あなたは私が口にしている不思議な呪文に利益のないことや神仏の救《たす》けがないと仰りたいのを知っています。私がこの礼拝をする理由は、死んだ父親が遺《のこ》してくれた教えを尊いものとして尊敬して、この礼拝を守っているのです」と仏に言いました。

　仏は、

「スリガラよ、あなたの父親が遺《のこ》してくれた教えを尊く尊敬して守ろうとすることは良いことです。しかし、あなたの家族、特に妻や子供、孫たちを災《わざわ》いから免《まぬが》れるためにこの礼拝の行為を守っているのはあなたの義務です。私はあなたの父親が遺《のこ》してくれた教えをすることにとやかく言うつもりはありません。私はあなたが礼拝する理由を

此事をなすを知り、之に問い給ひけるは「何故《なにゆゑ》に汝はかく怪《あや》しき禮拝《らいはい》をなすにや」。

　室利伽羅《スリガラ》答へて、「汝は吾《わが》悪魔を除《よ》けんとするを見て怪《あや》しとなし給ふか。吾《われ》は汝の明らかに語らんとする所を知れり、瞿雲《ゴータマ》釋迦牟尼よ、如來と呼ばれ福《さいはひなる》者、佛陀と呼ばるゝ釋迦牟尼よ、吾は汝が神呪《しんじゅ》の益《えき》なきこと、及び救ひの力なきことを語らんとするを知れり。されど吾《わが》言う所を聞きて、吾《わが》此禮拝《らいはい》をなすは吾《わが》父の遺訓を崇《あが》め敬《うや》ひて其神聖《しんせい》を保たんとするにあることを知れよ」。

如來乃ち告げ給ひけるは、

「室利伽羅《スリガラ》よ、汝が父の遺訓を崇《あが》め敬《うやま》ひて其神聖《しんせい》を保たんとするは善し。而して汝の家族、妻子、兒孫《じそん》をして災厄《わざはひ》を免《まぬ》がれしめん爲《た》め、之れが保護を怠らざるは汝の務《つとめ》なり。吾《われ》は汝の父の訓言《くんげん》を果たさんとするを咎《とが》めず。吾《われ》は只汝の何の爲《た》めに禮拝《らいはい》するかを知らざるを憐《あはれ》むなり。今汝と面晤《めんご》せる如來は汝が心の

知らなかったので、気の毒に思っただけです。今、あなたと向かい合って話している私が、あなたの心の師のように、あなたに心を寄せることは父母のように、あなたのために六方〈東西南北と天地〉を拝《おが》む理由を話しましょう。

不思議な儀式で家族が守れるというのは誤った考えです。あなたは、善い行いをして家族を守りなさい。東に父母を想い、南では仏を想い、西では妻子を想い、北には友達を、天に向かってはあなたが正しく善き道を進むことを思い、地に向かっては使用人のことを想いなさい。

これこそが、あなたの父親が遺《のこ》してくれた教えの意味なのです。礼拝の儀式を行うことはあなたに課された義務であると思いなさい」と仰いました。

スリガラは、仏を父親に対するように、ゆっくりと頭を上げて「正にあなたは仏であり、世尊であり、尊い方です。わたしは自分が行っている礼拝の意味を詳《くわ》しく知らずにいましたが、今、その意味を十分に理解

師なり、汝を愛すること猶《なほ》汝の父母の如し、如來今汝の爲《た》めに六方の義を説くべし。

只怪《あや》しき儀式のみを爲《な》して汝の家族を護るに足れりと思ふは誤なり、汝は更に善行によりて之を守らざるべからず。東しては父母に面し、南しては師に面し、西しては妻兒《つまこ》に面し、北しては朋友《ともだち》に面し、天心に向ひては汝の道を修めんとを思ひ、地軸に向ひては汝の奴僕《どぼく》を思へ。

是即《すなは》ち汝の父が求むる所の教《をしへ》なり。儀式禮《らい》拜《はい》を行《おこな》はゞ當《まさ》に汝の務《つとめ》の那邊《いづこ》にあるかを憶《おも》ふべし。」

室利伽羅《スリガラ》は父に對《たい》するが如く恭《うやうや》しく首《かうべ》を上げて佛に曰ひけるは、「誠に瞿雲《ゴータマ》よ、汝は佛なり、婆伽婆《バカブアト》なり、聖師なり。吾《われ》は向《さ》きに吾爲《わがな》せる所を知らざりしに、今や之を知り得たり。汝は吾《われ》に隱《かく》

しました。あなたは、私に知らない真理を示してくださいました。あなたは、真っ暗な道に灯火《ともしび》で道を明るく照らしてくださったのです。私は尊い教えを示してくださったあなたに従い、真理を守り、あなたのお弟子のグループの仲間の一人に加えていただきます」と仏に誓いました。

その頃、多くの町の名士たちが集会場に集まって、それぞれに「仏・法・僧」について話し称讃していた時、ニルグランダ教の獅子《しし》将軍という人もその中にいました。「本当は世尊という人は仏ではないのではないか。行って会ってこよう」と心の中で思ったのでした。

そして、獅子《しし》将軍は、ニルグランダ教の主《ぬし》であるジニヤダブトラの所へ行って、「私は、今評判のゴータマという出家した人に会ってこようと思います」と告げました。

ジニヤダブトラは、「獅子将軍よ。お前は善悪の原

れたる眞理を現はし給へり、汝は猶《なほ》暗き所に燈火《ともしび》を齎《もたら》せる人の如し。吾は覺《さと》れる導師に歸依《きえ》し、人をして覺《さと》らしむる眞理に歸依《きえ》し、眞理を看破せる諸兄弟《もろもろけいてい》の教會に歸依《きえ》するなり」。

第五十一　獅子將軍寂滅を問ふ

其頃有名なる多くの市人《しじん》、町の會堂に集まりて、種々《いろいろ》に佛、法、僧を讃《ほ》め稱《たた》へしをり、泥犍陀《ニルクランダ》教徒の獅子將軍《しやうぐん》と云う者も其中に聯《つらな》り居けるが、竊《ひそか》に自ら以爲《おもへ》らく、「誠に世尊は佛ならざるべからず。吾は往《ゆき》きて之を訪《と》ふべし」。

かくて獅子將軍《しやうぐん》は泥犍陀《ニルクランダ》教長若陀弗多羅《ジニヤダブトラ》のもとに到り、之に近づきて曰ひけるは、「主よ、吾は瞿雲《ゴータマ》出家を訪《と》はんと思ふ。」

若陀弗多羅《ジニヤダブトラ》、「獅子將軍《しやうぐん》よ、汝は善惡の果報な

因と結果というものを信じる人間なのに、行いによって善悪の原因と結果を信じないようなゴータマに会おうとは何事だ。ゴータマは、行為の原因と結果のあることを否定して因縁によって成されると、弟子たちを修行させているのだぞ」と言いました。

そして、獅子《しし》将軍が仏を訪《たず》ねようとする望みは消えてしまいました。

その後、しばらくして獅子《しし》将軍は、再び町の人々が「仏・法・僧」について称讃する声を聴いたので、再び、ジニヤダブトラの所へ行って「仏と会ってみたい」と願い出ましたが、前回と同様に会うことを拒否されてしまいました。

されど、町の名士たちがまたもや仏の「仏・法・僧」を称賛する声を聴いた獅子《しし》将軍は、「本当にゴータマという出家した人は心清き仏なのだろうか。ニルグランダ教の是非については、一旦棚《たな》に上げて置いて、ジニヤダブトラの承諾を得ずに直接ゴータマの所へ行って、すぐに彼が清き仏であるかどうかを確かめてこよう」と思い立ち、仏の所へ行ったのでした。

獅子《しし》将軍は「伝え聞くところによると、あなたは私

ることを信ずるものならずや、然るに却《かへ》りて行爲の果報あることを信ぜざる瞿雲《ゴータマ》出家を訪《と》はんとするは何事ぞや。瞿雲《ゴータマ》出家は行爲の果報を否みて無爲の説をなし、之によりて其弟子を修練するものなり」。

かくて將軍《しやうぐん》が佛を訪はんとする望《のぞみ》は止みき。

其後、將軍は又人の佛、法、僧を讃《ほ》め稱《たた》ふるを聞きたれば、再び若陀弗多羅《ジニヤダブトラ》を訪《と》ひしに向きの如く又拒絶せられぬ。

されど有名なる人々の三たび佛、法、僧の功德を讃《ほ》な稱《たた》ふるを聞きて將軍思へらく、「誠に瞿雲《ゴータマ》出家は聖《きよ》き佛ならざるべからず。泥犍陀《ニルクランダ》教徒の賛否は吾が關《かか》はる所にあらず、吾は彼等の承認を待《また》ず、直ちに往きて聖き佛陀なる世尊を訪《と》ふべし。

獅子《しし》將軍、佛に曰ひけるは、「主よ、傳《つた》へ聞

たちに善悪の原因と結果が結びつくことはないという説明をして、生きているものが行うことには善悪の原因と結果が伴うことはないと言っているが、それは、煩悩を離れた涅槃の悟りへの説が、ことごとく怪しい教えなのではないか。あなたの弟子たちはこの説に惑わされて修行していると聞くが、本当のことでしょうか。あなたは、魂《たましい》というものが、すべて実体のない『空《くう》』であり、人生は何もなく空《むな》しいものになってしまうと教えているのですか。あなたは、仏の教えを正しく理解しているように聞きますが、ひょっとすると、仏の教えを間違えて誤解しているのではないでしょうか。そのあたりを聞かせてください」と仏に尋ねました。

仏が仰るには、

「将軍よ。私は本当にこの説があるということも、ないということもできるのです。折角《せっかく》いらしたのですから、お話ししましょう。

私は、身体と言葉と心で誤《あやま》った行為をしてはいけないと教えています。また、悪い考えを持たないように、とも教えています。加えて、正しい行

く、瞿雲《ゴータマ》出家は吾曹の爲《ため》に果報あることを否《いな》み、無爲《むゐ》の説をして、有情《うじやう》の生物が爲《な》せる成行《しよぎやう》には果報の伴ひ來《きた》ることなしと説き給ふ、そは瞿雲《ゴータマ》は寂《じやく》滅《めつ》の説を稱《とな》へ、萬事《ばんじ》の賤《いや》しむべきを教へ給へばなり、と。而して瞿雲《ゴータマ》の弟子は皆此《この》説によりて修養せらると云ふ。是果して眞《まこと》なるか。汝は果して靈《れい》魂《こん》の空寂《くうじやく》に歸《き》し、人性の虚無《こむ》に化することを教へ給へるか。世尊、是《こ》は佛の教《をしへ》を正しく解《げ》せるものの言《こと》にや、將僞法《はたぎほう》を以て佛の法《のり》となして其教《をしへ》を誤解せるものにや、願くは語り聞かせ給へ」。

佛のたまひけるは、

「將軍よ、吾《われ》誠に斯《この》説をなすと曰ふも可なり、なさずと曰ふも可なり。來《きた》れ請ふ、之を説かん。

吾《われ》は身口意《しんくい》によりて正しからぬわざを爲《な》すなかれと教《をし》へ、又惡しき心を生ずるなかれと教《をし》へたり。されど吾は又身口意《しんくい》によりて正し

いをして、善い心を持つように教えています。

私は、すべての悪い考えのほかに身体や言葉、心で正しくない思いや行動を無くしてしまうことを教えています。さまざまな悪い考えから離れて、その悪の根源を抜き去るように、これらを絶やしてしまい、再び悪の根が蔓延《はびこ》らないようにするには、自分の根っこまで刈りつくすのです。

私は、自分だけの欲、道に外《はず》れた男女の密会、悪い思いや迷いの心を滅ぼすように言い伝えてきているのです。しかし、忍耐や慈《いつく》しみの心、恵むこと、人が行うべき真実の道が滅んでしまうようなことは言ってはいないのです。

獅子将軍、身体と言葉と心の何《いず》れかは問わず、正しくない行為は軽蔑《けいべつ》すべきものなのです。そして、善い行いと正しい行為は褒《ほ》めたたえられるべきものなのです」。

獅子《しし》将軍は「私の心には、まだしっくりしないものが一つあります。できれば、私が迷っていることを払拭してあなたが教える正しい真理というものが理解できるようになりたいのです」と仏に言いました。

きわざを爲《な》し、善き心を生ぜよ教《をし》へたり。

吾は總《すべ》て惡しき心及身口意《およびしんくい》によりて爲《な》せる正しからぬわざの燬《や》き盡《つ》くすべきことを教《をし》へたり。諸《もろもろ》の惡しき心を離れ、樹根《じゆこん》を抜き去りたらん如く、之を斷滅《だんめつ》して復《また》生ずるなからしめたるものは、我が根帶《こんたい》を芟《か》り盡《つ》くせるものなり。

吾は私慾、邪情《じやじやう》、惡念、迷妄の滅ぼすべきことを宣《の》べ傳《つた》へたり。されど吾は決して忍《にん》辱《にく》、仁愛、布施、眞理の滅ぶべきことを宣《の》べ傳《つた》へざるなり。

獅子將軍《しやうぐん》よ、身口意の何れになれるを問はず、正しからぬ行《おこなひ》は賤《いや》しむべきものなり。されど德と義とは讚《ほ》め稱《たた》へざるべからず。」

將軍《しやうぐん》曰ひけるは、「吾《わが》心には猶疑《なほうたがひ》の解けやらぬもの一《ひとつ》あり。願くは吾迷《わがまよひ》の雲を掃《はら》ひ盡《つ》くして、世尊の教《をし》へ給へる達磨《ダルマ》を會得《ゑとく》させ給はんことを」。

仏がこれを承知すると、将軍は「私は軍人で、王の命令に従って社会秩序の下で行動し、戦争に行くのです。如来は人に限りない親しさを感じさせて愛情について人々に教え、悩みを持つすべての人に同情して、犯罪を犯して刑に処せられるような人をも救おうとしていらっしゃいます。私たちには家族がいて、妻や子供もいます。個人だけでなく国の財産も守ろうとするために戦争に行くことも悪いことだと仰《おっしゃ》るのですか。如来は、限りない屈辱や迫害から耐え忍ぶことを教え、悪人がやりたい放題私を傷つけて、私の所有物を奪い取ろうとして強迫するのも黙《だま》ってそれに従えと仰《おっしゃ》るのですか。如来という方は、正義のために行わざるを得ない戦争をも全部禁じると仰るのですか」と訊きました。

仏は「如来は『罰を与えなければならない者には罰を与え、恵み、情けをかけなければならない者には恵みを与えなさい』と言われています。でも、同時に『生きているものに危害を加えてはならず、ただひたすらに、思いやりと隔《へだ》てのない心を持つこと』を教えているのです。これは矛盾するものではなく、自分が

如來、之を許したまひければ、将軍曰ひけるやう、「吾は軍人なり、世尊、吾は王命を奉《ほう》じて法《ほふ》を行ひ、戰《たたかひ》に従ふものなり。如來は限りなき親愛を教《をし》へ、總《すべ》て悩《たや》めるものに同情を表はして、罪人の刑に遭《あ》はんとするをも救い給はんとするか。又吾曹の家族、妻兒《さいじ》及《および》財産を保護するため戰場《せんじやう》に赴《おもむ》くをも惡《あし》しと説き給ふか、如來は限りなき忍辱《にんにく》を教《をし》へ、惡人の來りて擅《ほしい》まゝに我《われ》を害《そこな》ひ、吾有《わがも》てるものを奪ひ取らんとて强迫を試みるにも默《もく》して之に従へと教《をし》へ給ふか。如來は一切の正義の爲《た》めにせる戰《たたかひ》をも悉《ことごと》く禁ぜんとし給ふか」。

佛、「如來は罰すべき者を罰し恵《めぐ》むべき者を恵《めぐ》めよと教《をし》ふ。されど如來は同時に生けるものを害《そこな》はず、一向《ひたすら》愛と親《したしみ》を行《おこな》へと教《をし》ふ。是は決して相矛盾せる誡《いましめ》にあらず、自ら犯せる罪によりて刑に處《しょ》せらるゝ裁判官の惡念よりて然《しか》るにあらず、罪人自ら之を招《まね》けるなり。罪人は自ら犯せる罪科によ

犯した罪で判定人の意地悪い思いで刑に服さなければならないのではなく、罪を犯した人が自ら招いた罰なのです。罪を犯した人はその罪の内容によって、その時の社会制度の中で刑を受けなければならないのです。刑の執行者による罰を受けても罪を犯した人が誰を怨《うら》むでもなく、もし他人《ひと》を死に至らしめたのであれば、それに相応する結果、つまり報《むく》いを受けるだけなのです。もし、罪を犯した人が、この結果を受け止めて悔い改める心が生まれ、道理の正しいことがあることを知れば、『運が悪かった』と歎《なげ》くことなく、善について知ったことを喜ぶでしょう」。と仰いました。

仏はさらに続けて、

「如来は兄弟喧嘩で切った張ったとするようなことは、痛ましいことと教えるでしょう。そこで如来は、できるだけ平和になるようなあらゆる手段を尽《つ》くした後、正義のためとは言っても戦争をする者は非難するのです。ただ、如来が非難するのは戦争を起こした人や戦争指導者に対してだけなのです。

如来は充分に自分の主体的な実体を強調するこ

りて、法《ほう》の爲《た》めに刑を受けざるべからざるに至れり。法官の處罰《しょばつ》に遭《あ》ふとも、罪人は誰をか恨むべき、自ら他《ひと》を殺せる罪によりて自らも殺されざるを得ざるに至れるは其身が爲《な》せる行《おこなひ》の果報を受くるに過ぎず、もし是《この》罰に遭《あ》へるため其心の淨《きよ》めらるゝことを知らば、罪人も其厄運《やくうん》を歎《なげ》かず却りて之を喜ぶならん」。

佛、尚語《つ》げ給ひけるは、

「如來は兄弟相爭ひて互《たがひ》に斬《き》り果さんとするが如きは痛むべきわざなりと教ふ。されど彼は平和を保たんとて萬般《あらゆる》手段《てだて》を盡《つく》せるのち義の爲《た》めに戰《たたか》ふものを非難せざるなり。只非難すべきものは斯《か》かる爭《あらそひ》を起せる人のみなり。

如來は充分に我を伏して遺孽《ゐけつ》なからしめよ

となく、父親に死なれた脇腹《わきばら》の子〈正妻以外の女性に産ませた子〉のように大人しく控えめにしなさいと教えるのです。しかし、如来は人にしても、自然界で生きとし生けるものにしても、悪い行いをしようとするものをあらゆる苦難への忍耐を教えることはありません。争《あらそ》いはない方がいいし、生きるものが争《あらそ》ってはいけないのです。しかも、争《あらそ》いを起こすものは真理と正義に逆《さか》らって私欲を旺《おう》盛《せい》にしようとするようなことをしてはいけないのです。

　不必要に名を挙《あ》げたり富を得ようと欲のために争《あらそ》うことは何の利益もないのです。されど、真理と正義のために争《あらそ》うことは、得《う》ることがあり、例えば相撲に勝って勝負に負けるのと同じようなものなのです。

　自我とは大きな功徳を受け入れるだけの大きさの器《うつわ》ではないのです。自我は小さく弱いもので壊れやすく、その中には他人に恵んだり呪ったりした心を入れると、すぐに砕けてしまうのです。

　それに比べて真理とは大変大きな器《うつわ》で、自我す

と教ふ。されど如來は人にせよ神にせよ、自然界の力にせよ、惡しき禍《わざはい》を起さんとするものを忍《しの》べよとは教へざるなり。爭《あらそひ》はなかるべからず、斯《この》生何ものか爭《あらそひ》ならざらん。されど爭《あらそ》ふものは、眞理と義とに逆《さから》ひて私心を逞《たくまし》うせんとするが如きことなからんを要するなり。

徒《いたづ》らに功名を成し富貴《ふうき》を得んと思ひて私心の爲《た》めに爭《あらそ》ふものは何の得《う》る所あらんや。されど眞理と義との爲《た》めに爭《あらそ》ふものは、大いに得《う》る所あるべし、何となれば是の如き人は敗《やぶ》るゝとも勝てるなればなり。

我なるものは大功《たいこう》を受くべき器にあらず、我は小《ちい》さくして壞《やぶ》れ易《やす》し、其中《うち》に在るものは他《ひと》を惠《めぐ》まんため或《あるひ》は他《ひと》を咀《のろ》はん爲《た》め直ちに裂《さ》け碎《くだ》かるゝならん。

されど眞理の大《おほひ》なるや、一切の我の慾望を

べてを容れても、まだまだ余裕があるのです。自我はシャボン玉のように壊れて消えてしまっても、その中に包まれていたものは真理という器《うつわ》の中に残って永遠に存在するのです。

　獅子将軍、戦争に行く者はたとえ正義のためとはいえ、敵に殺されるという覚悟があるでしょう。これは軍人としての運命なのです。運が悪く敵に殺されても、嘆《なげ》き悲しむ理由はないのです。

　もし、幸《さいわ》いにも戦争に勝ったとしても、この世の中の偏見や迷いに満ちた心が渦《うず》巻いていることが分かるのです。その修行による功徳には大きなものがあり、真に大きなものであっても、車輪が回るように生まれ変わり死に変わることを止めることはできず、その身体が塵《ちり》と化する日を待つだけなのです。

　しかし、その心が安らかで悪い思いが一かけらもなく、戦いに敗れた敵の将兵の手を取って抱き起こし『もう戦闘は終わって平和になったのだ。我々は兄弟のように生きるのだ』と言う将兵がい

容《い》れて尚餘《あま》りあり。我は石鹸球《せっけんだま》の砕《さ》けたる如くに破るゝならんも、其中《うち》に含まれたるものは殘《のこ》されて眞理の中《うち》に入りて永遠の命を送るならん。

　獅子將軍よ、戰《たたかひ》に赴くものは、義の爲《ため》と云ふとも、敵に殺さるべき覺悟《かくご》は之なかるべからず、是誠に軍人の運命なり。よし、さらば、運命拙《つたな》くして敵に殺さるゝとあらんも、慨《なげ》き悲しむべき道理《ことはり》は之あることなからむ。

　もし幸《さいはひ》にして、勝てるものと雖《いへど》も、塵世萬事《ぢんせいばんじ》の常なきとを觀《くわん》ぜざるべからず。其功《こう》は誠に大《おほひ》なるものならん、然《しか》り誠に大《おほひ》なるものにせよ、生死の輪は轉《てん》じて止まることなし、其身の塵《ちり》となる幾何《いくばく》の日をか待たん。

　されど、もし其心を穩《おだやか》にして胸中一片の惡念を留《と》めず、敗衂《はいじく》せる敵の手を取り、之を起して『來れ、平和ならん、吾曹は兄弟《けいてい》となるべし』と云ふものあらば、是《この》人は永遠の勝利

たとしたら、これを言った人はその戦争だけでなく、悪に対して永遠の勝利を得たということでしょう。何故なら、その善い心を持った人が得られる結果というものが究極のものだからです。

将軍、戦争に勝つ者が大勢いても、自分の心の抑えがたいもの〈自我〉を努力して抑え耐えることが出来る者は、それほど多くはいないでしょう。

将軍、自我を抑えて耐えよと教えるのは、その自我を消滅させよということではなく、保護して安全に保つことなのです。自我を抑えることが出来る者は、自我に振り回されるよりも善い生活を送ることができ、その功徳は善い行いによって利益が得られるでしょう。

心が真実でないものを真実と思い込むことから離れた人は、生きるうえで煩悩《ぼんのう》に負けることはないのです。

正義の道を進むことで誤ることはないのです。その結果は善い功徳をもたらして、永く心に留まるでしょう。

を収めたるものと謂ふべし、何となれば其果報は窮《きはま》りなきに存すべければなり。

將軍よ、戰《たたかひ》に勝てるものは大《おほひ》なり、されど己に克《か》てるもの丶更に大《おほひ》なるには如かず。

將軍よ、我に克《か》てと教ふるは、其心を亡ぼせと云ふにあらず、否、之を保全《ほうぜん》せよと云ふなり。我に克《か》ち得たるものは、我に使はる丶ものよりも能く其生を有《たも》ち、其功《こう》を遂げ其利を収むるなり。

我の妄執《もうしふ》を離れたる者は生存競争《きやうそう》の戰場に立ちて斃《たほ》る丶ことなかるべし。

義に適《かな》ひ正しきに合《かな》へる計畫《はかりごと》は過《あやま》つことなし。其功《こう》は必ず成らん、而して永く亡ぶるとなかるべし。

心に真実の喜びを摑《つか》んだものは、永遠を約束された水を飲むように、輪廻から脱することができるのです。

さらば将軍、善い行いをするという決断を奮《ふる》い立たせて、勇猛果敢《ゆうもうかかん》な力を尽くして悪業と戦いなさい。真実のみを背負って戦えば、如来はあなたたちが幸せになることを約束するでしょう」と仰いました。

仏がこのように言われた時、獅子将軍は「栄《は》えある世尊、あなたは真実の正しさを表された。偉大な仏の教え。あなたは仏であり、如来であり、尊い人です。あなたは人を正しい方向に導く方で、一切の苦から解放される道を示されました。これは、仏の不思議で絶妙な悟りへの道です。あなたに従う者は、悟りへの道を進むために灯《とも》された灯《あか》りを頼りに道を進めば間違えることはないでしょう。一切の善行によって得られる功徳と利益、それに平和は、あなたが如来から授かったものなのです。私は仏に従い、仏の教えに従い、仏のグループが定めた規則に従います。できれば、今日から私の生命《いのち》が続く限り私は仏の弟子となることを許

胸に眞理の愛を留《とど》めたるものは、不生不死の水を飲めるが故に、死することなかるべし。

さらば將軍よ、決烈の志《こころざし》を奮《ふるひ》て戰へ、勇猛の心を勵《はげ》まして戰へ、たゞ眞理の將士《しやうし》となれ、如來は汝に福《さいはひ》を與《あた》へん。」

佛、斯く曰ひ給ひけるとき獅子將軍は禮拜《らいはい》恭《きよう》敬《けい》して、「榮光《ゑいくわう》ある世尊よ、汝は眞理を現《あら》はにし給へり。大いなるかな佛の教《をしへ》。汝は誠に佛なり、如來なり、聖者《きよきもの》なり。汝は人類の導師なり。汝は吾曹に解脱の道を示し給へり、是《こ》は誠に妙覺《めうかく》の道なり。汝に從ふものは、其道を照せる光明を見失ふことなかるべし。福德《ふくとく》と平和とは此人の享《う》くる所とならん、世尊、吾は、佛に歸依《きえ》し奉《たてまつ》るべし、其教へに歸依《きえ》し奉《たてまつ》るべし、其教會に歸依《きえ》し奉《たてまつ》るべし。願はくは佛の此《この》日以來《いらい》吾生《わがいのち》のあらん限りは、吾《わ》が佛に歸依《きえ》せる弟子とならんことを許し給へ」と曰ひぬ。

可してください」と言いました。

仏は「将軍、まず、あなたがどのようにしたいのかを考えなさい。あなたのような地位のある人が、自分の態度や行いを深く考え反省して、その後行うべきことは道理に当てはまることを考えて行動しなさい」と仰いました。

獅子《しし》将軍が仏を想う心は益々深くなり、

「世尊、思想が異なる者を導く者よ、もし私が仏の弟子となったときには、仏の弟子のグループは大きな旗を掲げてウアイシヤリの街中を『獅子《しし》将軍は、我等の仲間となった』と大声で叫んで歩くでしょう。世尊、私は再度、仏に従い、仏の教えに従い、仏の弟子のグループの人々が定めた規則に従って、できうれば、今日から私の生命《いのち》が続く限り、仏に従う弟子となることをお許しください」と言いました。

仏は「将軍、あなたは長いことニルグランダ教に奉仕してきました。この後も、ニルグランダ教を信仰する人々が托鉢であなたの所へ来たなら、食事を恵むこ

佛は、「將軍よ、先ず汝の爲《な》さんとする所を思へ。汝の如き地位をもてるもの〻自省深慮《じせいしんりょ》して而るのち事に從ふが如きは、理《り》の好《よ》きに適《かな》へるものなり」。

獅子將軍が佛を信仰する心は愈《いよいよ》深くなりぬ。乃《すなは》ち答へて曰ひけるは、

「世尊、他教徒の師となれる者、もし吾を以て其弟子となすことあらんには彼等必ず大《おほひ》なる旗を推し立てて、毗舍離《ウアイシヤリ》の市中をねり廻《まわ》り、大聲《おほごゑ》に呼んで、「獅子將軍は吾曹の弟子となれり」と曰ふならん。世尊、吾は再び佛に歸依《きえ》し、法に歸依《きえ》し、僧に歸依《きえ》せん、願くは佛の此《この》日以來吾生《いらいわがいのち》のあらん限りは、吾が佛に歸依《きえ》せる弟子とならんとを許し給へ」。

佛は、「將軍よ、汝は久しく泥楗陀《ニルグランダ》教徒に供養し來《きた》れり。さらば是より後にも彼等の托鉢に出でて汝の許に來《きた》ることあらば、食事をなさしむるこ

とこそ善い行いです」と仰いました。

将軍は喜んで「世尊、私は『ただ私とその弟子だけに恵みを与え、他の人には一切食事などの恵みを与えてはいけない』と聞いていました。しかし、今の仏のお話では、私が今まで信仰していたニルグランダ教の人たちにも喜んで施し〈喜捨〉をしなさいと勧めてくださいました。世尊、私は適切な考えに基づいて施しをしていきます。世尊、私は三度《みたび》仏に従い、仏の教えに従い、仏の弟子のグループの規則に従って仲間となります」と言いました。

◇

将軍の従者の一人に役人がいましたが、将軍が仏と語り合ったことを耳にして、心密《ひそ》かに将軍を疑ったのです。

この役人が仏の所へ行って「世尊、私はあなたの出家は、魂《たましい》は存在しないと言っているように聴いています。これは真実なのか嘘《うそ》なのかどちらでしょうか」と仏に尋ねました。

そ善《よ》からめ」。

將軍は喜び禁ずること能はずして曰へるやう、「世尊、吾嘗《かつ》て聞けり。瞿雲《ゴータマ》出家の曰ひけるは、唯吾《わが》弟子のみ、餘人《よにん》には施しをなすべからず。唯吾のみ、餘人《よにん》の弟子は布施を受くるべからず、と。されど佛は今吾に泥楗陀《ニルグランダ》教徒にも布施せよと勸《すす》め給へり。よし世尊、吾は宜《よろ》しきに從いて之を爲《な》すべし。世尊、吾は三たび佛に歸依《きえ》し、法に歸《き》依《え》し、僧に歸依《きえ》すべし」。

第五十二　萬有は心なり

將軍の從者《ずさ》に一人の官人《くわんにん》ありけるが佛と將軍との問答を傳《つた》へ聞きて竊《ひそ》かに疑《うたがひ》を懐《いだ》きぬ。

此人《このひと》、佛の許に來《きた》りて問ひけるは、「世尊、吾は瞿雲《ゴータマ》出家は靈魂なしと説き給ふよしを聞きぬ。是れ果して眞《まこと》なるか將《は》た僞《いつはり》なるか」。

仏は、

「それは私が言ったことに間違いないとも言えますし、そうでないとも言えるのです。

如来は、自我というものが無いものであると仰いました。魂《たましい》というものは自我である。自我というものは私たちの思想や行動を支配する主人公であるというのは、間違った教えで、心の迷いと闇に囲まれてしまう道なのです。

でも、如来は心があると教えているのです。魂《たましい》それは心なのです。心が実際にあると言うのであれば、それは真理で悟りの知恵と心が一切の迷いから離れる道なのです」と仰いました。

役人は「ということは、如来は心が実際にあるのかないのか、二つの対立するものが存在するというのですか。我々が頭で思考することと心の二つの存在を認めるのですか」と訊きました。

仏は「私があなたに言えることは、あなたが持っている心は正真正銘の心なのです。また、あなたが頭で思考することも心といえるのです。宇宙に存在するすべてのものに心があり、心とならないものもあるので

佛、告げ給ひけるは、

「是は眞《まこと》に吾《わが》言へる所なりとも言ひ得べく、又然《しか》らずとも言ひ得べし。

如來は我なきことを説けり。もし靈魂は卽《すなは》ち我なり、我は卽《すなは》ち吾曹の思想行爲《かうゐ》を司どれる主人公なりと云はゞ、是れ實に正しからぬ教《をしへ》なり、迷《まよひ》と闇とに到るべき道なり。

されど如來は心ありと教ふ。もし靈魂は卽《すなは》心なり、心は實《じつ》に之れ在りと云はゞ、是れ眞理なり、明《めい》と覺《かく》とに到るべき道なり。」

官人《くわんじん》曰ひけるは、「さらば如來は二物《にぶつ》の存在を許し給ふか。吾曹が感官《かんくわん》によりて知覺《ちかく》せらるゝものと心との二物《にぶつ》あることを許し給ふか」。

佛、告げ給ひけるは、「吾誠に汝に告げん、汝の心も心なり、汝の感官《かんくわん》によりて知覺《ちかく》せらるゝものも亦心なり。宇宙の中《うち》にも外にも、心ならぬものはなく、心とならぬものもなし。萬有《ばんいう》は皆心な

す。天地に存在するものは、すべて心を持つのです。今踏みしめている大地も考え方次第では真理の仏の子孫なのです」と仰いました。

◇

ダーナマチ村に住むバラモン教の長の一人でクータダンタという人が仏の所に来て、謹《つつし》み敬《うやま》って合掌しながら「出家された人よ、あなたは仏で尊い方であり、すべてのことを知っていて、世界を導かれる人だと私は聞いています。もし、本当に仏であるならば、なぜ支配者のように栄光と権威を振りかざしていらっしゃらないのですか」と尋ねました。

仏は「あなたの心の目は閉じたままです。もし、あなたの心の目が開かれたら真理の栄光と権威を見ることになるでしょう」と仰いました。

クータダンタは「真理というものを今ここに出してください。私はそれを観てみたいのです。しかし、あなたの教えは矛盾していると思えるのです。もし整理したのならば、時間が経過しても無くなることがない

り、吾曹が蹈《ふ》める大地其物《そのもの》も亦能く化して眞理の兒孫《じそん》となるなり」。

第五十三　同一と非同一

擅那摩底《ダーナマチ》村の婆羅門徒の長拘多彈多《クータダンタ》と云ふもの佛の前に來《きた》り、恭敬禮拜《くぎやうらいはい》して曰ひけるは、「出家の人よ、吾は聞けり、汝は佛なり、聖《きよき》ものなり、全知者なり、世界の主なり、と。もし果して佛ならば、何故《なにゆえ》に大王の如く榮光と權威とを以て來《きた》らざりしか。

佛、「汝の眼《まなこ》は閉ぢられたり。もし汝の心眼《こころのまなこ》だに明《あきら》かならば、いかで眞理の榮光と權威《けんゐ》とを見得ざらんや」。

拘多彈多《クータダンタ》、「眞理を示せ、吾之を見ん。されど汝の教《をしへ》は矛盾せり。もし前後整頓しをらば、時を經《へ》ても亡ぶることなからん。されど然らざるが故に汝の教《をしへ》は亡びん」。

はずですが、あなたの教えは無くなってしまうでしょう」と言いました。

仏は「真理というものは決して無くなるものではないのです」と答えました。

クータダンタは「あなたは事実の筋道を教えると聞いていますが、あなたは悟りへ行く道を妨げていて、弟子は儀式を批判し、主君が死んだ後を追って家臣が自殺することを拒《こば》んでいるそうです。でも、神々を尊敬するためには生贄《いけにえ》を供えることが表現の仕方です。悟りへの道の本筋は、神の前に頭を下げて合掌《がっしょう》し拝《おが》むことと、生贄《いけにえ》を供えることでしょう」と言いました。

仏は「生贄《いけにえ》の中でも、牛と羊、豚の三種類の動物を殺して神に供えるというやり方は、自分を犠牲にしているのに他なりません。悪い欲望を神々に捧《ささ》げるものは、神を祭るテーブルの上で生き物を殺すことに何の利益があるのでしょうか。殺したときに血が流れますが、それによって悪い行いへの穢《けが》れが清められることにはならないのです。あなたが抱えている煩悩から離れて心を清くすることです。神々を拝《おが》むことより、正しい善い行いをしなさい」と仰いました。

佛、「眞理は決して亡ぶることなし」。

拘多彈多《クータダンタ》、「吾は聞けり、汝は法《のり》を教ふと、されど汝は道を破れり。汝の弟子は儀式を賤《いや》しみ、殉死を斥《しりぞ》けたり、されど知らずや、諸《もろもろ》の神に對《たい》する尊敬《うやまひ》は只犠牲《いけにえ》を供するによりて表《あらは》さるゝのみなるを。道の眞性《しんしやう》は禮拜《らいはい》と犠牲《いけにえ》とに在るなり」。

佛、「大牢《だいらう》を殺して神を祭るは我を犠牲《いけにえ》にするの大なるに如かず。罪深き慾念を諸《もろもろ》の神に捧ぐるものは、神机《かみだな》の上にて生物《いきもの》を殺すもはた何の益《えき》かあらん。血を流すとも罪の汚《けがれ》は浄《きよ》めらるべくもあらず。たゞ汝の煩悩《はんのう》を去れ、心自《おのづか》ら清《きよ》らかならん。諸《もろもろ》の神を禮拜《らいはい》せんよりは、如かず、正義の法《のり》に順《したが》はんには」。

クータダンタは元々悟りへの道を志《こころざ》す信念の篤《あつ》い人で、自分の魂《たましい》の未来を考えてたくさんの動物の生贄《いけにえ》を捧《ささ》げてきたのです。しかし、今では動物の血を流してまで救いを求める愚《おろ》かさを知りましたが、仏の言葉に満足しなかったので、クータダンタは続けて「世尊、あなたは魂《たましい》が再び生まれ変わること、魂《たましい》が進化しながら生死を繰り返すことを信じ、善悪の原因と結果をその種を蒔《ま》いたところで刈り取らなければならないことを信じると言っています。しかし、なおも魂《たましい》が存在しないと言うのは矛盾しているのではないですか。あなたの弟子たちは欲望が無くなることを尊く思い、迷いの炎《ほのお》が消された状態をもって最も貴《とうと》い功徳であるとしています。私が思いの一致する人々と集まった〈行《ぎょう》蘊《うん》〉とき、私の魂《たましい》は死をもって消滅するでしょう。もし、私が感覚や思想、情緒が結ばれているとすれば、身体《からだ》と魂が分かれてしまうのであれば、私というものは、いったい何処《どこ》へ行くのでしょうか。あなたの弟子が話す無限の善い行いによる利益というものは何処《いずこ》にあるのですか。これは、言葉で言うだけで実行を伴わない偽《いつわ》りなのではないですか。私が静かにあなたの話

拘多彈多《クータダンタ》は固《もと》より道に志《こころざ》すこと厚きものなりしかば、己が靈魂《れいこん》の未來を慮《おもんばか》りて無數《むすう》の犠牲《いけにえ》を供へたりき。然るに今や血を流して救ひを求むるの痴《ち》なるを悟りしも尚如來の教《をしへ》に満足せざりしかば、彼又語《ことば》を續《つ》ぎて曰ひけるは、「世尊、汝は靈《れい》魂《こん》の再生することを信じ、斯生《このせい》の進化するに伴ひて輪廻《りんね》することを信じ、又吾曹《われら》の因果の理《り》によりて、其蒔《ま》ける所を刈らざるべからずを信ずと云ふ。然るに尚靈魂《れいこん》の存在せざるを説くは是矛盾にあらずや。汝の弟子は我の全滅を貴《たっと》びて涅槃の最上福徳《ふくとく》なりとなせり。もし吾《われ》を以て只行蘊《サムスカラ》の集りて成れるものとなさば、吾《わが》存在は死と共に滅ぶるならん。もし吾《われ》を以て只感覺《かんかく》、思想、情緒の結び合へるものとなさば、色身《しきしん》分離の節は吾何《われいつ》くに行くべきか。汝の弟子等が唱《とな》ふる無窮の福徳《ふくとく》なるものは、何《いつ》くに在るか。是豈空言虚妄《あにくうげんこまう》ならずや、吾《われ》静かに汝の教ふる所を思ふに只空々寂々《くうくうじゃくじゃく》に過ぎざるが如し、如何」。

を聞いていて煩悩に執着することが無くなり、無我無心であることにすぎないのではないでしょうか」と訊きました。

仏は、

「バラモン教のあなたは、悟りへの道を志《こころざ》しています。そして自分を騙《だま》してはいません。あなたは魂《たましい》のことをよく考えていません。しかし、あなたは大事なことを一つ忘れているために、あなたがしていることは虚《むな》しいことなのです。

魂《たましい》が他の何ものにも頼らず存在すると夢に描くのは、道理に暗く迷いから離れようとしていないからなのです。

バラモンよ。あなたの心は固定観念に束縛《そくばく》されて、天国を理想と思い、天国へ行って自分が楽しもうと思っていますね。これでは、あなたは真実の善行によって得られる利益と真理が無くならないことを知ることはできないのです。

仏は死を伝えるために来たのではなく、生《せい》を伝えるためなのです。ところが、あなたは産まれては死ぬという流転すること〈輪廻《りんね》〉を理解してい

佛、告げ給ひけるは、

「婆羅門よ、汝は道に志《こころざ》すものなり、自ら欺《あざむ》かざるものなり。汝は實に靈魂《れいこん》の事を慮《おもんぱか》れり。されど汝は一要事を缺《か》けるが故に汝の爲《な》す所は徒事《いたつらごと》なり。

靈魂《れいこん》を以て特立自存《とくりつじそん》の實體《じつたい》なりと夢想するは、只愚痴迷妄《めいもう》を離れざればなり。

婆羅門よ、汝の心は尚我の繋縛《けいばく》を離れず、汝は天國を慕《した》へり、天國に到りて我の樂《たの》しみを得んと思へり、是をもて汝は眞理の福徳《ふくとく》と眞理の不滅とを見ること能はず。

吾《われ》誠に汝に告げん。佛の來《きた》れるは死を教へんとにあらず、生を教へんとてなり。而して汝は生死《しやうじ》の何たるを看破《みやぶ》らざるなり。

ないのです。

　今ある肉体というものは亡くなり消えてしまうのです。神に生贄《いけにえ》をいくら捧《ささ》げても肉体が滅ぶということは避けられないのです。ですから、心が持つ生命《いのち》を追求しなさい。自分の欲求〈自我〉が存在する所に真理というものが入ることができないのです。真理というものが得られたとき、自我は自然と消え去るのです。ですから、あなたの心の中に真理を持ってきて、真理で心を満たし、天地と東西南北、つまり宇宙全体に真理を広く行き渡らせなさい。真理の中にこそ、生死の流転を超越した永遠の生命というものがあるのです。

　自我というものは生死を繰り返すものなのですが、真理は永遠の命を保つものなのです。自我は欲に強く心を惹《ひ》かれて囚《とら》われる〈煩悩〉ために死というものが付き纏うのです。真理には一切の煩悩がない状態となり、煩悩がない状態とは死がないのですから、永遠の命を授《さず》かったものなのです」と仰いました。

クータダンタは「世尊、一つも煩悩のない所〈涅

此色身《しきしん》は亡び去るべし、犠牲《いけにえ》を供すること如何に多きも汝は之を避くる能はず。故にただ心の命を求めよ。我の在る處《ところ》には眞理を容《い》るゝ能わず、眞理の來《きた》るとくは我自《おのづか》ら滅びざるを得ず。故に汝の心を眞理の中《うち》に置け、眞理を擴《ひろ》げて汝の全心《ぜんしん》を此に置け、之を放ちて六合《りくがふ》に遍《あまね》からしめよ。永遠の生命《いのち》は眞理の中《うち》に在り。

　我は死なり、眞理は命なり。我に執着するは恒《つね》に死せるなり。眞理の中《うち》に動くは涅槃を分《わか》てるなり、涅槃は永遠《かぎりなき》の命なり。」

拘多彈多《クータダンタ》、「世尊よ、涅槃は何處《いづこ》に在るか」。

槃〉とは何処《どこ》にあるのですか」と尋ねました。

仏は「涅槃というのは、仏の教えに従う者が守るべき規律がある所に存在するのです」と答えられました。

「私はこのことを理解しますが、あなたは今、その涅槃と云う場所にはいないのです。それは、その場所が何処《どこ》にも存在しないので、実際にあるとは言えないのではないですか」とバラモンは言いました。

仏は「あなたの理解は正しくありません。私の言うことを聞きなさい。風は何処《どこ》に住んでいるのかを答えなさい」と質問しました。

バラモンは「風の住む所は、ありません」と答えました。

仏は「であるならば、風というものは存在しないと思わなければなりませんね」と言いました。

クータダンタは、何も答えられませんでした。仏はさらに「バラモンよ、宇宙の根本的な原理とは何処《どこ》にあるか答えなさい。果たして智慧とは場所を指すのですか」と尋ねられました。〈元の文にある「智恵」と「智慧」では意味が異なります。〉

佛、「涅槃は戒を守れる處《ところ》には在らずと言ふことなし」。

婆羅門、「吾《われ》之を解《げ》せり、汝は涅槃は場處《ばしょ》にあらず、何れの處《ところ》にもあらざるが故に涅槃は實在《じつざい》なきものなりと云えるならん」。

佛、「汝の解《げ》する所正しからず。吾《わが》言葉を聞け、此問に答へよ、風は何處《いづこ》に住めるか」。

「住める處《ところ》なし」。

佛、詰《なじ》りて曰ひ給ひけるは、「さらば汝は風をなきものと思へるならん」。

拘多彈多《クータダンタ》は何の答もなさゞりき。佛又問ひ給ふ、「婆羅門よ、吾爲《わがため》に智惠の住める處《ところ》を告げよ。智慧《ちえ》は場處《ばしょ》なるか」。

クータダンタは「そういう場所は、ありません」と答えました。

仏は、「ならば、あなたには知恵はありません。真実に目覚めることなく、実体の道理はなく、救われることはないと言うのですか。涅槃が特定の場所にあるというのではないのですから、夏の強い陽射《ひざ》しに苦しめられたとき、強く心地の好い風が世界中を吹き渡るように、如来は心地好く、静かに喜びと慈《いつく》しみの心をもって人間の心に息を吹いて苦を取り除こうとされるのです。暑さでうだっている者に心地好い風が吹けば喜び、苦しい心が穏《おだ》やかになるのです」と仰いました。

クータダンタは「世尊、あなたは私に大切な教えをしてくださったように思えます。しかし、私には理解ができないのです。もう一度の問いかけをお許しください。もし、自我というものがないのであれば、どうして永遠に生きるという命が存在するのでしょうか。私が死ねば心臓は動かなくなり、思いも伝わらなくなります。できましたら、私のために整然とした筋道を教えていただけないでしょうか」と言いました。

拘多彈多《クータダンタ》答へけるは、「智慧《ちえ》に住處《すみか》なし」。

佛、「さらば汝は智惠なし、悟道《さとり》なし、義なし、救《すくひ》なしと云ふか、涅槃は何《いづれ》の處《ところ》にも之れなきが故に、夏日《かじつ》の熱きに苦しめるとき大雄風《だいゆうふう》の來《きた》りて世界を吹き廻《まは》るが如く、如來は涼しき甘き、靜《しづ》けき、喜ばしき愛の呼吸《いき》を以て人間の心を吹き掃《はら》はんとて來《きた》れり、熱にて惱《なや》めるものは淸風《せいふう》の來れるを喜ばん、而して其苦《くるしみ》は和《やはら》ぐ至らん」。

拘多彈多《クータダンタ》、「世尊、汝は大《おほひ》なる教《をしへ》を宣べ給ふに似たり、されど吾は之を會得《ゑとく》する能はず。吾《わが》再び問ふを許し給へ。若し我《アートマン》なかりせば、如何にして不生不死なるもの之あるか。吾《わが》身死せば心の活動熄《や》みて思想も亦之なかるべし。願はくは吾が爲《ため》に是理《このり》を說き給へ」。

仏は「我等の考えられた力が衰《おとろ》えることはありません。そして、その思想の炎《ほのお》というものは消えないのです。推理というものは途中で続かなくなることがありますが、知識というものは停滞することがないのです」と仰いました。

クータダンタは「如何《いか》にしてこのことが証明できるのですか。推理と知識とは同じものではないのですか」と言いました。

仏は「ある人が夜になって手紙を書こうと思って、奉公人に油の入った皿の中の綿の細い紐《ひも》〈灯芯《とうしん》〉に火を点《つ》けさせて、手紙を書き終えたときに火が消えたと思いなさい。このように火は消えたけれど書いた手紙はまだここにあるのです。推理は無くなっても知識は残っているのです。これと同じように火という心の活動は止まったけれど、経験や知識、行為の結果としての手紙は、そのまま残っているのです」と例を挙《あ》げて推理と知識との区別を明らかにしたのです。

クータダンタは「世尊、お願いしたいのですが、私のために話してほしいのです。私の潜在的心の行為を分けるとしたら、自分の思いと同じものが何処《どこ》にあり

佛は、「吾曹の思想力は熄《や》まん、されど吾曹の思想は熄む時なからん。推理は絶《た》ゆべし、されど智識は留まらん」。

拘多彈多《クータダンタ》曰ひけるは、「如何にして是事《このこと》あるか。推理と智識《ちしき》とは同一のものにあらざるか」。

佛、譬《たとへ》を取りて其區別《くべつ》を説き給ひけるは、「人あり、夜《よ》に入りて簡《てがみ》を認《したた》めんと思ひ、僕《しもべ》に燈《ともしび》を點《てん》ぜしめて之を書し了《おは》れるとき燈《ともしび》消えたりと思へ。かくて燈《ともしび》は滅《き》えたれども、書ける簡《てがみ》は依然として此に在り。猶推理は止《や》めとも知識は存せるが如し。此《これ》と同一理《どういちり》によりて心意の活動は止《とど》まれとも、經驗《けいけん》、知識、及《および》吾曹の行爲《かうゐ》の結果は總《すべ》て留存《りうそん》せずと云ふとなし」。

拘多彈多《クータダンタ》、「世尊、願くは吾が爲《ため》に語り給へ。吾《われ》を成せる行蘊《さむすから》の分離《ふんり》するときは自己同一なるもの何處《いづく》にあるか。吾《わが》思想は擴《ひろ》まり、吾《わが》靈魂は輪廻

ますか。私の考え方が世間に広がりをみせ、魂は輪廻しても、この考え方は私の考え方と同じではなく、また魂《たましい》も私のものとは違います。できましたら、私に理解しやすいたとえでこの筋道を話してください。そして、何処《どこ》に私と同じ考え方があるのかをお示しいただきたいのです」と言いました。

仏は「人が灯《あか》りに火を点《つ》けたと思いなさい。この灯りは夜が明けるまで燃えているでしょうか」と訊きました。

クータダンタは「もちろん燃えていますよ」と答えました。

すると、仏は「一本目に火を点《つ》けた灯《あか》りとその次に火を点《つ》けた灯《あか》りとでは、同じ火なのでしょうか」と訊きました。

クータダンタは「もちろん、同じ火だ」と躊躇《ちゅうちょ》することなく思ったのですが、何か隠《かく》された意味があるのではないかとも思い、また正確であろうと思い「いいえ、同じではありません」と答えました。

仏は「では、灯《あか》りは二つだと言うのか。一つは初めに火を点《つ》けたもの、もう一つはその次に火を点《つ》けたも

すとも、此《この》思想は吾思想にはあらざるべく、此靈魂は吾靈魂にはあらざるべし。願はくは近く譬《たとへ》を取りて此理《り》を辨《べん》じ給へ、願くは吾が爲《ため》に何處《いづく》に自己同一なるものあるかを示し給へ」。

佛、「人あり、燈《ともしび》を點《てん》ぜりと思へ、此燈《ともしび》は終夜《よもすがら》燃ゆるならんか」。

拘多彈多《クータダンタ》、「然り、燃ゆるなるべし」。

「其の夜第一刻《だいいちこく》に燃えたる燈《ともしび》と第二刻《だいにこく》の燈《ともしび》とは同一の火なるか」。

拘多彈多《クータダンタ》は躊躇《ためら》ひぬ。「然り、同一の火なり」と思ひたれども、深意《しんい》の匿《かく》れをらんとを恐れ、又精確《せいかく》ならんことを勉めて、乃《すなは》ち曰ひけるは、「否、同一にあらず」と。

佛、「さらば、二個の燈火《ともしび》ありとせんか、一《いつ》は第一刻に燃えしもの、一《いつ》は第二刻に燃えしもの」。

のですよ」と仰いました。

クータダンタは「いいえ、同じ火とも言えますし、同じではないとも言えます。この灯《あか》りは同じ種類の木を燃やして、同じ光を発し、同じ目的で使われるものです」と答えました。

仏は「よし、昨日灯《とも》したのと同じ照明器具で、同じ種類の油に浸《ひた》した木綿の紐《ひも》で作った芯《しん》に火を点《つ》け、同じ部屋を明るくして、今ここで燃えているものがあれば、あなたはこれを同じものと言うのですか」とお尋ねになりました。

クータダンタは「これは、昼間に一度消したかもしれません」と気を付けながら言いました。

仏は「では、一つ目の灯《あか》りの火が、二つ目の灯《あか》りに火が点《つ》いたときに消えたとしたときに、三つ目の灯《あか》りが燃え始めたら、あなたはこれを同じものと言うのですか」と尋ねられました。

クータダンタは「同じではないとも言い難《がた》く、同じであるとも言い難《がた》いです」と答えました。

仏は、再び「灯《あか》りが消えている間の時間は、灯《あか》りが同じものであろうとなかろうと、どのような関係があ

「否《いないな》、同一燈《とう》なりとも云ひ得べく、同一燈《とう》に非ずとも云ひ得べし。此燈火《ともしび》は同種の材料を燃《もや》し、同種の光を發《はつ》し、同一の目的に用ゐらるゝ也《なり》」。

「善《よ》し、昨日燃えたる燈火《ともしび》の尚ほ同一の行燈《あんどん》に在りて、同種の油を焚《た》き、同一の室内を照らして今此《ここ》に燃えつゝありとせば、汝は之を呼びて同一なりとなすか」。

拘多弾多《クータダンタ》、注意して曰ひけるは、「此《こ》れ或《あるひ》は日中に一たび消《きえ》たらんも知るべからず」。

佛、「よし第一刻の火は第二刻に至りて消ゑたりとせよ、若し更に第三刻に燃え出でなば汝は之を同一なりと云ふか」。

拘多弾多《クータダンタ》、答へけるは、「同一ならずとも云ひ得《う》べく、同一なりとも云ひ得《う》べし」。

如來再び問ひ給ふ、「燈火《ともしび》の消えたる間に過ぎし時刻《とき》は、燈火《ともしび》の同一なると、ならざるとに何の

るのですか」と尋ねられました。

　バラモンは「いえ、何の関係があるでしょうか。数年間、いや一秒という短い間に火が消えても、またしばらくの間、火が消えていたとしても、そうでなくても、それが同じか同じでないかは、どこまでもいっても結論が見出せません」と答えました。

　仏は「ということは、一方から見れば昨日と今日の灯《あか》りは同じだということができても、別の見方をすれば時間によって同じではないという二つの考え方には頷《うなず》けるものがあります。のみならず、同じく部屋を明るくする灯《あか》りが消される前と後で同じ明るさに照らすとすれば、同じ灯《あか》りと言えるのです」と仰いました。

「その通りです」とクータダンタは答えました。

　仏は「ならば、あなたのように感じて考え、あなたのように行動する人がいたとしたら、この人はあなたと同じ人といえるでしょうか」と尋ねました。

　クータダンタは、仏の言葉を遮《さえぎ》って「いいえ」と答えました。

　仏は「あなたの、この世界のあらゆるものについても応用して誤らないようにする考え方は、あなた自身

關係《くわんけい》をか有《も》てる」。

　婆羅門、「否、何の關係《くわんけい》か之あらん。數年間《すうねんかん》を隔《へだ》つるも、一秒時《いちびやうじ》を隔《へだ》つるも、將又燈火《はたまたともしび》は暫《しばら》くにして消えたりとなすも、然《しか》らずとなすも、同一と非同一とは依然として之れあり」。

「よしさらば、一方より之を見れば、昨日《きのふ》の燈火《ともしび》と今日の燈火《ともしび》とは同一なりと云ひ得《う》べきも、他方より之を見れば、時毎《ときごと》に異なりと云ひ得《う》べきは吾曹の共に肯《うけが》ふ所也《なり》。加之《しかのみならず》、同種の燈火《ともしび》にして同一の室内を同等の光力《くわうりよく》にて照らすとせば、同一の燈火《ともしび》なりと云ひ得《う》べからん」。

「然り」と拘多彈多《クータダンタ》は答へぬ。

　佛、「さらば今汝の如く感じ、汝の如く考へ、汝の如く行《おこな》ふものあらば、此人は汝と同一の人なりと云ひ得《う》べからざるか」。

　拘多彈多《クータダンタ》は之を遮《さへぎ》りて「否」と答へぬ。

　佛、「汝は世界の事物に應用《おうよう》して誤りなき論理法は又汝の身に應用《おうよう》しても誤りなきものなること

に適用しても誤りでないことを『否』というのですか」と尋ねられました。

クータダンタは、しばらく考えた後、徐《おもむろ》に「いいえ、私はそうは思いません。同じ考え方は、すべてを信じてはいけないと言うことはできません。しかし、自我にはある種の特性があるため、その他のものや他の自我とはまったく別のものと考えられます。たとえ、自分のように感じて行動する人がいたとしても、加えて同じ名前を名乗って、同じような財産などがある人であっても、その人は私ではないといえるのではないでしょうか」と答えました。

仏は「その人は、あなたではないでしょう。ならば、さらに私のために答えなさい。ある人が学校に入って卒業したとしましょう。在学中のときと卒業したときのその人は同じであろうか、または違う人だろうか。罪を犯した人と、この悪い行いによって手足を切られる刑罰を受ける人とは同じ人であろうか、あるいは別人であろうか」と尋ねられました。

「これらの人たちは、皆《みな》同じ人です」とクータダンタは、答えました。

を否《いな》まんとするか」。

拘多弾多《クータダンタ》は暫《しば》し打案《うち》じけるが、徐《おもむ》ろに答へけるは、「否、吾は否まじ、同一の論理法は普《あまね》く信ならずと曰ふとなし。されど我には一種《ひとしゅ》の特性の具《そな》はれるが故に、自餘《じよ》の事物、自餘《じよ》の我とは全く別種に屬《ぞく》せり。假令正《たとへまさ》に吾《われ》の如く感じ、吾《われ》の如く思ひ、吾《われ》の如く行ふ人ありとも、よし吾《われ》と同一の名を稱《とな》へ、同種の所有を持てる人さへありとするも、此人《このひと》は吾身《わがみ》にあらざるべし」。

佛、「實《じつ》に拘多弾多《クータダンタ》よ、此人《このひと》は汝にはあらざるべし。さらば又吾爲《わがため》に言へ、人あり、學校《がくこう》に入りて遂に卒業せりとせよ、在學《ざいがく》の時の彼と卒業の時の彼は同一の人なるか、將然《はたしか》らざるか。罪を犯せる人と之が爲《ため》に手脚《てあし》を創《き》らるべき刑罰に遭《あ》へる人とは同一なるか、將《はた》然らずか」。

「彼此《これ》皆同一の人なり」。

仏は「同じということは、継続していることなのでしょうか」と問いかけました。

「ただ継続しているだけではなく、主《おも》に人柄《ひとがら》も変わらずに同じです」とクータダンタは答えました。

仏は「ならば、あなたは二つの灯《あか》りを同じと看做《みな》すこの議論の展開方法を基にすると、人も同じであるということになるということを承知しました。この考え方を進めていくと、あなたと同じ人格を持ち、同じ善悪の原因によって得られる結果が同じものであるならば、あなたと同じ人であるということができます」ときっぱりと仰いました。

「その通りです。私もそのように思います」とバラモンは答えました。

仏は少し前に出てから「昨夜のあなたと今日のあなたとは同じであるというのは正にこの筋道によるもので、あなたの人格はあなたの身体を作っている物質によってなれるのではなく、身体や感覚、知恵といったものを統一したところから出来上がっているのです。あなたの魂《たましい》は原因と結果が結び合ったものです。原因と結果が集まった所にあなたはいるのです。原因と結

「さらば同一と云ふは只繼續《けいぞく》の義によるのみなるか」。

「啻繼續《ただけいぞく》にのみよるにあらず、亦重《お》もに品性の同一不變《ふへん》なるに之よる」。

佛、斷《だん》じて曰ひ給ひけるは、「善し〳〵、さらば汝は同種の二《ふたつ》の燈火《ともしび》を同一なりとなすが如き論法に由《よ》りて、人も亦同一なりと云ひ得《う》べきを肯《うけが》ふなり。此《この》意を推さば、汝と同一の品性を具《そな》へ、同一の業報《ごふほう》より成れるものは、汝と同一なりと言はざるべからず」。

婆羅門は、「然《しか》り、吾も亦爾《し》か思へり」と曰ひぬ。

佛、歩を進めて曰ひ給ひけるは、「昨日の汝と今日の汝と同一なりと云ふは實《じつ》に此理《り》によるのみ、汝の品性は汝の身體《しんたい》を成せる物質により組織せらるゝにあらずして、身體《しんたい》、感覺《かんかく》、觀念《くわんねん》の諸體《たい》形《けい》より成れるなり。汝の靈魂は行蘊《サムスカーラ》の結び合へるなり。行蘊《サムスカーラ》の在る處《ところ》は卽《すなは》ち汝の在る處《ところ》なり。行蘊《サムスカーラ》の行く處《ところ》に從ひて汝の靈魂も亦行かざるべ

果の混ざり合うことによってあなたの魂《たましい》も従っているだけなのです。このようにして、あなたは一方では自我が同じであるということを認め、他方では同じであることを認めていないのです。もし、この同じということを肯定《こうてい》しないのであれば、あなたは一切の同一を拒否《きょひ》しなければならないのです。あなたは、問いをいう人と一分後に私から答えを聞く人は、別人であると言わなければならないのです。しかし、事実の筋道が誤りであることは元来《がんらい》言われているところで、他と区別がはっきりついていなければならないのです。さて、あなたが意思、動作、言語の働きというものの中にある、あなたの人格が続いているものと思いなさい。あなたの人格が続いていくことを死とするのか、煩悩を離れた境地に達するのか、または、生まれ変わるものなのか、生き続けるものですか」と言われました。

　クータダンタは、「私はそれらを生と呼びたいのです。生き続けて死ぬことがないものと考えます。何故なら、これは私がずっと生き続けて終わりがないものであることだからです。私はこれら事実の筋道という

からず。是《かく》の如くにして汝は一方においては汝の我の同一なるを認《したた》むるなるべく、又他方に於ては之を認《したた》めざるならん。されど若し此同一を肯《うけが》はざるものあらば、是人《この》は一切の同一を拒《こば》むものならざるべからず。彼は問をなせる人と一分時後《いちぶんじの》に答を聞く人とは同一人にあらずと云ふならん。而して是理《このり》の非なるは上來《じやうらい》説ける所にて分明《ふんみやう》なるべし。さて今の汝の羯磨《カルマ》（業《ゴフ》）の中《うち》に保存せらるゝ汝の品性の繼續《けいぞく》を思へ。汝は品性の斯《か》く繼續《けいぞく》するを以て死とするか、寂滅《じやくめつ》となすか、將生《はたせい》となすか、生《せい》の繼續《けいぞく》せるものとなすか」。

　拘多彈多《クータダンタ》曰ひけるは、「吾は之を呼んで生《せい》となさん、生《せい》の繼續《けいぞく》して絶えざるものとなさん、何となれば是は吾生《わがせい》の相續《さうぞく》して盡《つ》きざるものなればなり、されど吾は此種《この》の相續《さうさく》を意とせざるなり。吾《わ》

ものが続いて行くものと考えます。すなわち、私が考えるところでは別の素質を持ちながらも同じように続いているのであり、これは私と同じであるか否かを問わず、私の身体以外のものがまったく異なる素質の人であるというようなものです。私は、正にこの素質が続いているものと考えます」と言いました。

仏は「このことは、あなたの願望なのですか。あなたは自我に纏《まと》わりついているのです。あなたを迷いの世界に導いているのはこれなのです。あなたをやたらと悶《もだ》え苦しめさせて悪い行いをさせ、いろいろと心配させて心を迷わせているものはこれなのです。自我に纏《まと》わりついている人は生まれ変わり死に変わる世界をクルクル廻り、止《とど》まることを知らないのです。このような人は、いつも死と向き合っているのです。何故なら、自我の本質とは永遠に死を繰り返すからです」と仰いました。

クータダンタは、「どのようにして、そう言えるのですか」と言いました。

仏の「あなたの自我は、どこにあると思っていますか」との問いに、クータダンタは、何も答えられませせ

が慮《おもんばか》る所は別種の同一相續《さうぞく》に在り、卽《すなは》ち吾と同一なると、ならざるとを問はず、吾此《わがこの》身以外のものを以て全然異種の人となすが如きものを云ふなり。吾は實《じつ》に此《この》種の同一相續《さうぞく》を慮《おもんばか》れり」。

佛、「好《よ》し、是れ汝の願へる所なるか、汝は我に執着せり。汝を迷謬《まよひ》に導くは之が爲《ため》なり、汝をして徒《いたづら》に煩悶《はんもん》せしめ、惡事を爲《な》さしめ、又諸《もろもろ》の憂慮《いうりよ》に迷はしむるものは之が爲《ため》なり。我に執着せる人は生死に輪廻して窮《きは》まる所なし、是《かく》の如き人は常に死せるものと謂《い》ふべし。何となれば我の性たる永遠の死なればなり」。

拘多彈多《クータダンタ》、「如何にして然るか」。

佛、「汝の我は何《いづ》れに在るか」と問い給ひたれども、拘多彈多《クータダンタ》は何の答をもなさゞりき。佛乃《すなは》

んでした。仏は「あなたが囚《とら》われている自我は変化しながらそれからそれへと伝わっていて終わりがないのです。最初は小さな声で産声《うぶごえ》をあげた赤ん坊に過ぎないあなたは、やがて成長して子供となり、青年となって、今では大人になっています。赤ん坊と成人したあなたは同じなのでしょうか。わずかに一つの種《たね》が持つ心で同じであるというだけのことだけなのです。一つ目の灯《あか》りと三つ目の灯《あか》りは、二つ目の灯《あか》りが一度消えたにもかかわらず同じと言えるのでしょうか。あなたが脈々《みゃくみゃく》と守っていると思う本来の自我は、昨日の自我と同じですか、それとも今日の自我ですか、あるいは明日の自我なのでしょうか」とお尋ねになりました。

クータダンタが答えに行き詰まりながらも「世尊、私の考えは間違っていました。でも、私はなおも迷いの世界に身を置いていて決心がつきかねます」と答えました。

仏は「原因と結果が集まる所〈行蘊《ぎょううん》〉にいるのであれば、手厚い教え方で心に影響を与えて変えることができるのです。だんだん変化するのではなく、あると き突然現れる行蘊というものは一つもないのです。あ

ち宣《のたま》ひけるは、「汝の執着せる我は轉々變々《てんてんへんへん》して窮《きは》まりなきにあらずや。始めは僅《わずか》に呱々《ここ》の聲《こゑ》を揚げたる嬰兒《みどりご》に過ぎざりし汝は、漸《やうや》く長《たけ》て兒童《じどう》となり、青年となり、今や成人となれり。嬰兒《みどりご》と成人と其間《あひだ》果して何等《なんら》の同一ありや。唯僅《わづか》に一種の意義をもて同一なりと言ふに過ぎざるのみ。寧《むし》ろ第一刻の燈火《ともしび》と第三刻の燈火《ともしび》とは一層同一なりと謂《い》ふべきか、燈火《ともしび》は第二刻にて一《ひと》たび消え去りたりとするも。さて汝が營々《えいえい》として保存せんと思へる眞《まこと》の我は、昨日の我なりとせんか、今日の我なりとせんか、將《はた》明日の我なりとせんか」。

拘多彈多《クータダンタ》は太《いた》く窮《きう》しけるが遂に曰へるやう、「世尊、吾誤《あやま》れり、されど吾は尚《なほ》迷うて決する所なし」。

如來、「行蘊《サムスカーラ》の存在するに至れるは醇化《じゆんくわ》の次第によれるなり。漸次《ざんじ》の變化《へんか》を經《へ》ずして忽然《こつねん》存在するに至れる行蘊《サムスカーラ》は一箇《こ》も之あるとなし。汝の行蘊《サムスカーラ》は前世にて汝が爲《な》せる所行の結果なり。汝

なたの今は、あなたが前世での行いの結果なのです。あなたの魂《たましい》は、あなたの前世で作り上げた原因と今ある結果が結ばれているので、原因と結果の痕跡《こんせき》が見つかるような所で魂は車のタイヤのようにグルグルと回転しなければならないのです。あなたは、あなたの原因と結果の集合体の中で続けて産まれて、生きていかなければならないのです。あなたは前世や今の世において蒔《ま》いた種〈原因〉を来世において、その種から実った結果を刈り取らなければならないのです」と仰いました。

クータダンタは「世尊、これは結果として公平なものとは言い難《がた》いですね。私が今の世に蒔《ま》いた種の結実を、来世、他の人となって刈り取らなければならないのは公平とは言えません」と言いました。

仏は、しばらく考えてから、

「このように教えても、まだ分からないのですか。あなたが来世になって他の人と思うその人は、あなた自身であることが分からないのですか。

あなたが蒔《ま》いた種が実になったものをあなた自

の霊魂《れいこん》は汝が行蘊《サムスカーラ》の結び合ひて成れるものなれば、行蘊《サムスカーラ》の痕《あと》を留むる處《ところ》に霊魂《れいこん》は輪廻《りんね》せざるを得ず。汝は汝の行蘊《サムスカーラ》の中《うち》に繼續《けいぞく》して生《せい》又生《せい》を受くるならん、汝は今生《こんじやう》及《および》前生《ぜんしやう》にて蒔《ま》きたる種子《たね》の収穫を來生《らいせい》にて刈り収むるならん」。

拘多彈多《クータダンタ》、「誠に世尊、是は公平なる報酬《むくい》とは云ひ難《がた》からん。吾が今生《こんじやう》にて蒔《ま》きたるものを吾《わが》後に外人《たのひと》ありて之を來生《らいせい》に刈り取らんとするは公平なりと云ふべからず」。

佛、稍《やや》ありて答へ給ひけるは、

「斯《か》くまで教ふるも尚悟る能《あた》わざるか。汝が外人《たのひと》なりと思へる其人々は固《もと》より汝自らなることを會得《えとく》せざるか。

汝が蒔《ま》きたるものは汝自ら収めざるべから

身が刈り取らないで、何でよその人が関わりを持つことができるのでしょう。

貧困で不足している中で、憐れな生活に苦しめられることを思いなさい。幼い頃にわがまま勝手なことをさんざんしたことが、年を経ても生活を営む方法を知らず、あなたは幼いときと成人になってからでは同じ人ではないのですから、この人が落ちぶれるのは、その人が自ら招いた結果だと思うのですか。

私は、あなたに言います。たとえ空高く上がろうとも海の底へ沈もうとも、幾重にも重なった厳しい山の中に隠れようとも、あなたが蒔《ま》いた悪の種が実を結んだとき、その結果を免《まぬが》れられる所はどこにもないのです。でも、あなたが善いことをした結果の功徳を受け取ることもまた同じなのです。

長期の旅行をして故郷に戻って安心するのは、家族や友達などと再会するからです。このように善行の道を歩き進んだ後に、この世を去って来世に生まれ変わる者には、善い結果があなたを迎え

ず、何ぞ外人《たのひと》の與《あづか》り知る所ならんや。

貧窮缺乏《ひんきうけつぼう》の中《うち》にありて哀れなる境遇に苦しめらるるものを思へ。幼《えう》にして懈怠放逸《けたいほういつ》なりしが故に、長ずるに及びても尚生《せい》を計るべき策を知らず。汝は成人と幼童《えうどう》とは同一の人にあらざるが故に、是人の零落に沈めるは彼が自ら招ける果報にあらずと思ふか。

誠に吾汝に告げん、假令《たとへ》天上に昇るとも海底に潜《ひそ》むとも、山嶽萬重《さんがくばんぢゆう》の中《うち》に匿《かく》るるとも、汝が爲《な》せる惡行《あくぎやう》の果報を遁《まぬか》れ得《う》べき箇處《かしよ》は何處《いづく》にも之れ無なり。而して汝が善行の果報福徳《ふくとく》を得るの確かなることを亦此《かく》の如し。

長途《ちやうと》の旅《たび》行をなせる後、故郷《ふるさと》に安着せるものは必ず親戚朋友知己《ちき》の歓待《くわんたい》を受くるが如く、正義の途《みち》を歩める後、遂に此世《このよ》を辭《じ》して未來《みらい》に移るものは、必ず亦善行の果報に迎へ

てくれるでしょう」と仰いました。

クータダンタは「私はあなたが話される教えを優秀で名高いものと信じます。自分というもの〈自我〉から離れる筋道を理解したので、私の目には未だに真理を表す光は眩《まぶ》しすぎて目にすることができませんが、私を照らし出してくださるでしょう。今まで行っていた生贄《いけにえ》という行いから救われることはなく、祈りの言葉については深く考えないで言っていたに過ぎません。どのように永遠の生命《いのち》を獲得できる道かを知りました。私はバラモン教の聖典をよく知り尽くしていますが、でも真理を会得していませんでした」と言いました。

仏は「勉強するのはいいけれども、そこから得られるものが無ければどうされるのですか。真実の知恵を得るには自分で行動する以外にはないのです。正義の大路を歩き、自我を滅亡させて真理をきわめる。そこにこそ輪廻の環《わ》から抜け出して不生不死であることが理解できるのです」と仰いました。

クータダンタは「私が、仏・法・僧に従うことをお許し願えるでしょうか。そして、あなたの弟子となる

らるゝなるべし。」

拘多彈多《クータダンタ》、「吾は汝が説き給へる教《をしへ》の優秀にして榮光なるを信ず。吾眼《わがめ》は尚光明を受くるに堪《た》えざれども、吾は無我《むが》の理《り》を會得《ゑとく》せり、眞理の光は吾を照らす也《なり》。生贄《いけにへ》は吾を救ふこと能はず、祈禱《いのり》は漫言《まんげん》に過ぎず。されど如何《いか》にして永遠の命を得《う》べき道を知り得《う》るか。吾は吠陀《ブェーダ》の諸經《しょきやう》に通曉《つうきやう》せり、されど吾は眞理を看得《かんとく》せざるなり」。

佛、「學《まな》ぶは好し、されど得《う》る所なきを如何《いか》にせん。眞智《しんち》は只實踐躬行《じっせんきうかう》によりて得られんのみ。正義の大道《だいだう》を歩め、さらば汝は我の死にして眞理の不生不死なることを悟らん」。

拘多彈多《クータダンタ》、「願くは吾が佛法僧に歸依《きえ》するを許し給へ、吾《われ》が汝の弟子となるを許し給へ、吾をし

ことをお許しいただき、真理の功徳というものが得られるようにお教えください」と言いました。

〈この話は、『弁証法』が下地にあるように思われます。凡夫注〉

◇

仏は、

「私を信用しない者は『ゴータマ・シッタルタ』と呼びなさい。でも、信じるならば私のことを『仏』や『如来』や『導師』と呼びなさい。これは正しい呼び方なのです。どうしてかといえば、私はこの世において解脱して悟りを得たので、『ゴータマ・シッタルタ』は既にいないのです。


自我は私の心から消え失せて、その代わりに真理が私の心に住み着いたのです。私の身体はゴータマに見えますが、時の経過を俟《ま》てば肉体と心が別になり、一度別れてしまえば、如来も人間もゴータマ・シッタルタというものを見ることはできないのです。しかし、仏は死なず、聖体〈キリスて不生不死の福徳《さいはひ》を分ち得させ給へ」」。

〈前にある小見出しの「同一と非同一」は「同一性と別異性」と表現する人もいます。凡夫注〉

第五十四　佛なり、瞿曇にあらず

佛曰ひ給ひけるは、

「只吾を信ぜざるものは吾を呼びて瞿曇《ゴータマ・》、悉《シッ》達多《ダルタ》と云へ、されど汝曹は吾を呼びて佛と云へ、如來と云へ、導師と云へ。是《こ》は正しき事なり、何となれば吾は今生《こんじょう》において既に涅槃に入りたればなり、瞿曇《ゴータマ・》、悉達多《シッダルタ》の生涯は既に盡《つ》き果てたればなり。


我は吾が心を去れり、眞理は代りて此に棲《す》めり。吾が此身は瞿曇《ゴータマ》の身なり、されば時を俟《ま》ちて分離すべく、又一たび分離せるのちは神も人も瞿曇《ゴータマ・》、悉達多《シッダルタ》を見ることなからん。されど佛は死するとなし、佛は大法《たいほう》の聖體中《せいたいちう》トの体〉ではなくて仏の真理の教えの中で永遠に生き続けるのです。

　仏が死ぬときは、煩悩と教えの痕跡《こんせき》を遺《のこ》して、新たに自我を生み出そうとするようになるでしょう。また、仏は『あそこにいる』、『ここにいる』と指をさして居場所を告げることはできないのです。大きな炎《ほのお》が益々燃え上がり、火は消えようとはせずに跡も消えることはないのに、『あそこにある』とか『ここにある』とは言えないのです。それは仏の教えの中でしか見ることができないからです。

　あなたたちは私の可愛い子どもたちで、私はあなたたちの親なのです。あなたたちは私の教えによって苦の世界から逃れることができるのです。

　私は仏の世界〈彼岸〉にいるので、人間が川の流れを越えられるようにしようとするのです。解脱の道を歩んできた者が他人《ひと》の解脱することを助けたいと思うのです。私は自分が心を和《なご》やかにしたので、他人《ひと》の心も和《なご》やかに安らぎのあるこの地へ迎えようとするのです。

に在りて永遠の命を保つべし。

　佛の寂滅《じやくめつ》するときは、一塵《いちぢん》一法の跡を留めて、又新たに我を成さんとするが如きとなかるべし。又佛は彼處《かしこ》に在り、此處《ここ》に在りとて其所在を指し示すが如きことはなし能はざるべし。猶大火《たいくわ》の焔々《えんえん》たるが如きか。火は消えぬ、跡は亡びぬ、彼處《かしこ》に在り、此處《ここ》に在りとは云ひ難《がた》からん。されど佛は大法《ダルマ》の體中《たいちう》にて看《み》得《え》らるべし、何となれば法《ダルマ》は佛の教《をしへ》たる所なればなり。

　汝曹《なんぢら》は吾《わが》子孫なり、吾は爾曹《なんぢら》の父なり。爾曹《なんぢら》は吾《わが》手を經《へ》て苦の中《うち》より救ひ出されたり。

　吾自ら彼岸に到れるが故に、吾は他《ひと》をして水流を超えしめんとす。吾自ら解脱の途《みち》を得たるが故に、吾は他《ひと》の爲《ため》に解脱の救主《けうしゆ》とならんとす。吾自ら慰《なぐさみ》を得たるが故に、吾は他《ひと》を慰《なぐさ》めて安穩《あんのん》の地に到らしめんとするなり。

私は、体力はなくても身体を持てる人々を喜ばせて、苦しさから死を選ぼうとする人に幸せを感じさせ、そのような人たちに心の援助と苦から逃れることを教えたいのです。

私は人々の利益を守る王となって、世界を救うために人間として産まれたのです。

私が思いを一つに集中させるのは真理にあるのです。身体を使って行おうとするもの、私の話、そして深く思いを凝《こ》らすことは、すべて真理の中にあるのです。私の自我は真理に変身したので、私そのものが真理といえるのです。

真理というものを理解する者は、誰でも仏と顔を合わせて会うことができるのです。それは、真理というものは仏が教えるものだからです」と仰いました。

◇

仏は迦葉が抱えている疑いを解こうとして、

吾は力なき手脚《てあし》を有《も》てる一切の衆生を悦ばすべし。吾は苦の爲《ため》に死せんとする者を幸《さいはひ》を與《あた》ふべし。吾は彼等に助《たすけ》と救《すくい》とを與《あた》ふべし。

吾は眞理の王となりて世を救はんため生れ出でたるなり。

吾思《わがおもひ》を凝《こら》せるは眞理に在り。吾《わが》身を委ねて實踐《じつせん》せんとするは眞理に在り。吾《わが》談話の主旨は眞理に在り。吾觀念《わがくわんねん》は常に眞理に在り。看《み》よ、吾《わが》我は眞理となれり。吾《われ》は眞理なり。

眞理を會《ゑ》するものは、何人なりとも佛に相《しよう》見《けん》するを得《う》るなり、何となれば眞理は佛の教《をし》ふる所なればなり。」

第五十五　實性は一也、法は一也、目的は一也

如來、迦葉尊者《カショウそんじや》の爲《ため》に其疑《うたがひ》を釋《と》かんとて告げ給ひけるは、

「すべての本質というものは一つなのですが、さまざまな形を現すのは、いろいろな原型に沿っているからなのです。すべてのものは、その形によって動き、どのような動きをするかによって存在するのです。

迦葉よ。例えば陶工《とうこう》が同じ粘土《つち》を使っていろいろな陶器を造るでしょう。砂糖を入れたり、米を入れたり、牛乳やバターを入れる器や便所で排泄物を一時的に溜めておく壺《つぼ》などがありますが、元をただせば同じ粘土《つち》を陶工《とうこう》が出来上がった品物を使う人の用途に合わせて、型を造って製造するので、それぞれ違う形になるのです。

このように、すべてのものは現実性を帯《お》びた考え方から始まりますが、その開発や進化は、宇宙の法則からはみ出ることなく、出来上がりは悟りの域を出ていないのです。

お前がすべての本質は一つで、行いの基準というものが一つしかないことを十分に理解し、それによって行動をとるならば、自然にお前には悟りというものが理解できるでしょう。真理がただ一

「萬有《ばんいう》の實性《じつしやう》は一なり、されど其千狀萬態《さまざま》の形を現はせるは種々《いろいろ》の形象《けいしやう》に従へるが故なり。萬有《ばんゆう》は體形《たいけい》の如何《いかん》によりて動き、動作の如何《いかん》によりて存在す。

迦葉《カシヨウ》よ、譬《たと》へば陶器師《すゑものし》が同一《ひとつ》の粘土《つち》を以《も》て種々《いろいろ》の器物《うつは》を造るが如し。砂糖を容《い》るゝ器《うつは》あり、米穀《こめ》を収むる器《うつは》あり、牛酪《ぎうらく》、牛乳を蓄《たく》ふる器《うつは》あり、不浄《ふじやう》を受くる器《うつは》あり。元《も》とは同一《ひとつ》の粘土《つち》なれども、工匠《こうしやう》が事情の要する所に従ひ、種々《いろいろ》の模型《かた》を取りて各《おのおの》其用をなさしむるが故に、個々《ここ》形を異《こと》にするに至れり。

斯く萬物《ばんぶつ》は一實性《いちじつしやう》より創《はじ》まれるものなれば、其開發《かいはつ》進化するや一の理法《りはふ》を出でず、其歸着《きちやく》するや一の涅槃を出でず。

迦葉《カシヨウ》よ、汝若し萬有《ばんゆう》の實性《じつしやう》は一にして、法は唯一なることを充分に會得《ゑとく》し、又此《この》會得《ゑとく》に遵《したが》ひて行ひなば、涅槃は自《おのづか》ら汝に來《きた》るべし。眞理の唯一なる如く、涅槃も唯一にして、二

つのものであるように、悟りも一つだけであり、二つも三つもないのです。

如来はすべてのものを同じように見ています。さまざまな用途に合ったように形を変えるものは、それぞれの用途に合った基準に照らしているのです。

如来がいらっしゃる世界では、程よく降る雨のような慈《いつく》しみのように、高貴な人も貧しい人も、才智や思慮分別のある人や理解力が足りない人も、善い行いをする人もしない人も、如来は全く差別することなく同じように慈《いつく》しみと憐《あわれ》みの心で見ているのです。

厚く重なっている雲から作物を潤《うるお》す雨が降ると、この世界中の至る所で雨の恩恵が受けられるのです。土地や草木、山や川、深い谷に至るまで、ことごとく雨が降った水によって潤《うるお》されるのです。

このようにして、いろいろな草木は皆同じように厚い雲から益々降る恵みの雨のおかげで、地中から吸い上げた雨水を広く隅々《すみずみ》まで行き渡らせる

なく三なきは是故《このゆゑ》なり。

如來の萬有《ばんいう》を視るは同一なり、されど其千變萬化《さまざま》の用を現ずるものは只萬有《ばんゆう》の千態萬状《いろいろ》なるに應《おう》じてなり。

如來の世を化《け》するは猶雲雨《なほうんう》の如く、差別なし。貴《たつとき》も、賤《いやし》きも、賢《かしこき》も、愚《おろか》なるも、徳あるも、徳なきも、如來は悉《ことごと》く同一の慈悲《じひ》を以て之を視る。

密雲《みつうん》の膏雨《かうう》を注《そそ》ぐや、此廣《ひろ》き世界は到る處《ところ》として霑被《てんぴ》せられざるはなし。草木《さうもく》、國土《こくど》、山川《さんせん》、陵谷《りやうこく》、悉《ことごと》く雨水の浸《うるほ》す所となる。

此《か》くして迦葉《カショウ》よ、千般《せんぱん》の草木《さうもく》は一様の密雲《みつうん》より滋《しげ》く降り注げる甘雨《かんう》を吸ひて遍《あまね》からずと云ふことなし。而して彼等は各《おのおの》其性《せい》に遵《したが》ひ

のです。そして、草木はそれぞれの特性に合わせて、成長し、芽《め》が出て、花が咲き、実を結ぶものもあるのです。

　同じ土地に根を張って、同じ雨に葉を濡らして様々な草木は育っていくのです。

　如来は真実が分かっており、その基本となるところは正しい悟りを得たことであり、その目的は原因があって結果の存在から離れたところにある平和であることを知っているのです。如来がすべてのものを平等に見ることに変わりはないのです。でも、それぞれに特性を持っているのをご存じだから、皆同じ姿を現すことはないのです。如来はそれらのものの具体的な個別の特性を知る智慧の完全なるものを与えずに、先ずはすべてのものが仏が説いた教えを受けても、それぞれに性質や能力があるかどうかを見極めていらっしゃるのです」と仰いました。

て發達《はったつ》し、或《あるひ》は萌え、或《あるひ》は花開き、或《あるひ》は實《み》を結ぶ。

　同一の地に根を下《くだ》し、同一の雨に葉を霑《うる》はして、而も千態萬狀《さまざま》の草木《さうもく》は之より發育《はついく》す。

　されど迦葉《カショウ》よ、如來は法《のり》を知れり、其《その》本性は成佛《じやうぶつ》にして、其《その》目的は涅槃の平和に在ることを知れり。如來の萬物《ばんぶつ》に對《たい》するや一視同仁渝《かは》ることなし。而れど各自《おのおのみずから》の特性あるを知れるが故に自《おのづか》ら其身を現ずること一様ならず。如來は彼等に直ちに一切種智《しゆち》の圓《まどら》かなるを與《あた》えずして先《ま》づ萬物《ばんぶつ》の根機如何《こんきいかん》を察す。」

第五十六　羅睺羅への訓戒

◇

ゴータマ・シッタルタとヤソダラ姫の間に生まれた子供のラゴラは真実の知恵というものをまだ知らない頃、時々真実の思いやりに欠ける行為がありました。仏はラゴラを離れた精舎に弟子たちと一緒に住まわせて、心を正し、言葉遣いを直させようとしました。

時が経《た》ってラゴラが住んでいる精舎に仏が行ったところ、ラゴラは久しぶりに父親である仏の顔を見て大変喜びました。

仏は息子であるラゴラに顔や手足を洗う大きな桶に水を入れて持ってこさせ、足を洗ってから「今、私が足を洗った水は、飲むのに適しているだろうか」とラゴラに訊きました。

「いいえ、水は汚《よご》れています」とラゴラは答えました。

仏は「お前の身体をもう一度よく見てみなさい。お前は私の子で、王の孫で、自分から進んで世の中の俗事を捨てて出家をしたけれど、お前の言葉は、あれこ

瞿曇悉達多《ゴータマ・シッダールタ》と耶輸陀羅《ヤソダラ》姫との子、羅睺羅《ラーフラ》の未だ眞智《しんち》を悟らざりし頃は、往々に眞理の愛を缺《か》けるが如き行《おこな》ひありき。佛之を遠き精舎《ウイハーラ》に送りて其心を制し、其言《こと》を愼《つつし》ましめ給ひぬ。

時を經《へ》て佛、彼處《かしこ》の寺に到り給ひければ、羅睺《ラーフ》羅《ラ》の喜《よろこび》言はん方なかりき。

佛は彼に命じて盥《たらい》に水を持ち來《き》たらしめ、其足を洗はしめ給ひて、さて問ひ給ひけるは、「今此《この》水は飲むに適せりや」。

彼答へけるは、「否、世尊、水は汚《けが》れたり」。

佛、「さて汝の身を顧《かへり》みよ。汝は吾《わが》子にして王の孫なれども、汝は好んで萬事《ばんじ》を捨てたる出家なれども、汝の言語《ことば》尚《なほ》未だ僞《いつはり》を離れず、是をもて汝

れと思い迷っているので心が汚《よご》れたままである」と言いました。

　ラゴラが、大きな桶の水を捨てようとしたとき、「この桶に今飲める水を入れることができるか」と、仏は再び訊きました。

「いいえ、この桶も汚《よご》れています」とラゴラは答えました。

　仏は「ラゴラ、今自らを反省してみなさい。お前は黄衣《こうえ》〈出家した人が着る黄色い衣。仏がいた時代は決められた人以外黄色の衣を着ることが禁じられていたが、古代中国以降に着ることが許された〉を着ているが、この桶のように衣が汚《よご》れたときは、どのようにして志《こころざし》を高く保つのだ」と訊きました。

　仏は空《から》になった桶をラゴラから取り上げて桶の中の水滴をふり落とすと「この桶を地面に落として壊れることを嘆《なげ》くか」とラゴラに訊きました。

「いいえ、この桶は安物ですから、これが壊れても大丈夫です」とラゴラが答えました。

「お前、今自らのことを振り返ってみなさい。お前は永遠に続いている輪廻という流れの中に浮き沈みして

の心は汚《けが》れたり」。

　水を捨て去れる時、佛又問ひ給ひけるは、「此《この》器《うつは》は今飲むべき水を容るゝに足れりや」。

　羅睺羅《ラーフラ》、「否、世尊、此器《このうつは》も亦汚《けが》れたり」。

　佛、「今汝自ら省《かへりみ》よ。汝は黄衣《くわうい》を纏《まと》ひたれども此器《このうつは》の如く汚《けが》れたるときは如何にして高き志《こころざし》を果たすべきか」。


　佛又空盥《あきだらひ》を取《とり》上げて打ちふりて、さて尋ね給ひけるは、「汝は此器《このうつは》の地に墜《お》ちて毀《やぶ》るゝを憂へざるか」。

　羅睺羅《ラーフラ》、「否、世尊、器《うつは》の價《あたひ》は廉《れん》なり、之を損《そこな》ふも何かあらん」。

　佛、「今汝自ら顧《かへり》みよ。汝は限りなき輪廻の流れに浮沈《ふちん》せり、而して汝の肉身は自餘《じよ》の物體《ぶったい》と同

いるのだ。お前の身体は他の人の身体と同じ性質を持っているのだから、何《いず》れは死んで塵《ちり》になってしまうのだ。であるならば、お前を失うことで損があるのだろうか。その言葉に信用が置けないのであれば、人々から失笑を招くだけだぞ」と仏が仰いました。

　これを聴いたラゴラは、大変恥ずかしいと思っていたところ、仏は、また、

「お前に例え話をするから聞きなさい。

　昔むかし、さる国に王様がいた。大変力の強い象を持っていて五百頭の象の群れに匹敵していた。戦争に先立って、象の牙に鋭利な剣を付け、大きな鎌を肩に背負わせて、柄の長い槍を足に、尾っぽには鉄の玉を結び付けたのだ。象使いは、象が武装した姿を見て喜んだのだが、もし、敵の矢が象の鼻に突き刺さって象が暴れ出したら困るので、象に鼻を前に長く出してはいけないと教えたのだ。そして、戦場では人間どもがあちこちで剣と矛《ほこ》で戦っているその中へ象が入って行ったとき、象は鼻を伸ばして剣を奪い取ろうとしたのだ。


一質より成れるが故に、遂には壊《やぶ》れて塵《ちり》となるべし、さらば之を失ふも將《はた》何の損かあらん。只其言葉に信ならざるものは、賢者の笑《わらひ》を招くを奈何《いかに》せん」。

羅睺羅《ラーフラ》、之を聞きて慙《は》づること一方ならず、佛又語り出で給ひけるは、

「聞け、吾汝に譬《たとへ》を語らん。

　嘗《かつ》て王あり、極めて力ある象を持《もて》り、其強きと五百の群象に敵するに足れり。戰《たたかひ》に臨まんとて、象は利劍《りけん》を牙に懸《か》け、大鎌《たいけん》を肩に擔《にな》ひ、長鎗《ちやうさう》を足に結び、鐵丸《てつがん》を尾に纏《まと》ひぬ。象を御するもの、其武裝《ぶそう》の雄々《をを》しきを見て打喜びたるが、若し誤りて鼻端《はなのさき》に一矢《ひとや》を受くることあらば、大事去るべしと思ひ、象に教《をしへ》て夢にも其鼻を引き延《の》ばすなかれと戒《いまし》めぬ。然るに戰に臨みて劍戟縦横《けんげきじうわう》の間に入りたる時、象は鼻を延べて劔《つるぎ》を奪はんとしたり。

象使いは大変驚いて、王と相談してこの象を戦場から引き離すことにしたという。

さてラゴラ、我々が言葉を慎重に使わなければ、その時々の様子に適当でなければならない。であるならば、戦場の象の鼻を傷つけないようにするように、我々も言葉を選んで使わなければならないのだ。

誠意ある者は真実を思いやって不平を口にすることはないのです。よく馴れている象は人を背中に乗せることを嫌がらないものなのだ。正しい道を歩いて行く者の一生は、諸々の屈辱《くつじょく》や迫害を受けても堪《た》え忍んで、恨まないことを決して厭《いや》にならないようにしているのだ」と仰いました。

ラゴラは、これを聴いて自分の今までの行いを深く悲しみ、これからは、再び過ちを犯して悔いを残すことなく真心を持って生きていく決心をしたのでした。

◇

仏がつくづく世の中を見渡してみると、人々は正し

主人は痛く驚き、遂に王と計りて此象をば戰《たたかひ》に用ゐぬこと丶なせりと云ふ。

さて羅睺羅《ラーフラ》よ、吾曹にして只言語《ことば》をだに愼《つつし》まば、事々《じじ》宜《よろ》しきに適《かな》ふべし。さらば戰《たたか》へる象の鼻を傷つけざらんことを勉むるが如く、吾曹も亦言語《ことば》を愼《つつし》まざるべからず。

誠あるものは眞理を愛して不平を招くことなし。能《よ》く馴れて靜かなる象は人をして能《よ》く其《その》背に跨《また》らしめて厭《いと》はず。正義を敬《うやま》ふものは一生の間能く忍辱《にんにく》を守りて倦《う》まず。」

羅睺羅《ラーフラ》は此言《このこと》を聞きて深く悲《かなし》みつ、是よりは再び過《あやまち》を作《な》して自ら悔《くひ》招くことなく、眞心《まこころ》を捧げて聖《きよ》き生涯を送りぬ。

第五十七　惡口

佛、熟《つらつら》世の様を見給ふに、人々唯其虚誇《いつはり》の

い心を持つことなく、自分だけの考えに囚《とら》われて悪い行いや乱暴をするようになり、落ちぶれて惨《みじ》めな生活の痕跡《こんせき》が見えました。そこでこの世での絶え間ない悲しみに嘆《なげ》いていたのです。

仏は「もし真理を、無益に立場を悪い状況に陥れようとする者がいたら、汚《けが》れのない慈《いつく》しみの心でその人に接近し、その人が悪い行いをすればするほど真理は悪や汚《けが》れから離れるようになるでしょう。真理の周囲には妙なる良い香りが漂《ただよ》いますが、その人には心身に毒を与える異臭がまとわりつくでしょう」と仰いました。

あるとき、愚かな男が仏は真理の道理で悪い行為には善で対応すると聞きつけて、仏がいらっしゃる前で悪口を言ったのですが、その愚《おろ》かさを不憫《ふびん》に思われた仏は一言も言葉を発することはしませんでした。

その人が悪口を言い終わったとき、仏は「あなたは他人《ひと》に物を贈ろうとしたときに、その人が受け取ることを拒《こば》んだらその贈り物は誰に所属すると思いますか」と訊きました。

その人が言うには「そのような事態になれば、贈り

心、我執《がしう》の念《こころ》を逞《たくまし》うせんとて悪行《あくぎやう》をなし、亂暴《らんばう》を加ふるより、零落悲惨《れいらくひさん》の跡此世に絶えざるを嘆《なげ》き給ひたり。

佛曰ひ給ひけるは、「若《も》し徒《いたづ》らに吾を害《そこな》ふ者あらば、吾は浄《きよ》き愛の心をもて彼に報《むく》ゆべし。彼の惡《あく》をなすと益々甚《ますますはなはだ》しくば、吾の善を爲《な》すと益々《ますます》多からん。善の妙香《めうかう》は常に吾に來《きた》り、惡の毒臭《どくしう》は必ず彼に行かん。」

或時《あるとき》痴漢ありけり、佛は至愛《しあい》の理によりて惡《あく》に報《むく》ゆるに善を以てすと聞き、佛の許に來《きた》りて佛を嘲《あざけ》りたり。佛は其痴愚《ちぐ》を憫《あはれ》みて何事をも言ひ給はざりき。

彼の嘲《あざ》けることを止めたるとき、佛、彼に問い給ひけるは、「兒《じ》よ、人に物を贈れるとき、其人之を受けざりせば、その贈物は誰に歸《き》すと汝は思へるか」。

彼答へけるは、「斯る事あらば贈物は固《もと》より贈

物は当然贈り主のものとなる」と答えました。

「あなたは悪口を言いましたが、私はあなたの悪口を受け付けませんでした。ですからあなたが今言った悪口をそのままあなたが受け取らなければならないのです。これは、あなたが落ちぶれて嘆《なげ》き悲しみ苦しむ元になるのです。あなたが発した声に従って、影が寄り添うように、悪い行いをする人に付いてきて、廃《すた》れていくのです」と仏が仰いました。

悪口を言う者が黙《だま》ってしまうと、仏は続けて、

「功徳のある人に悪口を言うことは、天に唾《つば》を吐《は》くようなものです。唾《つば》は天にまで届くことはなく、万有引力の法則に基づいて唾《つば》はあなたを汚《よご》すだけなのです。

人の悪口を言うことは、向かい風に細かいゴミを撒《ま》き散らすようなもので、撒《ま》き散らしたゴミは、ゴミを撒《ま》いた人に襲《おそ》いかかってくるのです。功徳のある人を悪く言ってはいけません。功徳のある人を落ちぶれさせようとしても、悪く言った人の方が先に落ちぶれるからです」と仰いまし

れる人に歸《き》するならん」。

佛、「吾兒《わがじ》よ、汝は吾を嘲《あざ》けり、されど吾は汝の惡口《あくこう》を受けず、汝自ら之を収めんを要す。是豈《あに》汝が憂苦零落《ゆうくれいらく》の基《もとゐ》とならざんや。響きの聲《こゑ》に随《したが》ひ、影の形に伴ふが如く、零落《れいらく》は必ず惡《あく》を爲《な》せるものに従ひ、來《きた》るべし。」。

惡口《あくこう》をなせるもの黙然《もくねん》たりしかば、佛更に語り出で給ひけるは、

「有徳《いうとく》の人を誹《そし》らば天に向つて唾《つば》するが如し、唾《つば》は天を汚《けが》さず、却りて落ち來《きた》りて其身を汚《けが》すべし。

人を嘲《あざ》けるは風に逆ひて塵《ちり》を揚《あ》ぐるに似たり、塵《ちり》は却りて其身に吹き來《きた》らん。有徳《いうとく》の人は害《そこな》ふべからず、之を零落《れいらく》せしめんとするものは其身先づ零落《れいらく》す。」

た。
仏を悪く言う者は、真っ逆さまに落ちて見えなくなってしまいましたが、やがて、また現れると、今度は悪口を言わずに仏法僧に従うことになりました。

◇

仏がギッコドクオンに一時滞在しているときに、ある日梵天人がバラモンの姿で仏の前に現れました。天人の顔は輝いていて、雪のように白い衣を着ていらっしゃいました。

天人は「どのような剣が最も鋭《するど》いだろうか。どのような毒が激しく苦しむだろうか。火が最も激しく燃え上がり、どのような夜が最も暗いであろうか」と尋ねられました。

「怒《いか》りが込められた言葉が剣のように最も鋭《するど》く、貪るように際限なく欲《ほ》しがる毒が最も激しく苦しみ、欲の炎《ほのお》が盛んに燃え上がる火が最も激しく、心が暗く一切の道理に通じる知恵がないときが、最も暗いのです」と仏が答えました。

佛を誹《そし》れるもの大《おほひ》に慙《は》ぢて彼方に去りしが、やがて復來《またきた》りて佛法僧にぞ歸依《きえ》したりける。

第五十八　佛、提婆（梵天人）に答へ給ふ

佛、給孤獨園《ギッコドクオン》に留錫《りうしやく》し給へる頃、一日《あるひ》梵天人《デーウア》あり、婆羅門の形を現《あらは》して佛の許に來《きた》りぬ。天人の面《おもて》は輝き衣《ころも》は雪の如く白かりき。

天人曰ひけるは、「如何なる劍《つるぎ》か最も鋭《するど》く、如何なる毒か最も劇《はげ》しく、如何なる火か最も烈《はげ》しく、如何なる夜《よ》か最も暗き」。

佛、答へ給ひけるは、「怒《いか》れる言葉は劍《つるぎ》の最も鋭《するど》きなり、貪《むさぼ》りて飽《あ》かざるは毒の最も劇《はげ》しきなり、慾の熾《さかん》なるは火の最も烈《はげ》しきなり、愚痴《ぐち》にして悟らざるは夜《よ》の最も暗きなり」。

「最も大きな功徳を得るものは、どのような人であろう。最大の損失を蒙《こうむ》るのは、どのような人であろう。何も突き通すことができない鎧《よろい》とはどのようなものであろうか。どんなものでも突き通してしまう矛《ほこ》や鎗《やり》とはどのようなものであろうか」と天人が訊きました。

「他人《ひと》に広く恵みを与える人が最も幸せや利益を自分のものにでき、財物を出さず、あるいは働かずに他人《ひと》からものを取る者が最大の損失を与えられ、苦難に耐える心が何ものをも通さない鎧《よろい》で、知恵が最上の矛《ほこ》や鎗《やり》となるのです」と仏が答えました。

「賊《ぞく》が最も怖がるのはどのような人物であろう。貴《とうと》い宝とはどのようなものだろうか。天や天の下〈地上〉の世界を無理やり奪い取っても、幸運なのはだれであろう」と天人が訊きました。

「邪悪な心こそが最も恐ろしい悪事をする者で、功徳は最も価値のある宝です。また、悟りの境地こそが天や地上の世界に幸運をもたらすものです」と仏が答えられました。

「何をもって喜びとし、何を害があって避けるべきか。何をもって最も恐ろしい苦で、最も楽しいものと

天人、「最大の福徳《ふくとく》を得《う》るものは誰《た》ぞ。最大の損失を招くものは誰《た》ぞ。何ものも破り得ざるは如何なる鎧《よろひ》ぞ。何ものをも破らざるなきは如何なる矛《ほこ》ぞ」。

佛、「人に施《ほどこ》しをなすものは最大の福徳《ふくとく》を享《う》くべし、償《つくなひ》を與《あた》へずして人より取るものは最大の損《そん》亡《ばう》を招くべし。忍辱《にんにく》は破れざる鎧《よろひ》なり、智恵《ちゑ》は最上の矛《ほこ》なり」。

天人、「賊《ぞく》の最も恐るべきは誰ぞ。寶《たから》の最も貴《たふと》きは何ぞ。天上天下《てんげ》能く強奪して最も幸運なるものは誰ぞ」。

佛、「邪念は最も恐るべき賊《ぞく》なり。徳は最も貴《たふと》き寶《たから》なり。不生不滅は能く強奪して天上天下《てんげ》最も幸運なるものなり」。

天人、「何をか喜ぶべきとなし、何をか厭《いと》ふべきとなし、何をか苦の最も恐るべきものとなし、

は何であろうか」と天人が訊かれました。

「善い行いは喜び、悪い行いは避《さ》けなければなりません。悪を退《しりぞ》ける思いのない心が最も苦しい苦であり、悟りは功徳と利益の最も大きな楽しみとなるのです」と仏は答えました。

「この世の中を滅亡に導くのは何だろう。友情を破るものは何か。激しい高熱を伴うものは何だろう。最も良く治療をしてくれるのは誰なのだろう」と天人が訊きました。

「この世に愚痴ほど人々の心を滅ぼそうとするものはなく、嫉妬《しっと》と他人《ひと》が到底受け入れないような個人的見解が友情を壊します。他人《ひと》を羨《うらや》む気持ちが高熱を発するもので、それらを治療する仏こそ最も善い医師なのです」と仏が答えました。

天人は再び「私は今のところ一つだけ謎がある。あなたにこれを取り去ってほしいのだ。それは、火を燃やすこともせず、水が漏れることもなく、風が吹き抜けることもなく、しかも、世界を正しい状態にするのは何なのか」と尋ねられました。

仏は「それは功徳です。すべての善い行いとそれに

何をか樂《たのしみ》の最も大なるものとなす」。

佛、「善は喜ぶべし、惡は厭《いと》ふべし。良心なきは苦の最も苦しきものなり、解脱は福徳《ふくとく》の頂上なり」。

天人、「此世に滅亡《ほろび》を生ずるものは何ぞ。友誼《いうぎ》を破るものは何ぞ。熱病の最も烈《はげ》しきは何ぞ。醫《い》師《し》の最も善きは誰ぞ」。

佛、「愚痴は此世の滅亡《ほろび》を生じ、嫉《ねたみ》と私《わたくし》とは友誼《いうぎ》を破る。怨《うらみ》は熱病の最も烈《はげ》しきなり。佛は醫《い》師《し》の最も善きなり」。

天人斯《か》く問ひて又曰ひけるは、「吾今は唯一《ひとつ》の疑《うたがひ》を餘《あま》せり、願くは之を掃《はら》ひ去れ。火も燬《や》く能《あた》はず、水も溺《おぼ》らす能《あた》はず、風も抜《ぬ》く能《あた》はず、而かも全世界を革《あらた》むるに足るべきは抑《そ》も何ものなるか」。

佛、曰ひ給ひけるは、「福徳《ふくとく》なる哉《かな》。善行《ぜんぎやう》の福《ふく》

よって得られる福利は、悪人がこれを奪い去ることはできないのです」と答えました。

天人は仏の答えを聞き終わると満面の笑みで喜び、仏の前で手を合わせて、謹《つつし》んで拝礼すると、忽《たちま》ち姿を消してしまわれました。

◇

比丘たちが仏の前で手を合わせ拝礼してから、その中の一人が、

「あなたに見聞していないことはありません。私たちは、あなたの見聞されたすべてを教えていただきたいのです。あなたは我々の師であり、大変優れた仏でいらっしゃいます。私たちが疑問に思っていることにお答えください。そして、法〈真理〉についてお話しください。あなたは真理を会《え》得《とく》されたのですから、我々にお教えください。あなたは、あらゆるものを見通す目を持たれた如来の王様のように見えます。

我々は、仏に教えをいただこうと思い、仏とし

徳《とく》は悪人《あくにん》も之を奪うこと能《あた》はず」。

天人は佛の言《こと》を聞き訖《おは》りて歡喜《くわんき》すること一方ならず、合掌《がつしやう》恭敬《くぎやう》して佛前に禮拜《らいはい》し、忽焉《こつえん》として影を失《うしな》ひけり。

第五十九　教訓

是の如く我《われ》聞けり。比丘衆、佛の前に至り合《がつ》掌《しやう》恭敬《くぎやう》して曰ひけるは、

「世尊、汝は見給《たま》はざる所なし、吾曹は總《すべ》て學《まな》ばんとを願ふ、吾曹は總《すべ》て聞かんとを願ふ、汝は吾曹の師にて在《いま》すなり、汝は無上《むじやう》尊《そん》にて在《いま》すなり。吾曹の疑を説き給へ、吾曹に達磨《ダルマ》を告げ給へ、汝大覺者《だいがくしや》よ、吾曹の中《うち》にて説き給へ、汝は千眼《せんがん》を有《も》てる諸神の大王の如く見給はざる所なし。

吾曹は大覺《だいがく》の牟尼に事問はんと思へり、牟

て越えるべき川を渡って仏の世界に行きたい、すべての功徳を実行したいという、一歩も後へ退《しりぞ》くことのない志《こころざし》を持っています。比丘というものは、家を出て欲から遠ざかった後は、どのようにすれば正しく今の世の中を生きていけるでしょうか」と尋ねました。

「比丘というものは、この世でも天上の世界においても快楽という欲を絶たなければなりません。でなければ、生き変わり死に変わるという流転から抜け出し、真理を獲得できないのです。こういったことができる人は、正しい行いでこの世を生きていくことができるのです。

心が欲というものを絶ち、驕《おご》り昂《たかぶ》る気持ちを捨てて、さまざまな感情や考えを抑制した者は、真理に順応し、功徳を行い、一歩も退くことがない志《こころざし》を持って今の世で生きていけるのです。

聡明な知識を得て悟りに導く道を知った者は信念を持つ人で、思いに片寄ることなく、心が清らかで、欲に負けることはありません。目の曇りが

尼は流《ながれ》を超えて彼岸に行き給へり、天福《てんぷく》を全《まつた》うし給へり、不退轉《ふたいてん》の志《こころざし》を有《も》ち給へり。牟尼よ、比丘の家を捨てゝ欲を離れたる後は、如何《いか》にして此世を正しく渡るべきか。」

佛、告げ給ひけるは、

「比丘たらんものは人間天上の快樂《けらく》を求めんとする欲を斷《た》たざる可《べか》らず、さらば生死《しやうじ》を超えて達磨《ダルマ》を御するを得ん。是《かく》の如き人は正しく此世を渡らん。

欲心を斷《た》ち、憍慢《きやうまん》を離れ、諸《もろもろ》の情念を制せるものは、法《のり》に應《かな》へり、福《さいはひ》を全《まつた》うせり、不退《ふたい》轉《てん》の志《こころざし》を有《も》てり。是《かく》の如き人は正しく此世を渡らん。

智識《ちしき》を得て涅槃に到るべき道を見たるものは信心の人なり、偏《へん》することなく、淸《きよ》らかにして、慾に克《か》ち、眼中の翳《くもり》を除き去れるもの

取り除かれた人は信念があり、この世の中で正しい生き方ができるのです」と仏は仰いました。

比丘たちは「実にそのお言葉の通りです。欲を抑えて、柵《しがらみ》を断ち切って、比丘としての一生を送りたいと思います」と言いました。

「悟りの地での心の平静を得ようとするものは、どのようなことに対してもその場の状況に合わせ、正しい行動をして正しい心を持って謙虚に従うことが必要なのです。

他人《ひと》を騙《だま》したり軽視すると、炎《ほのお》が大きく燃え立たつような激しい怒《いか》りや憎しみに感情が強く囚われて、他人《ひと》の心を傷つけることになるのです。

真理を知ったうえで、それを見て、心が穏《おだ》やかになり、欲が抑えられ、自我に負けることなく修行を怠《おこた》らず、さまざまな悲しみや苦しみを断ち切って、心に生じる感情から離れることができた人は幸せなのです。頑固な自分だけの思いを捨て去ることができる人は、最高に幸せなのです。

尊い仏の教えを喜び、快感を得て、根本として

は信心の人なり。是《かく》の如き人は正しく此世を渡らん。」

比丘衆、曰ひけるは、「世尊、實《げ》に其言《こと》の如し、慾を制し縛《いましめ》を斷《た》ちて、此《かく》の如き生涯を送れる比丘は正しく此世《この》を渡らん」。

佛、宣ひけるは、

「涅槃の寂靜《じやくじやう》を得んと思ふものは、如何なる事をなすにもせよ、宜《よろし》きに從《したが》ひ、正しきを踏《ふ》み、良心を養ひて恭順謙虚《きようじゆんけんきよ》ならざるべからず。

他《ひと》を欺《あざむ》くを得ざれ、他《ひと》を輕《かろ》んずるを得ざれ、瞋恚《しんい》の炎《ほむら》に驅《か》られて他《ひと》を害《そこな》ふを得ざれ。

眞理を知り、且つ見て、心に安穩《あんのん》を得て寂《じやく》靜《じやう》に住むものは幸《さいはひ》なり。慾を抑へ、己《おのれ》に克《か》ちて退轉《たいてん》せざるものは幸《さいはひ》なり。諸々の悲苦《ひく》を斷《た》ち、諸々の情念を離れたるものは幸《さいはひ》なり。頑《かたくな》なる我執の妄念に克《か》てるものは誠に無上の幸《さいはひ》なり。

妙法を喜べ、妙法を樂《たのし》め、妙法に依《よ》りて立

拠り所としなさい。どのようにして、尊い仏の教えを学ぶかを研究しなさい。紛争を始めて仏の教えを汚《けが》すことをしてはいけません。仏の善い教えを静かに省《かえり》みて生活をしなさい。

財宝を土の中に隠《かく》しておくのに何の意味があるでしょう。ただ朽ち果ててしまうだけです。慈《いつく》しみや情《なさ》け、禁欲、自分の意思で衝動や欲望を抑えるなど、さまざまな善い行いで積まれた宝は盗まれることがなく、使い切ることもないのです。これは、他人《ひと》を非難したり憎んだりする人には得られず、泥棒も持ち去ることはできないのです。不安で心がぼんやりしているようなものは、どんなにそれを蓄《たくわ》えても死んだ後には何も役に立つことはないのです。ただ、善い行いで得られた宝には、あらゆる人が応じてくれるのです。さぁ、聡明な人たちよ、功徳を行えば、功徳というものは消滅することはないのです」と仏が仰いました。

仏の知恵に賛同した比丘たちは、

「あなたは、苦を超越した、尊く侵《おか》し難《がた》い完璧な悟りを得た人。私たちは、あなたが煩悩を断ち切

て、如何《いか》にして妙法を究《きは》むべきかを知れ、爭《あらそひ》を爲《な》して妙法を穢《けが》す勿《なか》れ、妙法の善《よ》き理《ことはり》を黙省《もくせい》して生《いのち》を送れ。

寶財《たから》を深く土中に蓄《たくは》ふるも何の益《えき》かあらん、空《むな》しく竭《つ》くるに至らんのみ。慈善、愛《あい》憐《れん》、節慾《せつよく》、克己《こつき》など諸々の善行《ぜんぎやう》によりて積み重ねたる寶財《たから》は奪はるゝことなく、竭《つ》くるとなし。こは他《ひと》を譏《そし》り惡《にく》むものゝ得る能《あた》はざる所なり、又盗人《ぬすびと》の竊《ひそか》に持ち去る能《あた》はざる所なり。浮雲《ふうん》の富は如何《いか》に積むと多きも、死して後《のち》は何の用かあらん、只徳行《とくかう》の寶財《たから》は到る處《ところ》人に從《したが》ふ。さらば賢《さが》しき人々よ、善行《ぜんぎやう》を爲《な》せ、善行《ぜんぎやう》は決して亡ぶる時なし。」

比丘衆、佛の智慧を讃《さん》して曰ひけるは、

「汝は苦を超え給へり、汝は神聖《しんせい》なり、覺者《かくしや》よ、吾曹は汝の煩惱《ぼんのう》を斷《た》ち給へるを知る。汝

られたことを知っています。輝かしく、物事を注意深く慎重に判断され、悟りを得た人です。苦を根本から断ち切ったあなたは、我々が持っている疑問にお答えください。

あなたは、我々の考えを聞いて、疑問を晴らしてください。寵愛する仏さまは、悟りへの道で最高の見解を獲得された仏さまであります。

我々が以前から持っている雲に隠《かく》されていた疑問に答えを導き出してください。すべてを明らかに見通していらっしゃり、満月のように欠けるところがない悟りを得られたあなたは仏でいらっしゃいます。あなたの前には、障害となるものはないのです。

あなたは、一切の悩みを取り去り、心が平静で、自分の意思が強くて、衝動や欲望を抑えられ、偽《いつわ》りのないさまざまな徳を兼ね備え、尊く清らかで最高の仏でいらっしゃいます。天上界や地上においてあなたに優る人はおりません。

あなたは、福徳をそなえ、敵対する鬼神をこと

は榮光《えいこう》あり、思慮あり、大悟《だいご》の人なり。苦の根本を斷《た》ち給へる汝よ、汝は吾曹の爲《ため》に疑《うたがひ》を釋《と》き給へり。

汝は吾曹の願《ねがひ》を見て吾曹をして疑《うたがひ》の流《ながれ》を超えさせ給へり、崇《あが》むべきは牟尼なるかな、智恵の道にて無上の所得を収め給へるは牟尼なる哉《かな》。

汝は吾曹が向《さき》に有《も》てる疑《うたがひ》の雲を攘《はら》ひ給へり。明かに見給ふ汝よ、汝は誠に牟尼なり、圓《まど》かに悟り給へる牟尼なり、汝の前には障礙《しやうげ》なし。

汝が一切の惱《なやみ》は去れり、汝は寂靜《じやくじやう》、克己《こつき》、剛毅《がうき》、信實《しんじつ》の諸徳《しよとく》を兼ね給へり。崇《あが》むべきは汝聖《きよ》き牟尼なるかな、崇《あが》むべきは汝の無上《むじやう》尊《そん》なるかな、人天《にんてん》の間、誰か能《よ》く汝に優《まさ》るものあらんや。

汝は佛なり、汝は世尊なり、汝は惡魔《あくま》を征

ごとくやっつけた仏です。あなたは、我欲を絶って悟りの世界にいらっしゃり、今の世の人々を彼岸に導いてくださるのです」と言いました。

仏の弟子の一人が、胸をドキドキさせながら仏に「我々に、もし超自然的な行為を行って本質以外の道理を禁止するのであれば、なんで世の中にある楽しみを捨てたのでしょうか。阿弥陀仏が莫大で果てしなくあらゆる方向に発する光は、計り知れないほどの不可思議な行いの根源であるのではないでしょうか」と疑問を投げかけたのです。

仏は、疑問を呈したその比丘が真理を切に探究しているのを察して「スユラーブアカよ、お前は新入りの比丘の中でも最も新しく比丘の仲間入りをしたものだ。お前は原因と結果が集まった中にいるのです。お前が真理を理解するには簡単にはいきませんよ。お前は如来の教えを理解していないのです。さあ、行いの道理とは、変化するような道ではないのです。祈って

服し給へる牟尼なり、汝は欲を斷《た》ちて彼岸に到り給へり、汝は此世《このよ》をば亦彼岸に導き給ふなり。」

第六十　阿彌陀佛

一人の弟子あり、心穩《おだや》かならず、胸は疑《うたがひ》にて悸《をのの》きたるが、佛の許《もと》に到りて問ひけるは、「吾曹の主なる佛陀よ、吾曹若し奇蹟《きせき》を行ひ、理外《りぐわい》の理《り》を悟ることを禁ぜられなば、吾曹は何故《なにゆゑ》に世の快樂《けらく》を捨てたりとせんか。阿彌陀佛《アミタブツ》卽《すなは》ち無量無邊《むへん》の光明は、無量不可思議奇蹟の源《みなもと》にあらざるか」。

佛は彼が心に眞理を求むるの切なるを察して曰ひけるは、「聲聞《スユラーブアカ》よ、汝は新參中《しんざんちゆう》の新參《しんざん》なり、汝は行蘊《サムスカーラ》の上に游《およ》ぎまはれり。汝の眞理を會得《ゑとく》せんは一朝一夕にあらじ。汝は如來の言語《ことば》を會得《ゑとく》せざるなり。知らずや、業《カルマ》の理法は易《か》ふべき道なきものなるに、祈禱《いのり》をなして空しき言葉を列《つら》ぬるも將《はた》何の効かあらん。

ただ言葉を並べるだけでは、何の効果もないのですよ」と仰いました。

弟子は「であるならば、この世の中には不思議なことはないのですか」と仏に尋ねました。

「悪行をした人は生まれ変わって尊い人〈下の段の「聖徒」＝キリスト教信者の意味として現在は使われています〉となり、悟りを理解した人は真理へ進む道を進んで、自分だけが抱える欲を捨てるのです。これは世間の人から見れば、怪しく不思議なことであると思うでしょう。

世の中で楽しみを極めることを捨て去り、際限のない魂《たましい》の功徳を追求する比丘は、如来の足跡と言葉の行いを声を出して読むことが修行なのです。

優れた人は人間的な活動を福徳に変えることができるのです。やたらと怪しい修行を行う者は、欲深く物を欲《ほ》しがったり、騙《だま》そうとする悪い心を喜ばすだけなのです。

修行者が他人《ひと》のために敬《うやま》われることを望まない

弟子、曰ひけるは、「さらば世には神奇怪絶《あやしき》の事なきか」。

佛のたまひけるは、

「罪ある人は化《け》して聖徒となり、誠の悟《さとり》を得たるものは眞理の道を見て、私欲の惡念《あくねん》を捨つ、是《こ》は俗人の看て靈怪《れいくわい》奇幻《きげん》不可思議《ふかしぎ》となす所ならざんや。

定めなき世の快樂《けらく》を捨て丶限りなき神聖《しんせい》の福徳《ふくとく》を求むる比丘は、誠に神蹟《しんせき》と稱《とな》ふるに足る所の唯一の神蹟《しんせき》を行《ぎやう》ぜるものなり。

聖き人は業報《カルマ》を化して福徳《ふくとく》となす。かの徒《いたづ》らに神怪《あやしき》を行《ぎやう》ぜんとするものは、貪婪《むさぼり》の慾、虚誇《いつはり》の念《こころ》を喜ばさんとするに過ぎず。

修行者の必ず人の爲《ため》に敬《けい》せられんことを望

ことは善い行いで、軽蔑《けいべつ》する者に対して怨《うら》む気持ちを持たないことも善いのです。

事が起こる前触れや、彗星〈ほうき星〉、悪夢を知ったからといって取るに足りないことだと思うのも良いことです。その人は、これらすべての悪から離れ去ったのです。

阿弥陀仏が莫大で果てしなくあらゆる方向に発する光とは、仏の、人間では考えられないような心の本来の性格の根源なのです。魔法を使ってわけの分からない修行を行うのは迷いの極致《きょくち》なのです。そして、驚かせたり、不思議なことや怪しいものは阿弥陀仏がなさることではないのです」と仏が仰いました。

スユラーブアカは「極楽浄土があるという約束は、出まかせのことなのでしょうか」と仏に尋ねました。「何の約束なのだ」と仏が問うと弟子は、

「西の方角に浄土という極楽の国があって、金銀や宝石でもって飾られ、澄んだ池の底には金の細かい砂が敷《し》き詰められていて、池の周りには楽園

まざるものは善し、世の爲《ため》に賤《いや》しめらるゝも、之を怨《うら》むる念《こころ》なきものは善し。

前兆、怪星《くわいせい》、幻夢《げんむ》を以て取るに足らざるものと思へるものは善し。彼は是等《これら》一切の惡業《あくごふ》を離れたり。

阿彌陀佛 卽《すなはち》 無量無邊《むへん》の光明とは、佛陀の靈性《れいせい》の源《みなもと》なり。魔術を使ひ、奇怪《きくわい》を行《ぎやう》ずるは、妄《まう》のきはみなり、されど驚絶《きやうぜつ》、神奇《しんき》、靈《れい》怪《くわい》なること阿彌陀佛の如きものあらんや。」

聲聞《スユラーブアカ》、曰ひけるは、「されど世尊、極樂浄土ありとの約《やく》は妄言神奇《まうげんしんき》のわざなるか」。佛、「何の約ぞ」と、尋ねければ、弟子答へけるやう、

「西方に淨土と云へる極樂國《ごくらくこく》あり、金銀寶珠《ほうじゆ》もて飾れり。淨池《じやうち》には水底《すいてい》に金砂《きんさ》を流し、周圍《めぐり》に樂園を作り、水中に蓮華を植ゑたり。

があり、池の中には蓮の花が咲いているそうです。天人が演奏する音が高く澄み渡って聴こえ、毎日天上界で尊く美しい花が雨のように三回も降ってきて、鳥は幸せを歌って悟りへの道を進むことを褒《ほ》めたたえ、言葉に表せないようなそれらの音を聴くものは自然と仏法僧を思い起こさせるそうです。生き変わり死に変わる輪廻の跡はなく、地獄や黄泉の国という名前さえ知らず、正しい本心を励まし、真心をもって『阿弥陀仏』と唱える人は極楽浄土へ行かれるといいます。その人が死ぬとき、仏がたくさんの菩薩などを連れて死のうとしている人の前に穏《おだ》やかで静かな景色の中に現れる〈来迎〉ということです」と答えました。

「誠にそのような極楽の国があります。でも、それは心の上のことなのです。形に囚《とら》われて心ここにあらずというのでは、決して極楽へ行くことはできないのです。お前は西に極楽の国があるという。この極楽とは世界をあまねく照らし出す如来が住む所へ向かうという意味なのです。太陽が沈《しず》んで夜は真っ暗となり、星の光も見えるかどうかの闇であれば、悪魔は地上にや

音樂の響喨々《ひびきらうらう》として日《ひび》に天華《てんげ》を雨ふらすこと三たび。鳥は巧調《こうちやう》を弄《らう》して道の善きを讃《ほ》め稱《たた》へ、其妙音を聞くものをして坐《そぞろ》に佛法僧の聖きを想ひ起さしむ。生死流轉《るてん》の跡なし、地獄陰府《よみ》の名さへ知られず。若《も》し誠の心を勵《はげ》まし、信心を以て『阿彌陀佛』と稱名《しようめう》するものは、此《この》浄土國極樂園《ごくらくえん》に遷《うつ》るべしと云ふ、又其人の死せんとするときは佛、諸々の尊者《そんじや》を従て其前に至り、圓滿寂靜《まるまんじやくじやう》の景《けい》を現ずるに至るべしと云ふ。

佛、曰ひ給ひけるは、「誠に斯《かく》の如き極樂國《ごくらくこく》あり。されどこは心の上のことなり、形に著《ちやく》して心を忘るゝものは、決して此《ここ》に到ること能はず。汝は西方《さいほう》に此國《このくに》ありと云へり。此《こ》は世界を照らすもの、住家《すみか》の在る處《ところ》に向へとの義《ぎ》なり。日は沈みて夜は黒暗々《こくあんあん》となり、星の光さへ幽《かす》かにならば、惡《あく》魔《ま》は來《きた》りて吾曹を墳墓《ふんぼ》の下に埋《うづ》め去るならん。さ

って来て、我々を殺して墓の下に埋《う》めてしまうであろう。でも、太陽が沈《しず》んだことがこの世の終わりではないのです。我々が滅びたと思う所には阿弥陀仏が発するたくさんの光が射して、どこまでも続いて無限の生命《いのち》があるのです」と仏が仰いました。

「お前の理解したところは美しいのですが、極楽浄土の輝かしい名声を捉《とら》えるには、まだまだ不足しているのです。世間の人は、世の中の常識というものから抜け出して考えるということができないので、言葉による例えは世の中の常識の範囲内でしかないのです。阿弥陀仏がいらっしゃる浄土の美しさは、お前が言ったり思ったりしているよりも、さらに美しいのです。

でも、阿弥陀仏の名前を唱えるのも、心を清くして誠意をもって善い行いをする心を信じて励まし、心に深く思いながら仏の名を言えば、功徳があるのです。限りない真実の光に照らされれば極楽浄土に行くことができるのです。仏のような悟りを理解した者であるならば、なおさら、西の方

れど日の沈めるは滅びたるにあらず、吾曹が滅びたりと思へる處《ところ》には却りて無量の光明あり、無窮《むきゅう》の生命あり。

佛、更に宣ひけるは、

「汝の説ける所は甚《はなはだ》美なり、されど浄土の榮光《えいくわう》を寫《うつ》すに足らず、浄土豈此《あにかく》の如きものならんや。世間の人は只世間の思想を出づる能《あた》はざるが故に、其言語譬喩《げんぎよひゆ》、皆世間ならざるはなし。浄《きよ》き人の住める浄土の美《うるは》しさは汝の言へる所、想へる所よりも尚《なほ》美《うるは》し。

されど阿彌陀佛の名を念誦《ねんじゆう》するも、心を浄《きよ》くし、意を誠《まこと》にして正義を爲《な》さんとするの信心を勵《はげま》して佛名を唱《とな》ふるにあらざれば、何の功徳か之あらん。限りなき眞理の光明を以て其心を照らすにあらざれば、極樂浄土に到ること能《あた》はじ。大覺《だいかく》を得たるものにあらざれ

にある極楽浄土に行って万物の根源をなす不思議で清らかな活力の源《みなもと》を体いっぱいに吸うことができるのです。

如来は身体が見られるような今でも限りない功徳のある浄土に住んでいらっしゃり、あなたやあなたの兄弟たちに同じように平和と幸せを得ることができるように、そして、世界の人々に悟りへの道を教えるのです」と仏は続けて仰いました。

「できましたら、私の心を極楽浄土に行かせてください。そのためには、心をどのようにして考えたらよろしいのでしょうか」と弟子が尋ねました。

すると仏は、

「心を集中させるには、五つの方法があるのです。

第一は、敵味方関係なく、すべての人々の幸せと世の中が穏《おだ》やかで平和であることを心から願うことです。

第二は、真実の友情ともいうべき思いやりの心を持つことです。不幸で苦しんでいる人を見たら、深く心配や悲しみ、苦しみを共に感じて、憐

ば、西方樂土《らくど》に生まれ精靈《せいれい》の氣《き》を呼吸すること能《あた》はじ。

吾誠に汝に告げん、如來は此《この》色身を有《も》てる今日すら無量の福徳《ふくとく》ある淨土に棲《すめ》り。如來は汝曹及汝曹の諸兄弟《けいてい》をして同一の平和と同一の福徳《ふくとく》とを得さしめんが爲め、汝曹及全世界に法《のり》の道を宣べ傳《つた》ふるなり。」

弟子、曰ひけるは、「世尊、願くは吾心《わが》をして淨土の樂園に遊ばしめんには、如何《いか》なる思惟《しゆい》を爲《な》すべきかを教へ給へ」。

佛、曰ひけるは、

「五の思惟《しゆい》あり（五停心）。

第一思惟《しゆい》は愛の思惟《しゆい》なり、敵たると否《しか》らざるとを問はず、一切衆生の幸福安寧《こうふくあんねい》を願ふ心を發《はっ》せざるべからず。

第二は慈《じ》の思惟《しゆい》なり、不幸に悩《なや》める衆人を見て深く其憂愁《そのうれひ》、苦《くるしみ》の心を思ひやりて、心に大悲大慈《だいひだいじ》を起さざるべからず。

れみと思いやりの心を分かち合いなさい。

第三は、喜びを感じることとです。他人《ひと》が繁栄し、名声が上がるのを自分のことのように一緒に喜びなさい。

第四は、穢《けが》れです。道徳に背いたり、悪い行いや病気で悪い知らせがあることを思い浮かべなさい。目の前の楽しみを我がものにすることが、いかに愚《おろ》かで惨《みじ》めな結果を招くかを考えなさい。

第五は、静かに物事に動じない思いです。愛したり憎しみの心を持ち、権力を使って抑圧したり、いじめ苦しめたり、裕福であったり貧しい生活だったり、どのような運命に遭遇しようとも静かに水をいっぱいにして洩らさないような心持ちになりなさい。

如来の本当の弟子と云う者は、苦しいだけの修行を信ずることなく、また、礼拝の儀式を頼りにすることなく、自分だけが勝手に思っている考えを捨てて、一身に阿弥陀仏に頼《たよ》りなさい。阿弥陀仏こそは、真理、そして悟りへの無限に輝く光を放っていらっしゃるのです」と仰いました。


第三は喜《よろこび》の思惟《しゆい》なり、他《ひと》の榮《さか》えを思ひて其《その》喜《よろこび》を喜ぶべし。

第四は不淨の思惟《しゆい》なり、敗徳《はいとく》に惡報《あくほう》あり、罪業《ざいごふ》、疾病に惡報《あくほう》あることを觀《くわん》せざるべからず。眼前《めさき》の快《くわい》を貪《むさぼ》るの如何《いか》に愚にして果報の如何《いか》に慘《さん》なるかを思へ。

第五は寂然《じやくねん》不動の思惟《しゆい》なり、此《これ》に由《よ》りて其心を愛憎《あいぞう》、壓制《あつせい》、苛虐《かぎやく》、貧富の上に超然《てうぜん》たらしめ、如何《いか》なる運に會《あ》ふとも寂然《じやくぜん》として水を湛《たた》へたるが如くなれ。

如來の眞《まこと》の弟子たらんものは、苦行を信ぜず、儀式を恃《たの》まず、只我の念《こころ》を捨て丶一心に阿彌陀佛を賴《たの》むべし、阿彌陀佛は眞理の無量光なり。」

　このように阿弥陀仏の話をして、阿弥陀仏を信じる者は如来から膨大ですべてを照らす光を浴びることができることを教えた後、弟子の心には未だ疑問があり悩んでいるようだったので「お前の心を曇らせている疑問を払い去れ」と仰いました。

「私は身分の低い僧侶の身ではありますが、正しい心を持てば神通という超自然な知恵と如意身という力を得られるのでしょうか。できれば、私のために四如意足という最上の悟りに向かうことができる道をお示しください。また、禅那〈坐禅・禅定・六波羅蜜の第五〉という一心不乱に心が安定した状態を保つ方法を教えてください」と弟子が言いました。

「神通とは何ぞや」と仏がお尋ねになりました。

「神通には六つ〈六神通〉あって、一つ目は神通力によって普通は見ることができないものを見ることができる眼で、二つ目は自由自在に言葉を聴くことができる耳で、三つ目は自在身つまり衆生の願ったとおりに現れて救う仏が人間のように変身すること、四つ目は前世がどのように生きたかを知る力、五つ目は他人の心の中を知る力で、六つ目は煩悩の穢《けが》れがなくなった

　佛は斯《か》く阿彌陀佛の説をなし、其《その》之を信ずるものをして佛とならしむる無量無邊《むへん》の光明なることを教へたる後、弟子の心中を察するに尚疑《うたがひ》を存じて心に悩《なや》める所あるを見たまひければ、「吾兒《わがぢ》よ、汝の心を曇らす疑《うたがひ》の雲を掃《はら》へ」。

　弟子曰ひけるは、「卑《ひく》き僧侶の身なりとも、其《その》心を聖《きよ》くせば、神通《アビジニヤー》と云ふ超自然の智慧を得《う》、如意身《リッダ》と云ふ超自然の力を得べきか。願くは吾爲《ため》に四如意足《リツヂバータ》即《すなは》ち無上智に到るべき道を示し給へ。願くは吾に禪那《ジャーナ》即《すなは》ち三摩地《サマーチ》（又は三昧《ザンマイ》）を得《う》べき法を示し給へ」。

　佛、問い給ひけるは、「神通《アビジニヤー》とは何か」。

　弟子答へけるは、「神通《アビジニヤー》に六《むつ》あり、第一天眼《てんげん》、第二天耳《てんに》、第三自在身《じざいしん》即變化力《へんげりき》、第四前世《ぜんせ》を知るべき知識、第五他心通力《たしんつうりき》、第六生死《しやうじ》の終局を會《ゑ》得《とく》すべき知識是なり」。

こと、つまり、生きることが尽きる〈死ぬ〉ことを知ることとです」と弟子は答えました。

「これは不思議なことだ。でも、誰もが習得できないものということではないだろう。お前は自ら心のはたらきにどのような能力があるのかを覗《のぞ》いてみなさい。お前は、ここから二〇〇里〈約七八五キロメートル。だいたい東京駅から広島県福山駅の間〉離れた場所で産まれたのだが、お前の心では一瞬に生まれ故郷に帰って、父親の仕事を詳細に思い起こすことができるでしょうか。お前の心の眼は土の中に埋もれている樹木の根っこを見ているのではない。薬草を採《と》る人間は、心に浮かぶ幻《まぼろし》によって無意識のうちに手を伸ばしていろいろな草木を見分けて、それらの使い方も知っているのです。いろいろな国の言語に詳しい人は、知っている言語に書かれている文字を思い出して、その意味もすぐれた知恵で理解しているのです。まして、如来はすべての生きものの本質を知っているだけでなく、人の心の奥深い大切な意義を理解して、すべてのものが苦心して生きているのを見て、生き変わり死に変わりする輪廻の中で心が成長していくのを知って、輪廻を終わ

佛は、「是《こ》は誠に不可思議なり、されど何人も得られずと云ふことなからん。汝自ら心力《しんりょく》に如何《いか》なる能《のう》あるかを看よ、汝の身は此《これ》より二百里を隔《へだた》りたる處《ところ》に生まれたれども、汝は心の中にて一瞬時にして故郷《ふるさと》に歸《かへ》り得べく又詳《つば》らに父の家事を想ひ起し得るにあらずや。汝は心の眼によりて土《ど》中《ちゅう》に横《よこた》はれる樹木の根底《こんてい》を看得《う》るにあらずや。藥《やく》草《さう》を採《と》るものは、心中の幻影《けんゑい》によりて意《こころ》に随《したが》ひ手に任せて千態萬狀《くさぐさ》の草木を看得、又進んで其用《もち》ふべき方法をも知り得《う》るにあらずや。諸國語《しょこくご》に通ぜるものは、其《その》好む所に随《したが》ひて如何《いか》なる文字をも想ひ起し、其意義をも明知《めいち》し得《う》るにあらずや。況《ま》して如來の如きは萬有《ばんいう》の本性を知れるのみならず、人心を奥秘《おうひ》を解《げ》し、萬物《ばんぶつ》の役々《えきえき》として輪廻進化するを知り、其《その》終局をも前知《ぜんち》して過《あやま》つとなし」。

って抜け出すことを前もって予知することに間違いはないのです」と仏が仰いました。

「我々は、どのような坐禅《ざぜん》のしかたで優れた知恵を得ることができるのでしょうか」と弟子が尋ねました。

「この世における四つの段階の境地があるのです。第一禅は世間から遁《のが》れて離れた場所で一人暮らすこと。第二禅は心を静かに安定させることによって喜びを見いだすこと。第三禅は魂が喜ぶことをして、第四禅は世俗の外に心を置いて静かに清らかな気持ちで楽しむことです」と仏は仰いました。

〈四禅の本来の解釈と同じでしょうか？　凡夫〉

「私は未だに悟りを得てはいないのですが、信仰する心があり真理を求めるにはどのようにしたらよいのかお教えください。世尊、私に超自然の神通力を得るための四つの根拠を教えてください」と弟子が仏に願い出ました。

「欲・念・精進・思惟の四つの超自然的能力〈四《し》如意《にょい》=四神足《しじんそく》〉があり、第一は悪業が起こることを

弟子、「吾曹は如何《いか》なる禪定《チヤーナ》によりて神通《じんつう》に達し得《う》べきか」。

佛は、「四禪《しぜん》あり。第一禪は隱遁《いんとん》なり、汝曹は慾を離れざるべからず、第二禪は心を寂靜《じやくじやう》にして歡喜《くわんき》を生ずるに在り、第三禪は心靈上《しんれいじやう》の事を喜ぶに在り、第四禪は心を喜憂《きいう》の外に措《お》きて淸《きよ》らかに靜《しづ》かなる處《ところ》に遊ぶにあり」。

弟子、「世尊よ、吾《わ》が未だ會得《ゑとく》せざれども信仰ありて眞理を求むる心切《こころせつ》なるを憐《あはれ》み給へ。世尊、吾に四如意足《リツジバータ》を教へ給へ」。

佛、

「如意身《リツチ》に到るべき道四あり、第一、惡《あく》の起らんとするを禦《ふせ》げ。第二、惡の既《すで》に起れるを

防ぎ、第二は悪が起こってしまったら追い払い、第三は善を起こし、第四は善をさらに増やすことです。

　正しい心を奮い立たせて悟りへの道を進みなさい。途中でだらけてはいけません。そして、最後にお前は真理を見出すであろう」と仏が仰いました。

◈

仏は阿難に、

「人々が集まる催《もよお》しには、さまざまなものがあり、貴族の会、バラモン教徒が集まる会、家主《やぬし》の会、比丘たちが集まる会など、たくさんあります。私が催す会に入ろうとするときには、いつも坐る前に私の話を聞きに来た他の人と同じ姿で、同じような声を出した後に聴衆の前に立って道理を教え話して、聴きに来た人たちを励《はげ》まして喜ばせます。

　私の教えは、大海原《おおうなばら》のようで、八つのすぐれた

斥《しりぞ》けよ。第三、善の尚《なほ》起らざるを起せ。第四、善の既《すで》に在るを増《ま》せ。

　眞心を奮《ふる》ひ起して道を求めよ、求めて倦《う》むことなかれ。汝は遂に眞理を看破らん。」

第六十一　未知の師

佛、阿難《アナン》に曰ひ給ひけるは、

「會《くわい》に種々《いろいろ》あり、貴族の會あり、婆羅門徒の會あり、家主《いへぬし》の會あり、比丘衆の會あり、其他猶《なほ》多し。吾が會に入らんとする時は、常に坐《ざ》するに先《さき》ちて吾聴衆《ちようしゆう》と同一《ひとつ》の色を作《な》し、同一《ひとつ》の聲《こゑ》を作《な》し、而して後、衆中《しゆうちゆう》に入《い》り道を説きて之を教へ、之を勵《はげ》まし、之を喜《よろこ》ばせり。

　吾教《をしへ》は太洋《たいやう》の如し、共に八妙性《やつのめうしやう》を具《そな》ふ。

智恵を併《あわ》せ持っているのです。

私の教えは、海の底へ進むように深く、様々に変化する中で常に不変の本質があります。理解ができない人は海岸に打ち上げられた魚のように、細い川や大きな川の水もすべて海に流れ出てしまえば、どこの川の水ということはなくなり、ただ海の波となるように、男性女性に関係なく家を出て比丘になれば、比丘は同じ兄弟ということになり、仏の子孫となるのです。海はすべての川が注ぎ込む終着地で雲や雨を作る元になるのですが、嵐が起きない限りにおいて海の水は溢《あふ》れ出ることはなく、また涸《か》れてしまうこともありません。同じように仏の教えというものも幾《いく》千万の人々が聴いても、増えることも減ることもないのです。海の水は混ぜ物が入っていないように、ただ塩辛いだけであるように、仏の教えも同じように考え方が人によって変わることはなく、解脱し煩悩から離れる教えなのです。真珠や宝石、石英からなる緑色などの玉が水底にきらめき輝き、その周囲《まわり》をさまざまな生き物が遊ぶ様子は大海原も法も同じ

吾教《をしへ》の益々《ますます》深きに進むは太洋《たいやう》の如し。吾教《をしへ》の千變萬化《せんぺんばんくわ》の中《うち》に恒一《かういつ》の性を保てるは太洋《たいやう》の如し。吾教《をしへ》の死人を海岸《うみぎし》に打ち上《あ》ぐるは太《たい》洋《やう》の如し。細大の流《ながれ》を洩《も》らすことなく注《そそ》ぎて大海《だいかい》に入れば、皆其名を失《うしなひ》て同一《ひとつ》の碧波《なみ》となる如く、異姓《ゐせい》の人も其家系《かけい》を捨てゝ僧となりぬれば、皆一體《いつたい》の兄弟《けいてい》となり、釋迦牟尼の兒《じ》孫《そん》となる。太洋《たいやう》は萬流《ばんりう》の注《そそ》ぐ處《ところ》、雲雨《うんう》の釀《かも》す處《ところ》なれども、溢《あふ》るゝとなく、涸《か》るゝとなきが如く、法も亦數千萬《すうせんまん》の人の歸依《きえ》する所なれども、増《ま》すことなく、減《げん》ずることなし。太洋《たいやう》の同一鹹味《どういちかんみ》にして異種を入れざるが如く、吾教《をしへ》も亦同一味《どういちみ》なり、解脱出離《しゆつり》の法なり。眞珠、寶石《はうせき》、碧玉《へきぎよく》、燦爛《さんらん》として其底に輝き、絶大の生物優々《いういう》として其淵《ふち》に遊ぶは、太洋《たいやう》も達磨《ダルマ》も異なることなし。

なのです。

　このような大変優れて外部の影響を受けることがない本性を『八妙性』といい、大海原と仏の教えの両方にあるものです。

　仏の教えは、身分が高かろうと低かろうと、富める者とそうでない者とを区別することはないのです。

　仏の教えは、水がすべてのものを洗い流して差別することはないのです。

　仏の教えは、天地の間にあって大きさにかかわらず煩悩を焼き尽くしてしまう火なのです。

　仏の教えは、広い天空のように老若男女、身分の貴賤、貧富の差などに関係なく、すべてを受け入れても、まだたくさん容《い》れることができるゆとりがあるのです。

　私がこのように言っていても、人は仏のことを忘れてしまい『このようなことを言うのは人か、はたまた神か』と言うでしょう。私は、人々に悟りへの道を説き教えて、励《はげ》まし、その人が理解し喜んだら、すぐ消え去ってしまうでしょう。人々

之を八妙性《やつのめうしやう》となす、太洋《たいやう》と吾教《をしへ》との共に具《そな》ふる所なり。

　吾教《をしへ》は淸し、貴《たつと》きと賤《いや》しきと、富めると貧しきとを問はず。

　吾教《をしへ》は水の如し、萬物《ばんぶつ》を滌《あら》ひて差別《しやべつ》することなし。

　吾教《をしへ》は火の如し、天地の間に在る大小の萬《ばん》物《ぶつ》を燬《や》き盡《つく》すべし。

　吾教《をしへ》は天の濶《ひろ》きが如し、一切を容《い》れて猶餘《あま》りあり、男女、老若《らうにやく》、貴賤《きせん》、貧富、皆此《ここ》に在り。

　されど吾《われ》斯《か》く言へる時、人々は吾《われ》を知らずして曰はん、「かく言へるは誰なるか、人か將《はた》神か」と。吾《われ》は道を説きて人々を教《をし》へ、勵《はげ》まし、喜ばせる後、忽爾《たちまち》にして消え去らん。されど人々は吾《われ》を知らざりき、吾《われ》消え去りし

は仏が現れても知らないし、消えたときにも分からないでしょう」と仰いました。

時にも。」

第六章　例え話

仏は「私が教えた真理は、初めも、中ほども、終わりもすべて善く、その精神や文字はみんな輝かしい誉《ほま》れであることは言うまでもないのです。悟りへ進む道は簡単だけど、人によっては理解が難しいであろう。というわけで、私は言葉を使って教え、人々が心の中で考えることを期待しているのです。彼らは幼子《おさなご》のようであるから、例え話をすれば喜ぶ。かつて私は例え話をして仏の悟りである根本の真理を教えたのです。人々は私が教える真理の一部を抜き出して理解できなくても、例え話によってどうかこのことを理解してほしい」と思われたのです。

◎譬喩《ひゆ》及小話

第六十二　譬喩

佛、思へらく、「吾《わが》教へたる眞理は、始《はじめ》も善く、中も善く、終《おはり》も善し、其精神、其文字、亦皆榮光《えいこう》あらざるはなし。吾《わが》道誠に簡《かん》なれども、人々或《あるひ》は解《げ》し難《がた》からん。さらば吾《われ》人々の語《ことば》にて説き、人々の心にて考ふべし。彼等は小兒《せうに》の如し、頗《すこぶ》る小話《せうわ》を好《この》めり。よし、吾且小話《われかつせうわ》を假《か》りて大法の妙理を説き示さん。彼等は吾《われ》の如く眞理を抽象して會得《えとく》する能はざるも、譬喩《たとへ》の力によらば庶幾《こひねがは》くは其義を解《げ》し得んか」。

第六十三　火宅

大きな屋敷を所有する富豪《ふごう》がいました。家は古くなり、軒先は傾き、柱は腐ってきていて、もし火事にでもなったら、すぐにも家を支えられなくなると思われるほどでした。ある日のこと、何となく煙《けむ》っぽくて、物が焼ける臭いまでしてきたので主人が驚いて家の外へ出てみれば、火が屋根一面に広がっていました。子供たちはそのようなこととは露知らずに部屋の中を走り回って遊んでいて、身に危険が迫《せま》っていることを感じていませんでした。父親は大変驚いて「ああ、私はどうしたら良いのだろう。三人の子供たちは幼《おさな》いので危険が迫《せま》っていると言っても分からないだろう。私が家の中へ入って行って子供たちを抱きかかえて逃げようとしても、却って子供たちは父親が遊んでくれると思って逃げることはしないだろうし、もし一人を救えたとしても他の子供たちは煙に巻かれて死んでしまう」と思って悩んでいたが、ふと「子供たちはおもちゃが好きだから欲しいおもちゃを取りにきなさいと言えば外へ走り出てくるに違いない」と思い立ちました。

「お前たちのために、欲しがっていたおもちゃを持っ

一大家屋を有《も》てる富人《ふうじん》ありけり。家は年を経《へ》たるまゝに、軒傾き、桂《はしら》朽ちて焼《や》かば一時《ひととき》をも支へ得《う》べしとは思はれざりき。一日《あるひ》如何にかしけむ、物燃ゆる、にほひの頻《しきり》なりければ、主人驚《おどろき》出でゝ見るに、屋根は早や一面の火となりぬ。然るに小児《せうに》は火中の室《しつ》を走り狂ひて遊ぶに餘念《よねん》なく、身の危《あやう》きに近づけるを悟らざりければ、父の驚《おどろき》たとへん方もなく心亂《みだ》れて、「嗚呼《ああ》、吾《われ》如何《いか》にせん。彼等は知なし、危《あやうき》の身に迫《せま》れるを告ぐるも其詮《せん》なからん。假令《たちひ》吾《われ》自ら走り入りて彼等を抱き出《いた》さんとするも、彼等或《あるひ》は却りて遁《のが》れ去らんも計られず。よしや一人《いちにん》を救ひ得《う》るとも、他は煙に捲《ま》かれて死するならん」と思ひて頻《しきり》に心を悩《なや》ませしが、忽《たちま》ち思ひ當《あた》れるは、「彼等は玩具《ぐわんぐ》を好めり、美《うつ》しきもの取らせんと云はゞ必ず走り出でん」。

父乃《すなは》ち高く呼びて曰ひけるは、「兒等《こどもら》よ、出《い》で

てきたぞ。さあ、早く外に出ておもちゃを見てみなさい」と父親は子供たちが欲しそうなおもちゃを用意して、大声で子供たちに呼びかけました。

子供たちは父親の叫ぶ声に心を奪われて一斉《いっせい》に家から出てきました。父親は子供たちが火事でけがなどをすることがなかったので喜んで、子供たちが欲しがっていたおもちゃを与えたのです。火の勢いが増して、家は全焼してしまいましたが、その時子供たちは父親が火事から救ってくれたことを知り、父親と共に喜んだのでした。

如来は、世間の人の中にも人を思いやる気持ちがあることを知りました。この善き行いを話して、罪を犯さないように、人々に真理に従った行いが正しいことを宝として教えられたのです。

〈法華経譬喩品『三車火宅』にあり、乗り物《羊車、鹿車、牛車》を与えるという話。凡夫注〉

◈

生まれつき目が不自由な人が「世の中に光というも

來《きた》れ、父は汝曹の爲《ため》に佳《よ》き肴《さかな》を調《ととの》へたるに。又此に汝曹の未だ見ざる美しき玩具《ぐわんぐ》あり。遅れなせそ。直ちに出《い》で來《きた》れ」。

小兒《せうに》等は父の玩具《ぐわんぐ》と云へるに心を奪はれ、一目散に火宅《くわたく》を出で來《きた》りければ、父大《おほひ》に喜びて彼等に好《よ》き玩具《ぐわんぐ》を與《あた》へたり。火勢《くわせい》益々《ますます》熾《さかん》にして家遂に燒《や》け倒れし時、彼等始めて父の心を知り、其《その》命を救へる智恵を讃《ほ》め稱《たた》へたりきとぞ。

如來も亦衆生の世榮《せいえい》を慕《した》ふ心あるを知《しれ》り。故に正義の福徳を説き示して、其罪業《ざいごふ》に陥《おちゐ》らんとするを救ひ、又彼等に眞理の心寳《しんはう》を與《あた》ふるなり。

第六十四　盲人

生れながら盲目の人ありき、自ら思ひけるは、

のや色というものがあるというけれど、これを信じることはできない。明るいや暗いといったもの、太陽や月、星や星座というものも、この世の中に本当にあるのだろうか。誰もよくこれらを観察していないのではないか」と思いました。

その友達が「あなたが思っていることは、現実にありますよ」と言っても、目が不自由な人は頑固にこの友達の言うことを聞きません。さらに「あなたが見ることができるというものは、すべて幻《まぼろし》なのです。もし色というものがあるのであれば、その色という場所に手を触れてみれば感じることができるでしょう。しかし、触れて何も感じることができなければ、それは、物それ自体がないので、実体として存在しないのです」と付け加えました。

そこへ病気をよく治すと評判の医者が来て、四つの薬を混ぜ合わせて目が不自由な人に与えたところ、病気が治り物の色が見えるようになりました。

この医者とは如来のことで、四つの薬とは『四聖諦《ししょうたい》』という仏の教えなのです。

〈四聖諦《ししょうたい》を説明するときの、この例え話は適切ではない

「吾は世に光あり、色ありと云ふを信ぜず。明《めい》と云ひ、暗《あん》と云ひ、日月《じつげつ》と云ひ、星辰《せいしん》と云ふ、世果して此《かく》の如きものあるか、何人も未だ親しく之を見ざるにあらずや」。

其友之を難ぜしに盲人頑《かたくな》にして聞かず、又辯《べん》じて曰ひけるは、「汝が、見得《う》ると云ふは幻《まぼろし》なり。色若しあらば、吾は之に觸《ふ》れて感ぜざるべからず。而して觸《ふ》るゝことなきは其本質なければなり、實體《じったい》なければばなり」。

會《たまたま》良醫《りやうい》あり、四藥《しやく》を調合して盲人に與《あた》へければ、病愈《やまひい》えて物の色をも看得《う》るに至りき。

如來は良醫《りやうい》なり、四藥《しやく》とは四聖諦《ししやうたい》を云へるなり。

と思われます。凡夫注〉

ある所に一人の子供がいました。幼い頃に家出をして地方を流浪《るろう》していました。父親は子供がいなくなった間に、たくさんの金銀財宝《ざいほう》を手に入れて大邸宅に住んでいましたが、家出した子供は落ちぶれて日々の食べ物にも事欠くようになっていました。子供はあちこちの国を巡《めぐ》っては短い期間住んでいましたが、途中で道を間違えて生まれ故郷に帰ってきました。街に入って来た子供を父親は素早く見つけて自分の子供であることを確信したのですが、子供は痩せ細ってしまい憐《あわ》れな姿をしていたので、使用人の男に言って子供を自分の家へ招き入れました。

子供は大きな家に入ったとき「権力を握って勢力のある家に入れられたのは、この街の入り口で粗相をして牢屋に閉じ込められるのではないか」と思い、大変恐怖に感じて、すぐにこの家から逃げ出しました。

父親は子供が家からいなくなったのを聴いて、急い

第六十五　窮子

或る處《ところ》に一人の子ありけり、遠國《ゑんごく》に出で行きたるまゝ久しく歸《かへ》らざりしが、父は此間《このあひだ》に無量の財《ざい》寶《はう》を積みしも、子は零落して殆《ほとん》ど朝夕をも支《ささ》へ得ざるに至りぬ。斯くて彼は衣食を得んと思ひて四方《しはう》に流寓《りうぐう》しけるが、圖《はか》らずも道に迷ひて故郷《ふるさと》に歸《かへ》り來《きた》れり。父は疾《と》くも其子なるを知り、又其窶《やつ》れ果てゝ見る影もなく、いと哀《あは》れなるさまになれるを見、僕《ぼく》に言ひ含めて彼を吾宅《わがたく》に呼び入れぬ。

窮子大家《ぐうじたいか》に導かれたる時竊《ひそか》に思ひけるは、「吾は權門《けんもん》を犯せりと見ゆ、さらば牢に投ぜらるゝにやあらん」と。乃ち大《おほひ》に恐れて、未だ父を見ざるに遁《のが》れ去りぬ。

父急に人を馳せて彼を捕《とら》へ、泣き悲しめる窮子《ぐうじ》

で使用人に街中《まちなか》の子供を探させ、捕《つか》まえて泣き叫ぶ子供を父親の家に連れてきました。父親は使用人に命じて子供を歓待した後、子供と同じくらいの年齢で教養も同程度と思われる使用人と同じ地位を与えて、他の使用人と一緒に屋敷内の仕事をさせました。

父親は毎日子供の働く様子を高窓《たかまど》から見ていましたが、真面目に仕事をしている姿が目に映《うつ》って、だんだん仕事の内容を表の仕事から中の仕事へと移して位《くらい》を高くしていきました。

数年後、父親は子供と使用人の責任者を呼び、子供の生い立ちから今までの経緯《いきさつ》を話し、子供は父親の顔を見られる幸せを喜んだのです。

これは、どのようなことを例えにするかは、人々自ら意味をよく理解して、自分のものとしてください。

〈法華経信解品・『長者窮子』〉

◇

一人の仏の弟子が、どうしても感情を抑えられず、欲から離れられないので僧のグループから離脱したい

を強ひて伴ひて歸《かへ》らしめぬ。主人は僕《ぼく》に命じて厚く彼を歓待《くわんたい》せる後、彼と同じ地位に在《あ》りて同じ教育を受けたりと思はるゝ勞働者《らうどうしや》の中に入れて、共に庭の内の仕事をなさしめぬ。

父は日々高窓より窮子《ぐうじ》のさまを窺《うかが》ひたるに、正直勤勉にして能《よ》く務《つとめ》に従《したが》ひしかば、益《ます》之《ます》を重用《ちょうよう》して地位を進めしめぬ。

數年《すうねん》を經《へ》たる後、父は向《さき》の窮子《ぐうじ》及《および》奴僕《どぼく》を呼び近づけて、從來《これまで》の秘密を打ち明けたれば、窮子《ぐうじ》再び父を見るの幸《さいはひ》なるを太《いた》く喜びぬ。

是《これ》は何を喩《たと》へたるにか、人々自ら會得《ゑとく》すべし。

第六十六　無謀の魚

一比丘《びくしゆ》ありけり、如何にして情を抑へ、慾を離れ得ざりければ、僧籍を脱《のが》れんと思ひて、佛の所

と思い仏の所に来て脱退したいと申し出ました。

「お前の心は、たぶん迷いが生じて煩悩の食い物にされているのでしょう。お前の前世は大いに男女の愛情の欲に溺《おぼ》れてしまい、今その悪の結果に悩まされているのです。お前の淫《みだ》らな欲望を今断つことができなければ、今の世においても言っても仕方のないことを言って悪い道を進んでしまうでしょう。

お前は、かつて魚として生を受けたことがあり、その時のことを話しましょう。

その魚は仲間と一緒に仲良く川の流れに乗って泳いでいました。仲間たちは網があるのを見つけて急いで方向転換して網で捕まえられるのを避けたのですが、その魚は好きなメスの後を追いかけていたために、憐《あわ》れにも漁師の網に捕まってしまったのです。漁師は魚が網にかかり、すぐに網を引き揚げたので、その魚は自分の不幸を嘆いて『アア、これは私の行いに対して受ける苦の報《むく》いだ』と恨《うら》みながら愚痴ったのです。このとき、一

に到り、誓《ちかひ》を捨てんと請ひぬ。

佛、告げ給ひけるは、

「吾兒《わがこ》よ、心を用ゐよ、汝恐《おそら》くは迷ひて煩悩《ぼんのう》の餌食《えじき》とならん。吾《われ》は汝の前生《ぜんしやう》にて頗《すこぶ》る情慾に耽《ふけ》りて其惡果《あくくわ》に悩《なや》まされしを知れり、若し汝の邪欲を伏斷《ふくだん》せざれば、今世《こんせ》も亦汝の愚痴に由りて堕落を招くならん。

汝は嘗《かつ》て生《せい》を魚類に享《う》けたることあり、吾《われ》汝に當時《とうじ》を語らん。

魚《うを》は侶《とも》と相戯《たはむ》れつゝ、身を忘れて流れに泳ぎをれり。會侶《たまたまとも》は前に進まんとして、網の懸《かか》れるを見たれば、急に身をかはして危《あやう》きを避けぬ。然るに彼魚《かのうを》は愛著《あいじやく》の心に牽《ひ》かれて、侶《とも》の跡を慕《した》ひ行かんとせしが、哀《あは》れにも身は網に罹《かか》りぬ。漁夫は直ちに之を引き上げたれば、彼魚太《かのうをいた》く其身の不幸をかこちて叫びけるは、「ア丶、是《こ》れ吾迷の苦報《くはう》なり」と。是時《このとき》若し菩薩《ボアサットブア》の此處《このところ》を過《よ》ぎりて、彼魚《かのうを》の語《ことば》を解

人の菩薩がそこを通りかかり、捕まった魚の愚痴を耳にしました。菩薩は、その言葉を理解してその魚が憐《あわ》れなのを思召《おぼしめ》されて、干物になろうとしていたその魚を買い求めて、『私が今お前を発見しなければ、お前の命は亡きものとなっていただろう。今お前を救ってあげるから、これから先、欲を出して悪い行いをしなさんなや』と言い、水の中にその魚を放してやると、その魚は再び楽しそうに水の中を泳ぎ回っていました。

ということで、お前はこの世に人間として生《せい》を受けたのだから、天から与えられた恵みを大切にして過ごしなさい。もし、修行を怠《おこた》って再び愛情の欲に溺れることがあれば、手のひらを返《かえ》すように、たちまち煩悩に襲われてしまうだろう」と仏は仰いました。

◇

君主や民衆のために衣服を製造販売している洋服屋がいて、いつも客を騙《だま》して高い値段で売ったり、自分

して、之を憐《あはれ》みたまふにあらずば、彼は既に枯魚《こぎよ》となりたるならん。菩薩《ボアサツトブア》此《こ》の哀れなる魚《うを》を贖《あがな》ひ求めて、之に告げたまひけるは、「吾《われ》今日汝を見ざりしならば、汝の命はなきものとなりしならん。吾《われ》今汝を救《すくひ》得さすべし。爾来《これより》また罪をな犯しそ」。斯くて彼魚《かのうを》は再び水中に樂《たのし》むことを得たりき。

さらば汝も今生《こんじやう》に享《うけ》たる天恵《てんけい》を全《まつた》うして損ふと勿《なか》れ、若し煩悩《ぼんのう》の毒矢《どくし》の怖《おそ》るべきを忘れて情慾に從《したが》はば、滅亡は掌《たなごころ》を反《かへ》すが如くに來《きた》らん。」

第六十七　兇鳥《きようてう》欺かる

聖衆《せいしゆ》の爲《た》めに衣服を調達し居《を》りし仕立師ありけるが、常に顧客を欺《あざむ》きて不義の利を貪《むさぼ》り、却りて

のちょっとした才能を驕《おご》り高ぶっていました。ところが、ある日外国人との取引でこの洋服屋は、いつもとは逆に騙《だま》されて儲け損なってしまいました。

「これは偶然のことではないのです。しょっちゅう不当な利益を貪《むさぼ》っていた洋服屋は、以前からこのような運命になることが決まっていたのです。昔、この洋服屋が六道〈地獄・餓鬼・畜生・修羅・人間・天の各迷界〉のうち人間界以外の世界に生まれたことがあって、そのときも今回と同じような災難を蒙《こうむ》って、他《た》を騙《だま》した挙句《あげく》に死んでしまったのです。

このように欲深い心は、前世において鷺《さぎ》に生まれて池の近くで暮らしていたときのこと、その年は日照りが続いていたので鷺《さぎ》は優しい口調で池にいた魚たちの機嫌をとるように『あんたら、将来共に安全なのか危機が迫っているのか気がかりになってしょうもないやろ。今、この池では水が少なくなって餌《えさ》も僅《わず》かばかりとなって心細いんとちゃいまっか。もし、この池が干上《ひあ》がってしもた

己《おのれ》が小才《こざい》を傲《ほこ》りたり。然るに一日《あるひ》外國人《ぐわいこくじん》と大切なる取引をなしたるに却りて此《この》ものに欺《あざむ》かれて常ならぬ損耗《そんもう》を受けたり。

佛、乃ち告げ給ひけるは、

「こは決して偶然の事にあらず、貪勝《むさぼりがち》なる仕立師の命運は、兼ねてより斯くあるべかりしなり。嘗《かつ》て彼が生《せい》を他界《たかい》に受けたる時も今の如き災《わざわひ》を蒙《かうむ》り、他《ひと》を欺《あざむ》かんとして終《つひ》に其身を亡ぼせしことありき。

此《か》く貪《むさぼ》りて飽《あ》くことなき念《こころ》は數代《すうだい》以前に身を鷺《さぎ》となして池の畔《ほとり》に棲《すま》ひたり。時しも旱魃《ひでり》の頃となりしかば、彼、聲《こゑ》を和《やはら》げ辭《ことば》を卑《ひく》うして、池中の魚に告げけるは、「卿等《おんみら》は未來《みらい》の安危《あんき》を懸念し給はざるか。今や池は水さへ乏しきに、食物の僅《わづか》なるは如何《いか》に心細きとならずや。もし此《か》くして池に一滴の水なきに至らば、卿等《おんみら》如何《いか》にせんとするか」。

ら、どないすんねんな』と訊きました。

魚たちは『本当にあんたの言う通りで、どないしたらええんか分からへんね』と答えました。『わては、美しく水がたっくさんある大きな池がある所を知ってまんねん。あんたらをわての嘴《くちばし》に挟んで移住させてあげますがな』と鷺《さぎ》が言いました。魚たちが鷺《さぎ》の言うことを信じられないと思っていることを素早く察した鷺《さぎ》は『なんなら、あんたらの内で誰かわてと一緒にその池を見に行きまへんか』と言ったところ、大きな一尾の魚が前に出てきて、『みなはんのために、わてが犠牲になりますわ』と言うと、鷺《さぎ》はその魚を銜《くわ》えて飛んで行き、水がいっぱいに溜《た》まった大池を見せてから無事に戻ってきました。これを見た他《ほか》の魚たちは安心して、『その大きな池に移住したい』と言ったので、鷺《さぎ》は一尾ずつ銜《くわ》えて池から飛び立つと、大池には行かずブアラナの木の下で魚たちをすべて食べてしまいました。

池んの中に一匹の蟹がいました。鷺《さぎ》に向かって

魚《うを》の曰ひけるは、「誠に御身の言《こと》の如し。吾曹如何《いか》にすべきかを知らず」。

鳥答へけるは、「吾は美《うつく》しき大池の在る處《ところ》を知れり、其水涸《か》るゝことなし。卿等《おんみら》は吾《わが》嘴《くちばし》を假《か》りて彼處《かしこ》に移らんとは思ひ給はずや」。魚《うを》の僞《いつはり》ならんと思へるを鳥は疾《と》くに察して、「さらば卿等《おんみら》のうちにて誰か吾《われ》と共に彼處《かしこ》に行きて之を實検《じつけん》せんと思ふものなきか」と云ひぬ。やがて大きやかなる魚の一尾進み出で、衆《しゅう》の爲《た》めに危《あやう》き蹈《ふ》まん、と云ひければ、鳥之を伴ひて美《うつく》しき湖水を見せたる後無事に元の池に還《かえ》し來《きた》りぬ。されば衆魚《しゅうぎょ》も今は疑《うたがひ》解けて鳥の言葉を信じ、彼處《かしこ》に移らんと乞ひたれば、鳥は一尾づゝを池中より取り出だして、伐剌拏樹《ブアラナジュ》の下《もと》に至りて悉《ことごと》く之を食《くら》ひぬ。

池中に一つの蟹ありき、かの鳥に向《むか》ひて

『魚だけやなく、わても食らうと言わはんのか』と言うと、『わては、ぎょうさんの魚たちを美しい大池に移したんや。おまはんも、その大池に行ったらよろしおす。引き下がらんすることなどあらへんがな』と鷺《さぎ》が答えました。

蟹が『しかし、おまはんがどのようにしてわてを大池まで連れていくんや』と鷺《さぎ》に問いかけました。

すると『わての嘴《くちばし》に挟まったらええがな』と鷺《さぎ》が答えました。

『そないしはったら、途中で落とさらへんとも限りまへんなぁ。わては、おまはんと行くのはいやや』と言いました。

『怖がることはあらへんがな。嘴《くちばし》を固《かた》く閉じて行きまんがな』と鷺《さぎ》が言いました。

蟹は『この鷺《さぎ》は欲が深いけん、一度魚を捕らえたら、大池なんぞに放すかいな。もし、わてを大池に放てば、すっごくラッキーなことだけんど、もし、そうならんなら、わては鷺《さぎ》の咽喉《のど》んとこをこのハサミで切り落として殺してしもうたろ』と

「また其身をも食《くら》へ」と言ひしかば、鳥答へて曰へるやう、「吾《われ》は數多《あまた》の魚を伴ひて美《うつく》しき大池の中に到れり。卿《おんみ》も亦彼處《かしこ》に行くべし。又何をか辭《じ》すべき」。

蟹問ひけるは、「されど卿《おんみ》は如何《いか》にして吾《われ》を運ばんとする乎《か》」。

鳥、「吾嘴《くちばし》に咬《くは》へて卿《おんみ》を伴ひ行くべし」。

蟹、「此《か》くせば、卿《おんみ》或《あるひ》は過ちて吾《われ》を墜《おと》さんも圖《はか》られず。吾《われ》は共に行くを好まず」。

鳥曰ひけるは、「恐るゝなかれ、吾固《かた》く卿《おんみ》を持して行くべきに」。

蟹、私《ひそ》かに思へるやう「此鳥の貪慾《どんよく》なる、一たび魚《うを》を得なば決して之を池中《ちちう》に放つことなかるべし。若し誠に吾を水中に置かば、頗《すこぶ》る妙なれども、もし然《しか》らざらんには吾亦《われも》彼の喉頭《のんど》をはさみ斷《き》りて之を殺すべし」。斯くて

心の中で思い、『友よ。おまはんは到底わてを持って行くことはでけへんから、わての世に知られたる爪をおまはんの首に引っかけて行くことを承知してくれはったら、わてはおまはんと行くことにしようやないか』と鷺《さぎ》に言いました。

鷺は蟹に騙《だま》されたとは露知らず蟹が言ったことを承知して、蟹は鷺《さぎ》の首にしっかりと摑《つか》まって『さあ、これから一緒に行こう』と言いました。

鷺《さぎ》は蟹に大池を見せた後、ブアラナの木の方へ飛んで行こうとするので『あんさんなぁ、美しい大池はあそこにあるのに、おまはんは何処《どこ》行くんや』と蟹が尋ねました。

鷺は『おまはんはそのように思えるんか。わてはおまはんとは親友ではなか。おまはんはわてを見下して、おまはんが行きたい所へ行くもんと思うとるがや。あの、ブアラナの木の下を見や。わては一尾ずつ魚を運んでは、あの木の下で食うとったがな。今度はおまはんがわての餌食《えじき》になって食ってやるけんのう』と言いました。

蟹は『アア、たくさんの魚が食われて骨ば野に

蟹の曰ひけるは、「吾友よ、卿《おんみ》は到底吾を持《ぢ》し行く能《あた》はざるべし。されど吾儕《われら》は音に聞えたる爪を有《も》てり。卿《おんみ》若し吾爪にて卿《おんみ》の頸《くび》に縋《すが》るを許さば、吾必ず卿《おんみ》に伴はれて行かん」。

鷺《さぎ》は其欺《あざむ》かれたるを知らずして直ちに之を肯《うけが》ひぬ。蟹は固く鳥の頸《くび》を攫《つか》みて、さて曰ひけるは、「よし、今こそ與《とも》に行くべけれ」。

鷺《さぎ》は蟹に池中を示せる後、更に伐刺拏樹《バアラナジュ》の方《かた》へと翔《か》け行きければ、蟹曰ひけるやう、「吾《わが》親しき友よ、池は彼處《かしこ》に在るに、卿《おんみ》は何處《いづこ》に行かんとするか」。

鷺《さぎ》、「卿《おんみ》は爾《し》かく思へるか。吾《われ》は卿《おんみ》が親しき友にあらず。されど卿《おんみ》は吾《われ》を奴僕視《しもべし》して、卿《おんみ》の好む所に行くものとや思ふならん。かの伐刺拏樹《バアラナジュ》の下を看《み》ずや。吾は一つ一つ彼魚《かのうを》を食い盡《つ》くせし如く、今や正に卿をも吾餌食《わがえじき》となさまく欲《ほ》りする也」。

蟹、「アヽ、此く數多《あまた》の魚《うを》の食はれて骨を

散らばっているんを見たら、その愚《おろ》かん行為ばおまはんから招き入れておるがな。わては、おまはんの無礼な行いば、わてにせんとしようと思うとるがな。いんや、わてはおまはんをこの世から亡きものとしようと思うとる。おまはんが愚《おろ》かやけん、騙《だま》されたことをよう知らんけん、わてが死んだらおまはんも死ぬことになるけんね。何故《なぜ》なら、わてはすぐに、この木の下に自分〈相手、この場合は鷺〉の首さあ斬って落としたるけん、よう覚えとき』と言いました。

　このように言って、蟹は鋭《するど》い爪で鷺《さぎ》の首を絞めました。

　鷺《さぎ》は苦しくなり、羽を空に向けて伸ばして涙を流し、苦しみに声を震《ふる》わせながら、もの悲しげに『わては、本当におまはんを殺して食《く》うたろと思ったけんど、できたら、わての命だけは助けてくれんねぇな』と叫んだのです。

　蟹は『ならば、地上に降りて、わてを池の縁《ふち》に下ろせ』と言いました。

　鷺《さぎ》が方向を変えて池の縁《ふち》に降り水際まで歩いて

野《や》に曝《さら》すに至れるは、其愚《ぐ》自ら招けるなり。されど吾《われ》は卿《おんみ》をして亦此無禮《このぶれい》を吾《われ》に加へ得ざらしむべし。否、吾《われ》は進んで卿《おんみ》をなきものにせんとこそ思ふなれ。但卿《ただおんみ》の愚《おろか》なる、吾《われ》に欺《あざむ》かれたるを知らず。吾《われ》若し死なば卿《おんみ》も亦死なん。何となれば吾《われ》は直ちに卿《おんみ》の頸《くび》を截《き》りて、之を地に投《とう》ずべければなり」。

　斯く云ひて蟹は鋭《する》どき爪をもて鷺《さぎ》の喉を絞《し》め上げたり。

　鷺《さぎ》は苦《くるし》み悶《もだ》へて虚空《こくう》を摑《つか》み玉なす涙を垂《た》れ、死の苦《くるし》みに聲《こゑ》を震《ふる》はして僅《わづ》かに哀《あい》を乞ひて曰ひけるは、「吾主《わがぬし》よ、吾《われ》は實《じつ》に御身《おんみ》を殺さんとは思はざりしなり。願わくは吾が命を救ひ給へ」。

　蟹、「よし、さらば地上に下《お》りて吾を池邊《ちへん》に措《お》け」。

　鷺《さぎ》、乃《すなは》ち身を轉《てん》じて池の畔《ほとり》に下《くだ》り、水際に

行ったとき、蟹は鷺《さぎ》の首を斬《き》り落としました。まるで、研ぎ澄まされた刃物で蓮の茎を切ったようでした。蟹は喜び勇んで、大きい池ん中へ入っていきました」と仏は仰いました。

仏がこのように教えを話されて、さらに「この洋服屋は今の世において騙《だま》されたばかりか、前世においても今の話のように騙《だま》されたのだ」と付け加えました。

◇

富豪《ふごう》がいて、いつも近所のバラモン教徒を集めては、いろいろなものを分け与えるほかに、たくさんの生き物を殺して、神々へ生贄《いけにえ》としてお供えをしていました。

「毎月、数千頭もの家畜《かちく》を生贄《いけにえ》として神に捧げ、絶え間ない布施をしていましたが、心を一瞬でも人間が行うべき道理に適《かな》った善い行いはしませんでした」と仏が仰いました。

仏は、

「布施というものは四つに分けることができるの

歩みしかば、蟹直ちに其頸《くび》を截《き》りぬ、宛然《さながら》利刀《するどきかたな》を以て蓮《はす》の茎を切りたらんが如し。斯くて蟹は身を躍《おど》らして水中に入りぬ。」

佛斯く説き了《おは》りて更に一言《ひとこと》を添え給ひけるは、「此《この》仕立師は今生《こんじやう》にて斯く欺《あざむ》かれしのみならず、前生《ぜんしやう》にありし時も亦斯《か》く欺《あざむ》かれしなり」。

第六十八　四功徳

富める人ありけり、常に近在の婆羅門徒を招き集《つど》へて多くのものを施し、又大《おほ》ひなる犠牲《いけにへ》を神々に捧げたり。

佛宣《のたま》ひけるは、「月毎に數千《すうせん》の犠牲《いけにへ》を捧げ、不断《ふだん》の布施をなすも、如《し》かず一刻《ひととき》なりとも心を義に傾《かたむ》くるの善きには」。

佛、又宣ひけるは、

「布施に四類《しるゐ》あり、第一は贈ること多くして

です。第一は、たくさん布施をしてもその見返りともいうべき功徳《くどく》が少ないとき、第二は、布施が少なくても功徳《くどく》がたくさんあるとき、第三は、布施をたくさんしたから功徳《くどく》も多いとき、第四は、布施が少ないから功徳《くどく》も少ないときなのです。

第一に、煩悩が多くて心に迷いが生じて、神に動物を殺したり、牛がたくさん水を飲み、馬が草をいっぱい食べるようにたくさんの飲食物を供えるようなとき、布施が大変多いけれども、見返りともいえる功徳は少ないものなのです。

第二は、大変欲が深くて悪いことや恨《うら》みを抱く心に纏《まと》わり付かれている人は、布施をしようと思っても、惜《お》しいと思う心で一つのものを半分にした片方だけを供えるような布施は、量も少なく功徳も少ないのです。

第三に、心から神を信じて、真心を込めた布施というものは、たとえその量が少なくても功徳は大きいのです。

第四の、裕福な人が自分の欲から遠ざかって、仏の教えで、迷いを持つ人や貧しく苦しんでいる

功徳《くどく》少《すくな》き時、第二は贈ること少《すくな》くして功徳《くどく》多き時、第三は贈ること多くして功徳《くどく》亦多き時、第四は贈ること少《すくな》くして功徳《くどく》も亦少《すくな》き時、是なり。

第一、迷へる人の神々に供へんとて殺生《せつしやう》を營《いとな》み、之に次ぎて牛飲馬食《ぎういんばしよく》する時の如き、布施大けれど功徳《くどく》は誠に少なし。

第二、貪婪惡念《どんらんあくねん》の心に驅《か》られて、自ら施《ほどこ》さんと思へるもの、一半《いつぱん》を愛《をし》む時の如き、布施も少《すくな》く功徳《くどく》も少《すくな》しと謂《い》ふべし。

されど愛の心により、智惠親愛《ちえしんあい》に進まんとの志《こころざし》を以て布施するものは、其布施少《すくな》しとも功徳《くどく》は則《すなは》ち多からん。

第四の、富める人の、私心を離れ、佛の智《ち》慧《え》を以て、同類の迷《まよひ》を開き、同類の窮《きう》を救ひ

人々を助けて、幸せをそのような人々に分かち合うために布施をして、さらに寺院を建てて比丘たちを優遇するような人は、金額や量も多いけれど、その布施に応じた功徳というものがあるのです」と、さらに付け加えて仰いました。

コーシャンビーに一人のバラモン教徒がいました。議論を好んで行い、バラモン教の聖典《せいてん》を詳しく知っていました。議論をすれば右に出る者がいないほどの勢《いきお》いで、いつも一つのかがり火を持って歩いていました。人々はこの恰好を怪《あや》しく思っていると、そのバラモン教徒は「この世の中は真っ暗だ。かがり火で遠くを見ようとしているのです」と答えました。

とある比丘はこのことを聞いて「友よ、あなたの目には盛んに輝いて照らしている太陽の光があるのに、何でこの世が暗いと言うのですか。あなたが持っているかがり火は、明るい太陽の光に少しもプラスになっていませんね。あなたが他人《ひと》の心にかがり火で道を照

て、人間の幸福《さいはひ》を増さん爲《た》め、布施をなし、寺院を建つるものは、其布施も多く功徳《くどく》も亦多しと謂《い》ふべし。」

第六十九　世界の光

拘睒彌《コーシャンビー》に一人の婆羅門ありけり、議論を好くして吠陀《ヴェーダ》に通曉《つうぎやう》せり。論鋒已《ろんぼうすで》に敵するものなかりければ、常に一箇《ひとつ》の炬火《たいまつ》を攜《たづさ》へて行きぬ、人怪《あや》しんで之を問へば、彼則《すなは》ち答へて、「世は暗し、吾《われ》は炬《たい》火《まつ》を照らして遠きを見んと思ふなり」と曰ひぬ。

或《あ》る出家之を聞きて、彼に告げゝるは、「吾友《わがとも》よ、卿《なんぢ》が眼《まなこ》は日中赫々《かくかく》として照らさゞる所なき光明の在るを看得ざるに、如何《いか》で此世《この》を呼びて暗しとなすべけんや。卿《なんぢ》の炬火《きよくわ》は太陽の爲《ため》に一分《いちぶん》の光をも添へざるなり。卿《なんぢ》が他人の心を照らさんとす

らそうとするのは善い行いだと見えますが、実際はあなたの心は誤っていて、偽《いつわ》っているのです」とそのバラモン教徒に言いました。

　このバラモン教徒は「あなたが言われる太陽とは何処《どこ》にあるのですか」と問いかけると「仏が迷いを断って真実を照らす神々《こうごう》しい光のことです。それは昼夜を問わず光り輝いて信心の篤《あつ》い人にとっては、悟りへの道を照らし出す光となり、道を間違えることはないのです。その道を歩いている人は、悟りの地へたどり着いて、無限の功徳を得ることができるのです」と比丘は答えました。

◇

　仏が舎衛城の近くで教えを広めていたとき、いろいろな苦しみを抱えて悩《なや》んでいた富豪の一人が仏の所にやって来て手を合わせながら「世尊、私の無作法《ぶさほう》をお許しください。私は、肥満や倦怠感《けんたいかん》、睡眠不足などに酷《ひど》く悩《なや》まされていまして、手を挙《あ》げることも歩くことも痛くて困っています」と訴えました。


るは善きに似たれども、其實《じつ》は妄なり、僭《せん》なり」。

　婆羅門、乃《すなは》ち問ひけるは、「卿《なんち》の所謂《いはゆる》太陽とは何《いづ》れに在りや」。出家、答へけるは、「如來の智恵《ちゑ》は靈の日なり。其光明は赫奕《かくえき》として晝夜《ちうや》を分《わか》たず、信厚きものは涅架《ニルブーナ》の途《みち》を照らせる光明を見失ふことなかるべし、彼は涅槃《ニルブーナ》の地に到りて永遠無《む》窮《きう》の福徳を全《まつた》ふするならん」。

第七十　豪奢

　佛、舎衛城の近在にて教化を施《ほどこ》し給ひける頃、種々《いろいろ》の苦《くるしみ》に悩《なや》まされたる豪富の長者、佛の所に到り合掌して曰ひけるは、「世尊、願くは吾が無禮《なめ》なるを許し給へ。吾は肥滿《ひまん》、厭倦《えんけん》、睡眠等の爲《ため》に悩《なや》まさるゝこと甚《はなは》しく、手を擧《あ》げ足を運ばすにも、痛《いたみ》を感ぜずと云ふことなし」。

仏は、その富豪らしき人を眺《なが》めて「あなたは、悩《なや》みの本質を知らないようですね」と尋ねると、その人は喜んでいろんなことを話し出しました。

「あなたが悩《なや》める原因は五事《ごじ》〈①心を調える　②身体を調える　③息を調える　④睡眠を調える　⑤食を調える〉に原因があるのです。つまり美食を堪能《たんのう》し、いつまでも寝ていて、思いめぐらすことをしないで、仕事をしないからでしょう。あなたがこの苦しみから逃《のが》れたいと思うのでしたら、腹いっぱい食べることを止めて、あなたの能力に合った仕事をして、家族や親族の一助《いちじょ》となることをしなさい。この話の通りにすれば、幸せを取り戻すことができるでしょう」と仏が仰いました。

その人は、仏が仰《おっしゃ》ったことを守ると、月日が過ぎて身体が軽くなり、以前に比べて血色も良くなり、車や馬に乗らず、歩いて一人で仏の所へ来て「今や健《すこ》やかな身体を取り戻すことができました。できましたら、心の悟りというものを教えてください」と言いました。

「ものごとを理解する力などが愚《おろ》かな人は、自分の身

如來熟々《つらつら》其人に豪富の風あるを看給《みたま》ひて、「汝は悩《なやみ》の本《もと》を知らんと思へるにや」と問ひ給《たま》ひたれば、彼喜びて之を知まらくほりせる由《よし》を語り出でぬ。

佛、乃《すなは》ち宣《のたま》ひけるは、「汝の悩《なや》むに至れるは五事の因あればなり。美食に飽《あ》き、睡眠を貪《むさぼ》り、快樂《けらく》に耽《ふけ》り、思慮を欠き、職業を有《いう》せざる是なり。汝若し苦を離れんと思はゞ飽《あ》くまで食ふ勿《なか》れ、汝の能力を活動せしむるために職業《しごと》を營《いとな》め、汝一族の助《たすけ》とならんことを勉めよ。此教《このをしへ》に從はゞ、壽《じゅ》なることを得ん」。

彼は佛の訓戒を守り、時を經《へ》て、色身經快《しきしんけいくわい》となり、血氣舊《けつきもと》に復《かへ》りたれば、車や馬を用ゐず、奴僕《しもべ》をも從へず、自ら徒歩して佛の所に來《きた》りて曰ひけるは、「世尊、今や色身健《しきしんすこ》やかになれり。願はくは心の悟りを得させ給へ」。

佛、「愚人《ぐじん》は其身を肥やし、賢者は其心を養《やしな》

を太らせ、賢い人は心に栄養を与えて育てるのです。欲にどっぷりとはまり込み、情《なさ》けに溺《おぼ》れる人は、自ら身体を壊すのです。正しい道を守って、正しい行いをする人は、迷いから抜け出して、天から与えられた命を全うすることができるのです」と仏が言われました。

◇

スマナの召使《めしつかい》にアンナバーラという人がいました。ある日のこと、牧場で草刈りをしていた時、鉢《はち》を持った比丘が食べ物を分けていただけるようにとやって来たので、束《たば》ねた草をその場に置いて家に走って帰り、自分の分として与えられた食べ物の一部を比丘に差し上げました。比丘は食べ終わった後で、アンナバーラに道理を話して慰《なぐさ》め、喜ばせたのでした。

これを一部始終、窓から見ていたスマナの娘は「アンナバーラ、善いことをしました」と言いました。

スマナがこれを聞きつけて、「どんな考えからそんなことを言っているのだ」と訊くと、「アンナバーラ

ふ。慾に耽《ふけ》り、情に溺《おぼ》るゝものは、自ら其身を破るなり。道を守り、義《ただしき》に就くものは、解脱と壽《じゅ》命《みやう》とを兼ね有《たも》つに至らん」。

第七十一　福徳の傳通

須摩那《スマナ》の奴《しもべ》に安那跋羅《アンナバーラ》と云ふ者ありけり、一日《あるひ》牧場に出でゝ草を刈りけるが、出家の鉢《はち》を持《ぢ》して食を乞へるを見たれば、束《つか》ねたる草をも捨て置き、家に走り入りて己《おの》が食料にとて與《あた》へられたるを分《わか》ちて僧に施しぬ。出家は食を訖《お》へたる後、道を説きて之を慰《なぐさ》め、之を喜ばしめたり。

須摩那《スマナ》の女《むすめ》、窓より之を見て曰ひけるは、「善いかな、安那跋羅《アンナバーラ》、善い哉《かな》、善い哉《かな》」。

須摩那《スマナ》、之を聞きて何の意《こころ》なるかを問ひたれば、女《むすめ》は安那跋羅《アンナバーラ》の信心と出家の教《をしへ》とを告げた

は信心深く、比丘から教えを聴いていました」と娘が答えました。スマナはアンナバーラの所へ行くと、金を渡して「布施で聴いた功徳を話しなさい」と言いました。

アンナバーラは「ご主人様、私はこのことを比丘がどのように思われているかを知りません」と言って、比丘がいる所へ行って「私の主人がお布施で聴かせていただいたお話を聴かせてほしいと言っていますが、話してもよいものでしょうか」と比丘に訊きました。

比丘は「一〇〇戸の家がある村の中で、一戸の家で灯《あか》りが点《とも》ったのを見た隣人がやって来て、その火を移させてもらい自分の家に灯《あか》りを点《とも》しました。それからというもの、火は隣の家へと次々に移されていって、村中が夜でもその灯《あか》りで昼のように明るくなりました。私の話も同じように限りなく伝わっていっても減ることはありません。ですから、あなたが今こそ、布施で聴かれた話を広げるのに、何の支障があるのでしょうか。家に帰られて先ほどの話をして差し上げなさい」と言いました。

アンナバーラが主人の家に帰ると「ご主人様、私が

り。須摩那《スマナ》乃ち安那跋羅《アンナバーラ》の所に到り、之に金《かね》を與《あた》へて布施の功徳を分《わか》ち得させよと云ひぬ。

安那跋羅《アンナバーラ》は、「主よ、吾《われ》先づ尊者の意《こころ》を知らんと思ふ」と曰ひて出家の傍《かたはら》に來《きた》りて、「吾《わが》主人は吾《わが》布施の功徳を分《わか》たんとて來《きた》れり。之を分《わか》つも可《か》ならんか」と問ひき。

出家喩《たとへ》を引きて曰ひけるは、「百戸の村《むら》落に初め唯一箇《ただひとつ》の燈火《ともしび》のみありしが、隣人更に一燈《いっとう》を携《たづさ》へ來《きた》りて其火を移し去れるより、火は次第に隣より隣に傳《つた》はりて、遂に全村は晝《ひる》の如く明《あきら》かなるに至りぬ。子《し》よ、教《をしへ》の光も亦復《またまたかく》此の如し。無窮《むきう》に傳《つた》はり播《ひろ》かれども嘗《かつ》て減ずることなし。さらば今汝が布施の功徳を擴《ひろ》げんに、將《はた》何の可ならざることかある。歸《かへ》りて之を分《わか》て」。

安那跋羅《アンナバーラ》、主人の宅《うち》に歸《かへ》りて曰ひけるは、「主

布施をして比丘から伺《うかが》った話をいたしますから、聴いてください」と主人に言いました。

スマナは、この話を聴いてアンナバーラに金《かね》を渡そうとしましたが「ご主人様、私がそのお金を受け取れば、私は教えを金《かね》で売ったと言われてしまいます。教えを金品で売買することはできないのです。お願いですから、私の心からの贈り物として受け取ってください」とアンナバーラは言いました。

「私の兄弟であるアンナバーラ。お前は今この時から自由の身だ。私の召使《めしつかい》ではなく私の友人として一緒に暮らそうではないか。でも、この金《かね》は私の気持ちだから受け取ってもらいたい」とスマナは言いました。

◇

裕福な生活を送る一人のバラモン教徒がいました。高齢になり世間の煩《わずら》わしいことがいろいろあることを知りながらも、なお、いつまでも長生きできるものと思い、貯め込んだ富を使いたい放題に大きな家を建てました。

よ、吾《われ》布施の功徳を分《わか》たんに、請《こ》ふ之を受けよ」。

須摩那《スマナ》、之を受けて彼に金《かね》を與《あた》へんとせしかば、彼答へて、「否、主よ、吾《われ》若し汝の金《きん》を受けなば、吾《われ》は功徳を賣《う》りたるものと言はるべし。功徳は賣買《うりかひ》を許さず。請ふ只吾贈れる所として之を受けよ」と曰へり。

主人曰ひけるは、「吾兄弟《わがけいてい》なる安那跋羅《アンナバーラ》よ、汝は今より自由の身となるべし。吾奴《わがしもべ》にあらず、吾《われ》友として吾《われ》と共に居《を》れ。されど此金《このかね》は吾《わが》敬意を表《あらは》せるなり、請《こ》ふ之を受けよ」。

第七十二　無謀の痴人《しれもの》

一人の婆羅門ありけり、其齢《よはひ》の既に傾けるに尚塵事《ぢんじ》の定めなきをや悟らざりけん、何時《いつ》までも長《ちやう》壽《じゆ》を保ち得るものとや思ひけん、富めるままに一人厦屋《かおく》を建てたり。

阿難が仏からそのバラモン教徒の家に使いに行かされて、「何故《なぜ》このような大きな家を建てたのですか」と訊いた後、四諦《したい》〈四聖諦《ししょうたい》と同じ〉という苦・集・滅・道の四つの基本的真理と理想の悟りの境地に達するための八つの正しい生活態度について話をしましたが、そのバラモン教徒は、新しい家とたくさんの美しく飾られた居室を阿難と一緒に見て歩き、仏の教えである阿難の話をまったく聴いていませんでした。

「『自分には、たくさんの子や孫がいるし、宝物などを持っている』と思うのは道理に暗い人なのです。そのように言う人は、主人と呼ばれる立場にいることが相応《ふさわ》しくないのです。子孫や蓄財した宝、使用人の主人と呼ばれる資格はないのです。一筋縄《ひとすじなわ》ではいかないような人は、世間の煩《わずら》わしいことには深く注意を払うけれども、将来の移り変わりに対応するかは、まったく考えていないものなのです」と阿難が話しました。

阿難がこの家から出ようとしたとき、その主人は病気による身体の麻痺《まひ》から、俄《にわ》かに息を引き取ってしまいました。仏は「このような人が、道理に明るい人たちの中にいても、正しい教えを理解するとは限らない

佛、阿難《アナン》を婆羅門の所に遣《つか》はし給ひて、何故《なにゆゑ》に斯かる大廈《いへ》を建てたるかを問ひ、次《つ》きに四諦《したい》の理《ことはり》と八正道《はつしやうだう》とを教《をし》へ給ひたり。婆羅門は阿難《アナン》に己《おの》が新宅を示し、數多《あまた》の室《へや》に伴ひて、頻《しき》りに其美しきを誇りつゝ、佛の教《をしへ》をば少しも聞かざりき。

阿難《アナン》曰ひけるは、「吾は多くの兒孫《じそん》と財寶《ざいはう》とを有《も》てり」と思ふは痴人《しれもの》の常なり。されども斯く云ふものは自ら主人となることすら能《あた》はざるに、いかでか兒孫《じそん》、財寶《ざいはう》、從僕《じうぼく》の主入《しゆじん》となり得んや。痴人《しれもの》は塵事《ぢんじ》を慮《はか》ること深けれども、未來《ゆくすゑ》の變遷《うつりかはり》に至りては毫《すこし》も用心することなし」。

阿難此家《アナンこのいへ》を去らんとせしに、かの老人は中風《ちゆうふう》に犯されて忽焉《こつえん》として逝《ゆ》きぬ。佛、乃衆《しゆう》に説き示して宣《のたま》ひけるは、「痴人《しれもの》は賢者の群《むれ》にあるときも尚正しき教《おしへ》を解《げ》すると能《あた》はず、恰《あたか》も食匙《さじ》の美味を知

のです。まるで食物の美味《おい》しさを知らないようなものなのです。そのバラモン教徒の人は、自分の利益だけを追い求めていたために悩むことになったので、道理に明るい人の言葉をよく聞いて理解し、行動に移せば、他人《ひと》だけでなく自分も悩みから救われて功徳が得られるのです」と仰いました。

◇

真理を求める心が切羽詰《せっぱ》まったような思いになり、仏の悟りを完成させようとひっそりとした山裾《やますそ》の土地などに行った一人の仏の弟子は、時間が経《た》つに従って引き締めていた心が緩《ゆる》んできたのを覚えて「仏は、世間の人が仏の教える話を聴く性質や能力に差があると仰《おっしゃ》ったけれども、自分を省《かえり》みると人柄や考え方が下品で卑《いや》しい、と思わざるを得ない。たぶん、今の世の中では悟りへの道を見つけることは難しいであろう。修行に飽《あ》きることなく、怠《なま》けず、ひたすらに悟りへの道に身を任《まか》せて、心が安定した状態になることはできないでしょう。ひっそりとしたこの地で、一心不

らざるが如し。彼は自利《じり》の爲《ため》に惱《なや》めり、善人の言を容《い》れざれば自らをも救ひ得ざるなり」。

第七十三　窮途に活を得

一人の佛弟子ありけり、眞理を求むる志《こころ》甚《はなはだ》切《せつ》なりければ、誓ひて成道《じやうどう》に至らんとて寂寞《じやくばく》の野に退《しりぞ》きしも、時を經《ふ》るに從ひて心の緒《を》弛《ゆる》びたれば自ら思ふやう、「師は根機《こんき》に上下ありと宣べ給へり、さらば吾《われ》は最も下劣の者なるべし、恐らくは今生《こんじやう》に道を成し得《う》ると能はざらんか。倦《う》まず怠《おこた》らずして一身を道に委《ゆだ》ぬるも、三昧《さんまい》に入ると能はずば、寂寞《じやくばく》の中《うち》に兀座《ごつざ》するも將《はた》何の益《えき》かあらん」。乃ち森を出で丶祇園精舍《ゼータワナ》に歸《かへ》りぬ。

乱に努力しても自分にとって何の利益があるのだろう」と思い、森から出てきて祇園精舎に戻ってきました。

　他の仏の弟子たちは、「自分で誓いを立てたのにもかかわらず、悟ることができずにノコノコと精舎《しょうじゃ》に戻ってくるとは」と思って、戻ってきた弟子を仏の前へ連れ出しました。

　これを見た仏は「みんな、この弟子を強制的に連れてくるとはどういうことなのですか。その者が何か為《し》出《で》かしたのですか」と尋ねました。

　すると弟子たちは「この仲間の者は、悟りへの道を得ようと誓いを立てたのですが、とても目的が達成できないと観念して、途中で志《こころざし》を投げ捨てて精舎に戻ってきたのです」と言いました。

「あなたはどうして、修行を止《や》めたのですか」と仏が尋ねました。

「そのとおりです。私は修行を止めました」と、戻ってきた弟子が言いました。

「あなたが今の世の中に生《せい》を享受できたのは、仏の篤い恩恵によるものなのです。もし、今、幸せの境遇を

　諸弟子之を見て、「自ら誓《ちかひ》をなしたるに、之を成し遂げずして歸《かへ》り來《きた》るは甚《はなは》だ宜《よ》からず」とて、彼を世尊の前に伴ひ行きぬ。

　佛之を見て、「大衆《だいしゅ》よ、爾曹《なんぢら》は強《し》ひて此《この》ものを伴ひ來《きた》れるにあらずや。彼何をか爲《な》せる」と尋ね給ひたり。

「世尊、此《この》ものは聖き信心の誓《ちかひ》をなしながら、吾《わが》徒《ともがら》の目的を成し遂げんとの志《こころ》を打ち捨てゝ精舎に歸《かへ》り來《きた》れり」。

佛、「汝果して勤《つとめ》を止《や》めたるか」。

「然り、世尊、吾實《われじつ》に之を止めたり」。

佛、「汝が今の世に生るゝを得たるは天惠《てんけい》の厚きに由《よ》るなり。若し今日幸福の田地に到ること能《あた》

得られなければ、この後《のち》、必ず悔《く》やむことになるでしょう。そもそも、あなたがそこまで自分を見放《みはな》そうとするのは、どのような理由からなのですか。前世のあなたは大変気性が強く、正しいことに力を注いできたのです。あなた一人の力で五〇〇台もの車にそれを使う人と牛を集めて、砂漠の中に水脈《すいみゃく》を見つけ出して、みんなの露のように儚《はかな》い命を救ったのです。なのに今《いま》更《さら》修行を止めようとするとは」と仏が仰いました。

この仏の一言《ひとこと》で、その人は再び心を厳《きび》しく励まして悟りの道を得るために、一身を抛ってでもやり遂げようと思ったのです。しかし、他の弟子たちは何のことだかチンプンカンプンだったので、「私たちのために、その理由《わけ》を聴かせてください」と仏に言いました。

「ならば、あなたたちのために、この理由となったことを話そう」と、皆を集めて静かに聴くように注意して、前世の因縁を話し始めました。

「ブラフマダッタがベナーレスという所を治めていた頃のことです。とある商人の家に菩薩《ぼさつ》ともいうべき人が生まれたのです。その子が成長する

はずば、後來《こうらい》必ず悔《くい》を招くに至らん。そも汝の斯《か》くまで自ら棄《す》つるに至れるは如何《いか》なる故《ゆゑ》ぞや。アア、前世の汝は頗《すこぶ》る決烈《けつれつ》の力に富みたりしに。看よ、唯汝一人の力に由《よ》りて五百輛《りやう》の人と牛とは、沙漠《さばく》に水を得て露命《ろめい》を繋《つな》ぎ留《とど》めたるにあらずや。然るに今や何事ぞ、自ら勤《つとめ》を退《しりぞ》くに至らんとは」。

此一言《このいちげん》によりて彼は再び決烈《けつれつ》の心を勵《はげ》まして、道の爲《ため》に一身を捨てばやと思ひ定めたり。然《しか》るに自余《じよ》の諸弟子は何の因縁ありしかを知らざりければ、佛に、「世尊、吾曹の爲《ため》に之を語り給へ」と云ひぬ。

「さらば聽《き》け、吾、爾曹《なんじら》の爲《ため》に此一段の因縁を語らん」、佛先づ斯《か》く言ひ給ひて大衆《だいしゅ》の注意を呼び起し、さて徐《おもむろ》に前世の因縁を語り出で給ひぬ。

「婆羅吸摩達多《ブラフマダッタ》の波羅奈《ベナーレス》を治めし頃の事なりき、或《あ》る商人《あきうど》の家に菩薩《ぼさつ》生れ出でたり、長ずるに及び、五百の車輛《くるま》を率《ひき》いて商賣《あきなひ》に出で

と、五〇〇台の牛車《ぎっしゃ》を率《ひき》いて商売に行ったのです。

それで、彼ら一行は、どこまでも続く砂漠の端まで来ました。この砂漠の砂は大変細かくて、手で掬《すく》い上げると指の間からサラサラとこぼれ落ちてしまうほどでした。太陽が空高く昇る頃には、砂は焼けるように熱くなり、一歩も前に進むことができませんでした。この砂漠を渉《わた》ろうとするために、車には、売り物の商品の他に、多くの材木や飲み水、油や米などを積んで、夜になって砂漠の砂が冷えてくると移動することになっていました。東の空が白々《しらじら》と明ける頃になると、上に天幕《てんまく》を広げて日光を遮《さえぎ》って影を作り、朝早くに食事を済ませます。太陽が顔を出している間は休憩や仮眠をとって、日没近くになると食事をして、砂漠の熱い砂が冷えるのを待ってから車に牛を繋《つな》いで、牛車《ぎっしゃ》が離《はな》れればなれにならないように気を付けながら夜の砂漠を歩いて行くのでした。砂漠を歩くのは、大海原を航海するように道先案内人を選んで、案内人は星座の位置から進む方向を決め

ぬ。

かくて彼は一日茫々《ばうばう》たる沙漠《さばく》の畔《ほとり》に來《きた》れり。其沙《すな》の細やかなること、握らんとする手の小指の隙《ひま》を漏《も》るばかりなりき。日漸《やうや》く上りて中天に至れる比《ころ》は、沙《すな》焼けて熱火《ねつくわ》の如く、一歩も蹈《ふ》むべからず。されば此沙漠《さばく》を旅行せんとするものは、車上に多くの木材、浄水《じやうすゐ》、燈油《あぶら》、米穀《べいこく》を満載《まんさい》して夜半《よは》に旅するを常とせり。東天《とうてん》漸《やうや》く白まんとするに至れば、皆屯《たむろ》して上に天幕《てんまく》を蔽《おほ》ひて日光《ひのひかり》を遮《さえぎ》り、早朝に食事を訖《お》へて終日《ひねもす》其影に休みたる後、日没に近づけば又食事をなし、熱沙《ねつしや》の冷《ひ》ゆるを俟《ま》ちて牛を車に繋《つな》ぎ、前後相逐《あひお》うて夜行を始むるなり。沙漠《さばく》を行くは猶太洋を航《かう》するが如し、道先案内者を擇《えら》みて星辰《ほし》の位地《いち》を測《はか》らしめ、前《ぜん》路《ろ》の方向を定め、斯《か》くして安全に商隊を彼岸に導くなりと云ふ。

て、商売をする土地まで牛車《ぎっしゃ》の一行を安全に送り届けなければならないのです。

　菩薩《ぼさつ》が隊長となった商人の一行は、このようにして砂漠を約二三二キロメートル歩いたところで『今宵一晩歩けば砂漠も終着点に着く』と思って、ワクワクした気持ちもあって、牛車の用意をして歩き出しました。案内人は常に一番先頭の車に乗り込み、蒲団《ふとん》を敷《し》いて仰向けになり星座の位置から商人一行が進むべき方向を指示していたのですが、その夜に限って案内人は長旅の疲れからか蒲団《ふとん》の上で眠ってしまいました。このため、先頭を行く牛車が砂漠の中でウロウロしてしまい、元来た方へ戻ってしまいました。

　このように、牛車は夜通し歩き回り、夜明け近くなって案内人が目を覚まし、星座の位置が予想していたのと大きく違うことに気がつき、『車を止めよ』と大声で叫びました。牛車が止まった時には、太陽が地平線から昇っていました。商人一行は、驚くとともに悲しんで『アア、ここは昨晩出発した所に戻ってしまった。材木も飲み水も底

菩薩《ぼさつ》が率《ひき》ゐたる商人《あきうど》の一隊も、亦此《か》くして沙漠《さばく》を渉《わた》ること五十九里に及びぬ。彼等、「今一夜《ひとよ》を經《へ》なば沙漠《さばく》の旅行も終《をはり》を告ぐるに至らん」と思ひて荷車の用意を整《ととの》へつ又出で立ちぬ。此一行の案内者は常に第一車に在《あ》りて、其上に延《の》べたる蒲團《ふとん》に横臥《おうぐわ》し、天《そら》を望みて星宿《ほし》の位《くらゐ》を測り、一隊の進路を定めたるに、其夜に至りて長途《ちやうと》の旅にや疲れたりけん、前後も知らず眠りしかば、牛車の道を迷ひて、また元來《もとき》し方《かた》へ進み行きたりを知らざりき。

　斯《か》くして牛は終夜《よもすがら》歩み行きたるに、案内者は漸《やうや》く夜の明けなんとする頃始めて眼を醒《さ》まし、太《いた》く驚きて星宿《ほし》の位《くらゐ》を測りて大《おほひ》にさけびけるは、「車を止《とど》めよ、車を止《とど》めよ」。車の止まれる頃、夜《よ》は早や全《まつた》く明け渡りぬ。一行の商人《あきうど》は驚き悲しむこと一方ならず、皆、「アア、此は吾曹の昨夜出發《しゆつぱつ》せし處《ところ》にあらず

をついてしまったから、我々はもう死ぬしかないのだ』と言いながら、車から牛を放して一か所に集め、天幕《てんまく》を広げて、みんな落胆《らくたん》して車の下に横になってしまいました。でも菩薩《ぼさつ》は『もし私が気落ちしてしまったら、商人たちは皆死んでしまうだろう』と思って、一人で一行が止まった周辺をそぞろ歩いていると、吉祥草《きっしょうそう》という植物が密集している場所を見つけて『この地下に水が溜まっているから草が生《は》えているのだ』と思ったのです。

菩薩《ぼさつ》は同行している使用人を呼んで、草が生《は》えている傍《そば》の土を掘らせてみると、中に一〇〇メートル以上もありそうな巨石が見つかり、穴を掘るのを邪魔していました。これを知った一行はまたもや失望してしまいましたが、菩薩《ぼさつ》は『この奥に必ず水がある』と思って、単独で穴に入って行き、静かに巨石に耳を付けてみると水がサラサラと流れる音が聞こえたので、穴から出てきて『もし今、希望を無くせば、みんな死んでしまうのだから、ダメ元で心に勇気を持たせ、大きいハンマ

や。木材も浄水《じやうすゐ》も既に竭《つ》き果てたれば、吾曹今は只死ぬるを俟《ま》つの外なし」と云ひつゝ牛を解《と》き放ち、天幕《てんまく》を頭上に打廣《ひろ》げ、一向《ひたすら》沮喪《き》落胆《おち》して己が荷車の下に臥《ふ》し轉《ころ》びぬ。されど菩薩《ぼさつ》は獨《ひと》り、「吾《われ》若《も》し氣を屈《くつ》しなば彼等は悉《ことごと》く死地に陥《おち》ゐるならん」と思ひ、朝尚早き頃其處此處《そこここ》を逍遥《せうやう》したるに、ふと吉祥草《きつしようそう》の茂れるを見て以爲《おも》へらく、「地下の水氣《すゐき》を吸ふにあらざれば、いかで此草の茂《しげれ》ることとあらんや」。

菩薩《ぼさつ》乃ち従者《ずさ》を呼びて土中《どちゆう》に穿《うが》ち入らしめて、既に六十尋《ひろ》にも及びたらんと思ひしに大《だい》石《せき》ありて路《みち》を塞《ふさ》ぎぬ。是に至りて一行は又も太《いた》く失望せしが、菩薩は獨《ひと》り、「清水は此下《このもと》にこそ」と思ひ、自ら地中に下《くだ》り、岩石の在る處《ところ》に至り、身を屈《かが》め、耳を石につけて、物音あるやと窺《うかが》ひしに、果して水聲《すゐせい》の潺湲《せんくわん》たるを聞き得たりければ、即《すなは》ち出で來《きた》りて僕《しもべ》に曰ひけるは、「今若し望《のぞみ》を絶たば、吾曹は總《すべ》て死するの外なからん。如《し》かず汝の心を勵《はげ》ま

ーを持ってきて巨石を力の限り叩《たた》いてみよう』と使用人に言いました。

使用人は菩薩《ぼさつ》の命令に従って、他の商人たちが気弱になっているのも顧みず、再び一人で穴の中へ入って、大きなハンマーで力いっぱい巨石を叩《たた》くと、巨石は真っ二つに割れて穴の奥に落ちていくのが見えると共に、穴の底から綺麗《きれい》な水が渾々《こんこん》と湧《わ》き出してきて、一行は大変喜んで水を飲んで咽喉《のど》の渇《かわ》きを潤《うるお》しました。中には身体を洗う者さえ出る始末でした。そして、米を研《と》いで炊き、たちまち予想どおりに腹が満ちれば、牛にも水を十分に飲ませ、日暮れになったときに穴の横に旗を立てておき、一行は無事に目的地へ行くことができました。商人たちはここで、苦労して持ってきた商品を売り、たっぷり利益を出して、再び砂漠を通って急いで家に帰りました。その後、商人たちは年を取って遂には冥土へと旅立ち、生きているときの行いの善し悪しによって、それぞれにその結果がもたらされました。菩薩《ぼさつ》は布施を行い、怠《なま》けることなく正しい修行を積み重ねて、ついに

し、かの鐵槌《てつつい》を取り來《きた》りて更に一撃を岩石に與《あた》へんには」。

僕《しもべ》は命《めい》に従ひて人々の失望せるをも顧《かへり》みず、獨《ひと》り決然として井中《せいちゆう》に下り、力を極めて石を撃《う》ちぬ。撃《う》たれて石は二つとなり、下に落ち行くよと見えたりしが、清水《しみづ》は滾々《こんこん》として其間《あひだ》より湧《わ》き出でぬ。水勢《すゐせい》漲《みなぎ》り溢《あふ》れんばかりにて、井中《せいちゆう》の椰子樹《やしのき》をも没するに至りければ人々大いに喜びて喉《のんど》を潤《うるは》し膚《はだ》をさへ洗うものありき。かくして米を炊《かし》き、腹果然《くわぜん》として充ちたれば、牛にも十分に飲《みづか》ひて、日暮れを待ち一旗《はた》を井中に建ておきて、一行は無事に志《こころざ》す方《かた》へ着きぬ。人々此《ここ》にて商品を鬻《ひさ》ぎ、少《すくな》からぬ利潤を収めて又己《おの》が家路へと急ぎぬ。其後《のち》人々は年老《た》けて遂に彼土《かのど》に逝き、生前の所行に由《よ》りて善惡《ぜんあく》の果報を受けたり。菩薩は布施をなし、怠《おこた》らず徳行《とくかう》を積みたる後、是亦遂に逝きぬ。」

彼岸へ逝きました」と仏が話されました。

このように話が終わった時、「一行の頭《かしら》となった菩《ぼ》薩《さつ》は、後《のち》に仏となられたのです。あのように心が折れることもなく巨石を砕《くだ》いて人々に水を与えた使用人は、苦しみや迫害を受けることがない僧となり、他の人々は仏の弟子となりました」と、今の世での因縁とその結果を仏は話されました。

バーラットバァージャイという富豪のバラモン教徒が、秋祭りを主催しているとき、仏が鉢《はち》を持って食べ物を貰《もら》いに、このバラモン教徒の家にやって来ました。

祭りに集まった人たちは、仏に敬意を表して礼をする者が大勢いる中で、バーラットバァージャイは仏の姿を見て、大変怒りながら「お坊さんよ、街に出てきて乞食《こつじき》をするとは、むしろ仕事をするのが好きではないということですか。私は春に畑を耕《たがや》して種子《たね》を蒔《ま》いておけば、秋には食物が収穫できて食べることができ

かくて世尊、話を終れる時、更に今世《こんせ》の因縁を説きけるは、「商隊の長《をさ》なる菩薩は未來《みらい》の佛なりき。かの心を屈せずして石を撃ち砕《くだ》きて人々に水を給《きう》せし從僕《しもべ》は卽《すなは》ち今の忍辱《にんにく》なき僧侶なりき。又自余《じよ》の人々は佛の侍者《じしや》なりき」。

第七十四　佛陀は德本を植ゆ

婆羅　婆《バーラットブアージヤイ》と云ふ富める婆羅門ありけり。秋祭を營《いとな》みける時、佛、食を乞はんとて此《ここ》に來《きた》り給へり。

集まれる人々の佛に敬禮《けいれい》せるもの少なからざりしが、かの婆羅門は佛を見て太《いた》く怒《いか》りて曰ひけるは、「出家の人よ、出でゝ乞食せんは、寧《むし》ろ職《つとめ》に從ふの好《よ》きに如《し》かんや。看よ、吾《われ》は向《さき》に耕《たがや》して蒔《ま》きおきたれば、今は之を收《をさ》めて食するを得るなり。汝も亦此《かく》したらんには、吾《われ》が如く食し得べか

ます。あなたもこのようにしたら、私のように食べられるのに」と言いました。

「バラモン教徒よ、私も初めに蒔いておいたものを、今、収穫してこれを食べています」と仏が答えました。

「としたら、あなたは農民だというのですか。牛は、種子《たね》や鍬《くわ》は、何処《どこ》にあるというのですか」とバラモン教徒が訊きました。

「信心は私が蒔《ま》く種子《たね》となり、正しく善い行いはこの種子《たね》を成長させる雨になり、物事を正しくとらえ真理を見極める力と控えめな態度で接することが鍬《くわ》となり、心が綱《つな》となって導き、仏の真理を把手《とって》として握り、極めて深い真心の鞭《むち》を振って、物事に魂《たましい》を込めて進むように牛を追って、迷いの雑草を刈り尽くすのです。私が収穫するものは不生不死の悟りであり、多くの苦難や悲しみもここへ来ることはないのです」と仏は答えました。

ここで、バーラットバァージャイは仏の黄金の鉢に、さっぱりとした粥を入れて捧げるように、「衆生の師となれる仏よ。この粥をお受け取りください。仏

りしを」。

如來、「婆羅門よ、吾《われ》も亦向《さき》に蒔《ま》きおきたれば、今は之を収《をさ》めて食するを得るなり」。

婆羅門、「さらば汝は農夫なりと云ふか。牛は何處《いづこ》ぞ、種子《たね》及び鍬《くは》は何處《いづく》ぞ」。

佛、「信心は吾《わが》蒔《ま》く種子《たね》なり、善行は之を肥やす雨なり、智恵と謙徳《けんとく》とは鍬《くは》となりて耕し、心は綱《つな》となりて吾《われ》を導く、吾《われ》は大法の把手《とつて》を握り、熱《ねつ》誠《せい》の鞭《むち》を擧《あ》げ、精進《しやうじん》の牛を驅《か》りて、迷ひの草を刈り盡《つく》さんと思ふなり。吾収《わがをさ》むる所は不生不死の涅槃なり、千苦萬愁《せんくばんしう》も此《ここ》には來《きた》ることなし」。

是《ここ》に於て、かの婆羅門は佛に黄金の鉢に盛れる淡粥《たんしく》を捧げて曰へるやう、「願くは人天《にんてん》の師なる佛よ、吾《わ》が淡粥《たんしく》を受け給へ。尊者瞿曇《ゴータマ》は耕し作り

は〈心を〉耕作をして不生不死の果実を生《な》らせるのです」と渡しながら仏に言いました。

◇

仏が祇園の舎衛城にいた頃に、ある日食べ物を貰《もら》おうとして鉢を持ってバラモン教の僧の家の前にやって来た時、その僧は祭壇の前に置かれた机の上で火を燃やしながら神に祈りを捧げていた時「止まれ、坊主よ、世の中を破壊する僧よ、お前は世間から見捨てられた奴だ」と言いました。


「誰を世間から見捨てられた人間と言うのだ。

怒《おこ》ったり憎んだりして、わざと悪い心を持って善い行いと見せつけて、自分の欲だけに囚《とら》われて他人だけでなく自分をも欺《あざむ》くものこそ『棄人《きじん》』と言うのだ。

争いごとが好きで、お金や宝飾品を自分のものにしようとする者は、悪い行いをするであろう。

嫉妬や残忍な行為、憐れむことのない行いや、罪

て不生不死の果《くわ》を結ばしめ給ふなり」。

第七十五　棄人

佛、祇園《ジエータブナ》、舎衛城《スラーブアスチ》に留まり給へる頃、一日《あるひ》食を乞はんとて鉢を持して出で、婆羅門僧の家に近づき給ひたるに、彼《かの》僧は神机《しんき》の上に火を燃やして神《かみ》に捧げゐたり。彼曰ひけるは、「止《とど》まれ、剃髪《ていはつ》奴《ど》よ、破壊の出家よ、汝は棄人《きじん》ならずや」。

佛、

「誰をか棄人《きじん》といふ。

怒《いか》り憎むもの、心悪《あし》くして僞善《ぎぜん》を營《いとな》むもの、迷《まよひ》に迷《まよ》ひて自ら欺《あざむ》くもの、是《これ》をこそ棄人《きじん》とは云ふなれ。

事を好み財を貪《むさぼ》るものは罪を犯さゞることなし。嫉妬、兇惡《きょうあく》、無慚《むざん》ならざることなし。

此《かく》の如きものは罪を犯して恐るゝ所を知ら

を犯しても心は平然としているような人を『棄《き》人《じん》』と言うのです。

棄人《きじん》となるのもバラモン教徒となるのも、神仏が行わせることではなく、その人がどのような行いをするかによって変わるのです」と仏が仰いました。

◇

仏の愛弟子《まなでし》の阿難が、ある日、仏の使いで出かけた時に、村はずれにあった井戸辺《いどべ》を過ぎようとしたらブラクリチという巷《ちまた》の娘が立っていたので「水を一杯欲しいのですが」と頼みました。

その娘は「バラモンの人よ、私は身分が低くて賤《いや》しい者ですから、私が直接あなたのような尊《とうと》いお方に水を差し上げることはできません。私に頼んで、あなたの尊厳を汚《けが》すことがあってはいけません。何しろ、私は身分の賤しい生まれなのですから」と言いました。

阿難は「私が属している一派は、身分の高い低いを問いません。ただ水が飲みたいのです」と言うと、そ

ず、是《これ》をこそ棄人《きじん》とは云ふなれ。

棄人《きじん》となるも、婆羅門となるも、天の爲《な》せるにあらずして、人々の行爲《かうゐ》如何《いかん》によるなり。」

第七十六　井邊の婦人

阿難《アナン》は佛の愛弟子《あいでし》なりき。一日《あるひ》主の使《つかひ》にて村《むら》端《はづれ》なる井《ゐど》の畔《ほとり》を過ぎたるに、鉢邏訖利底《ブラクリチ》と云ふ平民の女の此《ここ》に立てるを見て一杯の水を乞《こ》ひぬ。

鉢邏訖利底《ブラクリチ》、「婆羅門族の人よ、妾《わらは》は卑《ひき》く賤《いや》しきものなるに、いかで手づから貴人《きじん》に水を贈り得《え》んや。妾《わらは》をな頼み給ひそ、尊嚴《そんげん》を瀆《けが》すことあらん、妾《わらは》の生《うまれ》は賤《いや》しければ」。

阿難、「吾《われ》は族《やから》の貴賤を問ひたるにあらず、只水を乞ひたるのみなるを」と曰ひければ、平民の

の娘はとても嬉しくなり、すぐに井戸の水を阿難に差し上げました。

阿難が娘に礼を言って立ち去った後に娘は「何処《どこ》の誰かしら?」と思って跡を付けて行くと、仏の弟子であることが分かり、仏の所へ押しかけて「私をお救いください。あなたのお弟子の阿難さまと一緒に暮らしたいのです。私は阿難さまを一目見て、彼にお仕えしたいのです。彼を慕《した》っているのです」と言いました。

仏は娘ブラクリチの心を察して、

「娘よ、あなたの心は愛に満ちていますね。でも、あなたは自分の心が分かっていないのです。あなたが慕《した》っているのは阿難自身ではなく阿難があなたに行った親切ではないのですか。であるならば、あなたは阿難の親切と同じような行いを他の人にして差し上げては如何《いかが》ですか。

主人と言われるような人が親切で心の広い持ち主で使用人に対応すれば、その徳は誠に大きなものとなるでしょう。でも、使用人の身として他人から受ける侮辱《ぶじょく》などにかかわらず、親切と好意でそれらの人と接することができたならば、徳はさ

女は太《いた》く喜びて直ちに浄《きよき》水を與《あた》へぬ。

阿難は禮《れい》を述べて立去りたるに、鉢邏訖利底《ブラクリチ》は遙《はるか》に其跡を慕《した》ひ來《きた》りたり。鉢邏訖利底《ブラクリチ》は阿難の瞿曇釈迦牟尼《ゴータマシャキャムニ》の弟子なるよしを聞き、佛の許に至りて曰ひけるは、「世尊よ、妾《わらは》を救ひ給へ、妾《わらは》は御弟子《みでし》阿難の在《あ》る所に棲《すま》まくほりす、妾《わらは》は阿難を見、且《かつ》彼に事《つか》へまくほりす、妾《わらは》誠に彼を慕《した》へり」。

佛、鉢邏訖利底《ブラクリチ》の心を察して告げ給ひけるは、

「鉢邏訖利底《ブラクリチ》よ、汝の心は愛にて充《み》てり。されど汝は自ら其心を解《げ》し得ざるなり。さて汝の慕《した》へるは阿難にあらずして阿難の親切にあらずや。さらば汝は阿難の親切を受けて、而して汝も亦その身分に應《おう》じて汝の欲する所を人に施《ほどこ》さば豈《あに》可ならずや。

主人もし親切寛大の心にて従僕《しもべ》を使はゞ、其功徳寔《くどくまこと》に大《おほひ》ならん、されど従僕《しもべ》の身にて人より受けたる辱《はづかしめ》を厭《いと》はず却て親切と好意とを以て諸人《もろびと》に對《たい》しなば、其功徳《くどく》は彼よりも更に大ならん。此《かく》の如き人は壓制《あっせい》なる主人をも

らに大きなものとなるでしょう。このように権力や腕力を使って無理《むり》やり他人の言動を押さえつけるような主人であったなら、恨《うら》まれてもしかたがないでしょうし、また、主人の強迫や道に外れたことを強制されても逆《さか》らえない時は、主人が思うように振舞《ふるま》い驕《おご》り昂《たかぶ》るのを可哀そうにと憐《あわ》れむ気持ちが湧《わ》き起こってくるものです。娘よ、あなたの徳は大きいのです。何故《なぜ》なら、あなたの身分は低いのですが、その心は君主や貴婦人が模範とするようなものを持っているのです。あなたは平民の女性ですが、バラモン教の貴族よりも賢《かしこ》いと言えるでしょう。ですから、世間でいうところの道理、人が行うべき正しい道を歩んで迷わないでください。あなたは、女王のように栄誉ある光を輝かせるでしょう」と仰いました。

◇

ある時、二人の王様がいて、一つのお城を奪い取ろうとして戦争を始めようとしていました。

怨《うら》むるとなかるべく、又自ら主人の強迫非道に逆《さか》ふべき力なき時も尚主人の擅《ほしいまま》にして傲《おご》れるを憐《あわれ》む情《こころ》は油然《ゆうぜん》として生ぜん。鉢羅訖利底《ブラクリチ》よ、汝の福徳《ふくとく》は大なり、何となれば其身分こそ賤《いやし》けれ、其心は士君子《しくんし》貴婦人の鑑《かがみ》ともなるべければなり。汝は誠に平民の女なり、されど婆羅門の貴族も汝より賢《けん》なりとは言ひ難《がた》からん。さらば正義公道を蹈《ふ》みて自ら迷ふなかれ。汝の身は尊《たふ》とき女王の如く榮光《ゑいくわう》を以て赫《かがや》くに至らん。

第七十七　平和家

其頃、二人の王ありけり、一城《ひとつしろ》を爭《あらそ》へる末、遂に戰《たたかひ》を交《まじ》ふるに至りぬ。

仏は、二人の王様がそれぞれの軍を動員するのを見て、双方の王様の所へ行って争いの種《たね》〈原因〉を聞いた後で「あのお城は、お二人の王様の国民にとって有益なのかどうかは知りませんが、お城自体は、それぞれの国にとって価値があるのでしょうか」と尋ねられました。

すると二人の王様は声を揃《そろ》えて「いいえ、お城そのものに何の価値もありません」と答えると、「お二人があのお城を巡《めぐ》って戦争をすれば、両国の国民は互いに殺したり傷つけたりするばかりでなく、お二人の国王の命も危《あや》うくなりますよ」と仏が仰いました。

二人の王様は「その通りです。お互いに殺されたりする者が多く出るでしょう。我々のような者も事情が切迫《せっぱく》していて将来のことまで考える余裕がないのです」と言いました。

「ならば、国民が流すであろう血が、土饅頭《どまんじゅう》〈土を丸い饅頭《まんじゅう》のように盛り上げた墓〉よりも価値のないものではありませんか」と仏が仰いました。

二人の王様は「人の命は貴《とうと》いもので、殊に国王の命ほど尊《とうと》いものはありません」と言いました。

佛は兩國《りやうこく》の干戈《かんくわ》を動かさんとするを見て、彼等の所に至り、爭《あらそひ》の本《もと》を繹《たづ》ね、双方の意見を聞きたる後、云ひ給ひけるは、「かの城の卿等《おんみら》の臣民《しんみん》にとりては各有益《おのおのいうえき》なることとは、吾《われ》今之を知りぬ。されど城其ものは此外《このほか》別に本來《ほんらい》の價《あたひ》あるものにや」。

兩王均《りやうわうひと》しく、「否、城其ものには何等本來《ほんらい》の價《あたひ》もなし」と答へたれば、佛又、「卿等《おんみら》若《も》し進んで相戰《あひたたか》はゞ、臣民《しんみん》は必ず互《たがひ》に殺傷せざるを得ざらん、否、卿等《おんみら》の身も亦危《あやふ》きを避《さ》くること能《あた》はざらん」と曰ひ給ひぬ。

兩王《りやうわう》、「寔《まこと》に然《さ》なり、互《たがひ》に殺傷せらるゝもの必ず多からん、吾曹兩人《われらふたり》の如きも固《もと》より朝《あした》に夕《ゆうべ》を期すべからず」。

佛、「さらば生民《せいみん》の血は土塊《どくわい》よりも本來《ほんらい》の價《あたひ》なきものとせんか」。

王、「否々、人命は貴《たつと》し、殊に君王の生命《いのち》の貴《たつと》きは物の比《ひ》すべきなし」。

「ならば、お二人は何の価値もないお城をめぐって、他のものと比べようがないほど大切な国民の命というものを危険な目に遭わそうとするのですか」と仏が仰いました。

このようにして、二人の王様は互いの誤解が解けて、平和になりました。

◇

ある所に下々《しもじも》の人たちをしょっちゅう虐《いじ》めている王様がいて、使用人たちからはたくさんの怨《うら》みをかっていました。たまたま、各地を教え導くために巡り歩いていた仏がその国へ着いたとき、その国の王様が仏に会いたいと思って仏がいる場所へ出向きました。そして「あなたは、どのようにして国王のために心を慰《なぐさ》めると共に教えをするのですか」と仏に訊きました。

仏は、

「では、飢《う》えた犬の話をしましょう。

昔、意地悪な王様がいました。インドラの神〈インドのヴェーダ神話に出てくる雷神《らいじん》〉が狩人《かりゅうど》に変身

如來、「さらば卿等《おんみら》は本來何等《ほんらいなんら》の價《あたひ》もなきものの爲《ため》に無比《むひ》の重寶《ぢうほう》を危《あやふ》うせんと思へるにや」。

かくて兩王《りやうわう》の怒《いかり》解けて局《きよく》は平和に結ばれぬ。

第七十八　飢ゑたる犬

大王ありけり、下《しも》を虐《しいた》げたりしかば、臣下の怨《うらみ》一方ならざりき。然るに會《たまたま》如來の彼國《かのくに》を巡錫《じゆんしやく》し給ひたる時、王は如來を見んと思ひ、自ら佛の許に至りて問ひけるは、「釋迦牟尼よ、卿《おんみ》は如何《いか》にして國王《こくおう》たるものゝ爲《ため》に其心を慰《なぐさ》め、併《あは》せて之に教《をし》へんとはするぞ」。

佛、

「吾《われ》飢《う》ゑたる犬の喩《たとへ》を説《と》くべし。

昔《むか》し惡《あ》しき國王《こくおう》ありけり、時に因陀羅《インドラ》の神は、身を獵夫《かりうど》にやつして摩多利《マータリー》魔神《ましん》の猛《たけ》き大《おお》

して、マータリーという魔人を凶暴で大きな犬に化けさせてこの世に現れました。狩人が犬を連れて王宮にやって来たところ、犬は王宮の門が揺れるほど大きな声で吠《ほ》え続けました。

　国王は、大層驚いて、あの怖《こわ》そうな狩人を呼びつけて『なぜ、あの犬はこんなに吠《ほ》えるんだ』と訊くと『この犬は飢《う》えているのです』と狩人が答えました。王が恐々《こわごわ》犬に餌《えさ》をやると、犬はとても飢《う》えていたようで珍しい食べ物や美味しそうなご馳走もすぐに食べてしまったのに、まだ吠《ほ》えたてていました。犬の凄《すさ》まじいばかりの鳴き声に、王は仕方なく食物をいっぱい与えましたが、それらもすぐに食べ終わってしまいました。国王の食物倉庫は空《から》になってしまいましたが、それでも犬が鳴き止まないため、困り果てた国王は『どうしたら、この犬の腹を満足させることができるのだ』と狩人に訊くと『犬には、怨みのある敵《かたき》の肉を食わさなければ、喜ばすことはできないでしょう』と答えました。すると、国王は驚いて『その敵《かたき》とは、いったい誰なんだ』と訊くと、狩人は『この

狗《いぬ》となれるを従へて此世《このよ》に現はれたり。さて獵夫《かりうど》は狗《いぬ》を携《たづさ》へて王宮に至りしに、狗《いぬ》は門に立ちて宮柱《みやばしら》の礎《いしづえ》も震《ふる》はんばかりに吠《ほ》へ叫びたり。

　國王《こくおう》は太《いた》く駭《おどろ》きて、かの恐ろしき獵夫《かりうど》を呼び近づけ、『何故《なにゆゑ》に斯《か》くは吠《ほ》へたる』と尋《たづね》たれば、獵夫《かりうど》、『此犬《このいぬ》は飢《うゑ》たり』と曰ひぬ。王乃ち怖《おそ》れながらも、食物を與《あた》へるに、犬は太《いた》く飢《うゑ》たりけん、珍味佳肴《かかう》をも直ちに食い盡《つく》して、尚連《しき》りに吠《ほ》へ狂ひぬ。其さま頗《すこぶ》る凄《すさ》ましかりしかば、王は詮方《せんかた》なく、又多くの食物を與《あた》へたるも亦立《たちど》ころに食《くら》い訖《をは》り、遂に王の貯藏《たくはへ》を空《むなし》うするに至りぬ。されど犬は尚舊《もと》の如く狂ひ叫びて止《や》まざりければ、王は殆《ほとん》ど困《こう》じ果てて尋ねけるは、『如何《いか》なるものも此《この》怪しき犬の腹を肥《こ》やすに足らざるにや』。獵夫《かりうど》、『只其怨敵《おんてき》の肉を喰《く》はざるうちは如何《いか》なるものも此飢《このうゑ》たる犬を喜ばすこと難《かた》し』と曰ひければ、王は胸驚きて漸《やうや》くして、『其怨《おん》敵《てき》とは何人《なにびと》にや』と問ひぬ。獵夫《かりうど》答へける

国に飢《う》えで苦しんでいる国民がいる限り、この犬は吠《ほ》えまくるでしょう。間違った行いで国民の生活を苦しめている人こそが犬の敵《かたき》なんです』と答えました。さすがに、乱暴で人の道に外れた行為で世に知られていた国王もこの言葉を聴いて、すぐに今までの悪い行いの一つ一つ思い出して後悔し、初めて正しい人としてのあり方の教《おし》えを聴いたのです」と話したのです。

仏の話を聴いて顔面蒼白《がんめんそうはく》となった国王が、

「仏は、国王の心までも動かす力を持っているんですね。あなたは大王《だいおう》です。もし、犬が吠《ほ》えているのを聞いたら、仏の教《おし》えを念じながら、悪魔が鎮《しず》まるように祈りましょう」と言いました。

◇

ブラフマダッタという王様は、以前、通りでとある商人の妻を見たとき、その容姿《ようし》がとても美しくて色っぽく、たちまち一目ぼれをしてしまい、どうしても欲

は、『此國《このくに》に飢《う》ゑたる民《たみ》あらん限りは、犬は吠《ほ》え狂ひて止《や》まざるべし。正しからぬわざをなして乏《とぼ》しきものを苦しむる人は、卽《すなは》ち犬の怨敵《おんてき》なり』と。流石《さすが》に暴逆《ぼうぎやく》なる王も是一言《このいちげん》を聞きて直ちに從來の惡行《あくかう》を想ひ起しつ、後悔の念《こころ》禁じがたかりしかば、こゝに始めて正義の教《をしへ》を聞くに至りきとぞ。」

佛、此《この》話を了《を》へ給《たま》ひて、更に色蒼《あを》ざめたる國王《こくわう》に告げ給ひけるは、

「如來は君王《くんわう》の心をも動かし得《う》べき力を有《ま》てり。汝大王よ、若《も》し犬の吠《ほ》えたるを聞かば、佛の教《をしへ》を念ぜよ、尚魔を鎭《しづ》むるに足りなむ」。

第七十九　虐主

婆羅吸摩達多《ブラフマダツタ》王嘗《かつ》て通《みち》にてある商人の妻女《さいぢょ》を見たるに、其容姿《かたち》甚《はなは》だ艶《あでや》かなりければ、心に之を慕《した》ひて、如何《いか》にもして之を獲《え》んとぞ思ひける。因《よ》り

しくなったのです。そこで、使用人に王様が持っている宝飾品を渡して商人の車の隅《すみ》っこに隠《かく》すように指示しました。その後、王様は「宝飾品がなくなった」と嘘《うそ》を言って、使用人たちを四方八方へと探しに行かせて、商人の車の中にあったのを見つけ出し、王様は商人が王様の宝飾品を盗んだとして窃盗《せっとう》の罪で逮捕《たいほ》しました。王様は罪について調べるのにあたり、商人には罪がないように外見上を装《よそお》っていましたが、どうしても証拠があるのはどうしようもないことなので、わざとらしく憐《あわ》れむような態度を見せながらも打首の刑を命令し、商人の妻を城に住まわせて自分の妻の一人にしてしまいました。

　王様は断頭台で罪人が処刑されるのをすぐ傍《そば》で見るのが好きで、今日もまた楽しみにして刑場《けいじょう》に向かいました。ところが、商人は正しいとは思えない刑罰を命じた人を怨《うら》むどころか心の底からとっても憐《あわ》れむ気持ちがいっぱいとなって身体から滲《にじ》み出てくるのを王様は感じ取ったのです。この時、智慧光という仏が具《そな》えた智慧の光の輝きが王様の心に射し込んで、迷いという雲が裂けてしまいました。無実なのに罪を着せられ

て竊《ひそ》かに人を遣《や》りて寶珠《はうしゆ》をかの商人の車中に隠《かく》し置かしめ、さて自らは詐《いつは》りて寶珠《はうしゆ》を失《うしな》へりと稱《とな》へ、人を四方に出《い》だして大《おほひ》に之を捜《さが》せし後、遂に商人の處《ところ》にて見出したれば、王は偸盗《ぬすびと》の罪に誣《し》ひて商人を捕《とら》へたり。罪を按《あん》ずるに當《あた》り、王は務めて商人を救はんとする風《ふう》を示し、又遂に其止《や》み難《がた》きを見るに當《あた》りては、故意《ことさら》に哀愍《あはれみ》の色を飾りて其處刑《しよけい》を命じ、妻を後宮《こうきう》に入れしめたり。

　婆羅吸摩達多《ブラフマダツタ》は自ら刑場《けいじやう》に臨《のぞ》みぬ。元來《ぐわんらい》王は這《かく》般《のごとき》の景《ありさま》を見て心に樂《たの》しみたりしかば、今又是慘《このさん》狀《じやう》を見ばやと思ひしなり。然《しか》るに商人は深く此の正しからぬ法官《はふくわん》を憐《あはれ》む心ありしが、自《をのづか》ら色にや出《い》でたりけん、王は覺《おぼ》えず之に感じたり、此時《このとき》恰《あたか》も佛の智光《ちくわう》は燦然《さんせん》として王の心に閃《ひら》めきわたりて迷《まよひ》の雲を照らし破りぬ。されば今や無辜《むこ》の商人が白《はく》刃一閃《じんいつせん》の下《もと》、あはや身首處《しんしゆところ》を異《こと》にせんとするを見

た商人が剣で首を斬《き》られるところを見た王様は、ひどく心が揺れ動き、今にも自分が首を斬《き》られる台に乗せられて刑の執行《しっこう》を待つ罪人のような気持ちになって苦しくなったので「止めろ。処刑執行人《しょけいしっこうにん》、今首を斬《き》ろうとしているのは商人ではなく、王の私だぞ」と大声で叫びました。

でも、剣の刃は振り下ろされてしまいました。

王様は、貧血を起こしてその場に倒れ込みました。暫《しば》らくして目が覚めた王様は、以前の王様とは違い、残酷な心は綺麗《きれい》に無くなり、清浄で汚《けが》れのない正直な心を持った王様に変わっていたのでした。

「あなたは、国民を殺し、脅《おど》かして、天は暗くなり暴風の雲があなたの目を覆《おお》っていたのです。あなたが、ものの表面だけを見て本質を見ることがなければ、自分に害を与えて苦しむだけなのです。あなたは、自分でした悪い行いで被害を受けた人に償《つぐな》うということを知らないのですか。自分で蒔《ま》いた種子《たね》は、将来あなたと同じ魂《たましい》を持つ人がその穀物の穂を刈り取らなければならないのです」と仏が仰ったのです。

て王の心頗《すこぶ》る穏《おだやか》ならず、宛然《さながら》自ら斷頭臺《だんとうだい》に在《あ》りて此《この》苦を受くるが如くに覺《おぼ》えたれば、思はず大聲《おおごゑ》に呼びて曰ひけるは、「止《や》めよ、刑人《けいじん》、今汝が斬《き》らんとするは商人ならずして王の身なるを知らずや」。

機《き》一髪遅《おそ》かりき、白刃《はくじん》は早や下《くだ》されぬ。

王は眼昏《まなこくら》みて地上に仆《たを》れ伏《ふ》しぬ。されどその醒《さ》めたる時の王は舊《きう》の王にはあらざりき。何となれば殘酷《ざんこく》なる心は、今一變《いっぺん》して神聖《しんせい》正直となりたればなり。

汝、人を殺し、人を劫《おびや》かさんとするものよ、摩《マー》耶《ヤー》の黒雲《くろくも》は汝曹の眼《まなこ》を遮《さへぎ》れり。汝曹若し物の皮相《ひさう》を離れてその眞情《しんじやう》を看得たらんには自ら害《そこな》ひ、自ら苦しむが如きとを爲《な》さゞるべし。汝曹は自ら爲《な》せる惡行《あくかう》のために償《つくなひ》をなすべきことを知らざる乎《か》、自ら蒔《ま》けるものは自ら刈らざるべからず。

マチューラにブァーサブアダッタという遊女がいました。あるとき、容姿《ようし》がすごく美しいウバギュブタという仏の弟子が歩いているのを見かけて一目ぼれしてしまい、使用人をウバギュブタの所へ遣わして「わが家へ来てほしい」という手紙を持って行かせましたが、「まだ、あなたとお会いする時期ではありません」という返事でした。

ブァーサブアダッタは、この返事を聞いて一旦《いったん》は迷い、「私は遊女ですが、お金が欲しいのではなく、あなたと恋がしたいのです」と再度手紙を使用人に持たせましたが、今度は返事すらありません。

数か月経《た》ったころ、ブァーサブアダッタは技芸団の団長と男と女の関係になりました。その後、たまたまマチューラに来た大金持ちの商人がブァーサブアダッタを見て恋に落ち、さかんに愛の言葉を投げかけるので、ブァーサブアダッタは商人が持つお金に目がくらみ、男と女の関係を結んでしまいました。すると、ブ

第八十　波舎跋達多

孔雀城《マチユーラ》に波舎跋達多《ブアーサブアダツタ》と云ふ遊女ありけり。佛弟子優婆麹多《ウバギユブタ》の風姿《かたち》美しきを見て、一方ならず戀《こ》ひ慕《した》ひしかば、使《つかひ》を遣《や》りて彼を迎へぬ。然るに婆舎跋達多《ブアーサブアダツタ》答へけるは、「優婆麹多《ウバギユブタ》が波舎跋達多《ブアーサブアダツタ》を訪《と》ふべき時は尚未だ來《きた》らざるなり」。

遊女此《この》答を聞きて一たびは心迷ひしが又告げて曰ひけるは、「妾《わらは》の望む所は戀《こひ》なり、黄金《こがね》にあらず」と。されど彼は以前《さき》の如く同じ謎を答へて敢《あへ》て來《きた》らざりき。

數月《すうげつ》を經《へ》て波舎跋達多《ブアーサブアダツタ》は技藝師《ぎげいし》の長《おさ》なる人と情を通《かよ》はせり。然るに會々《たまたま》孔雀城《マチユーラ》に來《きた》れる豪商ありけるが、波舎跋達多《ブアーサブアダツタ》を見て頻《しき》りに愛戀《あいれん》の情を動かしぬ。波舎跋達多《ブアーサブアダツタ》は其人の富めるを喜びて又之と通《つう》ぜり、されど技藝師長《ぎげいしのをさ》の怒《いかり》に觸《ふ》れんことを恐《おそ》れたれば、人知れず之を殺して屍《かばね》を堆糞《たいふん》の下《もと》に埋

ァーサブアダッタは技芸団長との交際が疎《うと》ましくなり、技芸団長の逆鱗《げきりん》に触れる恐怖を感じたので、誰も知らないうちに技芸団長を殺して遺体を糞土《ふんど》〈排便が積み重なった所〉の中へ隠《かく》してしまいました。

団長が急にいなくなったのは変だと思った親戚や団員などがあちこちと捜《さが》して、とうとう遺体を糞土《ふんど》の中から発見したのです。司法官はヴァーサブアダッタが怪しいと睨《にら》み、捕《つか》まえて取り調べを行った結果、ヴァーサブアダッタが団長を殺したことを認めたため、法律に従ってヴァーサブアダッタの両耳と鼻を削《そ》ぎ落したうえで両手足を斬《き》って集団墓地に置き去りにしました。ヴァーサブアダッタは異性を慕《した》う気持ちが移ろいやすく気の強い女性でしたが、召使には優しく接していたので、召使たちもそれを感じて、こんなになった主人のヴァーサブアダッタを憐《あわ》れんで、今までの恩を返そうと動くことができなくなったヴァーサブアダッタが生きていくうえで必要なことを手助けし、苦しんでいるときには慰《なぐさ》めて、また烏《からす》が飛んできてヴァーサブアダッタを嘴《くちばし》で突いて肉を食べようとするのを追い払ったりすることもありました。こうした時、ウバ

めたり。

かの長《をさ》なる人の跡を失ひたれば、親戚朋友等之《ら》を怪《あや》しみて處々《ところどころ》を探《さぐ》りしに、遂に其屍《かばね》を糞土《ふんど》の中に看出しぬ。法官《はうくわん》乃ち波舎跋達多《ヴァーサブアダツタ》を捕《とら》へて逐一訊問《しんもん》を遂《と》げたるに、果して其加害者なることを知り得たりければ、之を法に照らして其耳鼻《みみはな》を殺《そ》ぎ、其手足を斷《た》ちて之を墓地に棄《す》てたり。波舎跋《ヴァーサブア》達多《ダツタ》は情に激しき婦人《をんな》なりしが又能《よ》く奴婢《ぬひ》を愛せしかば、奴婢《ぬひ》も亦之に感じて斯《か》かる有様に至れるを憐《あはれ》みて、忠實《まめや》かに仕《つか》へつゝ、或《あるひ》は苦を慰《なぐさ》め、或《あるひ》は鴉《からす》の來《きた》り食《くら》はんとするを逐《お》ひ拂《はら》へるものさへありき。優婆麴多《うばギユブタ》が波舎跋達多《ヴァーサブアダツタ》を訪《と》はんと思へる時は正に來《きた》れり。

ギュブタはブァーサブアダッタに会う時がきたと思いました。

ウバギュブタがやって来るのを見たブァーサブアダッタは下女《げじょ》に、斬られた手足を一か所に集めさせて布で覆《おお》い隠《かく》しました。ウバギュブタは近づいて挨拶をすると、ブァーサブアダッタはウバギュブタに「私があなたを一途《いちず》に思い焦《こが》れていたのは、この身体が昔は宝石を首や手に掛けたり、斜め模様に織った絹の服を着て蓮華《れんげ》のような清い香りを漂《ただよ》わせていた頃でした。しかし、今は法律を犯して、刑罰を執行《しっこう》する人によって身体から血や膿《うみ》が垂《た》れ流しになっていて、とても見られた状態ではないのです」と言いました。

ウバギュブタは、

「私がここへ来たのは、あなたと色欲《しきよく》〈男女間の性欲〉を満たすためではなく、あなたが失った昔の容姿以上のやさしく美しいものをお返ししようと思い立ったのです。

私は目の曇りが取れて、この世に仏が現れるのを見たのです。そして、仏は人に尊い教えを話されているのを見聞したのです。アア、あなたの当

優婆《うば》麹多《ギユブタ》の來《きた》れるを見て、波舎跋達多《ブァーサブアダッタ》は婢《ひ》をして斷《た》ち截《き》られたる手足を一つに集め、布もて之を覆《おほ》ひ匿《かく》さしめぬ。優婆《うば》麹多《ギユブタ》は近づきて挨拶を施《ほどこ》せしに、波舎跋達多《ブァーサブアダッタ》怨《うらみ》を含めて曰ひけるは、「此身《このみ》も昔は寶珠《たま》を懸《か》け、綾羅《あやら》を纏《まと》ひて蓮華《れんげ》の如く香《かぐは》しかりしものを、而して妾《わらは》が君を慕《した》ひしは實《じつ》に其時なりき。今や刑人《けいじん》の手に係りぬ、濃血《のうけつ》流れ出でゝ復《また》見らるべくもあらず」。

優婆《うば》麹多《ギユブタ》、

「吾《わが》姉妹よ、吾來《わがきた》れるは色を樂《たのし》まんとにあらず。汝が失《うしな》へる昔の姿にも優りて麗《うるは》しきものを復《かへ》さんとて來《きた》れる也。

吾は眼《まなこ》を開きて如來の此《この》世に現《あらは》れ給へるを見、又人に妙法を教《をし》へ給へるを見たり。然《しか》るに汝は當時《そのとき》身邊《しんぺん》の誘惑に迷ひ、煩惱《ぼんのう》の犬とな

時の身の回りには誘惑が多く、欲ばかりを追いかけて、快感に浸《ひた》り切ってしまい、正しい道の話を敢えて聞こうとはしませんでしたね。あなたの心は善悪の分かれ道に立たされても、夢のような思いばかりを追いかけて、それが無駄《むだ》であることも知らず、仏の教えも聞こうとはしませんでしたね。

将来に希望が持てるような人を騙《だま》して昏迷《こんめい》への道に素早く入れてしまうのは、あなたが自分で言っているとおりです。悲しいことです。でも、世の中にはとても長い年月を経過しても色褪《あ》せない人がいるもので、あなたが仏の教えを聴いたなら、心が安定して静かで心地の良い場所へ行くことができるのです。でも、身体の快感だけを求める者は、この安穏快楽《あんのんけらく》という安らかで快適な心は得られないのです」と言いました。

ヴァーサブアダッタは、この話を聴いて千々《ちぢ》に乱れた心が落ち着きを取り戻し、斬《き》り取られた身体の痛みも薄らいできました。それは、多くの苦しみから抜け出したとき、多くの楽しみが待っていることを知った

りて世の快樂《けらく》に溺《おぼ》れたれば、正義の教《をしへ》をも聞くを敢《あへ》てせざりき。汝の心は岐路《きろ》に馳《は》せて一向《ひたすら》夢の如き美色《びしょく》を慕《した》ひつゝ、其空《むな》しきものなることを知らざりければ、如來の法《のり》をも聞くを敢《あへ》てせざりき。

夭々《ようよう》たる色の人を欺《あざむ》きて迷《まよひ》に導くの速《すみか》なることは、汝の自ら證《しょう》して餘《あまり》ある所ならん。悲《かなし》いかな。されど世には萬劫《まんごふ》をふるも尚衰《おとろ》へぬ色あり、汝若し吾曹の主なる佛の教《をしへ》をだに聞かば、安心寂靜《じゃくじょう》の地に到るは必定なり、されど、罪深き快樂《けらく》に溺《おぼ》るゝものは此《この》安心を得《う》ること能《あた》はず。」

波舍跋達多《ヴァーサブアダッタ》は之を聞きて、亂《みだ》れたる心も収まり、身の痛《いたみ》を覺《おぼ》えざりき、何となれば苦《くるしみ》多き處《ところ》には樂《たのしみ》も亦多かるべければなり。

からです。

このようにして、ヴァーサブアダッタは仏の教えを拠《よ》り所にして、罪に従いました。

◇

ジャーンブーナタにいる一人の男が、結婚披露宴を開こうとしていたときに、仏にこの宴に出席してもらいたいと願っていました。

たまたま、仏がこの家の前を通りかかった時、この家の主人が仏に披露宴に出席してもらいたいとお願いしたところ、仏がこれを承諾しました。

仏は、多くの比丘を連れてその家に入ると、主人は大変喜んで、精一杯のおもてなしをしながら「仏さまをはじめとしたお弟子の皆さま、お好きなだけお召し上がりください」と言いました。

仏の弟子たちは、大喜びで、たくさんの品々を飲み食いしたけれども、一向《いっこう》に減る様子がなく、「何と不思議なことだ。これでは、親類や友人たちを招いたぐらいでは食べ物が余ってしまうから、どんどん人を呼

斯くて波舎跋達多《ヴァーサブアダッタ》は佛法僧に歸依《きえ》して靜《しづ》かに其罪に伏《ふく》しき。

第八十一　閻浮那提の婚姻

閻浮那提《ジャーンブーナタ》に一人の男ありけり、將《まさ》に婚姻の宴を設《まうけ》んとて、私《ひそ》かに佛の此筵《このむしろ》に連なり給はんことを希《ねが》ひたり。

會《たまたま》佛、其家を過《よ》ぎり給ひしが、主人の心に佛の入《い》り給はんことを願へるを知りて之を肯《うけが》ひ給ひぬ。

佛は多衆《たしう》の比丘を從へたるまゝ其家に入《い》りしかば、主人大《をほひ》に喜び力の限りに之を饗應《もてな》して曰ひけるは、「世尊を始め奉り、一衆の比丘、願くは好《このみ》に從ひて食し給はんことを」。

大衆《だいしう》は喜んで飲みつ食《くら》ひつせしも、饌肴《せんかう》は舊《もと》の如くにて少しも減《へ》らざりければ、主人私《ひそ》かに思へらく、「何たる不可思議の事ぞ。斯《か》くては吾《わが》親戚朋友を招くも尚餘《あま》りあらん。いざ人々を呼びつど

ばなければ」と主人は思ったのでした。

このような時に、親戚や友人たちが打ち揃《そろ》ってやって来ました。あまり広くない家ではありましたが、来客がみんな座っても、まだ空《あ》きスペースが残っていました。彼らはテーブルに向かって座り、みんな心地《ここち》好く飲み食いをしていましたが、食事や飲み物、酒のアテ〈酒のつまみ物〉は十分にありました。

披露宴の参加者がみんな喜んでいるのを見て仏も喜び、そこで仏はご祝儀にと、真理についての教《おし》えを話し出し、お祝いを言って主人や参加者を励《はげ》ますと共に喜ばせました。

〈その内容は、〉

「人が最高に幸せだと思うときは、結婚によって二人の気持ちが一緒になることです。しかし、それよりもっと幸せを感じられるのは真理と一致することなのです。死とは、夫婦を別れさせてしまいますが、死は真理に向かって往《ゆ》くことを妨《さまた》げるものではないのです。

ですから皆々さま、真理に往《ゆ》くことと、偕老同《かいろうどう》穴《けつ》〈夫婦が出会ってから、同じ墓に葬られるまで仲良く

へばや」。

主人斯《か》く思へる時、親戚朋友は打揃ひて入り來《きた》りぬ。其室《しつ》は餘《あま》り廣《ひろ》くもあらざりしに、人々坐《ざ》して尚餘地《よち》を殘《のこ》したり。彼等は机《つくへ》に向ひて何くれと飲食して皆心地よげに打興《うちきよう》ぜしに、饌肴《せんかう》は尚十分なりき。

佛は多くの客人《まろうど》が皆快《こころよ》く打興《うちきよう》ぜるを見て喜び給ひ、更に眞理の教《をしへ》を説き、正義の福徳を宣《の》べ給ひて、彼等の心をぞ且《かつ》勵《はげ》まし且《かつ》喜ばせ給ひつ。

「人間が最大の幸福なりと思ふは、婚姻によりて兩個《ふたつ》の愛を結ぶことゝならん。されど尚遥《はる》かに之よりも優れる幸福《さいはい》あり。眞理に冥合《めいがふ》すること是《これ》なり。死は夫婦をさきて兩個《ふたつ》となさん、されど死は決して眞理に嫁《か》せるものを奪ふこと能はず。

故に人々よ、眞理に嫁《か》して之と聖《きよ》き偕老《かいらう》を契《ちか》へよ。夫の妻を愛して永く渝《かな》らざらんとを

連れ添うこと〉を契《ちぎ》りなさい。夫が妻を愛して永遠に変わらないと願う者は、真理に対するのと同じように、妻を信じることが必要なのです。そのようにすれば、妻は夫に操《みさお》を守って素直に従うことになるのです。また、妻が夫を永く変わらぬ愛を願望するのは、真理に向き合うように夫を辱めない〈不倫しない〉ようにすることが大切なのです。そうすれば、夫は妻を信頼して敬意を表《あらわ》して、付き添って力《ちから》添《ぞ》えをするでしょう。このようであるならば、結婚は神聖で幸せになるのです。子供たちも両親の行動から善い行いを学び、一家は和《なご》やかに楽しく暮らせるのです。

一生涯独身でいることは良くありません。澄《す》んだ心で真理と接しなさい。悪魔は心を滅ぼす主《しゅ》なのです。必ずあなたたちの肉体と精神を別々にしてしまうのですが、でも、あなたたちの心の中に真理が住み続けているのです。真理は亡びることがなく、再び蘇《よみがえ》るといったものでもないのです。あなたたちには、真理という永遠に生き続ける命が存在するのです」。

願ふものは、眞理其ものに對するが如く、妻に信ならんとを要するなり、かくせば妻は夫に事《つか》へて従順貞節《じうじゅんていせつ》なるべし。又妻の夫を愛して永く渝《かは》らざらんとを願ふものは、眞理其ものに對《たい》するが如く、夫に貞《てい》ならんことを要するなり、かくせば夫は妻を信じて禮《れい》を施《ほどこ》し、輔《たすけ》を與《あた》ふるならん。吾《われ》誠に汝に告げん、斯《かく》の如くならば、始めて婚姻は神聖《しんせい》なるべし、福徳なるべし、兒孫《じそん》も亦父母の徳《とく》を學《まな》びて、一家の和樂《くわらく》之より大《だい》なるはなかるべし。

獨《ひと》り棲《す》むなかれ、聖《きよ》き愛を以て眞理に嫁《か》せよ。魔王は亡滅《ほろび》の主人なり、必ず汝曹《なんぢら》の色身《しきしん》を分離せしむべけれども、汝曹《なんぢら》は尚眞理の裡《うち》に棲息《せいそく》して止《や》まざるなり。眞理は不生不滅なり、汝曹《なんぢら》も亦永遠の命を分ち得たるものと謂《い》ふべし。」

披露宴に参加していた人々は、この話を聴いて心に勇気を得て、正しい道が如何《いか》に善いものであるのかということを認めざるを得ず、参加者たちは仏の教えを拠《よ》り所にすると誓ったのでした。

◇

仏が弟子たちを四方《しほう》に派遣した後、一人であっちこっちと動き回って、苦行林にたどり着きました。

仏が通《とお》りに面した森の木陰《こかげ》で休憩《きゅうけい》していました。この森には全部で三十人あまりが住んでいて、それぞれの家族が静かに生活を送っていましたが、この日、猟をしていた隙《すき》に村に泥棒が入って、品物が盗まれました。

村では人々が一斉《いっせい》に泥棒を追いかけている途中で、木の下で休んでいた仏を見て、お辞儀をして「村に入って来て、我々の物を盗んだ奴がここを通りませんでしたか」と尋ねました。

「あなたたちは、泥棒を捜《さが》すのと自分の心の中を探《さが》すのと、どちらを選ぶのですか」と仏に問われると「そ

客人《まろうど》の之を聞きて心に力を得ざるはなく、正義の生涯が如何に甘きかを認めざるはなかりき、彼等は斯《か》くして佛法僧に歸依《きえ》したり。

第八十二　盗を求むる村人

佛、諸弟子を四方に送り給へる後、獨《ひと》り其處此《そここ》處《こ》と徘徊《はいくわい》して遂に苦行林《ウルヴイルバー》にぞ至り給ひし。佛は通《みち》にて、とある森の陰《かげ》に憩《いこ》ひ給ひたり。此森には三十人ばかり棲《す》めるものありて各一家族をなし、靜《しづ》けき月日を送りしに、此日遊獵《このひいうれう》の隙《ひま》に盗人入《ぬすびとい》りて、村人の物品《しなもの》を盗み去りぬ。

是において人々は一村《いつそん》を擧《あ》げて盗人《ぬすびと》の跡を追ひたりしが、樹下《じゆか》に佛の坐《ざ》し給へるを見て、禮《れい》を施《ほどこ》して問ひけるは、「世尊、吾曹《われら》の品物を盗める賊《ぞく》人《じん》の過ぐるを見給《みたま》はざりしか」。

佛、「汝曹《なんぢら》は盗人《ぬすひと》を求むると自己を求むると、孰《いつ》れを擇《えら》まんとする乎《か》」と問ひ給ひければ、壯俠《わかうど》

れは、自分を求めることに決まってまさぁ」と若い連中が答えました。仏は「それは善《よ》いことです。ならば、そこに座って、私があなたたちのために真理の話をしよう」と仰いました。

　ということで、その場にいた人たちは仏を囲んで教えを聴いて、真理を理解したら、皆一緒に善き教えを褒《ほ》めて仏の教えに従ったのでした。

◇

　心篤《あつ》く悟りへの道を志《こころざ》して、愛情が細《こま》やかな一人のバラモン教徒がいましたが、知恵の海はさらに深くまだ達していませんでした。才能があり将来有望な男の子を儲《もう》けましたが、不幸にして七歳のときに死んでしまいました。父親の悲しみは例《たと》えようもなく、遺体に縋《すが》りついて泣くだけで、まるで死人のようになっていました。親類が集まって死んだ子供を葬《ほうむ》りましたが、それでも父親は、まるで頭がどうかなったのかと思えるような嘆《なげ》きぶりで涙さえ出なくなりました。「ヤーマラージャは何処《いずこ》に」と叫びながら街中《まちなか》を歩き回って

等《ら》は「固《もと》より吾曹《われら》は自己を求めんとこそ思ふなれ」と答へたり。佛乃ち曰ひけるは、「善《よい》かな、さらば坐《ざ》せよ、吾汝曹《われなんぢら》の爲《ため》に眞理を説かん」。

　かくて一同は其處《そこ》に坐《ざ》して熱心に佛の教《をしへ》を聞きて眞理を解《げ》したれば、共に善法《ぜんはふ》を讃《ほ》め稱《たた》へて佛に歸依《きえ》し奉りたり。

第八十三　閻羅王の國にて

　ある婆羅門ありけり。篤《あつ》く道に志《こころざ》し、情愛に富《と》みたりしが、智慧の海は尚深《ふか》からざりき。一人の男子を有《も》てり、有爲多望《いうゐたぼう》の少年なりしに、不幸なるかな、七歳を一期《いちご》として朝《あした》の露と共に消え去りぬ。されば、父の悲《かなしみ》は喩《たと》へん方なく、只屍骸《なきから》にすがりつきて宛然《さながら》死せるが如くなりき。親戚打集《うちつど》ひて死兒《しじ》を葬りたれど、父は尚只管《ひたすら》に嘆き悲しみて、狂人の如く涙さへ出《い》でず、唯閻羅王《ヤーマラージャ》は何處《いつこ》にあるかとのみ叫び廻りて、死兒《しじ》の再び生きて此《この》世に還《かへ》らんことを願ひぬ。

死んだ息子が再び生き返ることを願ったのです。

ただただ、悲しみにくれる父親は、家を出てバラモン教の礼拝所に行って葬儀を行い、神に祈っていた時、山をいくつも越えて行き、ふと意識を失って、どこを歩いているのか分からなくなりました。ところが、歩いている途中で仏の知恵〈悟り〉を得たと思われる出家した人々に出会ったので「ヤーマラージャという人は何処《どこ》に住んでいて、どのようにしたら会うことができるのでしょうか」と尋ねました。すると「何故《なぜ》あなたは、そのことを知りたいのですか」と問い返しました。父親は事の詳細を話して、今自分がやりたいことを言ったのです。すると、出家した人々は、父親の心が息子恋しさに深く思い込んでいることを憐《あわ》れんで、「ヤーマラージャが統治している国には、誰もたどり着いたことはないのです。でも、ここから約一五七〇キロメートル西へ行った所に一大都市があります。そこでは、生きている間に善い行いをした人たちの魂《たましい》が集まっています。毎月八日にヤーマラージャがここに来るので、その時にヤーマラージャに会って、あなたの願いを申し出ては如何《いかが》でしょうか」

只管《ひたすら》悲しみにのみ沈みたる父は、遂に家を出でて婆羅門の寺に到り、儀式を執《と》り行ひて神に禮拜《らいはい》などせし折、ふと眠りけるが、夢に山又山を超えて何處《いづく》ともなく迷ひ行くと覺《おぼ》えたり。而《しか》るに途《みち》にて無上智《むじやうち》を得たりと見ゆる出家の人々に遭《あ》ひたれば、彼は「親しき人々よ、閻羅王《ヤーマラージャ》は何處《いづく》に棲《す》めりや、教《をし》へ給へ」と曰ひぬ。出家の人々問ひ返して、「よき友よ、子《し》は何故《なにゆゑ》に之を知らんとはするぞ」と曰ひたれば、彼乃《すなは》ち事の終始を物語《ものがた》り、又其自ら爲《な》さんと思へることとさへ言ひ出でぬ。出家は深く其迷へるを憐《あわれ》みて、「閻羅王《ヤーマラージャ》の支配せる國《くに》は、何人《なんびと》も到り得ざる所なり。されど此《これ》より西方《さいほう》四百里ばかりに一大都《みやこ》あり、善人の靈《みたま》は多く此《ここ》に棲《す》めり。毎月八日には王自ら此《ここ》に來《きた》りて都を訪《と》ふ習《ならひ》なれば、汝若し其日に彼處《かしこ》に行かば、王を見得《みう》るなるべく、又汝の願へるとをも請《こ》ひ得べからん」と曰ひたり。かの人は之を聞きて太《いた》く喜びつつ、西を指して行きたるに、果して都に出《い》でたり。彼は恐ろしき閻羅王《ヤーマラージャ》の前に出づることを許さ

と言いました。父親は、このことを聞いて大層喜んで、西へ向かって歩き出しました。出家の人に言われた都市に着いた父親は、怖《こわ》そうなヤーマラージャに面会することを許されて、その前へ恐々《こわごわ》と出て行って願いを申し上げると、意外にも「あなたの息子は東の庭園で遊んでいるから、そこへ行って息子にあなたと一緒に生きていた頃の世界へ戻りたいかどうかを訊いたらいいでしょう」とやさしく教えてくれました。

「我が息子が特に善い行いをしたという記憶はないけれど、極楽浄土に住めるようになったのは、どのような理由でしょうか」と父親が尋ねると、「あなたの子供が天の仏から功徳を受けたのは、生きているときに善い行いをしたからではなく、『信』と『慈悲』の心は仏像の背中からあらゆる方角に放たれる後光が拡《ひろ》がるように、あなたの子供は人間の世界から天の世界にまで仏を無条件で思いやりの心を持って信じたからなのです」とヤーマラージャは答えました。

父親は喜んで東の庭園に行くと、息子は他の子供たちと一緒に遊んでいました。子供たちは全員天の世界の平和と功徳を受け入れて楽しんでいて、生きていた

れたれば、畏《おそ》る畏《おそ》る進みて願事《ねぎごと》を聞え上げたるに、王曰ひけるは、「汝の兒《こ》は東園《ひがしのその》に戯《たはむ》れ居《を》るならん。彼處《かしこ》に往《ゆ》きて汝と與《とも》に還《かへ》るや否やを問へ」。

父は打喜びて、「吾兒《わがこ》は善きわざとては爲《な》さゞりしに、極樂淨土に住めるは如何なる道理にか」と問ひければ、閻羅王《ヤーマらージャ》は、「汝の兒の天福を享《う》けたるは善きわざを爲《な》したるがゆゑにはあらず、只主なる佛を信じ且《かつ》愛せしが爲《ため》なり。佛は信と愛との心は影の擴《ひろ》まる如く、人間界より天上界にまでも到り及ばんとするなりと教《をし》へ給へり。此金言《このきんげん》は敕令《ちよくれい》に玉璽《ぎよくじ》を据《す》ゑたらんが如し」と答へたり。

父は喜びて東の園に至りたるに、愛兒《あいじ》は群童《ぐんどう》と共に遊び居たり。彼等は皆天上界の平和と福德とを享《う》け樂しめば、浮世にありし時の面影《おもかげ》は少しも

ときの面影《おもかげ》は消えていました。父親の直感で息子と思われる子の所へ走って行き、流れる涙を拭《ふ》きもせずに名前を呼んで「お前は私を覚《おぼ》えてないか。お前が病気で寝ているベッドの側で、ずっと身体をさすったりして看病していた父を忘れたのか。さぁ、今から生きていた世の中へ一緒に帰ろう」と息子の腕を取って言ったのですが、息子は、その手を振りほどいて他の子供たちがいる方へ行こうとして、「今の僕にかける言葉はないでしょう。僕は生きていたときに感じていた迷いから脱したんだ」と親子の間で交わされないような鋭《するど》い言葉を父親に投げかけたのでした。

　このようにして、父親は独《ひと》り寂《さび》しく子供と別れたところで目が覚めて、人間は心に仏を想《おも》っていれば、息子の所へ行って心中《しんちゅう》を打ち明けたことで慰《なぐさ》められたと思ったのでした。

　父親は、祇園精舎に出向いて、夢の中で息子と会った出来事などを語《かた》り、どのようにすれば子供は父親を忘れることなく、嫌《いや》がらないでこの世に戻れるのかを尋ねました。

「本当に、あなたは迷いの世界に入ってしまったので

なかりき。父走りて愛兒《あいじ》の所に至り、流るゝ涙を拭《ぬぐ》ひも敢《あ》へず叫びては、「吾兒《わがこ》よ、吾兒《わがこ》よ、汝は吾《われ》を記《き》せずや、汝の病床《やまひのとこ》に侍《じ》して愛撫看護《あいぶかんご》を怠《おこた》らざりし父を知らずや。いざ今より舊《もと》の世に還《かへ》りなん」と曰ひたれど子は又群童《ぐんどう》の隊《むれ》に皈《かへ》らんとて取られたる手を振り拂《はら》ひ、父子《ふし》の間にあるべしとも思はれぬほど言葉鋭《するど》く曰ひけるは、「今の吾身《わがみ》には斯《かか》る言葉を得《え》知らぬなり、そは吾は迷《まよひ》を離れたればなり」。

　かくて婆羅門は獨《ひと》り別れ行きしに、覺《さ》めて後は、只人間の主《しゅ》なる佛のとのみ心に留《とど》まりければ、往《ゆ》きて其心事《しんじ》を打ちあかし、慰《なぐさみ》を得ばやと思ひ定めぬ。

　彼は祇園精舎《ゼータブアーナ》に至りて夢中の事共《ことども》を語り出《い》でつ、如何《いか》なれば子は父を記《き》することなく、又家に歸《かへ》ることをも嫌《きら》ひしかを尋ねたり。

世尊、「寔《まこと》に汝は自ら迷へり。人死すれば色身《しきしん》

すね。人は死ねば肉体と精神〈＝魂〉が分かれるのです。肉体は土の中に埋《う》められますが、魂は肉体と違って土に埋《う》められることはなく、霊界に入って来世《らいせ》に産まれ変わるために次のステップに進むのです。ここまでくると、親子や夫婦といった前世《ぜんせ》の縁が無くなってしまうのです。多くの人は、心が安定しないものに執着しますが、人生がはかないと思わせる風が吹いて止《や》まずに、生きとし生けるものが一瞬のうちに消え去ってしまうことがあります。世間一般の人は、灯《あか》りを求める視力を失った人と同じなのです。ところが、頭が良く道理をよく理解している人は世間一般の人と異なり、常に移り変わる世の中であることを知っているので、物事に憂《うれ》うことがなく、悲しみや嘆《なげ》きの波を近寄らせないのです。悟りの知恵を知れば、悲しみと喜びから高く抜け出して、永遠の平和を自分のものにすることができるのです」と仏が仰いました。

父親は、この話を聴いて大いに喜び、仏の許可を得て改宗《かいしゅう》〈信仰する宗教を変えること〉し、比丘のグループに加わり、優《すぐ》れた仏の知恵を理解して心の悲しみを癒《いや》したいとお願いしました。

分離して其本《そのもと》に歸《かへ》る、されど靈《みたま》は土中《どちゆう》に埋《うめ》らるべくもあらず。靈《たま》は益々《ますます》進みて高等なる生涯を營《いとな》むならん、而《しか》して一たび此《ここ》に至りなば、父子妻母《ふしさいぼ》など云へる因縁は絶え果てぬべし、猶《なお》旅人の旅館《はたごや》を覩《み》て過去世のものとなすが如くなるべし。人多くは定め無《なき》ものに執着すれども、無常の風は時々に吹き來《きた》りて止《やむ》となく萬物《ばんぶつ》の掃《は》き瞬《さ》らるゝは一瞬の中《うち》にあらん。世人は燈火《ともしび》を求む盲人《めしい》の如し、されど賢《さが》しき者は之と異なり世の無常なるを知りて過ぎたるを憂《うれ》へず、いかで憂《うれひ》の浪《なみ》の近よることあらんや。寔《まこと》に道の智恵にあらざれば哀歡《あいくわん》の上に卓《た》ちて永遠の平和を享《う》くること能《あた》はざる也」。

婆羅門は之を聞きて大《をほひ》に喜び、佛の許しを獲《え》て比丘の教會《けうくわい》に入り、かの妙智を會《え》して憂《うれい》を慮《なくさ》めんことを請《こ》ひたり。

ある所に裕福な人がいました。持っていた黄金が何《な》故《ぜ》か全部炭に化《ば》けてしまい、その人は酷《ひど》く嘆《なげ》き悲しんで、部屋に引きこもり、食事も摂《と》れない状態になってしまいました。これを聞いた友人が「何で悲しんでいるのか」と訊《き》いて「あなたは富の使い方を知らない。ただ、しまい込んで積んでおけば、炭と何ら変わらないぞ。まずは俺の忠告を聞いて、市場《いちば》に行ってワラで作った縄で編《あ》んだゴザを敷《し》いて、その上にこれらの炭を重ねて声を張り上げて売ったらどうだい」と勧《すす》めてみました。

その人は、友達の言葉を聞き入れて、炭に化《ば》けた金銀を市場にゴザを敷《し》いて積んでおくと、隣で店を出していた人に「あなたは何で炭を売っているのですか」と訊《き》かれたので「私は、自分が持っている品物を売ろうと思って来たのです」と答えました。

少しして、クリッシャーゴータミという、みすぼらしい身なりの娘が、この店の前を通り過ぎようとし

第八十四　芥子の種

其頃富人《とめるひと》ありけり。有《も》てる黄金の遽《にわ》かに木炭《すみ》と化《け》したりければ、憂《うれ》へ悲《かなし》むと一方ならず、一室に閉《と》ぢ籠《こも》りて、食事をもなさゞりき。その友之《これ》を聞きて、何故《なにゆゑ》に悲しめるかを問ひて、「卿《おんみ》は富を用《もち》ふべき法を知らず、徒《いたづら》に之を積み置かば木炭《すみ》と何の擇《えら》む所ぞ。まづ吾忠告を容《い》れて、市《いち》に蓆《むしろ》を延べて其上にかの木炭《すみ》を積み累《かさ》ね、之を賣《うら》んと揚言《ようげん》せよ」と勧《すす》めたり。

かの富人《とめるひと》は朋友の言《こと》に従ひて、木炭《すみ》に化《くわ》せる金銀を市上《しじやう》に積み累《かさ》ねたれば、隣人來《きた》りて、「君は何故《なにゆゑ》に木炭《すみ》を賣《う》らんとするにや」と問ひぬ。されど彼はたゞ、「然《しか》り、吾《われ》は所有の品物を賣《う》らんと思へり」と答へたり。

稍《やや》ありて訖利葉瞿夷《クリツシヤーゴータミ》と云ふ一人の處女《むすめ》、孤獨貧《こどくひん》窶《る》の身なりけるが、會此處《たまたまこのところ》を過《よ》ぎりて市上《しじやう》の富《ふう》

て、売っている人を見て「あなたは、何で金銀を売ろうとしているのですか」と尋ねました。

店の主人が、「あなたの金銀といえるものを私にください」と言ったので、娘は炭の塊《かたまり》の一つを取って店の主人に手渡すと、何と、真っ黒な炭がたちまちのうちにキラキラと輝く黄金に変わってしまったではありませんか。

店の主人は、これを見てビックリ仰天《ぎょうてん》し、えらく喜んで、この娘は不可思議な知恵と、物の本物か偽物《にせもの》かを見分ける力で、真実の本性が解《わか》る人なんだと思いました。この娘を嫁にしました。そして「多くの人は金銀財宝を持っていても、ただ金庫に入れて積んでおくだけで、まるで炭と同様の扱いしかしていないけれど、嫁は錬金術《れんきんじゅつ》で炭から金銀に変えてしまう」と主人が言いました。

その後、クリッシャーゴータミには主人との間に一人の男の子が生まれましたが、ほどなく死んでしまいました。

クリッシャーゴータミは悲しみの持って行き場がなく、死んだ子を抱《だ》きかかえて近所をさまよいながら一

人《じん》を見て曰ひけるは、「吾《わが》主よ、汝は何故《なにゆゑ》に金銀を賣《う》らんとはするぞ」。

主人、「汝の金銀と云へるものを吾《われ》に與《あた》へよ」と曰ひければ、訖利葉瞿夷《クリツシヤーゴータミ》は一塊《ひとかたまり》の木炭《すみ》をとりて主人に與《あた》へんとせしに、奇《き》なるかな、かの色黒き木炭《すみ》は忽《たちま》ち化して燦爛《きらきら》たる黄金《こがね》となりぬ。

主人は之を見て太《いた》く驚き、太《いた》く喜びて思へらく、訖利葉瞿夷《クリツシヤーゴータミ》は妙智眼力《めうちがんりき》をもちて物の眞性《しんしやう》を知るものならんと。乃《すなは》ち之を其子に娶《めや》はして曰ひけるは、「人多くは黄金《こがね》を用ゐて木炭《すみ》の如くすれども、訖利葉瞿夷《クリツシヤーゴータミ》は却《かへつ》て木炭《すみ》を化して精金《せいきん》となすものなり」。

訖利葉瞿夷《クリツシヤーゴータミ》は只獨《ひと》りの男子を設《まう》けたりしが、幾程もなくして歸《かへ》らぬ旅路へ行きたり。

されば瞿夷《ゴータミ》の悲《かなし》み遣《や》る方《かた》なく、死兒《しじ》を抱《いだ》きて近隣をさまよひつゝ、家毎に起死回生《きしくわいせい》の藥《くすり》を求め

軒ずつ死んだ子供が生き返る薬がないかと訪ね歩きましたが、人々は「クリッシャーゴータミは、気がおかしくなったんじゃないのか、子供はもう死んでしまっているのだから」と口々に言い合っていました。

するると、ある人が「私は死んだ子供を生き返らせるような薬は持ち合わせていないけれど、良い医者を知っていますよ」とクリッシャーゴータミに言いました。

すると、クリッシャーゴータミは「どうぞ教えてください。そのお医者さんを」と訊くと「仏の所へ行くのがよろしいでしょう」と教えてくれました。

クリッシャーゴータミは仏がいる所へ行き「私のために、この子を生き返らせる薬をください」と泣きながら仏に訴えたのです。

「この子を生き返らせるためには、芥子菜《からしな》〈またはケシ〉の種《たね》が一握《ひとにぎ》り必要です」と仏が言うと、クリッシャーゴータミは大変喜んで「必ず持ってきます」と言ったところ「ただし、芥子菜の粒は子供や宿六〈亭主〉、両親、友達などが死んだことがない家から貰《もら》ってこなければなりません」と更に、仏が付け加えたの

たりしかば、皆、「訖利葉瞿夷《クリツシヤーゴータミ》は失神《しつしん》せり、かの兒《こ》は既に死せるにあらずや」と曰ひあひぬ。

會々一人《たまたまいちにん》あり、瞿夷《ゴータミ》に告げけるは、「吾は死せるものを起《おこ》すべき妙藥《めうやく》を知らざれども、之を能《よ》くすべき良醫《りやうい》を知れり」。

瞿夷《ゴータミ》、「願くは告げ給へ、良醫《りやうい》とは誰そ」と問ひたれば、かの人「佛なる釋迦牟尼の許《もと》に行け」とぞ教《をし》へたりけり。

瞿夷《ゴータミ》は佛の許《もと》に行き、泣きて、「世尊、吾爲《わがため》に愛兒《あいじ》を蘇《よみがへ》らすべき妙藥《めうやく》を與《あた》へ給へ」と曰ひぬ。

佛、「吾《われ》は芥子《からし》の種一握《ひとにぎり》要す」と曰ひければ、瞿夷《ゴータミ》は太《いた》く喜びて、必ず之を獲《う》べしと約せしに、佛更に曰ひけるは、「芥子種《からしだね》は幼兒《おさなご》、良人《をっと》、父《ちち》母《はは》、朋友《ともだち》などを失《うしな》はざる家族より取り來《きた》らんことを要す」。

です。

クリッシャーゴータミは、一軒一軒芥子菜《からしな》の種《たね》を求めて歩くと、どの家庭でもクリッシャーゴータミを憐《あわ》れに思って「芥子菜《からしな》の種《たね》は、ここにあるから持って行きなさい」と言われるのですが、加えて「あなたのご家庭では、ご両親などご家族などが亡くなられていないでしょうか」と尋ねると、「残念ながら、今生きている家族はこれだけですが、死んだ者はこの人数ではありません。さらに、過去の話を持ち出せば、深い悲しみを増すばかりで耐えられません」とクリッシャーゴータミは言われてしまいました。どの家《うち》でも愛《いと》しい家族の誰かが死んでいるのです。

クリッシャーゴータミは疲れ果てて希望を失い、道《みち》端《ばた》で休んでいて何気なく街中の家々の灯《あか》りが点滅《てんめつ》するのを眺めていましたが、次第に夜《よ》が更《ふ》けてゆき、周辺《あたり》が真《ま》っ暗闇《くらやみ》になってしまいました。クリッシャーゴータミは、一人つくづくと人生のはかなさを感じて、灯《あか》りがすべて消えてしまうと、灯火《ともしび》のようなものを見て「どうして私はこのように悲しみにくれているのだろう。誰一人、死から逃《のが》れることができずにいるのに、

訖利葉瞿夷《クリツシヤーゴータミ》は家毎に立ちて芥子種《からしだね》を求めしかば、皆之を憐《あは》れに思ひて、「種《たね》は此《ここ》にあり、いざ持ち去れよ」と云ひしが、瞿夷《ゴータミ》の更に「君が家族には父母《ちちはは》、男女《なんにょ》、兄弟《けいてい》を失ひしとなきか」と問ひける時、皆答へて「悲《かな》しかな、生けるもの僅《わづか》なれども死せる者は多し。更に昔《むか》しを説《と》きて深き憂《うれひ》を新たにするに忍びず」と曰ひぬ。されば一家の中《うち》に愛せるものを失《うしな》はざるはなかりしなり。

瞿夷《ゴータミ》は倦《う》み疲れて甚《はなは》だ望《のぞみ》を失《うしな》ひたりしかば、路《ろ》傍《ぼう》に憩《いこ》ひて何心なく市中の燈火《ともしび》の明滅するを眺《なが》めをりしが、夜《よ》は次第に更《ふ》け行きて今は黒暗々《こくあんあん》となりぬ。瞿夷《ゴータミ》は獨《ひと》りつくづくと人生の果敢《はか》なきを感じ、其明滅して遂《つひ》に暗黒に入ること、さながら燈《とも》火《び》に似たるを見て、私《ひそ》かに思ひけるは、「アヽ、如何《いか》なれば吾《われ》ながら斯《か》くまで憂《うれひ》には沈みしぞ。死は何人《なにびと》も免《まぬ》かれ得ざるに、吾獨《われひと》り之をかこつは僻《ひが》

私一人だけ自分の境遇を口実にして不幸だと思っている。でも、私が迷っているのも、この苦しみから抜け出すことができないほどの深みに塡《はま》ってしまっている。このことこそ真実の姿を知るに到達する道に出てきた証《あかし》なのではないか」と思ったのです。

クリッシャーゴータミは、自分の悲しみだけに耐《た》えていたのが、甚《いた》く感動して嘆《なげ》くことを止め、死んだ子供を埋葬《まいそう》しました。それから仏の所へ戻って仏を頼って、仏の教えを聴いて慰《なぐさ》められたのです。仏の教えは、波風が立つ心の悩みを静かに治めてくださる妙薬《みょうやく》なのです。

「この世に生きる人間の一生とは、長いようでいて実は短く苦しみの多いものなのです。一度この世に生まれたものは、どのような魔術を使おうとも、いずれは年老いて死から逃《のが》れることはできないのです。人がこの世に生まれたという巡《めぐ》り合わせは、早く熟した木の実が早く木から落ちるという儚《はかな》さがあるように、一旦この世に産まれたものは絶対に死ぬという悲しみが待ち受けているので

めるかな。されどなほ己《おのれ》に迷へるものを斯《かか》る苦悩《くるしみ》の淵《ふち》に救ひて不生不死の道に到らしむるものは誠に之《こ》れ有《あ》らん」。

瞿夷《ゴータミ》は一身の憂《うれひ》にのみ堪《た》へざりしが、今や大いに感發《かんぱつ》したりければ徒《いたづ》らに嘆《なげ》くことを止《や》めて、死せる小兒《せうに》を葬りぬ。さて其れより佛の所に歸《かへ》りて之《これ》に歸依《きえ》し、法《のり》を信じて慰《なぐさみ》を得たり。法《のり》は吾曹《われら》の悩《なや》める心を鎮《しづ》めて能く一切の苦厄《くやく》を除く甘露なり。

佛宣《のたま》ひけるは、

「此世における人間の生涯は短くして且つ苦《くるしみ》なり。一たび生れたるものは、如何《いか》なる術《すべ》を運《めぐ》らすとも遂に死を脱《まぬか》る能《あた》はず。老いての後は唯死あるのみ。人生の命運實《じつ》に此《かく》の如し。熟《じゆく》せる果實《このみ》の早く落つる憂《うれひ》ある如く、一たび生れたるものは常に死する憂《うれひ》あり。人生の運命は陶器師《すゑものし》の造れる陶器《すゑもの》の終《つひ》に砕《くだ》くるが如し。

す。人生とは陶工《とうこう》が作った焼き物が割れてしまうようなものなのです。

子供も青年も、頭の善し悪《あ》しにかかわらず、死というものの力に抵抗することはできないのです。寿命によってこの世を去るものは、父親であろうとその子供であろうとも、どうすることもできないのです。

親戚や友達といった連中でも、どうしようもないのです。家族や親戚、友達が集まって死んだ人を弔《とむら》って深い悲しみにくれようとも、みんなが後に続いて一緒に墓の中に入って行くことにはならないのです。家畜が群《む》れになって肉になるために一緒に食肉処理施設に行っても、同じ墓に入ることがないのと同じようなものです。人生とは、死を思い煩《わずら》うことに苦しめられるのです。でも、道理の分かる者は世の中が常に同じではないことを知っているので、嘆《なげ》くことはないのです。

世間の人たちは将来を夢みて、こうなったらいいなぁとか、こうでならなければと思ったりしても、実際には今までに思っていたことと違う方向

幼《をさなき》も、若きも、愚《おろか》なるも、賢《かしこ》きも、死の力には敵すべくもあらず、只唯々《いい》として其命《めい》に従ふべきのみ。死の命《めい》に従ひて此世を辭《じ》するものは、父も其子を奈何《いかん》ともする能《あた》はず。

親戚朋友も其徒《ともがら》を如何《いかん》ともする能はず。相《あひ》集りて逝《ゆ》けるものを悲しみ嘆《なげ》くこと如何《いか》に深くとも、看よ、彼是相率《かれこれあひひき》ゐて墳墓の中《うち》に入るもの踵《きびす》を接するにあらずや。猶牛群《なほうしのむれ》の相伴はれて屠場《とちやう》に赴《おもむ》くが如し。人生の死と惱《なやみ》とに苦しめらるゝや斯《かく》の如し。されど賢きものは其世の常なるとを知りて悲《かなし》むとなし。

世の人は様々に將來《ゆくすゑ》を計りて、斯くあらん、斯くあるべしなど思へども、事の實地《じつち》に起るを見れば、其嘗《かつ》て期《き》せし所と違《たが》へるが故

に進んでしまうことがあり、残念に思うことがしばしばありますが、これは世の中が無常だからなのです。

いかに嘆《なげ》き悲しんでも心を平静にしなければ、苦しみが増し、そのために身体を壊《こわ》してしまい、そのままにしておけば、病み疲《や》れて死んでしまうこともあり、その死者の魂《たましい》は何処《どこ》へ行くことも出来ずにさ迷ってしまうでしょう。

人は死んで、その後《のち》は生きていたときの行《おこな》いの善《よ》し悪《あ》しによって、輪廻による来世での生き方が決まるのです。もし、百年いや千年生きられたとしても、妻子や親戚、一族を残してこの世を去らなければならないのです。

心が安心するように願うのであれば、心に突き刺さった悲しみや嘆《なげ》き、死んだ人を悼《いた》む矢を抜かなければなりません。これらの矢を総《すべ》て抜ききって煩悩から離れることができるのですから安心しなさい。総《すべ》ての嘆《なげ》きや悲しみから逃《のが》れたとき、幸せと功徳が訪れるのです」と仏は仰いました。

〈法句経の註釈・雑譬喩経など：母親は老婆と訳さ

に、失望甚《はなは》だ大なり。されど看よ、こは世の常ならずや。

泣き悲しむとも如何《いか》でか能《よ》く此《この》心を安からしめん。只却って其苦《くるしみ》を増し、其身を害《そこな》ふに至らんのみ。其身は遂に病み疲《や》れて死に至るとも、逝《ゆ》けるものは悲嘆《ひたん》の爲《ため》に還《かへ》るべくもあらず。

人は死せん、而《しか》して死せるのちは生前の行《おこなひ》如何《いかが》によりて其命運を定めらるべし。よし百歳千歳《ひゃくさいせんざい》の齢《よはひ》を保つとも、遂には妻子眷族《けんぞく》を後にして此世《このよ》を辭《じ》せざるを得ず。

安心を求めんとするものは悲歎哀傷《ひたんあひしょう》の矢を抜き去らざるべからず。矢を抜き去りて悩《なやみ》を免《まぬか》れたるものは安心を得《う》べし。一切の悲苦《ひく》を斷てるものは悲苦を離れたるなり、福徳此《これ》より生ぜん。」

れているものもあります。凡夫注〉

◇

舎衛城の南側に幅が広く深い大きな河《かわ》がありました。その河岸《かわぎし》に五百軒余りの人家からなる集落がありましたが、そこでは仏の教えが広まっていなかったために、村人たちは自分の利益などばかりを考えて生活していて、他人に寄り添って助け合うことなど思いもよらないことでした。

世の中の人々に広く教えを拡めようとしている仏の願いで、この集落の人々に教えを伝えて悟りへの道に向かわそうと思ったのです。仏は、この大きな河岸《かわぎし》まで来て、岸に生えている木の下で休憩していました。村人は、仏の態度や雰囲気が堂々として心が引き締まるように見えたので、謹《つつし》み深く仏の教えを聴いたのでした。

仏が舎衛城を後《あと》にしてどこかへ行こうとしていたとき、舎利弗は仏が出かけてどこかで教えを話すのだと思い、その話を聞きたくなって大きな河岸《かわぎし》まで来て河

第八十五　河を渉りて主に従ふ

舎衛城の南に大河《おおかは》あり、幅廣《ひろ》く底深し、岸に沿ひて一村《ひとむら》あり、人家《じんか》五百計《ばかり》、住民尚いまだ解脱の好音《かういん》を聞かざりければ、皆世榮《せえい》を貪りて自利《じり》の計《はかりごと》をのみ營《いとな》みぬ。

普《あまね》く衆生を度《ど》せんとするは佛陀の本願《ほんぐわん》なれば、此《この》村人にも教《をし》へ傳《つた》へて道に入《い》らしめんと思ひ給ひ、佛は大河《おおかは》の畔《ほとり》に至りてまづ一樹《じゅ》の下《もと》に憩《いこ》ひ給ひたり。村人は世尊の威容《いよう》堂々たるを見て、恭《く》敬《ぎやう》を盡《つく》せしが、世尊の教《をしへ》をば信ぜざりき。

世尊の舎衛城を去り給はんとせる時、舎利弗《シャリホツ》は主を見て其教《をしへ》を聞かばやと思ひ、河畔《かはのほとり》に至りて之を渉《わた》らんとせしに、水深くして流《ながれ》急なりき。

を渡ろうとしたのですが、河底が深く流れも急だったので渡れずにいました。

でも、舎利弗は「河がいかに深くても、私は村まで行って仏の話が聞きたい」と思い、不思議な術を使って河の流れの上を歩いて渡り、仏の所へ行って拝礼をしたのです。

その場所には、河を渡る橋がないし、渡し船もなく、急な流れの河の上を沈まずに歩いて渡って来たので、村人たちはビックリ仰天してしまいました。

「仏の教えを聴く前は、迷いを抱《かか》える唯の男性でしたが、仏から悟りへの教えを聴いてからは波立つ河の上をスタスタと歩けるようになったのです。それは、私が仏の教えを信じたからこそ出来たことで、もし仏の教えを聴いていなければ、このようなことは出来なかったでしょう。善き行いをしてきたからこそ、今このようにして仏と会うことができるのは、幸せの極致なのです」と舎利弗が言いました。

「舎利弗は、よくあのようなことが言えるものだ。お前のような信仰のやり方では、輪廻の世界からはとても救うことはできないだろう。足を濡《ぬ》らすことなく、

されど彼私《ひそか》に、「水深くとも何かあらん。吾《われ》は行きて佛を見ざるべからず」と思ひて、波の上を渉《わた》り主の許に至りて敬事《けいじ》せり。

村人は舎利弗《しゃりほつ》の橋もなく舟もなき流《ながれ》の上を歩《ほ》して更に沈まざりしを見て一方《ひとかた》ならず驚きぬ。

舎利弗《しゃりほつ》答へけるは、「佛の教《をしへ》を聞かざりし以前は、吾も迷へる凡夫《ぼんぷ》なりき。吾は成佛《じやうぶつ》の道を聞かんと思ひたれば、河《かは》を渉《わた》りて騒《さは》げる波の上を歩みたり、そは吾信《わがしん》をもちたればなり。若《も》し信仰なくば如何《いか》でか此《かく》の如《ごと》くなるを得ん、今や佛に相見《しょうけん》する福徳を全《まった》うさせるこそ幸《さいわひ》の極《きは》みなれ」。

世尊、「舎利弗《しゃりほつ》よ、能《よ》くも言へるもの哉《かな》。信仰汝の如くならば始めて世を輪廻《りんね》の荒波より救ひ得らるならん、足をも濡《ぬら》すことなくて彼岸《ひがん》に到り得

この世と悟りへの世界の間にある〈三途の〉川を渡ることは到底無理だろう」と仏は仰いました。

このように言ってから、仏は憂《うれ》いや苦しみから解き放たれて善いことを進んで行うことを話し、世間に充満している欲という大河《たいが》を越えて悟りへの岸〈彼岸〉へ渡るには、すべての欲に縛られている縄から抜け出すことを教えたのでした。村人たちは、仏の教えを聴いて喜びに湧《わ》く心を先ずは抑えて、深く教えを信じて五戒《かい》〈五つの戒《いまし》めで、①生き物を殺さない　②他人《ひと》のものを盗まない　③男女ともにみだりに相手の同意が得られないときに性行為はしない　④嘘をつかない　⑤酒に呑まれない〉を誓って仏の教えに従ったのでした。

◇

邪悪に染まった心を持つ年老いた比丘が、悪い病気に罹って、身体から発する悪臭《あくしゅう》や肌の色が悪いため、仲間の比丘は誰一人として助けようとする者はおろか、近づくことさえしませんでした。たまたま、仏がこの精舎に来た時にこれを聞いて、すぐにぬるま湯を

るならん」。

かくて佛は愁苦《うれひ》を制して徳《とく》に進むべきとを説き、又世欲《せよく》の大河《だいが》を超えて不生不死の岸に到らんには、一切の繋縛《けばく》を取り除《のぞく》べきとを教《をし》へたり。村人は如來の言《こと》を聞きて歡喜《くわんき》措《お》く能《あた》はず、深く教《をしへ》を信じて五戒《ごかい》を受け、佛名に歸依《きえ》し奉りたり。

第八十六　病僧

心暴《あら》き老比丘ありけり、惡しき疾《やまひ》に罹りて其臭《にほひ》、其色、近よるべくもあらざりければ、誰一人其病《やまひ》を扶《たす》けんとするものなかりき。會々《たまたま》世尊、此精舎に來《きた》りて此事《このこと》を聞きたれば、微温湯《びおんとう》を用意せしめて、自ら病室に到り患者の腫物《しゆもつ》を洗ひ、諸々

用意させ、仏自らその病気の比丘の所へ行って、病巣《びょうそう》の腫《は》れたところを綺麗《きれい》に洗ってやり、他の比丘たちに、

「仏は貧しい人ほど仲良くして、援助《えんじょ》が必要な人に救いの手を差し伸べ、病人には看護をし、真実を見失っている人には知識の光を与え、迷いの心に犯されている人には目を覚《さ》まさせ、年寄りや幼《おさな》子《ご》の言い分をよく聞き、人々の模範となるためにこの世に出現したのです。これらは仏が行わなければならない役目で、これが達成したら仏として本来の役目を果たしたことになるのです。たくさんの川の流れが海に注ぐことによって心の乱れが静まるのです」と仰いました。

仏がこの精舎にいる間は、一日も欠かさず病人を看病していました。ある日この街の首長がやって来て仏に丁寧《ていねい》に挨拶《あいさつ》をした後、このことを仏から聴いた首長は病に罹った比丘の前世を尋ねると、

「昔、一人の王様がいましたが、とても残忍《ざんにん》な性格で、欲しいと思ったものは家臣から無理やり、取り上げていました。あるとき、役人に向かっ

の弟子に告げ給ひけるは、

「如來は貧《まづ》しきを友とし、助《たすけ》なきを助《たす》け、病《や》めるを看護し、盲者《まうじや》に明《めい》を與《あた》へ、迷者《めいしや》の心を覺《さ》まし、老幼《らうえう》の權利を貴《たつと》び、又斯《かく》して人の摸範と成らんが爲《た》め此《この》世に來《きた》れる也。是《これ》如來の職分なり、もし之《これ》をだに成し得たらば出世の一大本懐《ほんくわい》は足れりと云ふべし、猶百川《ひやくせん》の海に入《い》りて始《はじめ》て止《やむ》が如し」。

世尊此《ここ》に滯在《たいざい》し給へる間は、日々病僧《びやうそう》を看護して懈《おこた》り給はざりき。一日《あるひ》市《し》の長《ちやう》來《きた》りて佛を禮拜《らいはい》し、此《この》事を聞きて病僧《びやうそう》の前生《ぜんしやう》を尋ねたれば佛告げ給ふやう、

「昔し一人の王ありけるが、性《せい》甚《はなは》だ殘忍《ざんにん》にして擅《ほしいまま》に臣下のものを奪ひ取りぬ。一日《あるひ》官人《くわんじん》に命じて、ある高貴の人を鞭《むちう》たしめたり、官《くわん》

て、さる高貴な人に鞭《むち》打ちの刑を命じました。役人は竹製の笞《むち》で、叩《たた》かれる人の痛みなど考えずに王様の命令に従って打とうとした時、その高貴な人が情けを乞うと、役人は強く叩《たた》けばさぞや痛かろうと思って手心を加えて叩《たた》いたのでした。この王とは輪廻《りんね》によって今の世では提婆達多であり、提婆達多は厳しい修行を仕《つか》えていた比丘に課したため、人々から見放され悲惨《ひさん》な死にざまでした。笞《むち》を使って高貴な人を打った役人が今ここにいる病を患《わずら》った比丘で、精舎にいる仲間を苦しめたので病気になって呻《うめ》いても誰も看病をする人はいなかったのです。そして、笞《むち》で打たれた時に情けを願い出た高貴の人は菩薩だったので、生まれ変わって如来になりました。病気になった比丘は私が看病をして心を入れ替えたので、私に対して受けた行為の恩に感謝するでしょう」と仏が仰いました。

「素直な人を悩《なや》まして、無実の者に罪を擦《なす》り付けることを行えば、十苦《じっく》〈①出生　②老衰《ろうすい》　③病気　④

人《じん》は笞《むち》の痛《いたみ》を思ひ遣《や》らず、たゞ王命を畏《かしこ》みて、かの人を打たんとせしに、貴人憫《あはれ》みを乞《こ》ひければ、官人《くわんじん》も之を憫《あはれ》みて強くは撃《う》たざりき。さて此《この》王は提婆達多《デーブアダツタ》の前身なり、提婆達《デーブアダツ》多《タ》はさきに嚴《きび》しく人を逐《お》ひ使ひしかば、衆《しゆう》の爲《ため》に棄《す》てられて、終《つひ》に悲惨《ひさん》なる最期《さいご》を遂《と》げたり。かの官人《くわんじん》は卽《すなは》ち今の病僧《びやうそう》なり、彼は寺中《ぢちう》の同侶《ともだち》を苦しめたれば、病苦《びやうく》に呻吟《しんぎん》すれども、人の顧《かへり》みるものなし。されどかの打たれんとして憫《あはれ》みを乞《こ》ひたる貴人《きじん》は菩薩なりき、彼は今や生れて如來となりぬ。そのかみ病僧《びやうそう》は吾《われ》を惠《めぐ》みたれば、吾《われ》今彼を看護して恩に酬《むく》ゆるなり。」

世尊、又宣《のたま》ひけるは、

「從順なるものを惱《なや》まし、無辜《つみなき》のものを誣《し》ふれば十大災厄を免《まぬか》るゝこと能《あた》はじ。されど忍《にん》

死　⑤憂《うれ》い　⑥怨《うら》み　⑦苦しみ　⑧心配　⑨病気へのおそれ　⑩生死流転　の各苦〉を免《まぬが》れることはできないのです」と仏が仰いました。

病気に罹った比丘は、これを聴いて、今までの悪い行いを悔《く》い改め、煩悩を離れて清らかで汚れのない心となって、尊敬して仏に仕《つか》えることにしました。

辱《にく》を守れるものは浄《きよ》めらるべし、苦悩《くるしみ》を和《やはら》ぐる良工《りやうこう》となるべし」。

病僧《びやうそう》は之《これ》を聞きて、佛に向ひ、舊來《これまで》の惡行《あくぎやう》を懺《ざん》悔《げ》し、清淨《しやうじやう》無垢《むく》の心となりて佛に敬事《けいじ》したり。

第七章 お釈迦さまの死

仏が王舎城に近いジウレイという所にいた頃、マガダ国王ビンビシャラの後継者アジャタはフリジーという国と戦《いくさ》をして自分の領土にしようと思い、大臣のブアルサーカーラに「私はフリジーを攻めて我が領土にしようと思っている。いかに堅い守りで強大な国であっても、私は必ずフリジーを攻め滅ぼそうと思う。さて、大臣は仏の所へ行って、まずはご機嫌を伺ってから私の思っていることを伝えなさい。仏から話があれば必ずメモをして、城に帰ってから忘れずに私に報告しなさい。仏の言うことに間違いがなければ」と指示しました。

大臣は、命令通り仏の所へ行くと、まずご機嫌を伺ってから命令された内容を仏に話しました。すると、仏は後ろに控えていた阿難に向かって「阿難、フリジ

◎佛の終焉

第八十七　幸福

佛、王舎城に近き鷲嶺《ジウレイ》に錫《しやく》を留《とど》め給ひたる頃、摩竭陀《マガタ》國王頻毗娑羅《ビンビシャラ》の嗣《し》、阿闍世《アジャータシャトル》王は弗栗恃《フリヂー》を攻めんと思ひ、大臣婆薩迦羅《ブアルサーカーラ》に告げけるは、「吾《われ》、弗栗恃《フリヂー》を抜かんと思へり。如何《いか》に堅固《けんご》にして、如何《いか》に強大ならんも、吾《われ》必ず弗栗恃《フリヂー》を屠《ほふ》りて零落《れいらく》せしめんと思へり。さて婆羅門の人よ、願はくは行きて佛を訪《と》ひまゐらせ、先《ま》づその安否を審《つまびらか》にして次に吾目論見《わがもくろみ》を告げよ。佛の教《をし》へ給ふことあらば、必ず記《き》して忘るゝことなく、歸《かへ》りて吾《われ》に告げよ、佛も言《こと》に過《あやまち》なければ」。

大臣婆薩迦羅《ブアルサーカーラ》は王命を畏《かしこ》みて先《ま》づ佛を祝《しゆく》し奉《たてま》りて、次に王の旨《むね》を傳《つた》へたり。佛乃《すなは》ち後に立ちて扇《あほ》げる阿難に問ひ給へるやう、「阿難よ、汝は

ー国では、ちょくちょく公《おおやけ》の議会が開かれていることを知っていますか」と尋ねました。

「はい。私は、そのことを聞いております」と阿難が答えました。

「フリジーは、しばしば議会を開いて民衆の声を聴いて議論しているうちは、滅亡するとは思えないし、将来にわたり繁栄が続くでしょう。フリジーが議会を開いているうちは、年長者に対して敬《うやま》って仕《つか》えたり、女性への取扱い方が丁寧《ていねい》で、正しい道を行っていて、心正しき人を守り、人に寄り添っている間は亡《ほろ》びることはないでしょう。いえ、未来に続くまで栄え続けるでしょう」と仏が仰いました。

　このようにして「ブアルサーカーラ。私がブアイサリに滞在していた時に、フリジー国に幸せであることとはどのようなものであるか、ということを話してきました。そのように善い行いをして、悟りへの正しい道を歩み、戒律《かいりつ》を守っている間、その国は亡《ほろ》びることを知らず永年にわたって必ずや栄えることでしょう」と仏がブアルサーカーラに言いました。

　アジャタの使いが帰ると、仏はすぐに王舎城の近く

弗栗恃《フリヂー》國の屢々《しばしば》公議會《こうぎくわい》を招集せることを聞けりや」。

阿難は、「世尊、吾實《われじつ》に其事ありしを聞けり」。

佛、「弗栗恃《フリヂー》の斯《か》く屢《しばしば》公議を開きて輿論《よろん》を聞けるうちは、亡滅《ほろび》を招くとも思はれず、否、將來《ゆくすゑ》は必ずや榮《さか》え行くならん。弗栗恃《フリヂー》にして會議《くわいぎ》をなすうちは、兄長《けいちやう》に敬事《けいじ》するうちは、婦人を好遇するうちは、正式を整《ととの》へて道を行ふうちは、聖《きよ》き人々を護《まも》り慰《なぐさ》むるうちは、遂《つひ》に亡滅《ほろび》を招くことなからん、否、將來《ゆくすゑ》は必ずや榮《さか》え行くならん」。

斯くて佛、婆薩迦羅《ブアルサーカーラ》に告げ給ふやう、「婆羅門の人よ、吾《われ》、毗舍離《ブアイサリ》に留まれるとき、吾《われ》は弗栗恃《フリヂー》に幸福《さいはひ》の有様は如何《いか》なるものなるかを教《をし》へたり。曰く、善き教《をしへ》を守れるうちは、正しき道を歩《あゆ》めるうちは、正義の戒《いましめ》に遵《したが》へるうちは、其國《そのくに》は決して亡滅《ほろび》を招くことなく却って幾久《いくひさ》しく榮《さか》えるや必《ひつ》矣《せり》」。

王の使《つかひ》去れるとき、佛直ちに王舎城の畔《ほとり》に棲《す》め

にいる比丘たちを精舎に集合させると、

「比丘たちよ、私はあなたたちグループが幸せであるというのはどのような事情によるものかを話すから、はっきりと聞きなさい。

たくさんいる仲間と互いに一致協力して、たびたび会合を開催して私の教えやグループのこと、それぞれが経験したことを教え合って善いと思えることは進んで行うようにしなさい。先輩の言うことを聞いて正しい悟りへの道を歩み、道から逸《そ》れていないと分かったときには先輩を尊敬し、必要があれば助成してそれを守り、教えに従って欲深い心に侵食《しんしょく》されないようにしなさい。本来の悟りへの道の楽しさを善い行いをした人や信頼される人と一緒にいることを望むのであれば、懶《なま》けたり、怠《おこた》ったり、疎《おろそ》かにすることがないようにしていれば、七大智《しちだいち》〈真理に当てはまる七つの知識である地・水・火・風・空・見・識〉を心の中で捏《こ》ねて精製して、真理・仏道修行に励《はげ》む・楽しく喜ぶ・控えめな態度で行動する・自分の意思で衝動《しょうどう》や欲望を抑える・心を静めて集中して瞑想《めいそう》する・先入観を

る比丘衆を法堂《はふだう》に集《つど》へ、之に告げ給ひけるは、

「比丘衆よ、吾《われ》今汝等に教會《けうくわい》の幸福《さいはい》は如何《いか》なる事情に由《よれ》るかを教《をし》ふべし、諦聽《たいちやう》せよ、吾《われ》語らん。

比丘衆よ、諸《もろもろ》の兄弟《けいてい》の相互《あひたがひ》に協同一致して屢《しばしば》全會《ぜんくわい》を開きて僧伽《サンガー》の事を圖《はか》るうちは、經《けい》驗《けん》を教《をし》へて善なりとなせるものを退《しりぞ》けず、叮《てい》嚀反覆《ねいはんぷく》して試みたる事の外猥《みだ》りに改《あらた》むることなきうちは、兄長《けいちやう》たるもの能《よ》く正《せい》を踏みて過《あやま》つことなきうちは、兄長《けいちやう》を尊《たふと》びて之《これ》を扶《たす》け、之《これ》を護《まも》り、其言ふ所に從《したが》へるうちは、貪饕《むさぼり》の念《こころ》を退《しりぞ》けて道味《だうみ》の甘きを樂《たの》しみ、善き人、聖《きよ》き人の喜び來《きた》りて共に棲《す》まんことを望むうちは、懶惰怠慢《らいだたいまん》に流るゝことなきうちは、七大《しちだい》智《ち》をもて心を練り、眞理、精進《しやうじん》、怡悦《いえつ》、謙讓、克己《こくき》、禪定《ぜんちやう》、虚心《きよしん》の諸徳《しよとく》を養ひ成さんとするうちは、僧伽《サンガー》は決して衰頽《おとろへ》を招くことなく、必ずや繁榮《はんえい》の運に向ふならん。

持たずに素直な心になる、の七つの徳を育てている間は、仏のグループは衰《おとろ》えずに将来に向けて栄えることになるのです。

だから比丘たちよ、仏を心から信ずることを忘れてはいけません。他人《ひと》に対して、慎《つつし》み深く尊敬するような態度で接しなさい。悪い行いをしたり悪い行いをしているグループに入ることなく、積極的に修行に励《はげ》んで、嫌気《いやけ》を起こすことがないように努《つと》めなさい。魂《たましい》を静かに保ちながらも活気あふれるようにして、人々を憐《あわ》れみ慈《いつく》しむように心を充《み》たしなさい」と仰いました。

◇

仏がジウレイに滞在している頃に、周辺に住んでいる比丘たちを集めて、「正しい〈善い〉行いとはどのようなものかということを考えて国中《くにじゅう》のあらゆる所へ行って話をしなさい」と仰いました。

「誠意ある思いと正しい行いとが一緒になるとき、善い結果が現れ、幸せをもたらすためになる

故に比丘衆よ、信心を失ふなかれ。恭謙《きようけん》にして人に下れ。罪業《ざいごふ》に沈まざらんことを勉めよ。學《まな》んで倦《う》むことなかれ。精進勇猛《しやうじんいうまう》なれ。心神《しんじん》を活動せしめよ。心に智恵《ちゑ》を充《み》たせよ。」

第八十八　正行

佛、鷲嶺《ジウレイ》に留錫《るしやく》し給へる頃、大いに諸兄弟《もろもろのけいてい》を集めて道話《だうわ》をなし、正しき行《おこなひ》は如何《いか》なるものなるかを研究して之を國中《こくちゆう》到る處《ところ》に宣《の》べ傳《つた》へぬ。

佛宣《のたま》ひけるは、

「誠ある思《おもひ》と正しき行《おこなひ》と相伴ふときは、其果報、其利益《りやく》、頗《すこぶ》る大いなり。

ことが、とても大きいのです。

物事を正しく認識し真理を見極《みきわ》める力と誠意のある思いとが一つになると、善い結果が現れて幸せをもたらすためになることが大変大きいのです。

物事の真実を明らかにして迷いから抜け出して悟りに向かう心は、男女の情愛の欲や自利《じり》〈自分だけの利益を追求する〉、道理に暗く間違った考え、愚痴《ぐち》といった大きな悪の行為から逃《のが》れられるのです」と仏は仰いました。

◇

仏がナーランダーに暫《しばら》く留《とど》まっていた頃、マガダ国の国境近くにあるバタリブトラ市に行ったとき、市内に住む弟子たちが仏が来たことを聞いて、仏を田舎の精舎《しょうじゃ》に招きました。仏は衣《ころも》を着けて自分の鉢を持って弟子たちと一緒にその精舎《しょうじゃ》に着《つ》くと、足を洗って中に入り中央の柱を背にして東向きに坐《すわ》りました。弟子たちもその後に続いて足を洗い、西側の壁を背にして

智恵《ちゑ》と誠ある思ひと相伴ふときは、其果報、其利益《りやく》、頗《すこぶ》る大也。

智恵《ちゑ》を宿せる心は、情慾、利己《りこ》、迷妄《めいまう》、愚《ぐ》痴《ち》の諸大悪《だいあく》を離る。」

第八十九　華氏城

佛、那蘭陀《ナーランダー》に留まり給へる頃、摩羯陀國《マカダコク》の境《さかひ》にある華氏城《バタリブトラ》市に赴き給へることありき。市中の諸《もろもろの》弟子は、佛の來《きた》り給へるよしを聞き、佛を請《しやう》じて、田舎の寺に招きぬ。佛乃ち衣《ころも》を着《つ》け、鉢を持して諸《しよ》弟子と共にかの寺に到り、足を濯《あら》ひて書院に入《い》り、中央の柱を背にし、東に面して坐し給ひければ、諸《しよ》弟子も亦足を濯《あら》ひて書院に入《い》り、

東に向いて坐《すわ》りました。バタリブトラ市に住む在家の信者もやって来て、やはり足を洗って東側の壁を背に西に向いて坐《すわ》りました。

〈弟子たちは仏の後ろに並び、在家信者は仏や弟子たちと相対するように坐ったことになります。凡夫注〉

「在家信者の方々、悪人が正直で実直ではないので失うものが五つあります。第一は、規律〈法律〉を守らないで疎《おろそ》かにするから、みすぼらしい格好になります。第二は、悪い噂《うわさ》が人から人へとすぐに伝わってしまいます。第三は、バラモン教徒や貴族、大家、出家した人など、あらゆる社会に関係なく、これらのグループに溶《と》け込もうとして、いざ入会しようとしても胸の動悸《どうき》が激しくなって入会を躊躇《ためら》ってしまいます。第四は、もし死が間近に迫ってきたとき、悶《もだ》え苦しんだり心配事があって身の置き所が無くなってしまいます。第五は、死んで肉体と魂《たましい》が別れる時、魂《たましい》は一旦《いったん》閻魔《えんま》大王《だいおう》の前に引き出された後、輪廻《りんね》のどの世界に生まれ変わっても、悲しみや憂《うれ》いといった苦しみの

佛の座を圍《かこ》みて西壁《せいへき》に背《そむ》き東方《ひがしのかた》に向ひて坐しぬ。華氏城市《バタリブトラ》の居士も亦足を濯《あら》ひて書院に入《い》り、佛に対して東壁《たうへき》を背にし、西方《にしのかた》に面して座を占めぬ。

佛乃ち華氏城《バタリブトラ》の居士の爲《ため》に説き給ひけるは、

「在家の人々よ、惡人が自ら正直律義ならざるによりて失ふ所五あり。第一に惡人は律《りつ》直《ちよく》を欠けるより、怠慢《たいまん》の爲《ため》に貧窶《ひんる》の身となる。第二、其惡名は嘖々《せきせき》として人口《ひとのくち》に上《のぼ》らん。第三、或《あるひ》は婆羅門、或《あるひ》は貴族、或《あるひ》は家《いへ》主《ぬし》、或《あるひ》は出家、其如何《いか》なる社會《しやくわい》を問はず、惡人之に入《い》らんとするときは、狐疑躊躇《こぎちうちよ》して胸必ず轟《とどろ》かん。第四、其死せんとするときは、煩悶憂慮《はんもんいうりよ》して身を措《お》く所なかるべし。第五、死後色身《しきしん》分離の時、其心は必ず不幸の地に至りて留まるべし、其羯磨《カルマ》の相續《さうぞく》する所は、何處《いづく》も苦《くるし》み愁《うれひ》ならざるはなけん。在家の人々よ、是卽《これすなは》ち惡を行ふもの丶五失《ごしつ》なり。

煩悩に迫られるのです。在家信者の人たち、これは悪い行いをする人が失う五つのものなのです。

　在家信者の方々、善い行いをする人が正直で実直であるために得るものが五つあります。第一は、規律〈法律〉を守るが故に、それが後ろ盾《だて》となって仕事や勉強に身が入って上達するでしょう。第二は、良い評判があちこちに伝わります。第三は、貴族やバラモン教徒、家の主人、出家した人々などのグループを問わず、固《かた》い信仰によって品位を失うことなく心からの交流ができるのです。第四は、嘆《なげ》き心配することなく安らかに死を迎えることができるのです。第五は、死んで肉体と魂《たましい》が別々になる時、魂《たましい》は善い行為をした生きとし生けるものだけが居《い》られる所に留《とど》まって、善い行いの結果はどの世界に行っても幸せと平和が約束されるのです。これが善い行いをする人が得られる五つの徳なのです」と仏は、バタリブトラ市の在家信者のために話されたのです。

　夜更《よふ》けまで話をされた仏は、バタリブトラ市の在家信者だけでなく弟子たちの心も励《はげ》まして喜ばせた後、

　在家の人々よ、善人が正直律義をなすによりて得る所五あり。第一、善をなす人は律《りつ》直《ちよく》の心強きが故に勤勉の力によりて榮《さかえ》を受く。第二、其芳名《よきな》は四方に傳《つた》はるべし。第三、或《あるひ》は貴族、或《あるひ》は婆羅門、或《あるひ》は家の長《をさ》、或《あるひ》は僧侶、其如何《いか》なる社會《しやくわい》を問はず、彼は必ず確信自重《じちやう》の心を以て交《まじ》はるならん。第四、彼は何の憂《うれひ》もなく、晏然《あんぜん》として死に就《つ》くならん。第五、死后色身《しごしきしん》分離の時、其心は福徳《ふくとく》の地に至りて止《とど》まるべし、其羯磨《カルマ》の相續《さうぞく》する所は、何處《いづこ》も天福《てんぷく》と平和ならずと云ふことなからん。在家の人々よ、是卽《これすなは》ち善《ぜん》を行ふものゝ五得《ごとく》なり。」

　佛、斯《か》くて夜の更《ふ》くるまで道話《だうわ》をなし給ひつ、諸《しよ》弟子の心を勵《はげ》まし且《かつ》喜ばしめ給ひたる後、座を

坐《ざ》を立ちあがって「夜がだいぶ更《ふ》けてきました。今、あなた方が善いと思われる方法に従って、それぞれが善い行いをする時ですよ」と仰いました。

バタリブトラ市の在家信者たちは、「いざ、さらば」と言いながら坐《ざ》を立って、それぞれが仏に手を合わせて拝んで仏の前を通る時に尊敬の意味を込めて右手を挙《あ》げた姿勢で精舎を出て行きました。

〈仏の考えに賛同するときや、敬意を表わすとき、右肩の肌を出して仏の周りを三回廻ってから退出するという説があります。凡夫注〉

バタリブトラ市に仏がしばらく滞在している間に、マガダ国王はバタリブトラ市長に使いを出して、安全を保ち外敵の侵入を防ぐ、石や土などで固《かた》めた堤防で市の周りを囲《かこ》むように命令を出しました。

仏は、堤防が築《きず》かれていくのを見て、密かにバタリブトラ市の将来について「堤防の造成工事に携《たずさ》わっている人々は、まるで菩薩たちが乗り移って作業をしているようだ。バタリブトラ市《いち》は、将来多くの人が集まって賑やかになる場所で、市《いち》が立って様々な物資の流通が盛《さか》んに行われて人々の行き来が忙《いそが》しくなるだろ

退《しりぞ》かしめて曰ひ給ひけるは、「夜《よ》は早《は》や更《ふ》け渡《わたり》ぬ。今は汝曹《なんぢら》の擇《えら》む所に從ひて各《おのおの》善事《ぜんじ》をなすべき時にこそ」。

華氏城《バタリブトラ》の諸《しよ》弟子は、「さらば世尊」と答へつゝ坐《ざ》を退《しりぞ》きて、佛を禮拜《らいはい》し、其前を過《よぎ》らんとするや、各《おのおの》右手《めで》を擧《あ》げ敬《けい》を施《ほどこ》して分かれ行きぬ。

佛、尚華氏城《バタリブトラ》に留錫《るしやく》し給ひける時、摩羯陀《マカダ》國王は該市《がいし》の長《をさ》に使《つかひ》して町内の安全を計《はか》るため堡壘《ほうるゐ》を築けよと命ぜり。

佛は工夫《こうふ》の日々に勞作《らうさ》するを見て、竊《ひそ》かに該市《そのし》將來《ゆくすへ》の繁榮《はんゑい》を卜《ぼく》し給ひけるは、「堡壘《とりで》を建設する人々の働きは、宛然《さながら》神人《しんじん》ありて之を助くるに似たり。華氏城《バタリブトラ》は將來《ゆくすゑ》必ず繁華《はんくわ》の土《ど》となりて、貨物《くわぶつ》の交易《こうえき》盛《さか》んに行《おこな》はれ、人々いそがはしき生涯を送るに至らん。されど不幸にも三大災《さんだいさい》は華氏城《バタリブトラ》の未來《ゆくすゑ》

う。でも、不幸にも三回の禍《わざわい》が襲《おそ》ってくるだろう。それは、火と水と戦争だ」と占《うらな》いました。

市長はバタリブトラ市の将来が幸運であることを聴いて大いに喜んで、ゴウガの方向へ仏が出て行こうとするので、市《し》の出入り口にあたる門の名前を『ゴータマ門』と名付けました。

ゴウガの近くに住む住民は、仏がやって来たのを聞くと、お祝いをせねばということになり、大勢の人が団体で仏の顔を見にやって来て、それぞれの人が自分の舟に仏を乗せて向こう岸まで河を渡ってもらおうと美《うつく》しく飾り付けた舟を用意して待ち構えていましたが、仏は河を渡ってもらおうとする舟の多さにビックリ仰天《ぎょうてん》。これらの舟のうち、どれか一艘《そう》を選んで乗れば他の人たちから選んでもらえなかったと不平が起こるのが目に見えていたので、仏は、どの舟にも乗らずに河を渡っていきました。これは、ゴウガの住民が、輪廻の激しい流れを越えて悟りの岸へ到達できるものは、いつ転覆するかも知れぬ筏《いかだ》や美しく飾った舟ではなくて、知恵という快速船があるのを知らないからでしょう。

に懸《かか》れり、曰く火、曰く水、曰く諍《あらそひ》」。

市《まち》の長《をさ》は華氏城《バタリブトラ》の將來《ゆくすへ》の幸運を聞きて大《おほひ》に喜び、佛が恒河《ゴウガ》の方《かた》に出《い》でんとて通り給へる市門《しもん》を名づけて瞿曇門《ゴータマモン》とは呼びなしぬ。

恒河《ゴウガ》の畔《ほとり》に住める人民は、佛の來《きた》り給へるを聞き、之《これ》に敬事《けいじ》せんとて、多《た》衆《しゆう》相率《あひひき》ゐて來《きた》り會《くわい》し、各《おのおの》其舟にて佛を渡さばやと思ひて、之を佛に乞《こ》ひしも、佛は其舟の多くして且《かつ》何《いづ》れも美《うつくしき》を盡《つく》せるを見、彼等の中《うち》に偏頗《へんぱ》不平の念《こころ》を生ずるに至らんことを慮《おもんぱか》り給ひて、何《いづ》れの招《まねき》にも應《おう》じ給はず、自ら水を渉《わた》り給ひき。是《こ》は佛が彼等をして輪廻《りんね》の暴流《ばうる》を超えて涅槃の彼岸に達するものは、難行苦行の筏《いかだ》、儀式典禮《てんれい》の館船《やかたぶね》にあらずして、智惠の快船《はやぶね》にあることを知らしめんが爲《ため》なりきとぞ。

バタリブトラ市の人々が仏の名前を門に付けたように、ゴウガの人々も仏が渡った河の場所を『ゴータマの渡し』と呼ぶようになりました。

◇

仏が弟子たちを連れてナーランダーまで来て、ここで暫《しばら》く滞在していました。あるとき、舎利弗が仏の所に来て手を合わせ拝《おが》んでから仏の横に仰々《ぎょうぎょう》しく坐《すわ》って「私は次のように信じています。仏ほど広く徳の優れた人、つまり、仏よりもなお一層高い知恵を持った人は、過去にも未来にもいないでしょう。そして、今もいないと思えるのです」と言いました。

「舎利弗よ、お前の発言は大げさである。お前の考え方は常識を外《はず》れている。お前は過去千万年《せんまんねん》に亘《わた》って、尊《とうと》い仏陀となれる世尊のようなお方を知っているのか」と仏が訊きました。

「いいえ、そうではありません」と舎利弗が仏に答えました。

「ならば、お前は千万年《せんまんねん》先の未来に尊《とうと》い仏陀となれる

華氏城《バタリブトラ》の人々が如來の名を假《か》りて市《まち》の門に名づけたる如く、恒河《ゴウガ》の人々も亦此處《このところ》を瞿曇《ゴータマ》の津《わたし》と呼びなしぬ。

第九十　舎利弗の信心

佛、大衆を率《ひき》ゐて那蘭陀《ナーランダ》に到り、暫《しば》らくこゝに留《とどま》り給ひたり。時に舎利弗《シャリブトラ》、佛の許《もと》に來《きた》り、禮拜《らいはい》せる後、恭《うやうや》しく坐《ざ》を佛の傍《かたはら》に占《し》めてさて言ひけるは、「世尊、吾《われ》は斯《か》く信ぜり、佛より大旦賢《だいかつけん》なるもの、卽《すなは》ち佛より一層高等なる智惠をもてるものは、過去にも未來《みらい》にもなかるべく、現在にもなき所なりと吾《われ》は思へり」。

佛、「舎利弗《シャリブトラ》、汝の言《こと》は大《だい》に過ぎたり。實《げ》に汝は常識の外《ほか》に出でたり。汝果して過去千萬世《せんまんせ》に聖《きよ》き佛陀となれる一切の婆迦婆《バカブート》を知れりと云ふ乎《か》」。

舎利弗《シャリブトラ》、「否、世尊、さにあらず」。

佛、「さらば汝は未來千萬世《みらいせんまんせ》に聖《きよ》き佛陀となる

世尊のようなお方を知っているのか」と仏が舎利弗に訊きました。

「いいえ、そうではありません」と舎利弗が仏に答えました。

「されど、お前は私を今の世の仏陀として、その心の奥を見通すことは出来ないだろう」と仏が仰いました。

「いいえ、それだから私にはよく分からないのです」と舎利弗が仏に答えました。

「舎利弗よ、お前は過去や未来の尊い仏の本心を知らないのに、何で分不相応《ぶんふそうおう》で無責任な発言をして、人目に付くような非常識な行動をするのだ」と仏が仰いました。

「私は、本当に過去、現在、未来の三つの世にいらっしゃるという仏の本心を知りません。ただ、信仰する仏の教《おし》えの要目を知っているだけです。今、この場に遠い地方に城があるとして、基礎はしっかりしていて、城壁《じょうへき》も簡単に壊《こわ》れそうにもないほど堅固《けんご》で、外との出入りができるのは、たった一つしかない門があるだけと思ってください。門に立っている兵士は頭の回

べき一切の婆迦婆《バカブート》を知れる乎《か》」。

「否、世尊、さにあらず」。

「されど汝は少なくとも吾《われ》を以て現世の聖《きよ》き佛陀となして其心の奥を見透《みと》ほせるならん」。

「否、世尊よ、それだに吾能《わがよ》くする所にあらず」。

「舎利弗《シャリプトラ》、汝は過去及《および》未來《みらい》の聖《きよ》き佛の心を知らざること此《かく》の如くなるに、何を以てか、さる大言《だいげん》放語《ほうご》をなし、常識の外《ほか》に出《い》でたらんが如き擧動《ふるまひ》をなせる」。

「世尊よ、吾實《われじつ》に三世《さんぜ》の諸佛の心を知らず。只信仰の要鑰《えうやく》を知れるのみ。世尊よ、今此に國王《こくおう》の邊《へん》城《じやう》を有《も》てるものありとせよ。其基礎は固く、其墻壁《しやうへき》は強く、唯《ただ》一つの門戸によりて城の内外を通《つう》ぜりとせよ。王は門衛《もんえい》の明敏俊發《めいびんしゆんぱつ》なるものを擇《えら》びて之を守らしめ、敵と味方とを察して其出入を戒《いま》しむるならん。胸壁《きようへき》の中《うち》、或《あるひ》は處々《しよしよ》に猫大《びやうだい》の

転が良く行動も素早《すばや》い人を選抜して守らせ、味方と敵を瞬時《しゅんじ》に見分けて人の出入《ではい》りを監視しているのです。城壁《じょうへき》〈明治時代の訳では『胸壁』とあるが、間違いであると思われる。凡夫注〉の内側で、所々に猫くらいの大きさの動物が自由に出入《ではい》りできる壁穴があるかもしれず、でも、それよりもいくらか大きな動物が城内に入ろうとするときは、必ず一つしかない城門を通るしかないのです。私が仏の教えを信じる要目を知っているのも、ただ、この理由だけなのです。私が知る過去にいらした仏は、心の迷いや悪い行い、悪を断《た》って善を修めることをサボっていたり、他人《ひと》を見下したり、他のものを疑《うたぐ》ってかかったりすることを捨て去って、人の心を貧乏にさせようと思い巡《めぐ》らした考えを看破り、四種類〈四修か？　①完全に修行する　②長期にわたり、途中で飽きることなく修行する　③きわめて短い時間も中断することなく修行する　④丁寧《ていねい》に修行する〉の心の働きをよく鍛《きた》えて、七つの知恵〈七覚支？　①教えの中から真実だけを選び取り、偽《いつわ》りを捨てる　②一心に努力する　③真実の教えを実行する喜びを感じる　④心身を軽《かろ》やかに快適にする　⑤物事に囚《とら》われない　⑥心を集中させて乱さない　⑦想いを平らにする〉

動物を出入せしむるに足《た》るべき罅隙《あな》あらんも圖《はか》られず、されど稍《やや》大きやかなる生物にして城に出入せんとする者は、必ずかの門戸を通過せざるを得ざるべし。世尊、吾《わが》信心の要鑰《えうやく》を知れりと云ふも亦唯此理《このことはり》によれるのみ。吾は知る過去世の諸佛は煩惱《ぼんのう》、惡意《あくい》、懈怠《げたい》、傲慢《がうまん》、疑念を退《しりぞ》け、人心をして尫弱《おうじゃく》ならしむる一切の念慮《こころ》を看破し、四種《ししゅ》の心力《しんりき》を以て能《よ》く其心を鍛練《たんれん》し、七種の智惠を充分《じうぶん》に其思慮を運用して始めて大覺《だいかく》の果《くわ》を収め得たるものなるを知る。而して吾は未來《みらい》の諸聖佛《しよせいぶつ》も亦此蹤《あと》を踏み、今日のも亦同一轍《どういつてつ》に出づることを信じて疑はず」。

を十分に注意深く考えて行動に移して、初めて仏の悟りの結果を得たことになるのが分かるのです。しかし、私は未来に現れる仏も、今までに現れた仏の足跡《そくせき》を追って、今も同じように一筋に思い込んで仏が現れることを信じて疑いません」と舎利弗が仏に言いました。

「お前の信心は大きいものだ。ただし、その根本が堅《けん》固《ご》ではないところを注意しなさい」と仏が舎利弗に仰いました。

◇

仏が大勢の弟子を引き連れてナヂカ村にやって来て、屋根が瓦《かわら》で覆《おお》われた精舎に滞在していたとき、阿難が仏の前に来て、死んで逝《い》った比丘や比丘尼の名前を挙《あ》げて、その者たちが、畜生か地獄か餓鬼か、または苦悩溢《あふ》れる人間の何《いづ》れの世界に生まれ変わるのかを仏に尋ねました。

「欲に溺《おぼ》れ、物を欲しがり、生きものを殺すとい

佛曰ひ給ひけるは、「大なるかな、汝の信心、但其《ただその》基礎の固《かた》からざらんことを慮《おもんぱか》れ」。

第九十一　眞理の鏡

佛、大衆《だいしゆ》を率《ひき》ゐて捺地迦村《ナヂカむら》に至り、瓦《かはら》の院《いん》に留《る》錫《しやく》したる頃、阿難、佛の前に出《い》で、既《すで》に死せる兄《けい》弟姉妹《ていしまい》の名を擧《あ》げて、彼等の死后《しご》、或《あるひ》は畜生《ちくしやう》界《かい》、或《あるひ》は地獄、或《あるひ》は餓鬼界《がきかい》、或《あるひ》は自餘《じよ》の苦境界《くきやうかい》に再生せざりしかを問ひぬ。

佛は、

「慾に耽《ふけ》り、物を貪《むさぼ》り、生《せい》を偸《ぬす》む、此等《これら》の三《さん》

う三つの災《わざわ》いを断ち切って死んだ者は、死後の運命を恐《おそ》れることはないのです。このような者は苦境に遇《あ》うこともなく、心が悪い結果を生む行為を上手《うま》く処理して、最後は成仏《じょうぶつ》できるのです。

このような人が死ぬときは、善い考えや正しい行動、真実と正しい筋道から生まれる功徳以外には何も残らないのです。川の水が最後には海に流れ込むように、善き人の心は益々高貴な身の上となり、最終的には静かに波打つ大海原《おおうなばら》という悟りの世界に行くのです。

ただの人は死を恐《おそ》れて、死んだ後にどうなるのかを心配しますが、阿難よ、人が死ぬことはこの世において唯一《ゆいいつ》『絶対』と言える事実であって、何も不思議なことではないのです。なのに、お前は真理を理解しているのに、こんな役にも立たないような質問をしてきて、この先の死んだ者がどうなるのかと心配するとは、私は、もう飽《あ》き飽《あ》きして疲れた。お前に真理の鏡という話をしてあげよう。

大累《だいるい》を斷《だん》じて而《しか》して死せるものは、死后《しご》の命運如何《いかん》を憂《うれ》ふるに足《た》らざるなり。此《かく》の如きものは、苦境に赴《おもむ》くことなく、又其念慮《そのねんりよ》は惡《あく》行罪業《ぎやうざいごふ》の羯磨《カルマ》となることなく、必ず最后《さいご》の成佛《じやうぶつ》を得るならん。

是《かく》の如き人の死するときは、善き思慮《しりよ》、正しき行爲《かうゐ》、及眞理と正義により生ずる福徳《ふくとく》の外は、何ものも殘《のこ》ることなからん。河水《かすゐ》の終《つひ》に必ず大海に入《い》るが如く、善人の心は益々《ますます》高等なる境涯《きやうがい》に上《のぼ》り、遂に眞理の大海、寂靜《じやくじやう》なる涅槃に至らざれば止まざるべし。

人は死を憂《うれ》ひ、死后《しご》の命運を憂《うれ》うれども、阿難よ、人の死せざるべからざるは、最も明《あきらか》なる事實《じじつ》にして、少しも不可思議なることなきにあらずや。然るに何事ぞ、汝は既に眞理を知れる身なるに、尚是等《これら》の閑事《かんじ》を問ひ、死者の命運を憂《うれ》へんとは、佛は早や倦《う》み疲れぬ。吾《われ》今汝に眞理の鏡《かがみ》を教《をし》へん。

地獄はすでにお前のために打ち壊《こわ》されたし、畜《ちく》生《しょう》や餓鬼《がき》の世界に生まれ変わることもなくなり、悲しみや苦悩《くのう》する世界に落ち込むこともない。お前は、既《すで》に悟りの道を歩んでいるので、苦しみの世界に生まれ変わることはなく、後は成仏《じょうぶつ》するしかないのです。

であるから、何をもって『真理の鏡』とするかです。『仏の弟子』と云うものが、この世で仏を信じて、尊《とうと》い人として、円満な悟りの人で、徳のある人としてよく気がつき、功徳は最も優《すぐ》れていて、他人が僻《ひが》みを覚えるような心を大人しくさせて、人間界と天界において道を教える人で、天の恵みを受けた仏であるという意識が『真理の鏡』というのです。

また、弟子として真理を信じて、仏が教える真理だけを用《もち》いて全世界を幸福にし、永遠に果てることがなく、すべての人から尊敬されて、それぞれの人が自分の力量に応じて悟りへの道を見つける方法を探し出す心を『真理の鏡』というのです。

地獄は既に吾爲《わがため》に打毀《うちこぼ》たれたり、吾《われ》は復畜《またちく》生《しやう》餓鬼《がき》の中に生るゝことなく、悲苦《ひく》の境涯《きやうがい》に沈むことなし。吾《われ》は道に入《い》れり、吾最早《もはや》苦の處《ところ》に生るゝことなく、最后《さいご》の成佛《じやうぶつ》を遂《と》ぐるは必定なり。

さらば阿難よ、何をか眞理の鏡《かがみ》となす。即《すなは》ち弟子たるものが此世《このよ》において佛を信じ、佛を以て聖《きよ》きものとなし、圓覺《えんがく》の人となし、賢《けん》にして正知《せいち》にして福無上最勝《ふくむじやうさいしやう》にして、人々の僻《ひが》める心を御《ぎよ》すものとなし、人天《にんてん》の師、天《てん》福《ぷく》を享《う》けたる佛なりとなす意識、是之《これこれ》を眞理の鏡《かがみ》と云ふ。

又弟子たるものが眞理を信じ、眞理を以て佛の傳《つた》へ給ふ所にして全世界の幸福を興《おこ》すものとなし、永遠朽《く》つることなくして萬人《ばんにん》の尊《そん》崇《すう》を受くるものとなし、人をして各《おのおの》自己の力量に由《よ》り之を會《ゑ》して成佛《じやうぶつ》の道に至るものとなす意識、是之《これこれ》を眞理の鏡《かがみ》と云ふ。

さらに、同僚としての比丘や比丘尼たちと一緒に八正道〈理想の境地へ達する八つの正しい生活態度で、①四諦《したい》という正しい見方をする　②正しい考え方をする　③正しい言葉を使う　④正しい行動をする　⑤正しい生活をする　⑥正しい道に向かって努力する　⑦邪悪な気持ちを持たない　⑧正しい方法で精神統一をする〉を信じて、正しい意義と公正な悟りへの道、規則をみんなが団結しながら進める。世間の人から名誉や親しみ、恵み、敬《うやま》われることを信じて、世界中に善き行いの種子《たね》を蒔《ま》き、その種子《たね》が育ち実を結ぶ最も善い田畑になることを信じて、善い心を持つ人が喜び、清くして垢《あか》ぬけてこだわりのない、思いのままに尊い人が褒《ほ》めてくれるような徳があり、今も将来も自分だけの欲にまみれることなく、他からの誘惑に負けず、尊く汚《けが》すことができないほどに心の修養に努めるといった徳を持っていることを信じなさい。これを『真理の鏡』というのです。

真理の鏡は、すべての人々が真理にたどり着く

又弟子たるものが教會《けうくわい》を信じ、共に八聖《はつしやう》道《だう》を踏《ふ》まんとて、團結一致《だんけついつち》せる比丘《びくしゆ》、比丘尼《びくしゆに》の教會《けうくわい》を信じ、正義、公道、規矩《きく》、悉《ことごと》く備《そな》はれる佛の教會《けうくわい》は、榮譽《えいよ》、親誼《しんぎ》、恩惠《おんけい》、畏敬《いけい》を受くべきものなることを信じ、世界に功徳《くどく》の種子《たね》を傳播《でんぱ》すべき最勝の田地《でんち》なることを信じ、又善人の悦《よろこ》ぶべき徳《とく》、清淨《しやうじやう》にして汚《けが》れざる徳《とく》、人をして脱洒《だつしや》自在ならしむべき徳《とく》、賢《けん》人《にん》が讃《ほ》め稱《たた》ふる徳《とく》、現在にありても、未來《みらい》にありても、利己《りこ》の慾に汚《けが》されず、外來《ぐわいらい》の誘惑物に迷はされざる徳《とく》、高尚神聖《かうしやうしんせい》の心を養《やしな》ふべき徳《とく》、是等の諸徳《しよとく》を有《いう》するものなることを信ずる意識、是之《これこれ》を眞理の鏡《かがみ》と云ふ。

以上是《これ》を眞理の鏡《かがみ》と云ふ、眞理の鏡《かがみ》は一切

早道なのです。真理の鏡が心にある人は、恐怖から逃れて、苦悩の中にも楽しみを得て、その他の人々に幸せと徳を与えることができるでしょう」と仏が答えられました。

〈下の段の日本語訳で、『禍徳』とあるが、『福徳』か『禍福』の間違いであろうと思われる。凡夫注〉

◇

仏は大勢の弟子たちを連れて、ブアイサーリーにある遊女アンバパーリーが所有する森の片隅《かたすみ》に滞在していました。「弟子たちよ、深く思いを馳《は》せて、よくよく考えてみなさい。この世に生きている間には、肉体的な欲望や感性が刺激を受けて快楽をどこまでも追求するような様々《さまざま》な苦悩《くのう》、間違った推理の仕方や筋道から発生するすべての苦しみや悲しみを、ことごとく切り捨てて排除しなさい。どのような行動をするにしても、食事や日常生活をしているときも、寝ているときも起きているときも静かに黙《だま》っていても、少しも他のことに心を奪われてぼんやりしないようにしなさい」

衆生の目的たる悟道《こだう》に達すべき最捷径《さいしようけい》を教《をし》ふるものなり。眞理の鏡《かがみ》をもてるものは恐怖を離れて、悩みの中に慰《なぐさみ》を得、自餘《じよ》の人々をして其禍徳《ふくとく》に浴せしむるならん。」

第九十二　菴婆波利

佛、大衆《だいしゆ》を率《ひき》ゐて毗舎離《ブアイサーリー》に赴き、遊女菴婆波利《アンバパーリー》が棲《す》める林の畔《ほとり》に留《とどま》り給ひぬ。諸弟子に告げ給ひけるは、「比丘衆よ、深く思ひ、遠く慮《おもんぱか》れ。此《この》世に生き永らへ居《を》るうちは、色身《しきしん》の慾、感覺《かんかく》の快《くわい》を貪《むさぼ》るより生ずる一切の苦惱《くるしみ》、及び正しからざる論理の誤《あやまり》より起るべき一切の苦愁《くるしみ》は、誓って之を斷滅《だんめつ》せよ。如何《いか》なる所作《しよさ》を爲《な》すにも、恒《つね》に此心を失ふなかれ。飲食の間、行住坐臥《ぎやうぢうざぐわ》の時、寤寐語默《ごみごもく》の際、暫《しば》しも放心することなかれ」。

と仏が弟子たちを諭《さと》しました。

この森の持ち主である遊女のアンババーリーは、仏の一行が森に来ていることを知り、道が整備されている所は車を走らせ、その先は歩いて仏が滞在していた場所までやって来て、仏の横に坐りました。アンババーリーは常識のある女性でしたので、身体に飾りを着《つ》けることもなく、また服装も地味なものを着《き》ていましたが、本来備えている美しさは自然と滲《にじ》み出ていました。「この女性は、世俗の内にありながら王侯貴族に特別の愛情を受けているが、心は少しも乱れることなく、うら若き年頃なのに裕福で繁栄しているようだけれど、身辺は清らかで汚《けが》れたところが感じられない。深く固《かた》い信念を持っているのは女性として珍しいことです。単純で訳も分からずに出まかせを言う女が多い中で、この女性は富裕層の人々との交際がありながら考え方は男性のようで、他人《ひと》の心に寄り添って同情するような影日向《かげひなた》のない心を持ち合わせていることさえも自覚していないように思われる」と仏は心の中で思ったのです。

アンババーリーが仏の横に坐ると、仏は人の道につ

遊女菴婆波利《アンババーリー》は佛の近林に留《とど》まり給へるよしを聞き、道ある所までは車を驅《は》せ、道なき所は徒歩なして佛の在《いま》す所に來《きた》りて、恭《うやうや》しく其側《かたはら》に坐《ざ》しぬ。菴婆波利《アンババーリー》は用意深き婦人《をんな》なりければ別に何等《なにら》の装飾《かざり》をも用ゐず、淡泊《たんぱく》に装《よそほ》ひて來《きた》りしかども、自然の美《び》は隠《かく》すべくもあらざりき。佛竊《ひそ》かに思惟し給ふ、「是婦人《このをんな》は塵欲《ぢんよく》の中《うち》にありて王侯将相《わうこうしやうしやう》に嬖《へい》せらるゝ身なれども、其心は靜《しづか》にして亂《みだ》れざるに似たり。妙齢《めうれい》の身を以て富み且《か》つ榮《さかえ》えたれど、身邊《しんぺん》の誘惑頗《すこぶ》るしげかるべきに、深く思ひ固《かた》く信ずる所あるは、誠に希有《けう》なりと謂《い》ふべし。智恵乏《とぼ》しくして深く虚誇《いつはり》を事とするは婦女子《をんな》の常なるに、彼何者ぞ、豪奢《がうしや》の中《うち》に交はりて而《し》かも其智《そのち》は男兒《だんぢ》の如く、憐愛《れんあい》の情厚くして眞理の全面をも窺《うかが》ひ知らんと欲す。」

菴婆波利坐《アンババーリーざ》に就《つ》けるとき、佛、道話《だうわ》をなし給ひ

いての話をしてから、彼女を励まして喜ばせたのです。

仏の教《おし》えを聴いたアンババーリーは大層喜んで、その場を立とうとした仏に「お願いできるのでしたら、明日、お弟子様と一緒に我が家にいらしていただき供養〈食事〉をさせていただきたいのですが」と尋ねると、仏は黙《だま》って承諾の意思を表したのです。

たまたま、リツチヤブイという人が、仏がブアイサーリーに来てアンババーリーが所有する森に滞在していることを耳にして、派手な車に乗って従者《じゅうしゃ》を連れて仏の所へ向かいました。仏の所へ向かった一行の恰好は、派手に着飾って、きらびやかに装《よそお》い、光を放つ宝石などは光ってまばゆいばかりでした。

リツチヤブイ一行が乗った車が仏の所へ行く途中で、アンババーリーは仏の許から家路へ急いで車を飛ばしていたため、前方不注意でリツチヤブイの車と衝突してしまい、「アンババーリー、どうして車を反対方向に走らせてぶつけたんだ」とリツチヤブイが訊きました。

「知り合いのお方たち、あたしは、今そこで仏とその

て之を教《をし》へ、之を勵《はげ》まし、之を悦《よろこ》ばしめ給ひき。

菴婆波利《アンババーリー》は法《のり》を聽《き》きて大《おほひ》に喜び、起《た》つて佛に、「願くは佛、明日大衆と共に吾家《わがいえ》に來《きた》りて供養を受けさせ給はんことを」と曰ひければ、佛默《もく》して之を諾《たく》し給ひたり。

會々《たまたま》公子《こうし》黎車《リツチヤブイ》と云うものありき、世尊の毘舎離《ブアイサーリ》に來《きた》り給ひて菴婆波利《アンババーリー》の森に留《とど》まり給へるよしを聞き、はでやかなる車に乗り、從者《ずさ》を伴ひて佛の許に來《きた》りぬ。一族の人々皆盛裝《せいそう》、靚服《せいふく》、珠玉の光、燦然《さんぜん》として眼を奪ふばかりなりき。

菴婆波利《アンババーリー》は前面より車を飛ばし來《きた》りて黎車《リツチヤブイ》の一族に突き當《あた》りたれば、黎車《リツチヤブイ》曰ひけるやう、「菴婆波利《アンババーリー》よ、如何《いか》なれば吾曹《われら》に逆《さから》ひて車を推《お》さんとはするぞ」。

「吾《わが》主なる人々よ、妾《わらは》は今正に佛と大衆《だいしゅ》とを招き

お弟子たちを明日供養に招くことを約束したんで、急いでいたんだよ」とアンババーリーが答えました。

「アンババーリー、お前に金を渡すから、その供養を我々にさせろ」とリツチヤブイ一行が言いました。

するとアンババーリーは「あんたたち、このブアイサーリーと占領中の国土全部を貰《もら》ったとしても、あたしは一世一代の名誉を渡すつもりはないよ」とアンババーリーがリツチヤブイに言いました。

そして、リツチヤブイ一行はアンババーリーの森に入って行ったのです。

遠くからリツチヤブイ一行が来るのを見た仏は、弟子たちを眺めて「お前たちの中で、今まで天人を見たことがない者は、今来る一団の彼らの恰好が美しくて、まるで永遠に生きる天人のようだぞ」と仰いました。

道が車が進めない場所まで来ると、リツチヤブイ一行は車を降り、歩いて仏がいる所までやって来て、仏の傍《そば》に坐《すわ》りました。仏は、リツチヤブイ一行全員が坐《すわ》るのを確認してから、人の道について話をしてから仏の心にあることを言葉にして話し、励《はげ》まして喜ばせた

て、明日供養せんことを約し來《きた》れり」。

公子等《こうしら》答へけるは、「菴婆波利《アンババーリー》よ、吾曹《われら》は百千金を以て汝の供養を購《あがな》ふべし」。

「主よ、卿《おんみ》若し毘舍離《ブアイサーリ》の國土《こくど》と其屬地とを併せ與《あた》ふるも、吾《われ》はこの一大榮譽《えいよ》を棄《す》つる能はず」。

かくして黎車《リツチヤブイ》の一族は菴婆波利《アンババーリー》の林に至りぬ。

佛、遥《はるか》に黎車《リツチヤブイ》の近づくを見給ひて、諸弟子を顧《かへり》みて曰ひ給ひけるは、「汝曹《なんぢら》のうち未だ嘗《かつ》て天人《てんにん》を見ざるものあらば、この黎車《リツチヤブイ》の一隊を見よ、彼等が裝《よそほひ》の美々《びび》しきは、宛然《さながら》不生不死の天人《てんにん》に似たり。」

道、車馬を通ぜざる所に至りたれば、一族は車を下り、世尊の在《いま》せる所まで歩み來《きた》りて、恭《うやうや》しく坐《ざ》をその傍《かたはら》に占めぬ。佛は彼等の坐《ざ》し了《おは》るを見給ひて、道話《だうわ》をなして、之を教《をし》へ、之を勵《はげ》まし、之を喜ばせ給ひたり。

のです。

「できましたら、明日、弟子の方たちとご一緒に私の宮殿にいらして供養をお受けできないでしょうか」とリツチヤブイが言いました。

　これに対して、「私は、もうアンババーリーの供養を受ける約束をしてしまいました」と仏が答えられました。

　リツチヤブイ一行は、仏の話を褒《ほ》めた後、皆々立ち上がって仏の前で手を合わせ、仏の前を通り過ぎるときに右手を挙《あ》げて敬《うやま》う姿を見せて帰って行きました。しかし、宮殿に帰るやいなや「あのバカ女は我々に屈辱を与えよった。たかが一人の身分の卑《いや》しい女に先を越されるとは」と拳《こぶし》を高々と振り廻しながら悔《くや》しがったのです。

　アンババーリーは、朝になるのを待ってから仏や弟子の一行に食べてもらう食べ物や飲み物などを用意して、別棟を隅々《すみずみ》まで綺麗《きれい》に掃除し用意がすべて調ったところで、使いの人を仏の所まで走らせて「お食事のご用意ができましたのでお越しください」と仏に言いました。


黎車《リツチヤブイ》、「願わくは、明日大衆と共に吾宮殿に來《きた》りて供養を受け給はんことを」。

佛、「吾《われ》既に遊女菴婆波利《アンババーリー》に供養を受くることを諾《たく》しぬ」。

黎車《リツチヤブイ》は世尊の教《をしへ》を讃《ほ》め稱《たた》へたる後、坐《ざ》を起《た》ちて世尊の前に禮拜《らいはい》し、此處《ここ》を過《よ》ぎらんとせるとき右《め》手《て》を擧《あ》げ敬《けい》を表して立ち去れり。されど其家《いへ》に歸《かへ》るや、皆手を擧《あ》げて怒《いか》り叫びけるは、「かの經薄《けいはく》なる婦人は、吾曹《われら》を辱しめたり、吾曹《われら》は一匹婦《いちひつぷ》の先《さき》んずる所となれり」。

菴婆波利《アンババーリー》は夜《よ》の明くるを俟《ま》ちて食物茶菓などを調《ととの》へ、別墅《べつや》を淨《きよ》めて諸般の用意を終《お》へたれば、使《つかひ》を馳《は》せて佛に、「世尊、時は來《きた》りぬ、食事は調《ととの》ひぬ」と云はしめたり。

早朝、仏は身支度を整《ととの》えてから弟子たちを連れてアンババーリーの家に行って、別棟に設けられた所定の場所にそれぞれが坐《すわ》りました。仏をはじめ弟子たちの前にはご馳走が並べられていて、アンババーリーが自ら仏のお給仕《きゅうじ》をして、みんなお腹がいっぱいになるまで食べてもらいました。

仏たち一行が食事を終えたとき、アンババーリーは脚《あし》の低い椅子を仏の傍《そば》に置いて坐るなり「私は仏を師とされるお弟子の方々のグループにこの別棟を寄付したいのですが」と言うと、仏は、人の道についての話をしてから仏の心にある言葉を告げて、励《はげ》まして喜ばせ、坐から立ち上がってその場を後にしました。

アンババーリーの森を立ち去った仏の一行は、ブアイサーリー近くの竹林精舎まで来たところで「弟子たちよ、もうすぐやって来る雨季に備《そな》えて、それぞれはブアイサーリー付近で、友達や連れ、仲間の家に居《い》候《そうろう》をしながら、外を出歩かないで家の中で修行しな

佛は早朝に衣《い》を着け、鉢を持し、大衆《だいしゆ》を率《ひき》ゐて菴婆波利《アンババーリー》の住家《すみか》に到り、皆設《まう》けの坐《ざ》に列《つらな》りぬ。菴婆波利《アンババーリー》は佛を始《はじめ》とし、列《つらな》り坐《ざ》せる大衆の前に美《び》味佳肴《みかかう》を並べ、自ら供給《くきう》して飽《あ》くまで食《くら》はしめたり。

佛、食《しよく》を訖《を》へ給ひたる時、遊女菴婆波利《アンババーリー》は低き椅子を齎《もたら》して佛の傍《かたはら》に坐《ざ》して曰ひけるは、「世尊、吾は佛を戴《いただ》ける比丘衆の教會《けうくわい》に此別墅《べつや》を寄進せん」。佛之を受け給ひける後、道話《だうわ》をなして之を教《をし》へ、之を勵《はげ》まし、之を喜ばし、遂《つい》に座より起《た》ちて立ち去り給ひぬ。

第九十三　佛の告別の辭

佛、菴婆波利《アンババーリー》の林を去り給ひたるのち、毗舍離《ブアイサーリ》に近き竹林《ブヱヌヴアナ》に至り、弟子に告げ給ひけるは、「修行者よ、この雨安居《うあんご》は各自《おのおの》毗舍離《ブアイサーリ》の近邊《きんぺん》にて、或は朋友のもと、或は同侶《どうりよ》の家に宿るべし。吾は竹林《ブヱヌヴアナ》に在りて雨安居《うあんご》すべし」。

さい。私は竹林精舎にいます」と仏が仰いました。

　このようにして竹林精舎に籠もって修行を始めた仏は、思わず重い病気に罹《かか》ってしまい一時は死を覚悟しましたが、気をしっかりと保《たも》ち、心を落ち着かせて嘆《なげ》くことはありませんでした。

　この時、仏が心静かに考えたのは「多くの弟子たちに一言《ひとこと》も残さずに死ぬのはいけないことなのではないだろうか。希望としては、心を強く持って自分を励《はげ》まし、病気を治《なお》して少しの間は生きられるような機会がやって来るのを待ってみよう」ということでした。

　仏は、心を強く持って自分を励《はげ》まし、病気に耐《た》えて、元気になって一日でも長く生きようとしたところ、病気が治《なお》ったのです。

　このようにして、仏の病気は薄紙《うすがみ》を一枚また一枚と剥《は》がすように日に日に良くなり、ついに全快したので、精舎から野原に出て行き、その中に坐《すわ》りました。弟子の阿難は、他の弟子たちと共に仏が坐《すわ》っている前に行って礼をしてから坐《すわ》り「私は仏が病気になったことが分かり、心配になって私は痩《や》せてしまい、空腹の鳥のように目の前が暗くなり、居《い》ても立ってもいられ

斯《か》くして世尊は雨安居《うあんご》に入り給ひたるに、圖《はか》らず病《やまひ》に犯されて、心地《ここち》死ぬべうなりしも、世尊は氣《き》をうしなひ給はず、心を鎭《しづ》めて、さらに歎《なげ》き給はざりき。

　此時、佛思惟《しゆひ》し給ふ、「諸弟子及教會《けうくわい》に一言《いちごん》をも告げずして此世《このよ》を辭《じ》し去らんは、好ましきことにあらず。望むらくは意を強くし、心を勵《はげ》まして病魔を逐《お》ひ退《しりぞ》け、今暫《しば》しの命をながらへて機《をり》の至るを待《ま》たん」。

　佛、意を強くし、心を勵《はげ》まして、病《やまひ》を忍び、好《よき》機《をり》の來るまで命を繋《つな》がんと勉め給ひたりしに、果して病《やまひ》は怠《おこた》りぬ。

　斯《か》くて病魔は日に退《しりぞ》きて遂に全癒《ぜんゆ》しければ、寺を出《い》てゝ原野《げんや》の中《うち》に坐《ざ》を占め給ひたり。阿難尊者《そんじや》多くの弟子と共に佛の坐に近づき、一禮《いちれい》せる後、恭《うやうや》しく坐を一方に占めて、さて言ひ出でけるは、「世尊、吾は佛の健康と病氣《びやうき》とを知れり。佛の病《や》み給へる時、吾は痩《や》せ衰《おとろ》へて、飢《う》ゑたる鳥の如く、眼《まなこ》も昏《くら》みて見えず、心も亂《みだ》れて明《あきら》かならざ

ない状況になってしまいました。でも、僅《わず》かながら希望が見出せたので自分の心を落ち着かせることができました。それは、仏が少なくとも弟子たちグループに関する戒《いまし》めを仰らなければ死んでも死にきれないだろうと思ったからです」と阿難が言いました。

「ならば阿難よ、弟子たちのグループに何か望めるものはあるのだろうか。私は秘密であろうと明らかにされていることであろうと関係なく真理のすべてを話してきた。真理に関しては弟子たちに秘密にしておかなければならないことは一つもありません。

いつか『グループを率《ひき》いるのは私だ』とか『グループは私のものだ』と思う者も出てくるでしょう。このような人間は、『グループのために』と言っていろいろな警告をする理由を述べるかもしれませんが、グループは仏によって支配されるものではなく、またグループを率《ひき》いる者が仏であるとも思ってはいけないのです。

ならば、何故《なぜ》仏はグループのために、いろいろ

りしかども、猶一點《なほいつてん》の望《のぞみ》ありて聊《いささ》か自ら慰《なぐさ》むるを得たりき、そは佛は少なくとも教會《けうくわい》に關《くわん》する訓戒を遺《のこ》し給ふにあらざれば、此《この》世を辭《じ》し給ふことなかるべしとの望《のぞみ》なり」。

佛、教會《けうくわい》の爲《ため》にとて阿難に告げ給ひけるは、

「さらば阿難、教會《けうくわい》は何を望《のぞ》める。吾は顯と秘とを問はず、眞理は總《すべ》て之を汝曹《なんぢら》に教《をし》へたり。眞理に關《くわん》しては、阿難よ、如來は汝曹《なんぢら》の爲《ため》に秘《かく》して示さゞるが如きものは、一《いつ》も之れあることなし。

阿難、若し一人ありて、『教會《けうくわい》を導くものは吾なり』、『教會《けうくわい》は吾に屬《ぞく》せり』などゝ思ふものあらん、是《かく》の如き人は教會《けうくわい》の爲《ため》にとて種々《さまざま》の訓戒《いましめ》をも遺《のこ》さゞるべからざる理《ことはり》あらんも、阿難よ、如來は教會《けうくわい》を以《も》て如來に屬《ぞく》せりとも思はず、又教會《けうくわい》を導くものは如來なりとも思はざるなり。

さらば如來は何故《なにゆゑ》に教會《けうくわい》の爲《た》め百般《ひやくぱん》の訓戒《いましめ》

な事柄の注意事項を残さなければならないのでしょうか。

今や私は八十歳という高齢となってしまい、人生の残りも少なくなってきました。私は今まで生きてきた総決算をしなくてはいけないのでしょう。

人力で動かさなければならないリヤカーや大八車《だいはちぐるま》といった車が壊《こわ》れたとき、人の手で動かそうとするのは骨が折れるのですが、衰《おとろ》えた仏の肉体も同じで、脇や後ろから私を支えてもらわなければどうしようにもないのです。

外からの影響による束縛《そくばく》から放たれて身体《からだ》の自由が奪《うば》われることなく、心が悟りの世界にあるならば、仏は安らかな気持ちになることでしょう。

だから阿難よ、みんなの希望の星となって、自信を持って外からの影響を阻《はば》むようにしなさい。

固い決意で真理への道を進む者にとっての灯火《ともしび》となりなさい。自分以外は何であれ頼りにすることなく、ただ真理を求めることによって悟りの世

を遺《のこ》さゞる可《べか》らさるか。

阿難、今や吾齢《よはひ》は傾《かたぶ》きぬ、吾旅路《たびぢ》の終《をは》り幾何《いくばく》もなからん、吾は過ぎし月日の總勘定《そうかんぢやう》をなさゞるべからず、吾既《すで》に八十の春秋《とし》を送れり。

破れ朽《く》ちたる車を動かすは容易《たやす》きわざにあらず、傾《かたぶ》き衰《おとろ》へたる如來の色身《しきしん》も亦此《かく》の如く、之を支《ささ》ふる配慮《はいりよ》の繁《しげ》きは一方にあらず。

阿難、外物《ぐわいぶつ》の拘束《こうそく》を離れて身體《しんたい》の爲《ため》に煩《わづら》はされず、以《もつ》て心を大寂靜《だいじやくじやう》の中に住ましむるにあらざれば、如來の體《たい》は休息安逸《きうそくあんいつ》することなからん。

是《この》故に阿難、汝自ら其身の光となれ。只自ら恃《たの》みて外物《ぐわいぶつ》の役《えき》する所とならざれ。

固く眞理を持《ぢ》して之を燈《ともしび》となせよ。只眞理の中《うち》にのみ解脱を求めよ。自己以外のものは其何たるを問はず、決して頼《たのみ》となすことなか

界へと自身を誘《いざな》いなさい。

弟子たちがどのようにして自らを光らせ、自分だけを頼りにして外からの影響の的《まと》とならないようにするか、どのようにして真理を固く信じてその気持ちを灯火《ともしび》にし、自分以外の何ものであれ、これらに頼ることなく、ただひたすら真理を求める道を突き進むことができるでしょうか。

私の弟子だと言う者は、肉体が存在しても、自分から悟りへひたすら進み、世間の悪い傾向を嫌《きら》い、思いを深くして、広く全体を眺めるだけの力を信じて、生きている間の肉体的欲求から来る煩悩が永久に起こらないようになることを信じなければならないのです。

その人は、外からの刺激に囚《とら》われても自ら悟りへひたすら進み、世間の悪い傾向を嫌《きら》い、思いを深くして、広く眺めるだけの力を信じて、刺激から生まれる欲の苦しみが永遠に起こらないことを信じることが必要なのです。

また、その人は、しばしば思いを寄せて、十分に考え、感受性が豊かであっても、自身が悟りへ

れ。

さらば阿難、吾兄弟《わがけいてい》は如何《いか》にして自ら其身の燈光《ともしび》となり、只自己をのみ恃《たの》みて外物《ぐわいぶつ》の役《えき》する所とならざるを得《う》るか、如何《いか》にして固く眞理を持《ぢ》して之を燈光《ともしび》となし、只眞理の中《うち》にのみ救ひを求めて自己以外のものは其何たるを問はず、決して頼《たの》みとなさざるを得るか。

是《ここ》に於てか、阿難、吾兄弟《わがけいてい》たるものは、假《たと》令《へ》色身《しきしん》を具ふるにせよ、其《その》自ら精進《しやうじん》、勇猛、深《しん》思《し》、遠覧《ゑんらん》の力あるを恃《たの》み、此《これ》に由《よ》りて、世に在《あ》るうちも色身《しきしん》の慾より生ずる苦を伏斷《ふくだん》し得《う》ることを信ぜざるべからず。

又彼は感覺《かんかく》の拘束《こうそく》する所となりをれども、自ら精進《しやうじん》、勇猛、深思《しんし》、遠覧《ゑんらん》の力あるを恃《たの》み、此《これ》に由《より》て感覺《かんかく》の慾より生ずる苦《くるしみ》を伏斷《ふくだん》し得《う》ることを信ぜざるべからず。

又彼は能《よ》く思ひ、能《よ》く考へ、能《よ》く感ずれども、自ら精進《しやうじん》、勇猛、深思《しんし》、遠覧《ゑんらん》の力あるを

ひたすら進み、世間の悪い傾向を嫌《きら》い、思いを深くして、全体を眺めるだけの力を信じて、思案を巡らして事の善悪をわきまえ外からの刺激に強く心を惹《ひ》かれてもそれらの苦悩から未来永劫《みらいえいごう》断ち切ってしまうことを信じなければいけないのです。

私が今この場で、あるいは死後において、自身が進むべき悟りの灯火《ともしび》となり、他に頼ることなく心に悟りの教《おし》えを確信することによって世の中の闇《やみ》を照らし、真理の中に煩悩を断じて静寂な世界に達することを求めて、自分以外の何ものであっても救《たす》けを求められれば、そのとき、山の頂上にいることができるのは私の弟子以外にはいないのです。でも、仏の教《おし》えに基づいて修行する志《こころざし》は一日も怠《おこた》ることはできないのです」と仏は弟子たちのために、阿難に話されたのです。

◇

「阿難、以前に魔王が私を惑《まど》わせようとしたことが三回あったのです」と仏が阿難に言いました。

恃《たの》み、此《これ》に由《よ》りて思慮、分別、感觸《かんそく》より生ずる執着《しうぢやく》の苦《くるしみ》を伏斷《ふくだん》し得ることを信ぜざるべからず。

卽今《そくこん》、或《あるひ》は吾《わが》死後において、自ら其身《そのみ》の燈《ともしび》となり、只自己のみを憑《たの》みて外物《ぐわいぶつ》に依《よ》らず固く眞理を持《ぢ》して之を燈光《とうくわう》となし、只解脱を眞理にのみ求めて、自己以外の物《もの》は何たるを問はず、之か助《たすけ》を望まざるものあらば、阿難、吾《わが》比丘衆のうちにて最高絶巓《ぜつてん》に達するものは、必ず彼等《かれら》ならん。されど學道《がくどう》の志《こころざし》は一日も廢《はい》すべからざるなり。」

第九十四　佛、死期を告げ給ふ

如來、阿難に告げ給ひけるは、「阿難、向者《さきに》魔王が佛を迷はさんとせしこと三たびありき」。

はじめは、王宮を出ようとした私を王宮の門に寄りかかっていた魔王が呼び止めて「お前は一週間後には王位の運命が動き出して、大陸と多くの島々を支配することができるのだから、ここに留まってはどうだ」と声をかけられたのだ。

「王位の運命が動き出そうとしているのは知っている。でも、私が希望しているのは国王の地位などではない。仏となって世界中の生きとし生けるものが喜ぶことを望んでいるだけだと、私は答えたのだ」と仰いました。

「魔王が二度目に私に近づいて来たときというのは、私が苦行を止めて水浴の後、ナイランジヤーナという大きな河の畔《ほとり》から立ち去るときでした。『お前は断食をして、すごく痩《や》せ方がひどいから、死ぬ日は遠くないだろう。敢えて修行を続けるのに都合がいいことは何にもない。だから、長生きすることを願えば、めでたいことをする力も湧《わ》いて来《こ》ようぞ』と私に言い寄って来たのでした。

さらに私は『お前は怠《なま》け者で、悪者だ。なぜ、

始め菩薩の王宮を出でたる時、魔王、門に倚《よ》りて菩薩を止《とど》めて曰ひけるは、「菩薩は去り給ひそ。今より一週日を經《へ》なば、帝輪轉《ていりんてん》じて卿《おんみ》は四大陸と二千の隣島《りんとう》とを統御するに至らん。故《ゆゑ》に止《とど》まり給へ、菩薩に」。

菩薩、「帝輪《ていりん》の轉《てん》ぜんとするは吾之を知れり。されど吾《わが》願ふ所は帝位《ていゐ》にあらず。吾は佛陀とならん、世を擧《あ》げて喜び叫ばしめんとこそ思なれ」。

「阿難、魔王の再び如來に近づかんとせしは、如來が苦行難行を止《や》めて、其身を浴し了《をは》りて尼連禪那河《ナイランジヤーナガ》を去らんとせし時なりき。魔王曰ひけるは、「汝は斷食《だんじき》の爲《ため》に痩《や》せ衰《おとろ》へたること甚《はなはだ》しければ、死するの日は遠からざるべし。强ひて勉むるも將《はた》何の益《えき》かあらん。只生きながらへんことを願へよ。さらば好事《かうじ》をなすべき力を得るに至らん」。

時に佛答へけるは、「汝懈怠漢《なまけもの》の友よ、汝

ここに来たのだ。

肉も骨も腐るものなら腐ってしまえ。心が静かに穏《おだ》やかになって集中できる。

これからの生涯に何があるのか。心が挫《くじ》けてしまうよりも、命が短くともしっかりとした心でありたい』と答えたのでした。

魔王は『俺は日々お前の跡を追って七年にもなるが、つけ込む隙《すき》がなかった』と言いおいて私から去って行ったのでした。

魔王が三回目に近づこうとした時は、仏としての悟りを得て間もない頃だった。ナイランジャーナ河の畔《ほとり》にある牧場のニヤグローダの木の下で休んでいるとき、魔王がやって来て『お前はこの世から去れ。お前は今こそ死ぬべきだ。今こそ死ぬチャンスなのだ』と私の横に坐《すわ》って言ったのです。

このように魔王が言った時『魔王、私は死なない。弟子の比丘や比丘尼たちだけでなく、一般大

悪漢《わるもの》よ、何の爲《ため》にか此《ここ》に來《きた》れる。

肉も骨も腐らば腐れ、もし此《この》心だに益々《ますます》寂靜《じやくじやう》となりて三昧《ざんまい》に入ることを得《う》べからんには。

今《こん》世の生涯何かあらん。敗《やぶ》れて永《なが》らへんよりは、如《し》かず、戰《たたか》て死せんには」。

魔王、如來を去らんとして曰ひけるは、「吾《われ》の歩々《ほほ》、世尊の跡を逐《お》ひたること茲《ここ》に七年なりしも、寸隙《すんげき》の乘《じょう》ずべきものなかりき」。

阿難、魔王の三たび佛に近づかんとせしは、その大覺《だいかく》を得たる後未だ幾何《いくばく》ならざるに、尼連禪那《ナイランジヤウナ》河の畔《ほとり》、牧夫《ぼくふ》の無節樹《ニヤグローダ》下に憩へる時なりき。魔王、如來の所に到り、其側《かたはら》に坐して曰ひけるは、「世尊、此《この》世をば辭《じ》し給へ、佛は今死せざるべからず、今は實《じつ》に佛の死すべき時なるに」。

魔王かく曰ひける時、佛、「魔王よ、吾《われ》は死なじ。教會《けうくわい》の諸兄弟《けいてい》、諸姉妹《しまい》を始めとし、

衆の人々までが本当に私のよき聞き手となって、賢く善良で熱心に仕事などをして、教えを暗誦し、大小に関係なく一つ一つ務《つと》めを果たし、正しい生活を送り、規律を守っている限り私は死ぬことはない。弟子たちは真理や道理を理解して、他人《ひと》に教えたり、話したり、グループを作って会合を持ち、真理や道理を詳しく説明して明らかにするようになるまで、私は死ぬことはありません。弟子たちが根拠のない説、中身のない意見や議論、他の人が言った説に対して論争して負かしたり、ひどい攻撃をして摩訶不思議な道理を広めるようであれば、私は死ぬことは出来ないのです。清浄な真理の教えの結果が首尾よく現れて、それがよい時代に巡り合って、もてはやされて世間の隅々《すみずみ》に広まるまで私は死ぬことはないのです。つまり、この教えが人の心の中に染《し》みわたるようになるまで私は死ぬことはないのです』と仰ったのです。

　このように、三度も、魔王は私に近づいたのです。ところが、いままた魔王が私の所へやって来

在俗の男女に至るまで、眞《まこと》の聽法者《てうはふじや》となりて賢良勤勉、能《よ》く經典《けいてん》を諳《そらん》じて、一切大小の務《つとめ》を果たし、正しき生涯を營《いとな》みて、戒法《かいはふ》を守るに至らざれば、吾《われ》死なじ。彼等は斯く教法を知り得て、人の爲《ため》に之を教《をし》へ、之を宣《の》べ、之を建設し、之を開き、之を詳説《しやうせつ》し、之を明《めい》了《りやう》にするを得《う》るに至らざれば、吾《われ》死なじ。彼等の他《た》の空説虚論《くうせつきよろん》を辨駁《べんばく》し、痛撃して不可思議の眞理を擴《ひろ》め得《う》るに至らざれば、吾《われ》死なじ。清《きよ》らかなる眞理の教《をしへ》が功を奏して榮《さか》え擴《ひろ》まり、到らざる隈《くま》なきまでに行《おこな》はるゝに至らざれば、吾《われ》死なじ。即ち此教《このおしへ》の好《よ》く人間の中《うち》に宣《の》べ傳《つた》へらるゝにあらざれば、吾《われ》死なじ」。

　此《かく》の如くにして向《さ》きに魔王の吾《われ》に近づかんとせしこと三たびなりき。然るに阿難、今や

て、隣《となり》で『お前は、この世から消えなさい』と言った。なので『遠からずして仏が死ぬ日はやってきて、あなたは喜ぶでしょう』と阿難が魔王に向かって答えたのです。

「多くの人の幸福のために、世界で迷いを抱《かか》えている人たちを気の毒に思って大切にし、人間が恩恵に恵まれて、我々を残してしまわないように」と阿難が仏に言いました。

「十分だ。阿難、私を悩ませないでおくれ」と仏が仰いました。

阿難が再び同じことを言うと、仏は同じ答えを返すのでした。

阿難がまた「長生きしてほしい」と願うと「阿難、お前は信仰するものがあるのか」と仏が仰いました。

「私には信仰心があります」と阿難が答えました。

阿難の瞼《まぶた》がピクピクと動くのを見た仏は、阿難が心配のどん底にあるのが分かって「阿難、本当に信仰を持っているのか」と仏が尋ねました。

また魔王は吾許《わがもと》に來《きた》り、吾側《わがかたはら》に起《た》ち、前言《ぜんごん》を繰り返して曰へるやう、『世尊、此世《このよ》をば辭《じ》し給へ』。魔王斯《か》く言へるとき、阿難、吾《われ》彼に答へて、『汝自ら喜べ、如來の終焉《をはり》は遠からずして來《きた》らん』と云ひぬ。」

阿難尊者曰ひけるは、「世尊、吾曹《われら》をのみ獨《ひと》り殘《のこ》し給はざらんことを、多數《たすう》の幸福《さいはい》の爲《ため》に、世界を憐《あはれ》まんが爲《ため》に、人間の利益《りやく》の爲《ため》に」。

佛、「足《た》れり、阿難、如來を煩《わづらは》すなかれ」。

阿難尊者再び前言《ぜんげん》を繰り返して佛に請《こ》ひしかば、佛はまた同一の答をなし給ひぬ。

阿難尊者三たび前言を繰り返して尚永《なが》らへ給はんことを請《こ》ひしに、佛、「阿難、汝は信仰を有《も》てりや」と宣ひたり。

阿難、「吾之《われ》を有《も》てり、世尊」。

佛は阿難の瞼《まぶた》の動くを見て、其心に深く憂《うれ》へをれるを察し、また尋ね給ひけるは、「阿難、汝誠に信仰を有《も》てりや」。

「私は、信仰があります」と阿難は仏に答えました。

「阿難、お前が仏の教えを信じているのならば、何故《なぜ》三回も私に厄介《やっかい》な問いかけをするんだ。如何《いか》に親密な間柄といえども、ついには別れなくてはならないのは、ものの本質つまりそれが実体なのだ。私が以前、お前たちに教えたことだぞ。ならば、阿難、天地の間に生命《いのち》を授《さず》けられた者は、その中に分かれて亡《ほろ》びるという根本的な筋道があるのに、お前だけがそうではないと思うのは、どうしてそううまくは出来ないのに……。昔から、そのような法則はない。阿難、そのような、すべてのものには限りがあり、そして常に変化している一生を私は捨てて、惜《お》しげもなく投げ捨てて、否定するところであり、遠ざけたところである」

と仏が仰いました。

「ブアイサーリ近郊にいる比丘を講堂に集めなさい」

と仏が仰いました。

〈下段の『法堂』とは、禅宗が使う言葉で、他の宗派では『講堂』という。凡夫注〉

やがて仏が講堂に現れていつもの坐《すわ》る席に着くと、

阿難、「世尊、吾《われ》は信仰を有《も》てり」。

佛、「阿難、汝果たして如來の智恵を信じなば、何を以て三たびまでも如來を煩《わづらは》さんとはするぞ。如何《いか》に親しきものあらんも之と相《あい》別れざるを得ざるは、物の本性《ほんしやう》卽《すなは》ち然るなりとは、吾嘗《われかつ》て汝等《なんぢら》に教《をし》へたる所ならずや。さらば阿難、天地の間に生《せい》を享《う》けたるものは、自ら其中《うち》に分離壊《くわい》滅《めつ》の理《ことわり》を含めるものなるに、吾《われ》のみ獨《ひと》り久しからんと思ふも、如何《いか》でか能《よ》くするを得んや。天下古《いにしへ》より此《かく》の如き道理《ことはり》あることなし。而《しか》して阿難、此《かく》の如き有限無常の生涯は、如來の捨てたる所、抛《なげう》てる所、否《いな》める所、去れる所にあらずや」。

佛又のたまひけるは、「毗舍離《ブアイサーリ》の近邊《きんぺん》にある諸兄弟を呼び集《つど》へて法堂《はふだう》に來《きた》らしめよ」。

佛やがて法堂《はふだう》に出でゝ設《もう》けの席《むしろ》に坐《ざ》し、諸兄弟《けいてい》

「我が弟子たちよ、あなたたちには既に真理を教えたから、自分で十分に理解していると思うのです。有言実行し、心を集中させて考え、人々に広めて、汚《けが》れのない教えが永遠に継続するようにしなさい。数多くの人々の幸せのため、世界で苦しんでいる人たちのために同情の心を寄せて、すべての人が功徳を得られるように、汚《けが》れのないこの教えが永久に伝えられるようにしなさい。

天体現象から将来を推量し、自然の動きから吉《きっ》凶《きょう》を占ったり、未来を予言するなどのことは、一切してはいけません。

心を正しく厳《きび》しく保つことをしなければ悟りの境地へ達することはできず、我々が深く心得て世間の誘惑《ゆうわく》に拘ることなく、感情が落ち着いていることが必然であると考えなさい。

飢《う》えや喉《のど》の渇《かわ》きを乗り越えるには、食べて水分を補給する必要があります。自分も必要に応じて飲食するように、虫などが花の蜜を吸っても花そのものを痛めることなく、良い香りもそのまま変

に告げ給ひけるは、

「諸兄弟《けいてい》よ、汝曹《なんじら》は既に眞理を教《をし》へられたれば、自ら充分に之《これ》を會得《ゑとく》したるならん、されば之《これ》を躬行《きうかう》し、之を思惟《しゆい》し、之を宣傳《せんでん》して、この清《きよ》き教《をしへ》の永續無窮《えいぞくむきう》ならんことを計れ、多《た》數《すう》の幸福の爲《ため》に、世界を憐《あはれ》まんが爲《ため》に、一切衆生の利益《りえき》の爲《ため》に、清《きよ》き教《をしへ》の永續《えいぞく》せんことを計れ。

或《あるひ》は星辰《せいしん》を觀《み》、天文を察し、或《あるひ》は兆候を占ひて、吉凶を豫測《よそく》し、禍福を豫言《よげん》す、此《かく》の如き事は一切爲《な》すことを得ざれ。

心を持すること嚴《げん》ならざれば涅槃に到るを得ず、さらば吾曹《われら》をして深く戒心《かいしん》して世間の誘惑を蒙《かうむ》らず、情念の穩《おだやか》ならんことを期せしめよ。

飢渇《きかつ》を凌《しの》がん爲《ため》には、食《くら》ひもしつ、飲みもしつべし。此身《このみ》も必需《ひつじゆ》に應《おう》じて之を足《た》らすこと、猶胡蝶《なおこてう》の蜜を吸ひて花をも傷めず、香をも損《そこ》ねざるが如くすべし。

化させることがないように、私たちも気を付けなければなりません。

あなた方と私は、永い間迷いの世界を輪廻という車によって世俗と行ったり来たりしていたのは、ただ真理というものを見い出せなかったからなのですが、苦そのもの・苦の原因・真の幸福・真の幸福への道という四つの真理の意味をよく理解していなかったからなのです。

〈おそらく、『四聖諦』のことと思われる。凡夫注〉

私があなたたちに心を静めて一つに集中することを教えましたが、それを忘れてはいけませんし、道理から外れた行いをする人が無理強《じ》いをしても、それに引きずられてはいけません。仏が示した悟りへの道を逸《そ》れてはいけません。

道徳の精神を堅固にし、良心の感覚を鋭くして、悟りを得るための七覚支《しちかくし》〈①仏の教えの中から真実だけを選び出し　②一心に努力し　③真実の教えを実行する喜びを知り　④心身を快適に軽やかにして　⑤物事に囚《とら》われないようにして　⑥心が乱されないように集中し　⑦心を静めて平らにする〉という要素があ

諸兄弟《けいてい》よ、汝と吾と嘗《かつ》て永く迷ひて輪廻の巷《ちまた》に行きつ戻りつせしは、只眞理を見出《みいだ》さゞりしによるなり、四聖理《ししやうり》を會得《えとく》せざりしによるなり。

吾が汝曹《なんじら》に教《をし》へたる禪定《ぜんちやう》を懈《おこた》るなかれ、大いに罪惡と戰《たたか》ひて屈《くつ》するなかれ。確かに聖者の道を踏みて誤《あやま》るなかれ。

道徳《だうとく》の精神《せいしん》を鞏《かた》くせよ。良心の感覺《かんかく》を鋭敏《えいびん》ならしめよ、七《なな》の智恵によりて汝の心開悟《かいご》する曉《あかつき》に至らば、汝は涅槃に進むべき八聖道《はちしやうだう》を看得《みう》るならん。

り、あなたたちが真理の悟りを得ることができれば、あなたたちは悟りへと進む八正道《はっしょうどう》〈修行の基本となる八つの実践名目である正しい見解・決意・言葉・行為・生活・努力・心掛け・瞑想《めいそう》。『八聖道』とも書きます〉をしっかりと感じることができるでしょう。

〈他に三諦《①すべてのものに原因があり、それ自体は無い　②無いものを実体と視てはいけない　③実体が無いということは原因も無いことになる》と、四諦《①この世は苦である　②苦の原因が煩悩である　③執着を断つことが苦を滅したことであり④悟りの境地に導く実践の真実》を合わせたものや、六波羅蜜に一つ加えて七つの智恵とする考え方があります。凡夫注〉

弟子たちよ、仏の肉体の消滅は近づいているのです。物体や細胞を形作《かたちづく》っているものは、すべて老化して滅《ほろ》びるのである。単純に永遠に滅びることのないものを求めなさい。力を出し尽くして悟りの世界へ突き進みなさい」と仏は弟子たちに仰ったのでした。

看よ諸兄弟《けいてい》よ、如來の終焉《をはり》の日は將《まさ》に近づかんとす、吾《われ》今汝曹《なんじら》に告げん、「集《あつま》りて成れるものは總《すべ》て老ひ且《かつ》敗れざるを得ず。只永遠なるものを求めよ、力を竭《つく》して解脱の道に到れよ」と。

第九十五　冶匠周陀

佛、波跋《パアーブア》に行き給ひぬ。

冶匠周陀《カヂシシユンダ》と云ふもの佛の波跋《パアーブア》に來《きた》り給へるよしを聞き、佛の許に來《きた》り恭《うやうや》しく佛及諸兄弟《けいてい》を其家に招きて供養をなさんことを請《こ》ひ、さて自ら米菓及豚肉《とんにく》を調理したり。

佛、冶匠周陀《カヂシシユンダ》が調理せる食物を食し給ひたる時、病遽《やまひには》かに起りて苦甚《くるしみはなはだ》しく、心地《ここち》死ぬべうなりしも、氣《き》を平らにし、心を鎭《しづ》めて何事をも歎《なげ》き給はざりき。

佛、阿難に告げ給ひけるは、「來《きた》れ、阿難、吾曹《われら》は拘尸那揭羅《クシナガラ》に行くべし」。

途《みち》にて佛疲れ給ひたれば、本道《ほんだう》を離れて一樹《じゅ》の下《もと》に憩《いこ》ひつ、阿難に曰ひ給ひけるは、「阿難、願くは吾身《わがみ》に衣《ころも》を地に布《し》け。吾疲《つかれ》たり、暫《しば》し憩《いこ》はん」。

阿難尊者は、「世尊、承《うけたまは》りぬ」と答へて、四つに疊《たた》める衣《い》を打ちひろげたり。

◇

仏は、バアーブァに行きました。

カヂシチュンダは、仏が地元へ来たことを知って仏に挨拶をした後、仏とその弟子たちに食事でもてなしたいと願い出て、米や豚肉などを使った料理を作りました。

仏がその食事をした後、急に激しく苦しみ出して、生きた心地《ここち》がしないほどの思いをしたのですが、それでも気を取り直し、心を安静にさせて、一切嘆《なげ》くことはしませんでした。

仏は「こちらに来なさい。我々はクシナガラに行くぞ」と阿難に言いました。

道の途中で仏は〈病《やまい》で〉疲れが出てしまい、道端《みちばた》にある一本の木の下で休むと「阿難、私は疲れたから衣《ころも》を敷《し》いて休ませてほしい」と言いました。

「承知しました」と答えると、阿難は四つに畳《たた》まれた衣《ころも》を広げました。

仏はその上に坐《すわ》ると「咽喉《のど》が渇《かわ》いたから、水を飲みたいので持って来てほしい」と阿難に頼みました。

仏のこの言葉に「今五百両の車が川を渡ってきたので水は濁《にご》っています。でも、ここからさほど遠くない所に大きな河があり、清らかで爽《さわ》やかな水が流れています。そこには簡単に行くことができますから、そこで水を飲んで水浴もされたらどうでしょう」と阿難が答えました。

仏は再度「水を持って来てくれ、咽喉《のど》が渇《かわ》いたので水を飲みたい」と阿難に言いました。

「大きな河に行って水を汲《く》んで来ましょう」と阿難が答えました。

すると、仏は「今すぐ水が飲みたい。咽喉《のど》がカラカラだ。水が欲しい」と三度《みたび》仰いました。

仕方なく「分かりました」と阿難が答えると、阿難は先ほど五百両もの車が通った小さな川へ鉢を持って行くと、摩訶不思議、あれだけたくさんの車が通ったのに川は澄《す》みきっていて塵《ちり》一つ浮いていないのでし

佛其上に坐《ざ》して又阿難に曰ひ給ひけるは、「願くは吾爲《わがため》に水を持ち來れ、阿難、吾渇《かつ》せり、飲《の》まくほりす」。

佛、斯《か》く言ひ給へる時、阿難答へけるは、「世尊、今五百輛《りやう》の車ありて流《ながれ》を過《よ》ぎりたれば、水猶《なほ》濁《にご》りて澄《す》まざるべし、されど河は程遠からぬ所に在り。其水は清《きよ》くして爽《さはや》かに、涼しくて澄《す》めり。彼處《かしこ》に至るは易《やす》きわざなるに佛よ、至らば水をも飲《の》むべく、身をも清むべし」。

佛、再び曰ひけるは、「願くは吾爲《ため》に水を持ち來《きた》れ、阿難、吾渇《われかつ》せり、飲《の》まくほりす」。

阿難は再び、「吾曹《われら》河に行かん」と曰ひぬ。

佛三たび阿難尊者に告げ給ひけるは、「願くは吾爲《ため》に水を持ち來《きた》れ、阿難、吾渇《われかつ》けり、飲《の》まくほりす」。

阿難之を肯《うけが》ひ、「世尊、承《うけたまは》りぬ」と云ひつ、鉢をとりて小河《せうが》に行けるに、不思議なるかな、今しも車の爲《ため》に亂《みだ》れ濁《にご》りたる水は、此時《このとき》早くも澄《す》み渡りて一點《てん》の塵《ちり》だになかりき。阿難私《ひそ》かに、「如來

た。「これは仏の大神通力の賜《たまもの》だぞ」と阿難は思いました。

鉢に水を汲《く》んで仏の前に差し出すと「さあ、水の入った鉢をお取りになって、お飲みください。咽喉《のど》の渇《かわ》きを潤《うるお》してください」阿難は仏に言いました。

仏は、さっそく水を飲み干しました。

そこへ偶然にもアーラーダカーラーマの弟子でブッカシャという、末羅《マッラ》国のカースト制度の一番下の身分のさらに下の階級に属する人が、クシナガラからバーブアに行く途中で、仏が休憩している所を通り過ぎようとしていました。

ブッカシャは、木の下で休んでいる仏を見て、その前に行って丁寧《ていねい》な挨拶をし、仏はブッカシャに人の道についての話をして励《はげ》まし、喜ばせたのでした。

ブッカシャは仏の言葉に激励《げきれい》されて喜んだので、そこを通る行商の人に「できましたら、金色に耀く服の布地二人分を分けて貰《もら》えないでしょうか」と訊きました。

行商人は「承りました」と言うと、ブッカシャに金

の大神通力《だいじんつうりき》の不思議さよ」と思ひたり。

阿難、鉢に水を盛《も》りて、世尊の前に供へつゝ曰ひけるは、「世尊、鉢をとり給へ。福徳《ふくとく》の人よ、水を飲《の》み給へ。人天《にんてん》の師よ、渇《かつ》を止《とど》め給へ」。

佛、鉢を取りて水を飲《の》みぬ。

會《たまたま》阿蘭迦《アーラーダカーラーマ》の弟子、賤族《せんぞく》の人弗迦奢《ブッカシャ》と云ふ若き末羅《マルラ》人、拘尸那掲羅《クシナガラ》より波跋《バーブア》に行かんとて、此《この》官道《くわんだう》を過ぎりぬ。

若き末羅《マルラ》人なる弗迦奢《ブッカシャ》は、佛の樹下《じゆか》に坐《ざ》し給へるを見て、其前に至り、禮拜《らいはい》せる後、恭《うやうや》しく坐《ざ》を其側《そのかたわら》に占めぬ。佛乃ち道話《だうわ》をなして之を教《をし》へ、之を勵《はげ》まし、之を喜ばしめ給ひたり。

弗迦奢《ブッカシャ》は佛の言《こと》に勵《はげ》まされ、又喜ばされて、通行の人に尋《たづ》ねて曰へるやう、「願くは善き人よ、吾爲《わがため》に黄金《こがね》の衣《ころも》二領《りやう》を齎《もた》らし來《きた》り給はずや」。

行人《かうにん》は弗迦奢《ブッカシャ》の言《こと》を容《い》れて、「君よ、承《うけたまは》りぬ」

色の服地二人分を渡したので、ブッカシャはその服地を持って仏の所に戻ってきました。

ブッカシャは二人分の金色に耀く服地を仏に献上《けんじょう》して「この二人分の黄金の服地を裁断して縫《ぬ》い終わればすぐにでも着ていただけますので、お納めください」と言いました。

「ブッカシャよ、一つは私が着《き》よう。もう一着《ちゃく》は阿難に」と仏が仰いました。

その時、仏の身体が俄《にわ》かに光り輝き出し、その美しさは言葉で言い尽くすことができないほどでした。

「珍《めずら》しいことだ。不思議だ。仏の身体が透き通って光り輝いてきたぞ。仏が身に纏《まと》わられた黄金の服と、ほとんど区別がつかないようになってしまわれましたぞ」と阿難が仏に言いました。

「如来の身体が透明になって、キラキラと輝くことが二度あるのです。それは、大いなる悟りを開いた夜と、肉体と煩悩が死滅して二度と生まれ変わることがない夜なのです」と仏が仰いました。

「阿難、カヂシチュンダに『チュンダ、仏がお前

と云ひつ彼が爲《ため》に黄金《こがね》の衣《ころも》二領《りやう》を携《たづさ》へ歸《かへ》りぬ。

弗迦奢《ブッカシャ》は黄金《こがね》の衣《ころも》二領《りやう》を佛に奉じて云へるやう、「世尊、この黄金《こがね》の衣《ころも》二領《りやう》は、裁《た》ち縫《ぬ》ひを了《を》へたれば、着用するに足《た》れり。願はくは佛の之を受納し給はんことを」。

佛、「弗迦奢《ブッカシャ》よ、一領《りやう》は吾之《われこれ》を着《つ》けん、一領《りやう》は之を阿難におくれ」。

時に如來の色身《しきしん》は燦然《きらきら》として火の輝けるが如く、その美《うるは》しさは言語も及ばぬほどなりき。

阿難尊者、佛に曰ひけるは、「世尊、奇《き》なるかな、不思議なるかな、佛の肌色のかく透明にして燦爛《さんらん》たらんとは。佛の身に着けまゐらせたる黄金《こがね》の衣《ころも》も、殆《ほと》んど見る影なし」。

佛、「如來の肌の透明となりて燦爛《さんらん》たる光を放つべき時節二度あり。即《すなは》ち如來が最勝無上の大覺《だいかく》を得る夜と、如來が無餘涅槃《むよねはん》に入らんとして色身《しきしん》空《くう》に歸《き》する夜と、是なり」。

佛、又告げ給ひけるは、

「阿難、一人あり、次の如く言て治匠周陀《カヂシチユンダ》

の台所で作られた食べ物を食べて死んだのは、お前にとっては災難なことで、気落ちさせたであろう』。でも、阿難、チュンダは後悔しているだろうから、その心を慰《なぐさ》めるために『チュンダ、仏がお前の台所から生前最後の食事をして死に至ったのは善いことで功徳となったのだ。チュンダ、私は仏がご自分で仰ったことを聴いたのだ。それは、仏は、大いなる悟りを得られたときと二度と生まれ変わることなく浄土に行かれる時に行われる供養には、同じような価値があり、また同じように功徳となることをして、その他の布施などには遠く及ばないくらいのものなのだ。チュンダは、前世の行いによって、長く生きることができるようになり、心が安まる世に生まれ、好い運に恵まれ、良い名前を付けてもらい、次は天上界《てんじょうかい》に天人《てんにん》として生まれ変わり、不思議な威力《いりょく》を持つことだろうと阿難が伝えるように』と。もし、後悔の心を持つことがあれば、このように言ってカヂシチュンダの心を押しとどめてほしい」と仏が阿難に仰いました。

の心に後悔の念を生《しやう》せしむるならん、曰く「周陀《チユンダ》、如來が汝の庫裡《くり》より最終の食物を得て死に就《つ》き給へるは、汝の爲《ため》には不祥《ふしやう》の事なり、損耗《そんもう》なり」と。されど阿難、周陀《チユンダ》は又次の如く思ひて後悔の心を慰《なぐさ》め得《う》るならん、曰く「周陀《チユンダ》よ、如來が汝の庫裡《くり》より最終の食物を得て死に就《つ》き給へるは、汝の爲《ため》には善き事なり、利益《りやく》なり。周陀《チユンダ》よ、吾《われ》誠に佛の自ら宣《の》給《たま》ふを聞けり、其言《こと》に曰く、「如來の無上大覺《だいかく》を得たる時と無餘涅槃《むよねはん》に入らんとする時とに爲《な》せる供養は、同等の果報《くわはう》、同等の利益《りやく》を生《しやう》ずるものにして共に自餘《じよ》の布施の遠く及ばざる所なり。周陀《チユンダ》は前世の羯磨《カルマ》によりて長《なが》き壽《いのち》を得、安樂《あんらく》の地に生れ、好運に會《あ》ひ、芳名《よきな》を垂《た》れ、天上に生れ、大威力を得《う》るに至らん」と。」阿難、冶匠《カヂシ》周陀《チユンダ》の若し後悔の念を生ずることあらば、此《かく》の如く思惟《しゆい》して之を抑《おさ》ふべし。」

その時、仏は肉体の死が近づいてきたのを知って、「私がみんなに与えられることは、真実の功徳を得て、自ら煩悩を離れて、正しい行いをしてきた人は悪い思いを投げ捨てて、欲と怒ることと心が乱れること全部を遠ざければ悟りという理想の境地にたどり着くことができるのです」と仰いました。

◇

仏と弟子一行はヒラニヤブ河の沿岸にあるクシナガラ国のウアバァルタナのマツラにあるシャラの木の森にやって来ました。仏が振り返って「この二本のシャラの木の間に北側が頭となるように布を敷《し》きなさい。私は疲れた。横になりたい」と阿難に言いました。

「承知しました」と阿難が応じて、二本のシャラの木の間に北を枕に敷《し》いた布に仏は横になると、気持ちが静かになり心が落ち着いたのです。

この時、森に植えられていたシャラの木は一斉《いっせい》に花を開き、天上界《てんじょうかい》から聴こえる冴《さ》えわたった楽器の音《ね》

時に佛は寂滅《じやくめつ》の近づくを見給ひて、次の如く言ひ出《い》で給ひぬ、「施《ほどこ》すものは眞《まこと》の利益《りやく》を得べし。自ら克《か》つものは煩悩《ぼんのう》を離るべし。正しき人は罪を抛《なげう》つべし、欲と瞋《いかり》と迷《まよひ》とを去らば、涅槃に至らん」。

第九十六　彌勒

佛、大衆《だいしゆ》を率ゐて跋提河《ヒラニヤブアチ》の遠岸《えんがん》拘尸那掲羅《クシナガラ》の烏《ウ》波跋多那《アブアルタナ》なる末羅《マルラ》の沙羅樹《シヤウラジュ》の森に進み行き給ひき、阿難尊者を顧《かへりみ》てのたまひけるは、「願くは吾《わが》爲《ため》に沙羅双樹の間に、北を枕して坐布《ざふ》を延《の》べよ。阿難、吾《われ》疲れたり、臥《ふ》さまくほりす」。

阿難は、「世尊、承りぬ」と應《いら》へて、沙羅双樹の間に、北を枕にして坐布《ざふ》を延《の》べしかば、佛乃ち此《ここ》に臥《ぐわ》し給ひぬ。かくて其氣《き》穏《おだやか》に、其心収《をさま》りたり。

此《この》時、沙羅双樹は時ならぬ花盛《はなざか》りとなり、天樂《てんがく》は嚠喨《りうりよう》として響きわたりぬ、是《こ》は過去の諸佛を相《さう》

色《いろ》があたり一面に響き渡ってきたのです。これは、過去に現れた仏たちに続いて仏となる者を賞讃して天が行ったことでした。仏が天からこのようにしてまで敬《うやま》われ讃《たた》えられていることに阿難は感動したのでした。「仏がこのように尊敬され、尊いものとして慎《つつし》み深く扱われるのは、善いこととは思わないのです。よく、最上の供《そな》え物をして仏を尊敬して礼を尽くす人は、普段の生活での規則を守って、さまざまな修行や善い行いをして怠《なま》けない、私の弟子たちや在家の信者だけなのですから、これらの修行や善行《ぜんこう》をサボることなく規則を守りなさい。このようにして、はじめて仏を尊敬すると言えるのです」と仏は阿難に仰いました。

阿難が、シャラの森の端に行って木にもたれて、むせび泣きながら「私はもっと仏から教《おし》えを受けなければならないし、悟りの世界へも道半ばだというのに仏は私の所から去ってしまおうとしている。親しく付き合った仏は私の許を去ろうとしている」と考えたのでした。

仏が「阿難はどこへ行ったのか」と弟子たちに尋ねると、弟子は方々を探して阿難を見つけ、仏が呼んで

續《ぞく》して佛となり給へる世尊を讃《さん》せんとて、天の爲《な》せる所なりき。阿難は佛の斯《か》く敬《うや》まはれ給ふを見て、心私《ひそ》かに驚きぬ。然るに佛宣ひけるは、「阿難、如來は此《かく》の如き事にて尊《たふと》まれ、崇《あが》められ、恭《うや》まはるゝも、正しきわざとは思はぬなり。誠に能《よ》く最勝の供物《そなへもの》をなして如來を尊《とうと》み、如來を崇《あが》め、如來を敬《うやま》ふものは、只戒行《かいぎやう》を守りて、大小の諸義務を果して懈怠《げたい》なき吾兄弟姉妹《わがけいていしまい》なる善男善女あるのみ。さらば阿難、諸々《もろもろ》の大小の務《つとめ》をして怠《おこた》ることなく、戒行《かいぎやう》を守りて誤ることなかれ。阿難、斯《か》くしてこそ始めて主を尊《たつと》むとこそ云ふべけれ」。

阿難尊者は寺に行き、門に倚《よ》りて立ち、歔欷《きよき》流涕《りうてい》して思ひけるは、「嗚呼《ああ》、吾《われ》は尚學《まな》ばざるべからざる身なるに、未だ無上の妙道《めうだう》を求め得ざる身なるに、かの親切なる師は吾《われ》を去らんとするなり」。

佛、諸兄弟《けいてい》に、「諸弟子よ、阿難は何處《いづこ》に行《ゆ》きたるか」と問ひ給ひければ、弟子乃ち行きて阿難

いることを伝えました。阿難は仏に、

「世間は道理が通じないことがあるため、あらゆる場所が闇《やみ》となっています。世間の人々は真理の光に照らされることがないため、道に迷ってしまっているのです。そういうとき、仏は灯火《ともしび》で道を照らしていらっしゃるのです。ところが、仏が灯《とも》火《しび》で照らそうとするのを止めるため、今その光が消えようとしています」と言いました。

仏は阿難が横に坐ったのを確かめてから、

「十分だ。阿難、何も悩むことはないのだぞ。どんなに親しい人でも別れ別れになってしまうのは、生きるものが持っている本質であることを私は以前に話したことがある。

道理に暗い人は自分を分かっていると思っているが、道理に明るい人はどのようにして自分を探し求めたらよいのかが分からないから、この世で真理に目覚めて迷いを感じることはないのです。苦悩によって積み重ねたすべてのものは滅《ほろ》ぶこと

を呼び來《きた》りたり。阿難、佛に白《まを》しけるは、

「世は智惠《ちゑ》なきが爲《た》め、到る處昏闇《ところくらやみ》ならざるはなかりき。一切衆生は光なきが爲《ため》、途《みち》に迷はざるはなかりき。時に如來は智惠《ちゑ》の燈《ともしび》を照らし給へり、而《しか》るに何事ぞ、今やまた其《その》光の消え去らんとは、如來は尚之《これ》を懸《かか》げ給はざるに」。

佛、阿難の其側《かたはら》に坐《ざ》するを見給《みたま》ひて宣給《のたま》ひけるは、

「足《た》れり、阿難、自ら悩《なや》むも何の詮《せん》かあらん。なきそ。如何《いか》に親しきものも遂には相別れ相離れざるを得ざるは、物の本性卽《すなはち》然《しか》るなりとの理《こと》は、吾嘗《われかつ》て説き示したる所ならずや。

痴人《ちじん》は我ありと思へども、賢《かし》こきものは、何處《いづこ》に我を求め得《う》べきかを知らず、故《ゆゑ》に彼は世の眞相を會《ゑ》して迷ふことなし、彼は知れり、苦によりて積み累《かさ》ねられたる萬有《ばんいう》は總《すべ》てまた亡びざるを得ざれども、獨《ひと》り眞理は無窮《むきう》

を免《まぬが》れないけれど、真理というものは滅《ほろ》びることなく無限に存在するものなのです。

最も優れたすべての存在する本体とは、変化することなく身体を生かし続けることができるのです。私は既に決めたのです。私の計画を成功させるためにやらねばならないことの出発点に立ったのです。だから、今休もうと思うのです。これこそが大事なことだからなのです。

阿難は私に長いこと仕えてくれました。そして、お前の心や行いは、人に対する変わらぬ慈《いつく》しみが基になっているのです。お前は、大変よく仕えてくれました。真心をもって慈《いつく》しみを研究して、そのうちには大いなる悪行や男女の情愛の欲、実体のないものを実際にあるかのように執着する心、道理に暗く実際には無いものを真実であるかのように思い込み、愚痴《ぐち》といったあらゆる迷いを断つことが必要なのです」と仰いました。

ようやく涙を拭《ぬぐ》った阿難は「仏が死んだ後、誰が我々の師匠となるのでしょう」と言いました。

「私が仏として初めてこの世に現れたわけではなく、

に渉《わた》りて存するを知れり。

最勝法躰《はふたい》の變《かは》ることなきに、何ぞ此色身《このしきしん》を永らへんや。吾《われ》は既に決定《けつぢやう》せり、吾目論見《わがもくろみ》は成《な》りぬ、吾事業《わがしごと》は緒《ちよ》に就《つ》きぬ、故に吾《われ》は今休まんとこそ思ふなれ。是《これ》亦一要事《いちえうじ》ならざらんや。

阿難、汝の吾《われ》に事《つか》へたること久し、而《しか》して汝の心、汝の行《おこなひ》は、皆渝《かは》らざる無限の愛より來《きた》れり。阿難、汝は誠に能《よ》く事《つか》へたりと謂《い》ふべし。眞心を奮《ふる》ひ起して此事《このこと》を究《きは》めよ、遠からずして汝は大惡、情欲、我執《がしう》、迷妄《めいまう》、愚痴《ぐち》の諸惑《しよわく》を斷《た》つに至らん。」

阿難、漸《やうや》く涙を止めて曰ひけるは、「佛逝《ゆ》き給ふ後《のち》は、誰か吾曹《われら》の師となるべきぞ」。

佛、「吾《われ》は始めて此世《このよ》に來《きた》れる佛にあらず、又

この世が最後でもないのです。真理を教《おし》えるために現れ、そして真理の王国をこの世に作ることができたのです。ゴータマ・シッタルタの肉体は死んでも仏は生き残るのです。なぜなら、仏とは真理そのものであり、真理が死ぬことはないのです。ですから、真理を信じて生涯を送ろうとする人は、みんな私の弟子となり、その弟子たちに私は真理を教《おし》えるのです。真理が世界に広がりますが、今から五百年真理の国は栄えます。しかし、五百年経つと迷いの雲が空を覆《おお》い始めて真理の光は弱まってしまいます。でも、ある時期になったら、また仏が出現して私と同じ真理を教《おし》えることになるのです」と仏が仰いました。

　すると「私たちは、どのようにしてその方を知ることができるのでしょうか」と阿難が尋ねました。

「私の次に出ていらっしゃる仏は『弥勒』と言われる仏です。これは、弥勒菩薩の利害を捨て道理に従って人道公共のために尽くされるのです」と仏が仰いました。

最終の佛にもあらず。吾《われ》は眞理を教《をし》へんとて來《きた》れり、而《しか》して眞理の王國《わうこく》は此世《このよ》に打建てられたり。瞿曇悉達多《ゴータマシツダルタ》は死すべし、されど佛は永《なが》ふべし、なんとなれば、佛は眞理なり、眞理は死すべくもあらざればなり。故《ゆゑ》に眞理を信じて之に棲《す》むものは吾《わが》弟子なり、吾《われ》彼に教《をし》ふべし。眞理は擴《ひろ》められん、而《しか》して今五百年がほどは眞理の王國榮《わうこくさか》え行くならん。されど其時迷《まよひ》の雲起りて、光幽《かす》かに輝くべし、時機《をり》到らば又一の佛現はれて、吾説《わがと》ける所と同一の眞理を教《をし》ふるなるべし」。

阿難、「吾曹如何《われらいか》にして其人たるを知り得べきか」。

佛、「吾に繼《つ》ぎて出づべき佛は、彌勒《ミロク》と稱《とな》へらるべし、是《こ》れ慈氏《じし》の義《ぎ》なり」。

あるマツラ人が妻子や親類と共に、悲しみつつ元気なく、ウアヴァルタナという沙羅の木の森に来て、みんなが仏に会って功徳を受けられるようにと思ってお願いしました。

◇

「悟りへの道を歩もうとするのであれば、一所懸命修行に励《はげ》んで、怠《なま》け心を起こさないようにしなければなりません。私と会うことで満足してもいけません。私が教《おし》えたように修行して、苦悩の網《あみ》から逃《のが》れ、一歩も後へ引かない気持ちで前に進みなさい。

病気で快方に向かった人は薬や医者のおかげと思うのですが、それによって起こる悩みはそれらに関係なく自然に去って行くのです。

私が教《おし》えたように修行をしない人は、私に会っても少しも得《とく》をすることはないのです。私がいる

第九十七　入涅槃

時に末羅《マルラ》人は妻子一族と共に憂《うれ》へ悲しみつつ、悄《せっ》然《ぜん》相率《あいひき》ゐて末羅《マルラ》の沙羅樹林烏波跋多那《ウバブアルタナ》に到り、世尊に見《まみ》えんことを請《こ》へり。そは大聖人の前に出《い》でて諸人《しょにん》と共に彼を見るの福徳《さいはひ》を頒《わか》ち得んと思ひてなりき。

佛、告げ給ひけるは、

「道を求めんと思はゞ、勉《つと》め勵《はげ》みて懈怠《げたい》の念を生ずべからず。吾と相見るも足《た》れりと思ふことなかれ。吾《わが》命じたる如く歩めよ、苦《くるしみ》の密《みつ》網《まう》を離れよ。不退《ふたい》の志《こころざし》を勵《はげ》まして道に進めよ。

病めるものは藥《くすり》の力によりて癒《い》やさるゝを得ん、醫士《いし》と相見ることなからんも、其惱《なやみ》は自《おのづか》ら退《しりぞ》くべし。

吾命じたる如く行《おこな》はざるものは、吾《われ》を見るも將《はた》何の益《えき》かあらん。一分《いちぶん》の所得だもあるこ

場所から遠く離れた所に住んでいる人でも、正しい修行を行っていれば、いつも私はその人の心の側《そば》にいるのです。

もし、私の近くで修行していても、教《おし》えの通りに修行していなければ、私は遠くへ去ってしまいます。でも、仏の教《おし》えに従っていれば、いつも仏の前で功徳を受けることができるのです」と仏が仰いました。

そこへ、スブハドラという行者が沙羅の木の森へやって来て、阿難を見かけて「私は以前、年老いて経験豊富な仲間に『仏がこの世に現れることは大変珍しいことなのだ』と聞いたことがあります。今、人々から伝え聞くところによると、ゴータマという出家者は今夜の終わりに亡くなると噂《うわさ》されています。荒波が立つように私の心は穏《おだ》やかではないのです。そして、ゴータマが俗世間から離れたことを深く信じ、私の疑問を解決して、それが真理であると確信させることができるのはゴータマ以外にはいないのです。できましたら、「ゴータマの顔を見るだけでもいいので会わせてください」と頼みました。

となけん。吾《わ》が在處《ありか》を離れて遠くに住めるものも、正しき道をだに歩むものは、常に吾《わが》側《かたはら》に在るなり。

假令《たとへ》吾《わ》が側《かたはら》にあるものも、教《をしへ》に遵《したが》はざれば、吾《われ》を去ること遠しと謂《い》ふべし。されど大法に遵《したが》ふものは、常に如來の面前に在りて福《ふく》徳《とく》を受くるならん。」

會々《たまたま》行者須跋陀羅《スバドラ》と云ふものあり、末羅《マルラ》の沙羅《さら》樹林《じゆりん》に來《きた》り、阿難尊者を見て曰ひけるは、「吾嘗《われかつ》て吾徒《わがともがら》の年老いて經驗《けいけん》を積めるものに聞けることあり、其言《そのこと》に『如來聖佛《せいぶつ》の世に出給《いでたま》ふは誠に希《け》有《う》の事なり』と。而《しか》して今や皆相傳《あひつた》へて瞿曇《ゴータマ》出家は今夜《こよひ》の終刻に寂《じやく》を示し給ふべしと言へり。吾《わが》心は極めて安《やす》らかならず、されど吾《われ》は瞿曇《ゴータマ》出家を信ずること深し、思ふに吾疑《うたがひ》を解《と》きて眞理と相見るを得せしむるものは、必ず彼ならん。願くは吾《われ》をして瞿曇《ゴータマ》出家に見ゆることを得せしめよ」。

スブハドラがこう言った時「分かった。でもスブハドラよ、仏はお疲れだから、今会わすことはできない」と阿難が答えました。

二人のやり取りを聴いていた仏は「阿難、スブハドラの要求を拒むな。スブハドラは私に会いに来たのだ。スブハドラは、何であれ質問から私の答えを智恵として得ようと思っているのだ。そのようなことであれば、私は煩《わずら》わしいとは思わない。私が質問に答えることは、スブハドラは、すぐに理解するであろう」と阿難に言いました。

これで阿難は「入れ、スブハドラよ。仏はあなたに会うことを受け入れたぞ」と言いました。

仏は慈《いつく》しみと慰《なぐさ》めの言葉でもってスブハドラと会い、悟りへの道について教え、励《はげ》まして喜ばせたとき、スブハドラは、

「誉《ほま》れ高き人よ。あなたの教《おし》えは世界一優《すぐ》れたもので、ひっくり返ったものを起こし、裏に隠《かく》れたものを表に現し、迷っている人に正しい道理を教えて、暗い所に光が射しこみ、視力がある者には

須跋陀羅《スバドラ》の斯《か》く言へる時、阿難尊者曰ひけるは、「足《た》れり、吾友《わが》須跋陀羅《スバドラ》よ、如來を煩《わづら》はすなかれ、佛は疲れ給へり」。

佛、兩人《りやうにん》の問答を聞き知り給ひ、阿難尊者を招きて告げたまへるやう、「阿難、須跋陀羅《スバドラ》の請《こひ》を拒《こば》むなかれ。彼は如來に見《まみ》ゆるを得《う》べし。彼の問ふ所は何事にまれ、智恵を得んと思へるにて、吾《われ》を煩《わづら》はさんとにはあらざるべし。吾答ふる所は何事にまれ、彼は直ちに會得《ゑとく》するならん」。

是《ここ》において阿難尊者、須跋陀羅《スバドラ》行者に曰ひけるは、「入《い》れ、吾友須跋陀羅《スバドラ》よ、佛は御身を許し給へり」。

佛は智恵と慰《なぐさみ》との言葉をもて、之を教《をし》へ、之を勵《はげ》まし、之を喜ばしめ給ひたる時、須跋陀羅《スバドラ》、佛に白《もう》しけるは、

「榮光《えいくわう》ある世尊、爾《なんぢ》の教《をしへ》は最も勝《すぐ》れたり、爾《なんぢ》が教《をしへ》は卜《たを》れたるを起し、穩《かく》れたるを顯はし、迷へるものに正しき道を教へ給へり。爾《なんぢ》の教《をしへ》は暗き處《ところ》に光を與《あた》へて、眼あるものをして視《み》

悟りの世界を見せるのです。このように、私は仏の言葉によって真理を知ることができました。私は仏とその教え、そして仏のグループに従います。できましたら、今日以降、生きている限り私はあなたの弟子となることをお許しください」と仏に言いました。

「阿難、あなたは本当に徳のある方で、運のよろしい方だ。ずっと仏の近くにお仕えして引き立ててもらってもったいないでしょう」とスブハドラは言いました。

「お前たちの中で『仏の教《おし》えは終わりを迎えた。我々に師と呼べるものはいない』などと思う者がいるかもしれない。でも、そのように思ってはいけないのだ。将来私の肉体が死んだ後、再び蘇《よみがえ》ることはないのだ。ゴータマ・シッタルタという人間は死んでも、仏はいつも傍《かたわ》らにいるのだ。私が死んだ後は真理を師として、私を慕《した》って集まった弟子たちのグループの規則を守りなさい。そして、弟子たちが望むのであれば規則を取り止めても構

せしめ給へり、斯《か》くして世尊、吾は佛により て眞理を知るに至りぬ、吾は佛と眞理と教《けう》會《くわい》とに歸依《きゑ》す、願くは佛世尊、今日以來《いらい》此身《このみ》のあらん限り、吾が佛弟子となり信徒《しんと》となることを許し給へ」。

須跋陀羅《スバドラ》行者、阿難尊者に曰ひけるは、「吾友阿難よ、大いなるかな、卿《おんみ》の利、大いなるかな、卿《おんみ》の運。久しきが間、教會《けうくわい》に在りて主の愛顧《あいこ》を辱《かたじけ》なうしたるや」。

佛、阿難尊者に告げ給ひけるは、「阿難、爾曹《なんぢら》の中に或《あるひ》は『主の教《をしへ》は終れり、吾曹《われら》は師なし』なと思ふものあらん。されど阿難、爾曹《なんぢら》は斯《か》く思ふべからず。固《もと》より吾《われ》は復《ふたた》び肉躰《にくたい》を受くることなからん、未來の苦《くるしみ》も今や總《すべ》て消え盡《つ》きたれば。されど阿難、瞿曇悉達多《ゴータマシダルタ》は逝《ゆけ》るとも、佛は恒《つね》に在《あ》らん。吾滅後《わがめつご》は吾嘗《わがかつ》て設けたる教會《けうくわい》の法規《はふき》及眞理を以て爾曹《なんぢ》の師とせよ。吾逝《わがゆ》けるのち、若《も》し教會《けうくわい》にして望むとならば、總《すべ》て瑣細《ささひ》の戒法を癈《はい》するも亦

わない」と仏は阿難に言いました。

「弟子たちの中で、仏陀や真理、理想の境地に達するための八つの道〈八聖道〉に関して疑いを持ったり誤解する者もいるだろう。死後に『私たちは直接仏に疑問をぶつけたりすることができなくなった』と後悔しないように、弟子たちよ、今のうちに疑問などがあれば質問をしなさい」と弟子たちに仏が仰いました。

でも、みんな黙《だま》ったままでした。

「私は信じます。ここに集まった弟子たちも仏と真理、八聖道について、疑問を持ったり誤った理解をしている者はおりません」と仏に阿難が言いました。


「お前がそのように言ってくれるのは、教《おし》えを信じ理解して向上しようという意欲があるからだ。しかも、ここにいる弟子たちが仏陀と真理、八聖道について疑問を持たず、誤った考えを持っていないのを知っている。弟子たちの中で最後に私の許に駆《か》け付けた者も必ず成仏するのは間違いのないことなのです」と仏は阿難に言いました。

「あなたたちが仏の真理を知り、苦悩の根源が分か

可ならん」。

佛、又諸兄弟《けいてい》に告げ給ひけるは、「吾《わが》諸兄弟《けいてい》の中、或《あるひ》は尚佛陀《ぶつだ》、眞理、聖道《せいだう》にかゝる疑念を懐《いだ》き、誤解をなせるものあらん。吾滅後《わがめつご》に至り、『吾曹《われら》は面《ま》のあたり佛に問ふを得ざりき』とて、自ら悔《く》ゆることなからん爲《ため》、諸兄弟《けいてい》よ、疑ふ所あらば従《したが》つて問へ」。

一衆皆默然《もくねん》たりき。

阿難尊者乃《すなは》ち佛に白《もう》しけるは、「吾《われ》は誠に信ず、諸兄弟《けいてい》の此《ここ》に集まれるものは、佛、眞理、聖《せい》道《だう》につきて或《あるひ》は疑《うたがひ》を挟《はさ》み、或《あるひ》は誤《あやまり》を信ずるもの之なからん」。

佛、「阿難、汝の斯《か》く言へるは信仰の溢《あふ》れ出《い》でたるなるべし。而《し》かも阿難、如來は慥《たし》かに此《ここ》に集まれる諸兄弟《けいてい》のうちには佛陀、眞理、聖道《せいだう》の事に關《くわん》して、或《あるひ》は疑《うたがひ》を挟《はさ》み、或《あるひ》は誤《あやまり》を信ずるもの之なきを知るなり。阿難、諸兄弟《けいてい》の中にて最も後《おく》れたるものも、宗旨《しうし》に歸《き》して最終の成佛《ぢやうぶつ》を得るや必《ひつ》せり」。

佛、實《じつ》に告げ給ひけるは、「汝等《なんぢら》若《も》し大法《ダルマ》を知

り、悟りへの道を知れば、『我々は仏を尊敬し、偉大な仏を心から敬《うやま》っていることを一般の人々に伝え話すでしょう』とあなたたちは言うでしょう」と仏が仰いました。

「我々は、そのように言うでしょう」と弟子たちが答えました。

「世の中の人々は迷いの世界にいて、まるで卵の殻《から》の中にいるように息を殺して表に出ないのだ。しかし、私はその殻《から》を破り出て、この世界でただ一人最も優《すぐ》れて広く知れ渡る仏となることができたのだ。このようにして、この世界を含む宇宙全体に存在する、最も経験があって甚《はなは》だ優れているものなのだ。

でも、あなたたちが言うところの、自らの内面を知って、見ることによって真実の通りであることでなければならないのです」と仏が仰いました。

「そのようにいたします」と阿難や他の弟子たちが仏に誓いました。

り、一切の苦の源《みなもと》を知り、成佛《ぢやうぶつ》の道を知らば、諸弟子よ、汝等《なんぢら》は言はん、『吾曹《われら》は世尊を尊敬す、又吾曹《われら》は世尊に對する畏敬《いけい》を心よりして斯《か》く説話《せつわ》す』と」。

諸兄弟《けいてい》答へけるは、「吾曹《われら》はしか爲《なさ》ざるべし、世尊」。

佛、又宣給へるやう、

「衆生は迷《まよひ》の中に在りて卵の如く屏息蟄居《へいそくちつき》せり、而《しか》して吾《われ》は其中《うち》に在《あ》りて始めて迷《まよひ》の殻《から》を破り、此《この》宇宙に在《あ》りて獨《ひと》り最勝普偏《ふへん》の佛となることを得たり。此《か》くの如くにして諸弟子よ、吾は萬有《ばんいう》の最も老いたるもの、最も高きものとなれり。

されど、諸弟子よ、汝の言ふ所は、汝自ら之を知り、自ら之を看《み》、自ら之を如實《によじつ》にせる所のものならずや。」

阿難及諸兄弟《けいてい》皆曰ひけるは、「世尊、爾《さ》なり」。

「私はあなたたちに忠告しなければなりません。『細胞などが集まって出来上がったものは、すべて壊《こわ》れてバラバラになってしまうのです。でも、真理というものは永遠に続くものなのです。悟りへの道を途中で諦《あきら》めてはいけません』。これが仏としての最後の忠告です」と仏が言い終わると、目を閉じ心を静めた後、静かにあの世へと旅立たれました。

仏が死んだ時、大地が恐ろしいほどに大きく揺れて、空のあちこちから雷が鳴り響き、天が崩れ落ちるのではないかと思われるようでした。弟子の中には悲しみと喜びが与えられたときの感情が入り混じり、両手を広げ大声で泣き叫んだり、身体を地面に擲《なげう》つ者さえ現れたのです。「仏は、なぜこうも早くに死んでしまわれたのか、世界を照らす光が消えてしまったのか」と思ったほどでした。

ここで、「皆さん、泣かないでください、悲しまないでください。親密である人でも、最後には別れなければならないというのは生きとし生けるものの本来の姿、つまり、自然なことなのです。この世に生《せい》を受けたものは、他人の手を借りなくても、自ら壊《こわ》れて砕《くだ》け

佛、再び解き給ひけるは、「看《み》よ、諸兄弟《けいてい》よ、吾《われ》今爾曹《なんぢら》に諭《さと》さん、『集りて成れるものは總《すべ》て壊《やぶ》れずと云ふこととなし、されど眞理は永遠に渉《わた》りて存す。成佛《じやうぶつ》の道を求めて倦《う》むことなかれ』。是即《これすなは》ち如來最終の誡《いましめ》なりき。かくて如來は深く禪定《ぜんぢやう》に入り、遂《つひ》に意識を失ひて靜《しづか》に逝《ゆ》き給ひたり。

佛、寂《じやく》を示し給ひたる時、大地《だいち》震《ふる》ひ動きて恐《おそろ》しきこと一方ならず、百雷轟《ひやくらいとどろ》きわたりて天地《あめつち》も崩《くづ》れんばかりなりき。諸弟子の中にて猶未だ哀樂《あいらく》の情を離れ得ざるものは双手《そうしゆ》を擴《ひろ》げ、大聲《おおごゑ》にて泣き叫びつゝ、自ら地に投《とう》じて悩《なや》み苦《くるし》みぬ。思へらく、「佛は何とて斯《か》くは速く涅槃に入り給ひたるか。世界の光は何とて斯《か》くは速く消え亡《うしなは》せたるか」。

是《ここ》において阿難尊者、諸兄弟《けいてい》を慰《なぐさ》めて曰ひけるは、「足《た》れり、諸兄弟《けいてい》よ、泣くなかれ、悲《かなし》むなかれ。如何《いか》に親しきものあらんも、遂《つい》に之を捨てゝ相別《あひわか》れざるを得ざるは物の本性即ち然《しか》るなり。天地の間に生まれたるものは、自ら壊滅分離《えめつぶんり》の理《り》を

散るという普遍的《ふへんてき》な絶対平等の真理そのものを具《そな》えているのだ、と生前仏の教《おし》えられたことです。どのようにして仏の肉体が死なないことを願っても、それは叶《かな》わないことなのです。このようなことは、どこにでもあることで、誤《あやま》った思いを打ち消すものは、損得の境界線上にいても平気でいられる心を持ち、仏の教《おし》えを守って、損に傾《かたむ》いたとしても嘆くことはないのです」と阿難がみんなを慰めて言ったのでした。

同じ仏の弟子であるアヌルツダと阿難は、その夜《よ》一晩中語り明かしたのです。

アヌルツダは「阿難大兄、クシナガラのマツラ人に仏が死んだことを告げた方がいいだろう。ここはマツラの沙羅樹林だから、彼らに仏の葬儀を頼もうではないか」と阿難に言いました。

マツラの人々は、この知らせを聞いて悲しみ泣き叫んでいました。

クシナガラのマツラの人々は、「芳香油《ほうこうゆ》と色とりどりの美しい花、クシナガラにあるすべての楽器を集めなさい」と使用人たちに命じたのです。やがて、芳香油と美しい花、たくさんの楽器の他に五百人分に匹敵《ひってき》

具《そな》へをれりとは、佛の嘗《かつ》て説き給へる所ならずや。されば如何《いか》に如來の色身《しきしん》の亡《ほろ》びさらんことを望むも、遂《つい》に得《う》べからざる道理《ことはり》なり。かゝることは何處《いづく》にも之あらざるなり。妄念《まうねん》を掃《はら》へるものは、得失の境《さかひ》に臨《のぞ》みても平然として神《こころ》を失はず、世尊の教《をしへ》を守りて嘆《なげ》くことなし」。

かくて阿嵬樓駄《アヌルツダ》尊者と阿難尊者とは、互《たがひ》に道話《だうわ》をなして其夜《そのよ》を過ごしぬ。

阿嵬樓駄《アヌルツダ》尊者、阿難尊者に曰ひけるは、「阿難師兄よ、拘尸那揭羅《クシナガラ》の末羅《マルラ》人に佛の逝《ゆ》き給ひたることを告げよ、彼等の好む所に從ひて佛の寂滅《じやくめつ》を弔《とむら》ふべきよしを告げよ」。

末羅《マルラ》人の此言《このことば》を聞きて悲しみ哭《こく》せざるはなかりき。

さて拘尸那揭羅《クシナガラ》の末羅《マルラ》人は其從者《そのずさ》に命じて曰ひけるは、「芳香《はうかう》、華冠《くわくわん》及拘尸那揭羅《クシナガラ》に在《あ》る一切の樂器《がくき》を集め來《きた》れよ。やがて彼等は芳香《はうかう》、華冠《くわくわん》及諸種《しよしゆ》の樂器《がくき》及五百領《りやう》の衣《ころも》を携《たづさ》へて佛の遺骸《なきがら》の在《あ》る

する衣を持って仏の遺体のある沙羅樹の森にやって来ました。遺体の周りに花を撒《ま》いて香を焚《た》き、祭壇は衣で覆《おお》ってその上に花を飾り、ある人は踊りを舞ったり、仏を褒《ほ》めたたえた即興《そっきょう》の歌を唄ったり、悲しみの曲を演奏するなどして仏の遺体に敬意を払いつつその日は暮れました。このようにしてマツラの人々は、まるで王の葬儀のように、慎《つつし》み深く敬いながら遺体を火葬しました。火葬が始まると、煙が立ち上り、太陽や月の光が隠《かく》れるほどで、静かだった河の流れは大波を生じ、地面は大きく揺《ゆ》れ動き、森の木々が揺《ゆ》れ出して花も葉も、まるで雨が降るように散ってしまいました。そして天上に咲く花が降り始めて、クシナガラの大地はその花で覆《おお》われてしまいました。

　火葬が終わると、

「みなさん、仏の火葬は終わりました。でも、私たちに仏が教《おし》えられた真理は私たちの心の中に宿っていて、悪い行いを消し去るのです。

　今、我々は世の中で仏のように大いなる慈《いつく》しみと大いなる憐《あわれ》み〈同情心〉を持って人々に接しなければならないのです。世間の人々に四つの真理

所、即《すなは》ち沙羅樹《さらじゆ》の森に集り來《きた》りて、或《あるひ》は舞をなし、或《あるひ》は讃美の歌を唱《となへ》、或《あるひ》は哀樂《あいがく》を奏《そう》し、或《あるひ》は花を撒《ま》き、香を焚《た》き、或《あるひ》は衣《ころも》を擴《ひろ》げて靈机《れいき》を覆《おほ》ひ、美しき花飾《はなかざり》を其上に懸《か》けなどして、佛の遺骸《なきがら》を敬《けい》しつゝ其日を暮《くら》しぬ。かくて末羅《マルラ》人は王の又王に對《たい》するが如く、謹《つつし》み敬《うやま》ひて遺骸《なきがら》を焼き始めたり。荼毘《だび》の煙炎々《えんえん》として燃《も》え出《い》でたれば、日も月も其光を隠《かく》し、靜《しづ》けき流《ながれ》は激《げき》して大波を揚《あ》げ、大地は震《ふる》ひ動きて、森の木《こ》の葉は悉《ことごと》く遙《うご》ぎ騒《さは》きて遂《つひ》には葉も花も雨ふり落つるに至りぬ、かくて今は拘尸那掲羅《クシナガラ》の地は天より降れる曼荼羅華《まんだらげ》の爲《ため》に殆《ほと》んど埋《うづ》まれ果《は》つるばかりなりき。

　火葬了《をは》れる時、舎利弗起《た》ちて曰ひけるは、

「諸兄弟《けいてい》よ、佛の塵骸《ぢんがい》は亡び了《をは》りぬ。されど吾曹《われら》に教《をしへ》られたる眞理は、吾曹《われら》の心に在《あ》り、吾曹《われら》をして罪を離れしむ。

　今や吾曹《われら》は世に出《い》でゝ佛の如く大慈大悲ならざるべからず、一切の衆生に四聖理《ししやうり》八正《はつしやう》道《だう》を解き示し、之をして佛法僧《ぶつぽうそう》に皈依《きえ》せしめ

と理想の境地に達するための八つの道を理解させて三帰依という仏と教えと僧の三宝にすがり、成仏させることが大事なのです」と舎利弗が言いました。

仏が死んで、マツラ人によって国王のように火葬して葬儀を行ったとき、仏の教《おし》えを謹《つつし》んで信仰していた七つの国の国王は、仏の遺骨があるクシナガラに使者を送り、遺骨を分けてくれるように頼んできました。このことから、遺骨は八つ〈マガダ国・リッチャヴィ族・シャカ族・ブリ族・コーリヤ族・バラモン・パーヴァのマツラ族・クシナガラのマツラ族、分骨後にモーリヤ族が分配を求めてきたため、遺灰を渡しました〉に分けられ、八つの仏塔はインドの空に聳《そび》えたのでした。仏塔の一つはマツラ人が建て、他の七か所はそれぞれの国王が築きました。

て、最後の成佛《じやうぶつ》を遂《と》げしめざるべからず」。

佛涅槃に入り給ひて、末羅《マルラ》人の之を焚《や》きて大帝王の如き嚴《おごそ》かなる葬儀を營《いとな》みたる時、佛の教《をしへ》を奉《ほう》ぜる諸國王《しよこくわう》は、使者を送りて遺骨《ゐこつ》を分《わか》たんことを乞ひぬ。是《ここ》をもて遺骨は分れて八つとなり、八大高塔《かうたう》は魏然《ぎぜん》として印度《インド》の半空《はんくう》に聳《そび》ゆるに至りぬ。其一は末羅《マルラ》人の建つる所にして余《よ》の七は佛に歸依《きえ》せる諸國王《しよこくわう》の築けるところなりきとぞ。

第八章
回想

仏が死んだ後、弟子たちが集まって「どのようにしたら、仏の教《おし》えが異教徒たちに冒されることなく、清らかで純粋な教《おし》えを守り存続できるのか」を議論しました。

「仏が常にみなさんに言っていたのは『弟子たちよ、私が死んだ後は、あなたたちが教《おし》えを尊重して、仏を仰《あお》ぎ見るようにして守りなさい。教《おし》えは悟りへの暗い道を照らす灯《あか》りのようであり、悪を去り汚れた水を清くして災《わざわ》いを除く功徳があるといわれる宝珠《ほうじゅ》のようである。これを欲しいと思う者は、どのような苦しみからも避けることなく、犠牲《ぎせい》からも逃げ出してはならないのです。ただ、避けることができないのであっても自ら死んでは

◎結論

第九十八　佛陀の三身

佛涅槃に入《い》れる後、諸弟子相集りて、如何《いか》にせば大法の異端外道《いたんげだう》に瀆《けが》されずして、清浄無垢《しやうじようむく》の本躰《ほんたい》を保ち得《う》べきかを議しぬ。

舎利弗起つて曰ひけるは、

「吾《わが》大導師常に諸兄弟《けいてい》に告げ給ひけるは、『比丘衆よ、吾涅槃に入れる後は、爾曹《なんぢら》法《のり》を尊《たふと》びて之を守れ。法《のり》を視《み》ること汝曹《なんぢら》の主の如くなれ。法《のり》は燈明《とうみやう》の如し、闇《やみ》を照して路《みち》を示す。法《のり》は寶珠《たま》の如し、之を得んと欲するものは如何《いか》なる困難《くるしみ》をも避《さ》くべきにあらず、如何《いか》なる犠牲《いけにえ》をも辭《じ》すべきにあらず、若《も》し一旦《ひとたび》避《さ》くべからざることあらば、汝等《なんぢら》の生命《いのち》をも棄てざるべからず。吾《わが》示せる法《のり》に遵《したが》ひ心を竭《つく》し

いけません。私の教《おし》えに従って心を込めて守り、そして教《おし》えを見つめなさい』と仏が仰ったことなのです。

　これが仏の遺言《ゆいごん》とも言うべき仏の教《おし》えは、仏の身体の代わりとなって現れたので、われわれもこれを見ることになるのです。

　ですから、我々はこの教《おし》えに敬意を表し、尊く穢《けが》れのないものにしなければなりません。もし、仏の教《おし》えの精神に反することがあるようなら、遺骨を納める墓を建てようとしても何の意味があるでしょうか」と舎利弗が立ち上がって言いました。

「みなさん。私たちはゴータマ・シッタルタが真理を形に現したことを書き残さなければなりません。仏は尊く穢《けが》れがなく、欠点や足りないということがなく、善い行いによって得られる功徳を身に付けていらっしゃるのです。なぜなら、永遠にして無限の真理は、仏の肉体の中《うち》に存在していたからなのです。釈迦牟尼とは真理を体現したもの

て之を守れ、之を視《み》ること猶ほ吾《われ》の如くせよ』。

　是卽《これすなは》ち佛の告げ給へる所なり。

　是《これ》を以て佛の遺寶《ゆゐはう》とも云ふべき大法は、今や如來の身となりて現はれたれば、吾曹《われら》も之を見得《みう》ることゝなれり。

　故に吾曹《われら》は之を敬《けい》し、之を神聖《しんせい》にせざるべからず。もし佛の教《をしへ》の精神《せいしん》を怠《おこた》らば、遺骸《なきがら》の爲《ため》に高塔《かうたう》を建《た》つるも、將《はた》何の用かあらん」。

阿寃樓駄《アヌルツダ》起ちて曰ひけるは、

「諸兄弟《けいてい》よ、吾曹《われら》は、瞿曇悉達多《ゴータマシツタルタ》は眞理の形に現はれたるものなることを記《き》せざるばからず。彼は神聖《しんせい》、圓滿《ゑんまん》、福德《ふくとく》の身なりき、何となれば永遠無窮《むきう》の眞理は、彼の身を以て住家《すみか》となしたればなり。大釋迦牟尼は眞理の化身なり。彼は吾曹《われら》に眞理を現はし給へり。眞理は如來の出世以前にも既《すで》に之れありたるもの

であり、真理とは仏がこの世に出現する遥《はる》か前から存在していたもので、仏の肉体が死んでも、なお生き残っていることを仏の教《おし》えが示してくださっているのです。

　仏が、

『仏は真理なのです。真理というものは、ここにあるとかあそこにはないといったものではなく、無限の不思議さで人間では考えの及ばないものをお持ちで、すべての人の性質より頭抜けていて、尊く冒《おか》してはならないのです』と、仰ったのです。

　ならば、我々は仏の教《おし》えの中で、ある人はこの教《おし》え、別の人はあの教《おし》えと言って、『これぞ仏なり』と思うことではなく、また真理は、ただ永遠で限りのないもので一定の場所にあるものでもなく、永久に不変でそれだけの価値のある真理が仏であることを心に刻《きざ》まなければならないのです。

　社会的な秩序の中には、そのときに応じて必要な規則を作らなければならないこともあり、この場合は永遠に存続させる必要はないけれど、真理

にして、如來が涅槃に入《い》り給ひし後も尚存するものなることは、如來の教《をし》へ給ひし所なり。

　如來宣給《のたま》はく、

『佛は眞理なり、眞理としては、在《あ》らざる所なく、存せざる所なし、無量の靈妙《れいめう》を具《そな》へて、一切人性の上に卓《たて》り、其神聖《しんせい》なる犯すべくもあらず』。

　さらば吾曹《われら》は佛が教《をし》へ給へる法《のり》の中《うち》にて、或《あるひ》は此法《このほう》、或《あるひ》は彼法《かのほう》を執《と》りて、之のみを佛なりと思ふことなく、只眞理、永遠、無窮《むきう》にして在らざる所なく、萬古不易《ばんこふえき》にして物の比倫《ひりん》に堪《た》へたるなき眞理を以て佛なりとなすことを銘心《めいしん》せざるべからず。

　達磨《ダルマ》の中《うち》には只一時の必要によりて生ぜる法規も少なからざるべし、此《かく》の如きは永遠不《ふ》朽《きう》なる能《あた》はざれども、眞理に至りては古今を

だけは過去から現在に至るまで変化することはないのです。

真理とは、人が考えて出来たものではなく、違った意見を唱《とな》えるものでもないのです。でも、これを研究することは大事であり、自分だけの欲を捨てて真理を探究《たんきゅう》する者は、その背景にあるものを見破ることができるのです。

道理に暗い人は真理を見ることができず、心の眼《め》を持った人だけが、よく見ることができるのです。真理は仏の背骨であり、平均的な真理を借りてみると、その教えが正しいのか間違っているのかを論ずることができるのです。

ですから、真理を尊敬し研究して、この教《おし》えを書き残しなさい。私たちは真理に従わなければならないのです。それは、真理とは我々の心髄《しんずい》であり、師であり、尊敬に値する仏陀だからなのです」とアヌルツダも立ち上がって言いました。

「みなさん。仏の教《おし》えの正しい道筋について私たちは意見を戦わせる必要はありません。正しく仏

通じて渝《かは》ることなし。

眞理は人の意《こころ》に任せて出《い》で來《きた》れるものにあらず、何とて彼此《かれこれ》の議論を挟《はさ》むべきか。但し之を探究すべき道は之あり、故に誠意を以て眞理を求むるものは必ず看破《かんぱ》し得《う》る所あらん。

盲人《めしい》は眞理を看ず、たゞ心眼を具《そな》へたるものゝみ能《よ》く之を見る。眞理は佛の骨髄《こつずい》なり、眞理の標準を假《か》らざれば、教《をしへ》の眞僞《しんぎ》を辯《べん》じ難《がた》し。

さらば吾曹《われら》をして眞理を尊《たつと》ばしめよ、吾曹《われら》をして眞理を探究して之を記《き》せしめよ、吾曹《われら》をして眞理に從《したが》はしめよ。何となれば眞理は吾曹《われら》の主、吾曹《われら》の師なる吾曹《われら》の君《きみ》なる佛陀なればなり。」

迦葉波《カシャパ》起ちて曰ひけるは、

「善いかな、諸兄弟《けいてい》、教《をしへ》の義理に關《くわん》しては吾曹《われら》何をか諍《あらそ》はん。蓋《けだ》し佛は三身《さんしん》を有し給へ

は三種類の仏身《ぶっしん》をお持ちで、極めて大切であることはみんな一致した考えです。

三種類の仏身《ぶっしん》とは、法身、応身、報身をいうのです。

仏は最も優《すぐ》れた真理そのもので、いらっしゃる時も場所もなく、昔から今まで変わることはないのです。これを報身《ほうじん》と呼び、幸福や利益に恵まれて満ち足りていらっしゃるのです。

仏の身体は、真理を知りたいと願う人の身分などに応じた姿で現れ、広く思いやりのある尊い方なのです。これを応身《おうじん》と言い、人々を救うための仮の姿なのです。

仏は天の恵みをすべて備えた教《おし》えの責任者で、比丘たちの魂《たましい》であり、仏の教《おし》えを記《しる》したもの〈経《きょう》典《てん》〉、つまり、仏の教《おし》えの中に書かれている民衆を教《おし》え導く精神なのです。これを法身《ほっしん》と言い、真実そのものを身体として表していて、最高の真理なのです。

もし、仏であるゴータマ・シッタルタが現れなければ、どのようにして我々は正しい教《おし》えを人々

り、而《しか》して其緊要《きんえう》なるに至りては皆一なり。

曰法身《ダルマカーヤ》、曰應身《ニルマーナ・カーヤ》、曰報身《サンボーガ・カーヤ》、是を三《さん》身《しん》と云う。

佛は最勝の眞理なり、在《いま》さざる時なく、在《いま》さざる所なく、古今を通じて渝《かは》ることなし。之を報身《サンボーガ・カーヤ》と云ふ、福徳圓滿《ふくとくえんまん》の境涯《きやうがい》なり。

佛は身を其教《をし》ふる所の衆生に托《たく》して此世《この》に現はれ、愛して至らざる所なき大師《だいし》となり給へり。是を應身《ニルマーナ・カーヤ》となす、佛の幻身《げんしん》なり。

佛は天恵《てんけい》を全《たつたう》し給へる教《をしへ》の司《つかさ》なり、佛は僧伽《サンガ》の精魂《せいこん》なり、聖經《せいきやう》卽《すなは》ち大法の中《うち》に遺《のこ》し給へる教令《けうれい》の精神《せいしん》なり。之を法身《ダルマカーヤ》と云ふ、最勝法の身なり。

若《も》し佛にして瞿曇悉達多《ゴータマシツタルタ》の身を現じ給はずば、吾曹《われら》如何《いか》にして聖教《せいけう》を傳《つた》へ得んや。もし

に伝えることができたでしょう。もし、後の世の人たちに対して我々が伝えるべき教《おし》えを持っていなければ、その人たちは、どのようにして釈迦牟尼のことを知ることができるでしょう。そのようなことになれば、我々もその人たちも仏がいらっしゃる時も場所も知ることなく、昔から今日《こんにち》まで最も優《すぐ》れた真理の教《おし》えを知ることができなかったでしょう。

だから、我々は仏がずっと伝えてきた教《おし》えを尊敬して、清浄で穢《けが》れのない状態を保つために、釈迦牟尼を祈念してこの状態を失ってはならないのです。これによって真理を見破る助けとなりうるでしょうか。心眼《しんがん》のある者は、いつか真理を見ることができるでしょう。もし、仏の心を徹底して準備して、真理を説明できるだけの力を持てば、真理がどのように見えたとしても、少しも変わることはないのです」と、立ち上がって迦葉は言ったのです。

〈下の段では『迦葉波』と書かれているが、『迦葉』であると思われる。凡夫注〉

後世《のちのよ》の人にして、僧伽《サンガ》が傳《つた》へたる聖教《せいけう》を持するとなかりせば、彼等如何《かれらいか》にして大釋迦牟尼のことを知り得んや。もし果《はた》して此《かく》の如くなりせば、吾曹《われら》も彼等《かれら》も共に在《いま》さざる時なく、在《いま》さざる所なく、古今を通じて易《かは》ることなき最勝の眞理は一も聞くを得ざりしならん。

さらば吾曹《われら》をして佛傳來《でんらい》の教《をしへ》を敬《けい》して、之が神聖《しんせい》を保《たも》たしめよ。瞿曇《ゴータマ》釋迦牟尼の紀念《きねん》をして神聖《しんせい》を失《うしな》はざらしめよ。此《か》くせば亦以て眞理を看破《みやぶ》るべき助けとなりなん乎《か》。心眼を有《も》てるものは眞理を看得《みう》る日あらん、もし佛の心に徹《てつ》して之を認《したた》め、之を説《と》き得《う》る力だにあらば眞理は如何《いか》なるものにありても少しも渝《かは》るとなからん。」

このようにして、仏の弟子たちは王舎城に集まって、記憶している弟子が中心となって仏が伝えた教えを協議しながら書き記《しる》し、後世の人々のために教《おし》えの元となる経典を定めたのです。

〈別の説では、初回の協議は王舎城ではなく、王舎城近郊の山腹にあった洞窟《七葉窟》で行われたといわれています。凡夫注〉

◇

宇宙の成り立ちは、太陽や月、星々の光が少し見られたが、真理の宇宙というものの素《もと》となる霧や雲の隙《すき》間《ま》から鮮《あざ》やかな光が世界全体を一様《いちよう》に照らしたのです。でも、その真理の光を見る目や真理を聴く耳、理解する心が出来上がっていなかったのです。何もない空はただ広いばかりで限りがないようにも思われましたが、真理の輝かしい栄誉《えいよ》が出現する場所は何処《どこ》にもなかったのです。

手厚い教《おし》えで人に影響を与え、心を変えさせる程度が進むにつれて、感情を持つ生きものが現れてはじめ

かくて諸弟子は王舎城に集りて世尊の原教《もとのをしへ》を書き記《しる》し、聖典を比較し、集輯《しうしう》して、後世《のちのよ》の爲《ため》、教訓《をしへ》の基《もとゐ》となるべき律例《おきて》を定めんと議《ぎ》しぬ。

第九十九　存在の目的

諸々《もろもろ》の宇宙の成らんとするや、日月星辰《じつげつせいしん》の影先《ま》づ僅《わづ》かに見《あら》はる、而《しか》して眞理は宇宙の原料となるべき雲霧《うんむ》の間に動き、燦然《きらきら》として全世界を照せり。されど光を視《み》るべき眼《まなこ》、眞理を聞くべき耳、眞理を解《げ》すべき心は、猶未だ之あらざりき。虚空《こくう》は茫々《ばうばう》として限り知られぬほどなりしかとも、眞理の榮光《えいくわう》を現はすべき處《ところ》は、何處《いづこ》にも之あらざりき。

醇化《じゆんくわ》の度《ど》進むに及びて有情《うじやう》の生物現はれ、茲《ここ》に始めて感覺《かんかく》なるものを生しぬ。慾熾《さか》んに、情烈《はげ》し

て、物事を感じ取る認識が生まれたのです。欲が勢いを増し、主観的な意識が猛烈《もうれつ》となり、心身の活動が他と比べようがないくらいの気力が一生を過ごすべき新しい土地は見つからなかったのです。宇宙は二つに割れて、苦と楽、自我〈自分の思いに固《かた》まって他人《ひと》の意見に従わない〉と無我〈わがままのない〉、憎《ぞう》〈憎《にく》しみ〉と愛の、それぞれ一方を根拠としているのです。真理は生きものの世界に漂《ただよ》っていましたが、輝かしい行いが十分に発揮される場所は、生きものがいる世界の中では膨大《ぼうだい》な量が潜《ひそ》んでいたにもかかわらず、表に出て来なかったのです。生存競争が熾烈《しれつ》を極めるようになると、理性という真偽や善悪を見分ける能力が発達を始めました。理性は自我の本能で総《すべ》てのものを統率して、生きものの力を押さえつけ、水や火を自在に扱《あつか》ったりしました。一方で理性は怨《うら》みの火の中にさらに燃え上がるような材料を加え、男女の愛の欲が心を狂わせて益々乱れ、目の前の財産や快楽を獲《え》ようとするあまり、兄弟などを傷つけ、挙句《あげく》の果てには殺してしまうこともあるのです。真理は理性が主体となる世界へ行きましたが、そこでも実力を発揮できませんでし

く、精力無比《せいりよくむひ》の精神《せいしん》が生涯を営《いとな》むべき新天地はかくして開かれぬ。宇宙は裂《さ》けて二となれり、苦と樂《らく》、我と無我、憎《ぞう》と愛、各《おのおの》一方に據《よ》りぬ。眞理は有情界《うじやうかい》に漂《ただよ》ひ動きたれども、其榮光《えいくわう》を充分に發《はつ》し得《う》べき處《ところ》は、有情界裡《うじやうかいり》無量の潜力《せんりよく》中にも尚未だ之あらざりき。生存の競爭《きやうそう》漸《やうや》く烈《はげし》からんとするに及びて、理性なるもの現れ出《い》でぬ。理性は我《が》の本能を導きて萬有《ばんいう》を統御し、動物の力を壓《あつ》し、水火《すゐくわ》の勢《いきほひ》を制したり。されど理性は又憎怨《ぞうえん》の炎《ほむら》に新材料を與《あた》へ、情慾《じやうよく》の狂波《きやうは》をして益々《ますます》亂《みだ》れしめ、遂には只眼前瞬時《がんぜんしゆんじ》の快《くわい》を貪らん爲《た》め、兄弟をも傷《きず》つけ、骨肉をも殺すに至りぬ。眞理は理性界《りせいかい》に赴きたれども充分に其榮光《えいくわう》を放つべき地は、尚未だ之あらざりき。

た。

理性は、いまや自我《じが》と交わってためになる友人となってしまい、生きとし生けるものの男女の愛欲や怨み、嫉妬が深く水が溜《た》まっているような場所で浮き沈みをしているのです。そして、悪い結果を生み出す行いは、これら自我の記憶の中から飛び出して来るのです。ですから、人間と天の世界に仏陀が現れるまでは、人間がこの世で苦しみや悩みに打ち勝つことができなかったのです。

仏は情《なさ》けを例えにして間違った考え方を教《おし》えたうえで、人間の知識を使ってそれを修正する方法を教《おし》え、道理に合わないことや幻《まぼろし》を排除して真理〈真実〉の意味を理解させたので、我々は真理によって仕事や勉強、生活全般について知ることができたのです。仏は何事につけて正しい筋道を教え、道理に心を傾《かたむ》ける人が素直に従い、正直で親しさを覚え、誠実であることとしたのです。これで、真理は十分な栄誉を持って輝くことができたのです。真理が輝けるのは、人間の精神〈魂《たましい》〉なのです。

幸せと徳、尊く冒し難いもの、そして不足のない美

今や理性は我の益友《えきいう》となりて有情の生物をして益《ますます》情慾、憎怨《ぞうえん》、嫉妬の深淵《しんえん》に浮沈《ふちん》せしめたり。而《しか》してかの罪業《ざいごふ》は實《じつ》に是等《これら》情慾、憎怨《ぞうえん》、嫉妬の一《いち》念子《ねんし》より迸《ほとばし》り出《い》でたり、故に人天《にんてん》の聖師《せいし》大佛陀の出《い》で丶救ひ主となり給はざりしまでは、人の斯生《このよ》の苦《くるしみ》と惱《なやみ》とに克《か》つこと能《あた》はざりき。

佛、情を用ゐ得て正しからんことを教給《をしへ》へり、理性を使ひ得て直《なほか》らんことを教《をし》へ給へり、佛は幻《げん》妄《まう》を退《しりぞ》けて物の眞相を看得《かんとく》せしめ給へり、而《しか》して、吾曹《われら》は眞理によりて働くべきことを知れり。佛は正義を教《をし》へて、理に傾ける人間を化《か》して従《じう》順《じゆん》、正直、親愛、忠信《ちうしん》のものとなし給へり。是《これ》に於てか眞理は充分の榮光《えいくわう》を以て赫《かがや》き得《う》るに至れりと謂《い》ふべし。曰く、何處《いづこ》にか赫《かがや》き得《う》る、曰く、人間精神《せいしん》のうち卽是《すなはちこれ》なり。

佛よ、福徳《ふくとく》、神聖《しんせい》、圓滿《えんまん》の美を兼《かね》給へる佛よ、

しさを備える仏は、真理を現されたのです。このようにして、真理はこの世に出現し、真理の王国は建てられたのです。

何もない空は広々として、その大きさは分かりませんが、でも、真理が存在する場所は、ここにはないのです。

感情や意識がある生き物の一生には苦楽がありますが、真理が住む場所はここにもありません。感情や意識といったものは、真理の第一歩ですが、真理が住むような場所ではないのです。いかにも生き生きとして生命力に勢いがあっても、光沢があって美しいものの中にも、真理が住む所はないのです。

理性の中に、あるいは理性だけが存在する所に真理は住むことができないのです。理性とは大変役立つものですが、他方大きな害を齎《もたら》す危険なもので、怨みと慈《いつく》しみの両方の作用をするのです。理性は真理が上る階段のようなものなのです。真理は理性から離れて暮らすことはできないのです。理性とは世の中のすべてのものを包み込み、あらゆる目的に使わなければならない活動の要《かなめ》といえるのです。

爾《なんぢ》は眞理を現はし給へり、眞理はかくして世に現はれぬ、眞理の王國《わうこく》は斯《か》くして打ち建てられぬ。

虚空《こくう》の廣《ひろ》きは量《はか》り知るべからず、されども、眞理の宿《やど》るべき地は此《ここ》に在らざるなり。

有情《うじやう》の生涯には樂《らく》あり、苦あれども、眞理の宿《やど》るべき地は此《ここ》にも在らざるなり。有情《うじやう》は眞理の第一歩なり、されど眞理の地は此《ここ》にあらず、如何《いか》に生々《せいせい》として盛《さかん》なるも、艶々《えんえん》として美なるも、有《う》情《じやう》の中《うち》には眞理の宿《やど》るべき所なし。

理性の中にも眞理の宿《やど》るべき所は之なきなり。理性は兩刃《もろば》の劍《つるぎ》の如し、憎怨《うらみ》の用をもなすべく、愛の用をもなすべし。理性は眞理の卓《た》つべき階壇《かいだん》なり。眞理は理性を離れて得《う》べきものにあらず。されど唯《ただ》理性のみの在《あ》る處《ところ》には眞理は之なきなり、理性は宇宙の萬事《ばんじ》を使ふに足るべき機關《きかん》なりとは云え。

真理が居《い》る所は、正しい道にあるのです。慈しみと悟りを得ようとする心、親しみが飾りとしてあるのです。

正しい道こそ真理が居ることができる場所なのです。正しい道が真実であるとするのは、人間本来の精神であり、この精神の中には真理を奮《ふる》い起こして、益々勢《いきお》いを良くしようとするゆとりがあるのです。

〈生きとし生けるものは、本来ゆとりのある器を持って生まれてくるのですが、今までの生き方や前世の行いによって、器の大きさが変わってしまうのだと思います。凡夫注〉

これは、仏の人々への善行《ぜんこう》〈功徳《くどく》〉の話であり、姿を現したもので、残した教《おし》えです。

真理を教《おし》えられて記憶し信じて喜ぶ者は、三宝《さんぽう》である仏法僧《ぶっぽうそう》を敬うのです。

自分の命が終わるまで、命に代えても仏の弟子となることの許しをお願いします。

慈《いつく》しみと心の喜びを備えた仏よ、嘆《なげ》き悲しめる者を慰《なぐさ》め、悟りへの道に迷える者に光を当て、益々真理を見極める認識力を、養いと汚《けが》れのない世界へと進ませ

眞理の玉座《ぎよくざ》は正義なり。愛と直《ちよく》と親《しん》とは之が装飾《かざり》なり。

正義は眞理の宿《やど》れる所なり。正義を如實《によじつ》ならしめんとするは、人間精神《せいしん》の本性なり、此精神《このせいしん》中には眞理を發揚《はつやう》して愈々益々盛《いよいよますますさかん》ならしめんとする餘《よ》地綽々《ちしやくしやく》として之あり。

是卽《これすなは》ち佛の福音なり。是卽《これすなは》ち佛の示現《じげん》なり。是《これ》卽《すなは》ち佛の遺訓《ゐくん》なり。

眞理を受持《じゆぢ》して之を信仰するものは、卽《すなは》ち佛、法、僧に歸依《きえ》するものなり。

佛よ、願はくは吾曹《われら》の今より身を終ふるまで、汝《なんぢ》の弟子となることを許し給へ。

大慈大愛《だいじだいあい》の佛よ、愁《うれ》へ悲しめるものを慰《なぐさ》め給へ、迷へるものを照《てら》し給へ、吾曹《われら》をして益《ますます》智惠と神聖《しんせい》とに進まし給へ。

てください。

真理は、この世界にある総《すべ》てのものの目的で、世界の始めは真理にあり、そこに留《とど》まるためにあるのです。

真理に感動しない者は、この世に生きている意味が分からないのです。

真理で休息する者は幸せです。総《すべ》ての形があるものは常に変化していますが、真理は永遠に変わることはないのです。

この世の中は真理を必要とするために創《つく》られたと言ってもいいようなものですが、困るのは、ものの真実を間違って見てしまい、迷いの世界に入ってしまうことなのです。

迷いとは人が思う事柄が変化することで、一見とても楽しそうに見えるのですが、迷いは決められた本質がないもので、滅《ほろ》ぼそうとする種子《たね》が中にあるのです。

真理とは、人の思う所に従って変化することはないのです。

真理は世俗から抜け出していて、あらゆる生き物の

眞理は萬有《ばんいう》の目的なり、世界の創《はじ》まれるは眞理を來《きた》らして其中《うち》に棲《す》まんが爲《ため》なり。

眞理を求むる志《こころ》なきものは、斯生《このせい》の何たるを見得ざるものなり。

眞理に憩《いこ》へるものは福《さいはい》なるかな、萬物《ばんぶつ》は無常なれど、眞理は無窮《むきう》に渉《わた》りて渝《かは》ることなし。

此世《このよ》は眞理の爲《ため》に造《つく》られたるなり、されど思ひまどへるものは、物の眞相を誤《あやま》りて自ら迷《まよひ》の中《うち》に陷《おちゐ》る。

迷《まよひ》は其人《そのひと》の意《こころ》に從《したが》ひて轉變《てんぺん》す、故《ゆゑ》に之を一見すれば甚《はなは》だ樂《たの》しむべきに似《に》たり、されど定めなきは迷《まよひ》の本性なり、壞滅《ゑめつ》の種子《たね》其中《そのうち》に在《あ》り。

眞理は決して人の意《こころ》に從《したが》ふことなし。眞理は同一不變《ふへん》なり。

眞理は超然《てうぜん》として生死の上に卓《た》てり。眞理は在《あ》

生死から離れており、特定の時間や場所にいるのではなく、輝き誉《ほま》れ高い他のものと比較できないほどです。

幻《まぼろし》や迷いと間違い、偽《いつわ》りは魔王の愛娘《まなむすめ》のようなもので、その魔力は大変大きく、人の心を波立たせて、悪い結果の深みに沈《しず》ませることができるのです。

幻《まぼろし》や迷いと間違い、偽《いつわ》りの本質とは、その悪い結果を滅びの道へと導くものなのです。

幻《まぼろし》や迷いと間違い、偽《いつわ》りの本質というものは、大きく美しく飾られた舟の底が腐って屋根も穴が開《あ》いたりしていて、この舟に乗る人が、まるでカチカチ山の泥船に乗って段々沈んでいくような災いに巻き込まれてしまうものです。

「さぁ来なさい迷いよ。私が案内人となろう」という人は多いものですが、その人たちは、自分だけの実体のない小さな考えに執着したり、男女関係の欲や悪事を企《たくら》む執念の〈目の細《こま》かい〉網《あみ》に掛かってしまい、後戻りできなくなるのです。

もし、今の世の中に生《せい》を得て真理を追究しようとする人が現れれば、病気を治し、心を静かに安らかにし

らざる時なく在《あ》らざる所なく、榮光《えいくわう》の大《おほひ》いなる物の比すべきなし。

幻妄《げんまう》、迷謬《めいびう》、虚僞《きよぎ》は魔王の愛女《あいぢよ》なり、而《しか》して其《その》力《ちから》の大《だい》なるや、人の心を亂《みだ》して罪業《ざいごふ》の淵《ふち》に沈《しづ》ましむるに足《た》れり。

幻妄《げんまう》、迷謬《めいびう》、虚僞《きよぎ》の本性は死なり、而《しか》して罪業《ざいごふ》は亡滅《ばうめつ》の道なり。

幻妄《げんまう》、迷謬《めいびう》、虚僞《きよぎ》は猶宏大《くわうだい》美麗《びれい》なる舟の底朽《く》ちて屋根傾《かたぶ》けるが如し、之に乗るものは破船《はせん》の禍《わざはひ》に罹《かか》らずと云ふことなし。

「來《きた》れ、迷妄《めいもう》、吾《わが》が嚮導《みちびきて》となれ」と云ふもの多し、彼等《かれら》遂《つひ》に我執《がしう》、情慾、惡念《あくねん》の密網《みつまう》に懸《かか》らば、零落《れいらく》は踵《きびす》を回《めぐ》らさずして來《きた》らん。

されど誰か此世《このよ》に生れて眞理を求めざるものあらんや、吾病《わがやまひ》を癒《い》やし、吾《わが》心を安《やすらか》にするものは、

てくれるのは、真理だけなのです。

真理とは生きるものが生きていくうえで最も優《すぐ》れた物事の本質なのです。何故《なぜ》かといえば、真理は肉体が死ぬこととは関係がないのです。真理は永遠に、たとえ漫画『Dr.スランプ』に出てくるアラレちゃんがげんこつで地球を真二つに壊したとしても、真理だけは残るのです。

真理は、どちらが優秀で、どちらが劣《おと》っているとかは決められず、どのような場所や時間も関係なく真理は常に変わるということはないのです。

真理は私たちに悟りへと向かう正しい八つの道を教えてくれるのです。これらの道とは、不変の真実のみを信じる者にはやさしく見出すことができるのです。そして、この道を進む者は幸せな心を手に入れることができるのです。

◇

仏が非常に珍しいことをするわけではなく、かつ、誉《ほま》れ高いということもないのです。

唯《ただ》眞理あるのみ。

眞理は吾生《わがせい》の精髄《せいずい》なり、何となれば眞理は肉身《にくしん》の亡滅《ばうめつ》と相關《あいくわん》することなければなり。眞理は無窮《むきう》なり、天地崩るゝことあらんも、眞理は依然として之あらん。

眞理には甲乙なし、何《いづ》れの時、何《いづ》れの處《ところ》たるを問はず、眞理は常に同一ならずと云ふことなし。

眞理は吾曹《われら》に正義の八正道《はちしやうだう》を教《をし》へたり、八正《はちしやう》道は眞理を愛するものゝ容易《たやす》く看得《みう》る所なり。斯《この》道を歩めるものは福《さいはひ》なるかな。

第百　諸佛の讃

佛として奇絶《きぜつ》ならざるはなく、榮光《えいくわう》あらざるはなし。

世の中、他に比べられるものがあるとは思えないのです。

仏は、どのようにしたら本当に幸せな生涯を送ることができるかを教えているのです。

私たちは、心から信じて敬《うやま》うことで、仏が現れるのを待つのです。

総《すべ》ての仏と名の付くものは、みんな同じ内容の真理というものを教えてくださるのです。

真理とは、心が迷いの奈落に落ちた人に道を教えてくれるのです。

真理は、私たちの望みであるとともに、日頃の鬱憤《うっぷん》などを慰《なぐさ》めてくれるのです。

私たちは、まったく影を作らない無量の真理の光に照らされることを喜ぶのです。

すべての仏の奥義《おうぎ》〈極意〉は一つしかないのです。

総《すべ》ての世界のさまざまな状況の中で真理がないということはなく、
総《すべ》ての魂《たましい》を繋《つな》いでいる紐《ひも》は、汚れのないものなのです。

世上《せじやう》之が比倫《ひりん》に堪《た》へたるものなし。
諸佛は如何《いか》にして生を營《いとな》むべきかを教《をし》へ給へり。
吾曹《われら》は信心畏敬《しんじんいけい》して諸佛の出現を祝《いは》ふなり。
一切の佛は皆同一の眞理を教《をし》へ給へり。眞理は迷へるものに道を示せり。
眞理は迷へるものに道を示せり。
眞理は吾曹《われら》の望みなり、慰《なぐさみ》なり。
吾曹《われら》は無量なる眞理の光明を受け得たるを喜ぶ。
一切の佛は其神髓《しんずひ》を一にせり。
千状萬態《せんじやうばんたい》の萬有《ばんいう》の中《うち》にも在《あ》らずと云ふことなく、
萬靈《ばんれい》を繋《つな》げる繩索《じようさく》をして神聖《しんせい》ならしむ。

私たちは、最後に仏に対して心から従い、幸せをいただくのです。

終わり

吾曹《われら》は最後の歸依《きえ》をなして其福徳《ふくとく》に浴《よく》するなり。

佛陀の福音　大尾

仏の教え（まとめ）

八正道（「八聖道」とも書く）

一．正しく四正諦の道理を見る＝正しい見解

二．正しく四正諦の道理を思惟する＝正しい思い

三．正しい言葉を使う

四．正しい行動をする

五．身・口・意の三つを清浄にして正しい理法に従って生活する＝正しい生活

六．道に努め励む＝正しい努力

七．正しい道を憶念し、邪念の無いこと＝正しい気遣い

八．迷いのない清浄な悟りの境地に入る＝正しい精神統一

四正諦（「四諦」とも言い、四つの真理を表す）

㈠　苦諦……この世は苦である

㈡　集諦……苦の原因が煩悩や妄執（物事に執着すること）である

㈢　滅諦……執着を断つことが苦しみを無くして悟りの境地に至る

㈣　道諦……悟りの境地に行くためには、八正道の修行方法による

身・口・意

①むやみに生きもの（動物だけではなく植物や自然も含む）を殺さない
②家族を含め他人のものを盗まない
③邪淫＝相手の明確な合意の意思表示がないときに性的な関係をもたない
④妄語＝嘘《うそ》を言わない
⑤綺語＝真実に背いて言葉を飾り立てない
⑥悪口を言わない
⑦二枚舌を使わない＝相手によって内容の違うことを言わない
⑧貪欲＝欲深く、執着しない
⑨瞋恚《しんに》＝怒ったり、恨《うら》んだりしない
⑩邪見＝誤った考えや見方をしない

ということから、

ア．自分以外の人を羨《うらや》ましく思い、嫉妬《しっと》したり、悪口や嘘《うそ》を言ったり恨《うら》んだりしないこと
イ．他の人や動植物を無視したり差別することなく、思いやること
ウ．自分の望みが叶《かな》わないことに落ち込んだり、悩《なや》まないこと
エ．誤った考えや欲を捨て、心を安定させて自分に合った生活を送ること
オ．自然を含めたすべてのものを尊敬し、感謝すること

であり、要するに、

宗教を信仰するしないに拘《かか》わらず、世界中のあらゆる人々が、「まとめ」のはじめに書かれた八正

道のうち、特に『**身・口・意**』の一つでも多く達成して、正しい生活を営むことで、その分だけ浄土（あるいは、天国や幸福の地）へ到る道が明るさを増し、幅が広くなり、障害物が減り、身体や精神に障がいを持つ人も含め、年齢や性別に関係なくスムーズに歩きやすくなるのです。

おわりに

この本を書き終えるのにあたり、思ったことを二つ綴ります。

一つ目は、仏教で云うところの『生老病死』についてです。

私はそれまで『生老病死』とは、①生まれること、②年寄りになること、③病気に罹ること、④死ぬことの四つの苦を指しているものだと思っていました。

しかし、だんだんと、お釈迦さまの考えと私の考えでは、少し違うのではないかと思うようになりました。

『老』は年を取り、今まで出来たことが出来なくなったり、物覚えが悪くなり、昔のことはよく覚えていても最近のことは記憶から抜け落ちてしまう「認知症」の症状が出てきたり、外出や室内で歩くのが思うままにならなくなるものです。

『病』は、病気（風邪やガン、感染症など）を患ったり、事故で打撲や四肢の一部を失ったり、うつ病やその他の精神的な疾患を含めてのことでしょう。

次に『死』です。

死は、死んだ時に肉体は焼かれますが、魂はどうなるのか、また死後の世界があるとしたら、浄土（他の宗教では天国）に行かれるのか、それとも各宗教共通の地獄に堕ちて鬼などに責め立てられるのか。浄土教などでは七日毎に仏さまの審判を受け、浄土または六道のいずれかに行くことが決められてしまいます。

源信が描いた『往生要集』の中の地獄は地下八階建てで、上（軽い方）から、等活《とうかつ》・黒縄《こくじょう》・衆合《しゅうごう》・叫喚《きょうかん》・

大叫喚・焦熱《しょうねつ》・大焦熱・無間《むけん》また の名を阿鼻《あび》の八つに分けられていて、各階の地獄には、それぞれ十六の増地獄（「副地獄」ともいう）があり、合計百二十八の地獄があるとしました。

この八つの地獄は『八熱地獄』で、他に『八寒地獄』もあるそうです。

罪人が一つ上の階の地獄を見ると、それは軽い仕置で「楽でいいなぁ」と言葉に出すほどだそうです。

もし、一番下の無間地獄に堕ちた罪人が一番上の等活地獄の罪人を見たら、極楽にいるのではないかと思うほどの違いがあるのではないでしょうか。

長谷川町子原作の漫画『いじわるばあさん』で五百円札が硬貨に替わった頃、街の通りで五百円を寄付して「善行を積んだ」といじわるばあさんが飛び跳ねながら喜んでいるのを雲の上から神様が一部始終を見ていて、隣にいた天使に「もし、いじわるばあさんが（死んで天国に）来たら五百円をやって（地上に）帰しなさい」というセリフがありました。

また、いじわるばあさんが交通事故に遭って今度は地獄へ行った時のことです。鬼が罪人の舌を抜こうと金棒を横に置いて『ヤットコ』という道具で舌を引き抜こうとした時、いじわるばあさんが「生ぬるい」と言って罪人から舌を抜こうとしていた鬼の尻を目がけて金棒を振り廻すので、閻魔大王は「このばあさん、地獄では扱いかねる」と言って現世に帰し、奇跡的に命を吹き返したという話もありました。

大工さんが釘抜きのことを「エンマ」と言うのは、地獄で鬼が罪人の舌を抜くときに使うヤットコに似た道具が昔の釘抜きに使われていたことから『エンマ』と呼ばれているそうです。

さて『生』ですが、赤子が母親の胎内から産まれ出るときの苦痛ではなく、赤子が産まれてから死ぬまでの生きている間のことを『生』と表現したのではないかと思いました。

もし、赤子が産まれたときのことに限定してしまうと、母親の胎内から出て外の空気を初めて吸って泣き声をあげたときだけになってしまい、その後死に至るまでの間の幼少期から老年期までの間に様々な嬉しいことばかりではなく、悩み苦しむことがありますが、その時の『苦』を受け付ける人生が『生老病死』のどこにも入っていないことになります。

つまり、『生老病死』の『生』とは、生きているすべての期間を言っているのであって、生きものが産まれるときだけのことを指すのではないと気付いたのです。

このように考えないと、『生老病死』の『生』の意味が成り立たないと思いました。

本書の内容も、産まれたときの『苦』ではなく、人が生きている間の『苦』に対する対処法とでも云いますか、どうしたら『苦』を一つでも多く和らげて悟りに近づくことができるかを伝えているのがお釈迦さまの教えではないかと思うのです。

二つ目は、近年の地球上での出来事です。

世界的には、お互いの国や民族が国境や宗教などを巡っての紛争が数多く発生しています。

民族や宗教による紛争は、一つの言葉や行動のわずかな解釈の違いにより、それが遺恨となり、やられたらやり返すという昔の日本で行われていた「仇討ち」が国や民族同士にまで拡大し、今更「止めたり」、「引き返すことが出来ない」ほどにまで心の中（魂）が『生』の欲や煩悩に冒されてしまっているようです。

これは、人間の「わがまま」であり、「自己中心的な考え」を相手に押しつけることで、「自分だけが良ければいい」という『自己満足』を得ようとする行為にしかなりません。

そうなる前に、一歩引いて、引くことが負けにつながるという人は、一段高い場所から原因となった事柄を眺めてみましょう。

「岡目八目」ではありませんが、落ち着いて空の高い所や宇宙から俯瞰して原因となったことを見てみると、地球上に国境線が引かれているのを見ることはできず、何と小さなことで、特に意地を張るようなことではないのに、恨みを抱いたり相手を貶している、自分の人間としての器の小ささに気付くことが出来るのではないでしょうか。

それこそ、相手を思いやり、幼子や女性、身体や精神に障がいを持たれた方、お年寄りなど力や立場の弱い人々のことを考える余裕を心の片隅に少しでも持っていれば、紛争や戦争、事件などを防ぐことが出来るのではないでしょうか。

二〇二三年のクリスマスにベツレヘムの聖誕教会で行われたキリスト教カトリックの総大司教が「今年のクリスマスに喜びと平和はない。（中略）停戦について話すだけでなく、暴力の応酬を完全に止めなければいけない。暴力は暴力を生み出すだけだ」というメッセージを発しています。

あるイスラエル人は「**母を殺したハマスが憎い。でもそんな時、母が『これまでは、平和をもたらすのは戦争だけと言い続けてきましたが、今は違い、戦争が平和をもたらすことは決してないよ**』という言葉を遺した」と、子供たちに伝えています。

「いつの日か、和平を達成しなければなりません。パレスチナとの対話が必要なのです」と語るイスラエルの人がいることを我々は忘れてはいけないのです。

そして、「『この土地は、イスラエルとパレスチナの両方のもので、共存しか道はない』とユダヤ系とアラブ系の人が手を取り合って互いに慰め合う光景がありました」と、報道されていました。

これは、ロシアがウクライナに攻め込んだことや、他の国々や国内で行われている紛争にも当てはまるのです。

仏の例え話のように、恨みを恨みで解消しようとせずに、互いに話し合って和解することで世の中が平和になるようにすることが必要なのではないでしょうか。

日本国内に目を転じますと、自動車による嫌がらせ走行、放火や殺人・傷害事件はもとより、民族や皮膚の色の違い、性別や身体的・精神的な障がいを持つ人に対しての差別や、貧困などで生活が苦しい人への無理解などが起きています。

こういうことが原因で、人の心（魂と言ってもいいかもしれません）の中に不満や恨み、憎しみといったものが芽生え、それがどんどんと大きく膨らみ、「堪忍袋の緒が切れる」ようになるまでに膨らんでしまい、無理やり押えていた心の蓋《ふた》がはじけ飛んで、事件や事故、紛争が起きているのです。

昔（飛鳥時代）、聖徳太子（厩戸王）という人が『十七条の憲法』を制定したと云われ、次のように書かれています。

第一条　和を以《もっ》て貴《とうと》しとなす
第二条　篤く三宝〈仏・法・僧〉を敬《うやま》え
第三条　詔《みことのり》を承《う》けては必ず謹《つつし》め
第四条　群卿《ぐんけい》百寮礼を以《もっ》て本《もと》となせ
第五条　饕《むさぼ》ることを絶ち欲しいままにすることを棄て
第六条　悪《あ》しきを懲《こ》らし善《よ》きを勧《すす》める
第七条　各任有《おのおのにん》　掌《つかさど》ること宜しく濫《みだ》れざるべし
第八条　群卿《ぐんけい》百寮早く朝《まい》り晏《おそ》く退《さが》れ
第九条　信は是《こ》れ義《ぎ》の本《もと》なり　群臣共に信あるときは何事か成《な》ら不《ざ》らん
第十条　忿《いかり》を絶ち瞋《いかり》を棄て人の違《たが》うを怒《いか》らざれ
第十一条　功過《こうか》を明らかに察《さっ》して賞罰必ず當《あ》てよ
第十二条　国に二君非《な》く民に両主《りょうしゅ》無し　任ずる所の宮司《つかさ》は皆是《こ》れ王の臣《しん》なり
　何ぞ敢《あ》えて公《おおやけ》と興《とも》に百姓に賦斂《ふれん》せん
第十三条　諸《もろもろ》の官に任ずる者は同じく職掌《しょくしょう》を知れ

第十四条　群臣百寮嫉妬《しっと》有《あ》ること無かれ
第十五条　私《わたくし》に背きて公《おおやけ》に向かうは是《これ》臣の道なり
第十六条　民を使うに時を以《もっ》てするは古《いにしえ》の良典《よきのり》なり
それ農《たつく》らざれば何をか食い　桑《こがい》せずは名をか服《き》ん
第十七条　夫《そ》れ事は獨《ひと》り断ず不可《べか》らず　必ず衆と興《とも》に宜《よろ》しく論ずべし

以上

特に第一条の「和を以て貴しとなす」は、当時の豪族が勢力を拡大しようといつも戦《いくさ》をしていましたが、戦ばかりしていると国民が疲れ果て、国力（軍事力ばかりでなく政治や財政、福祉など）が低下してしまうから、争うことを止めて協調しようと云っています。

また、第五条は自らの欲望（我）を捨て去り、第六条では悪事をせずに善い行いをすることを勧め、第九条では「信は是れ義の本なり……」とあり、第十条に至っては「忿〈怨み・憤り〉を絶ち瞋〈怒り〉を棄て人の違うを怒らざれ」とあります。

これらは、相手を信じて正しい道を歩み、人によっては少なからず考え方に違いがあるものですが、まずは、その考えをよく聴いて尊重し、「自分と考え方が違うからダメだ」とは言わず、よく話し合い、争うことをせずに正しい生活が送られるようにという教えが書かれています。

このように、聖徳太子が制定した『十七条の憲法』には、今の日本や世界の人々、ことに指導者と云われている方々が宗教や思想・信条といったものを乗り越える知恵が記されています。もう一度これらの言葉を読み返して、よく考え、国や民族などの幸せな在り方についての指針を示し、実行していただきたいと思っています。

これと併せて、人の上に立つ人や公僕と云われる方々には、常に『一視同仁』を基本に人々に接していただきたいのです。

自分の身内や仲間には、どうしても甘く接してしまいます。世界を見渡しますと、身内や慕ってくる人に、身分や金銭面などで優遇する傾向が見受けられるようです。

それによって不正・不当な行為が行われることがあります。

これは正しい道から外れた行いで、お釈迦さまをはじめとする仏教だけではなく、あらゆる宗教や社会においても許されないものなのです。

仏の教え（まとめ）で書かせていただいたことは、たとえば横断歩道にある信号機を幼ない子供はきちんと守るのに、ある程度の年齢に達すると守らなくなる人が出てきます。このようなことでも子供は善行を積んでいるのにそれらを忘れた人は怒りや恨み、欲望などを今立ち止まって思い直して心を清浄にしてほしいのです。

どうか真面《まとも》な考え方や生き方で、平和で幸せな暮らしができる世の中になって欲しいと願ってやみません。

本書の出版にあたりまして、株式会社ＰＨＰエディターズ・グループの皆さまには多大なるご協力をいただき、ありがとうございました。

最後になりましたが、本書を手に取ってお読みいただきましたことに感謝申し上げます。

ありがとうございました。

令和六年八月

東條嘉顯

主な参考文献等

鈴木大拙全集第25巻　岩波書店

サンスクリット原典現代語訳　法華経（上）（下）　植木雅俊訳　岩波書店

現代日本語訳　法華経　正木晃　春秋社

法句経　真理の言葉　山田無文　春秋社

佛教語大辞典　縮刷版　東京書籍

広辞苑　第六版　岩波書店

明鏡国語辞典　第二版　大修館書店

新漢語林　第二版　大修館書店

角川類語新辞典　角川学芸出版

佛陀の福音　八幡關太郎訳　南光社

ブッダ　手塚治虫　潮漫画文庫

1893年シカゴ万国宗教会議における日本仏教代表 釈宗演の演説　―「近代仏教」伝播の観点から―

那須理香　国際基督教大学大学院博士後期課程

インターネット検索

仏の教え（「お釈迦さまの生き方」より）

〈著者略歴〉
東條嘉顯（とうじょう よしあき）
1955年東京都生まれ。私立の短期大学経営科を卒業後、特殊法人に採用。60歳を目前に独立行政法人を退職。現在に至る。

〈カバー 蝶の写真 撮影〉
河合 章（かわい あきら）

装幀 佐々木博則
本文デザイン 伊藤香子

令和版 対訳
仏陀の福音
お釈迦さまの生き方と教え

2024年9月12日　第1版第1刷発行

著　者　東條嘉顯
発　行　株式会社ＰＨＰエディターズ・グループ
〒135-0061　東京都江東区豊洲5-6-52
☎03-6204-2931
https://www.peg.co.jp/
印　刷
製　本　シナノ印刷株式会社

ISBN978-4-910739-60-1